Thich Nhat Hanh & Katherine Weare

Moine bouddhiste vietnamien, Thich Nhat Hanh a œuvré toute sa vie pour la paix et la réconciliation, un travail qui lui a valu d'être proposé pour le prix Nobel de la paix par Martin Luther King. Il est l'auteur de, entre autres, *La Paix en soi, la paix en marche* (Albin Michel, 2006), de *Prendre soin de l'enfant intérieur* (Belfond, 2014), de la série *Vivre en pleine conscience* (Belfond, 2016-2017) et de *La Terre est ma demeure, autoportrait d'un artisan de paix* (Belfond, 2017).

Katherine Weare est professeur à l'université de Southampton. Ses travaux sur la pratique de la pleine conscience à l'école et auprès des jeunes sont internationalement reconnus. Chroniqueuse pour plusieurs magazines de psychologie, elle participe également à de nombreux projets éducatifs, dont le *UK Mindfulness in School Project*. Elle vit dans le Somerset.

Un prof heureux peut changer le monde, publié chez Belfond en 2018, est leur ouvrage commun.

ÉVOLUTION
Des livres pour vous faciliter la vie !

Laure GONTIER
Good Vibrations
Le bonheur à la californienne

Christophe BOURGOIS-COSTANTINI
Vous êtes 10 fois plus intelligent que vous ne l'imaginez !

Katrina ONSTAD
Week-end paresseux, week-end heureux
Réapprendre à ne (vraiment) rien faire pour se reconnecter à soi

Thich NHAT HANH
Marcher en pleine conscience

Thich NHAT HANH
Se détendre en pleine conscience

Esther PEREL
Je t'aime, je te trompe
Repenser l'infidélité pour réinventer son couple

Céline SANTINI
KINTSUGI,
l'art de la résilience

Li QING
Shinrin yoku
L'art et la science du bain de forêt

Fabrice MIDAL
Devenez narcissique et sauvez votre peau !

Thich NHAT HANH & Katherine WEARE
Un prof heureux peut changer le monde
La pleine conscience à l'école

Un prof heureux
peut changer le monde

Thich Nhat Hanh
et Katherine Weare

Un prof heureux
peut changer le monde

La pleine conscience
à l'école

Avant-propos de Jon Kabat-Zinn

Traduit de l'anglais
par Marianne Coulin

belfond

Titre original :
HAPPY TEACHERS CHANGE THE WORLD
A Guide for Cultivating Mindfulness in Education
publié par Parallax Press

Pocket, une marque d'Univers Poche,
est un éditeur qui s'engage pour la préservation
de l'environnement et qui utilise du papier fabriqué
à partir de bois provenant de forêts gérées
de manière responsable.

ISBN : 978-2-266-29330-3
Dépôt légal : mai 2019

Avant-propos

Jon Kabat-Zinn

L'ouvrage que vous tenez entre vos mains est un cadeau extrêmement important – nous pourrions aussi bien parler de *transmission* – que nous donne Thich Nhat Hanh à la fin d'une vie en tout point remarquable. Comme vous le verrez, ce livre est le fruit de sa profonde affection pour les enfants et de sa conscience de la nécessité d'une éducation bienveillante et avisée pour les générations futures. À chaque page, il rend hommage aux enseignants, bien souvent peu reconnus dans leur travail, qui répondent à cette nécessité, à l'ampleur de ce qu'ils accomplissent chaque jour au service d'une cause : façonner, transformer et guérir ce monde qui est le nôtre, à la base, génération après génération.

Cet ouvrage est également le fruit d'une collaboration inspirée avec Katherine Weare, coauteure, spécialiste de l'éducation et enseignante de pleine conscience, qui étudie les effets de l'apprentissage de la pleine conscience dans le domaine de l'éducation depuis de nombreuses années, et une équipe de rédacteurs composée d'élèves avancés de Thây et de la communauté du Village des Pruniers. Ensemble, ils ont conçu un manuel de formation pour les enseignants, à la fois complet et facile à consulter, qui pourra être utilisé pour introduire la pleine conscience de multiples manières dans votre classe et dans votre vie.

La pleine conscience est une pratique qui aide les élèves de tous âges à accorder leur instrument d'apprentissage. Je veux dire par là « tout leur être » – corps, esprit, cœur et cerveau –, ainsi que leurs relations entre eux en tant qu'apprenants, ce qui inclut une dimension sociale et environnementale tout aussi essentielle pour des conditions d'apprentissage et d'enseignement axées sur l'exploration et l'expérimentation optimales. Cultiver la capacité de prêter attention en est le fondement. Les enseignants ont besoin que leurs élèves soient concentrés et examinent avec discernement ce qui est le plus important. Ce qui aide vraiment, c'est de développer intentionnellement cette capacité en tant qu'aptitude susceptible d'éveiller et de maintenir tout au long de la vie une curiosité et le bonheur d'apprendre, ainsi qu'une compréhension efficace de tout objet d'étude. De plus en plus d'enseignants de par le monde en prennent conscience… Pourquoi ne pas enseigner aux élèves comment être attentifs et pratiquer l'écoute profonde au lieu de simplement leur dire d'écouter, comme cela arrive souvent en classe lorsque les enseignants eux-mêmes sont stressés et se sentent débordés ? Les pratiques de pleine conscience qui vous sont proposées dans cet ouvrage sont un moyen naturel de développer cette aptitude.

La pleine conscience, c'est précisément la capacité de prêter attention, d'être conscient, d'explorer et d'expérimenter, d'exercer le discernement et la sagesse qui naissent d'une attention minutieuse et approfondie. L'écoute profonde et la réflexion attentive sont liées à un apprentissage qui consiste à se fier à ses propres perceptions et expériences. Ces qualités mettent à profit l'imagination et la créativité pour nous aider à éplucher toutes les couches d'apparence extérieures et révéler ainsi les processus sous-jacents à l'œuvre. Associées aux compétences sociales indispensables également développées par la pratique de la pleine conscience, elles nous permettent de partager ces moments de compréhension comme de frustration avec d'autres enseignants ou élèves.

La présence attentive (la pleine conscience) est une faculté humaine naturelle qui, dans les milieux éducatifs, n'est probablement pas aussi valorisée que le raisonnement. Or il a été démontré que la combinaison des deux est bien plus puissante que le raisonnement à lui seul. L'attention est plus forte que la pensée en ce sens qu'elle peut avoir pour objet une pensée, que l'on reconnaît pour ce qu'elle est – une pensée et non un fait –, et faciliter ainsi le processus d'exploration afin de déterminer si elle est vraie, complète, précise, pertinente par rapport à la question ou si elle ne fait qu'embrouiller les choses. L'attention est une compétence essentielle pour développer un esprit critique et, fait intéressant, c'est aussi une compétence essentielle pour cultiver une intelligence émotionnelle et nous aider à mieux réguler nos émotions et nos réactions émotionnelles. Lorsque la pensée est complétée par l'attention, elle est plus puissante, plus profonde, ce qui renforce notre confiance dans ce que nous savons et nous permet, du moins nous l'espérons, d'améliorer notre capacité de reconnaître ce que nous ne savons pas ; cela constitue un aspect tout aussi important de l'éducation, de la créativité et de la vie.

Bien que les auteurs de ce livre soient claire-ment et résolument ancrés dans une ancienne et vénérable tradition bouddhique, dont la pleine conscience a tiré son articulation la plus précise et la plus élaborée il y a plusieurs milliers d'années, ils n'ont pas tari d'efforts pour formuler leur tra-vail de façon laïque et universelle, en s'adressant au plus grand nombre. Cela n'a rien de difficile, sachant que l'essence de la pleine conscience est universelle – ce que bon nombre d'entre nous en sont venus à penser et à expérimenter en tant que « manière d'être » et « manière d'être en relation avec ce qui advient », et, partant, en tant qu'explo-ration approfondie du relationnel lui-même. Dans une large mesure, l'éducation repose sur le « faire » et l'acquisition de savoirs. Bon nombre d'élèves se perdent en cours de route et ne voient pas néces-sairement l'intérêt de ce qu'ils doivent apprendre pour leur vie. Or si ce que nous apprenons et notre intérêt sont ancrés dans le domaine de l'être, alors le domaine de l'éveil incarné, le faire (et ce que nous apprenons) qui résultent de ce « non-faire » gagnent en solidité, en nuance et en efficacité. La preuve en est l'engouement pour la pleine conscience à l'école, qui ne cesse de prendre de l'ampleur de par le monde, les enseignants étant de plus en plus nombreux à estimer nécessaire que leurs élèves pratiquent dès les premières années d'école la pleine présence en classe, au lieu d'avoir simplement à « vérifier les présences », ce qui pourrait indiquer que le corps de l'élève est présent dans la pièce, mais, paradoxalement, que son esprit et son cœur ne sont pas nécessairement là. L'universalité de cette approche ressort également des témoignages de très nombreux enseignants non bouddhistes aux quatre coins de la planète, qui pratiquent la pleine conscience et nous livrent anecdotes et recommandations tirées de leur propre expérience en classe. Comme les auteurs le font aussi remarquer, une base de données scientifiques solides de plus en plus riche démontre l'efficacité d'*entraîner* les facultés essentielles de l'esprit (tous les sens et l'attention elle-même, ainsi que les sentiments de bienveillance et de compassion), même chez les tout-petits, de façon à promouvoir un apprentissage optimal et à éveiller une curiosité permanente à l'égard de la vie elle-même.

Les écoles et les universités reconnaissent depuis longtemps l'importance de l'éducation physique et du sport, les bienfaits que l'on peut retirer d'une pratique de l'exercice tout au long de la vie depuis la prime enfance étant bien établis. Or nous savons tous qu'il ne suffit pas de penser à faire de l'exercice ou d'en parler. Pour en retirer de réels bénéfices, vous devez véritablement exercer votre corps, à travers ses muscles et ses os, de préférence tous les jours. L'éducation physique et le sport font également diminuer les niveaux de stress liés à une trop grande concentration mentale pendant une trop longue période, et donnent aux élèves une occasion de restaurer leur équilibre physique et mental. De même, la pleine conscience peut être enseignée dans les écoles comme une sorte d'entraînement mental ou d'éducation mentale, lors de laquelle le muscle de la pleine conscience est éveillé, activé et renforcé par une pratique continue.

Le monde change si vite que nous ne savons pas vraiment quelles bases et quelles compétences intellectuelles seront les plus importantes pour les générations à venir. Mais ce que nous savons de façon certaine, c'est que pour faire preuve de créativité, aimer son travail, naviguer entre le numérique et l'analogique et passer toute une vie à apprendre, il sera essentiel pour les jeunes de tous âges de développer la faculté d'être présent. Il s'agit notamment d'apprendre à se fier à sa propre expérience intérieure et à se diriger dans le paysage intérieur de l'esprit, du corps et du cœur, ainsi que dans le paysage extérieur, c'est-à-dire d'apprendre des autres et avec les autres. Mettre ainsi à profit sa propre capacité de créativité et d'imagination tout au long de sa vie est une prescription essentielle pour connaître la réussite, le bien-être et, comme le suggère le titre de ce livre, le bonheur.

Selon l'un des principes les plus importants de cet ouvrage, la pleine conscience doit être intégrée dans la vie de l'enseignant avant que ce dernier puisse l'introduire en classe. Si vous êtes enseignant et que vous découvrez la pleine conscience, ce livre vous montre avec une grande précision comment développer votre propre pratique et apporter de la créativité dans votre classe, au service de vos élèves, de leur bien-être, de leur intelligence émotionnelle et de leurs apprentissages dans la joie. Notez bien qu'il n'existe pas une seule et unique façon d'y parvenir. La beauté de cette approche est d'offrir une grande variété d'options à expérimenter. Enfin, elle vous rappelle que c'est votre propre créativité, nourrie par votre pratique de la méditation, qui ouvre ces nouvelles possibilités de création à l'infini. De façon très concrète, vos élèves vont faire émerger cette sagesse et ce discernement qui sont en vous. Ils seront vos plus grands enseignants de pleine conscience.

La vertu de cette approche est qu'elle peut provenir directement de votre bonheur d'enseigner et des aspirations que vous nourrissez pour vos élèves et vos étudiants, à savoir qu'ils s'épanouissent pleinement en étant guidés et inspirés par vos propres intuitions et expériences, tout en restant vous-même bien ancré dans votre propre pratique de la pleine conscience, instant après instant. D'après ce que j'ai pu constater, l'émerveillement, l'apprentissage et la compréhension intérieure ne cessent de grandir sur ce terrain fertile.

L'un des premiers livres de Thây à avoir eu une grande influence en Occident s'appelle *Le Miracle de la pleine conscience*. Dans ce livre-ci, le miracle devient réalité. Je tiens à exprimer toute ma gratitude pour cette contribution inspirante qui vise à faire de notre monde un monde meilleur, où la bienveillance et la compassion ont toute leur place.

Jon Kabat-Zinn
Berkeley, Californie,
22 février 2017

Lettre à un jeune enseignant

Thich Nhat Hanh

Cher collègue,

Je suis enseignant et j'aime mon métier, et je sais très bien que vous aimez votre métier, vous aussi. Vous voulez aider les enfants et les jeunes à savoir comment être heureux et rendre heureux ceux qui les entourent.

Notre mission, en tant qu'enseignants, ne consiste pas seulement à transmettre des connaissances, mais à former des êtres humains, et à construire une humanité belle et digne de l'être humain, pour pouvoir prendre soin de notre précieuse planète.

J'ai beaucoup de chance, parce que les personnes, en particulier les jeunes, avec qui je travaille et vis partagent le même idéal. Elles veulent apprendre à se transformer afin de pouvoir être heureuses et aider les autres à être heureux aussi. C'est pourquoi, chaque fois que j'entre dans ma classe, il y a du bonheur et de la compréhension mutuelle entre le maître et l'élève, et une fraternité qui facilite beaucoup la tâche d'enseigner et d'étudier.

Je m'informe toujours sur la vie de mes élèves. Je leur parle de mes difficultés et de mes rêves, afin que la communication entre nous soit toujours possible. Nous savons que les enfants – les élèves d'aujourd'hui – ont en eux beaucoup de souffrance. Bien souvent, c'est parce que leurs parents souffrent. Leurs parents ne peuvent pas communiquer entre eux et la communication entre les parents et les enfants n'est pas facile non plus. Il y a comme une solitude, une sorte de vide à l'intérieur de l'enfant, qu'il cherche à combler avec des jeux électroniques, des films, la télévision, de la nourriture, des drogues et d'autres choses similaires.

Vous connaissez tout cela très bien.

Il existe une énorme souffrance chez les jeunes, ce qui rend le travail des enseignants beaucoup plus difficile. Nous-mêmes, en tant qu'enseignants, nous rencontrons des difficultés. Nous faisons de notre mieux, mais la souffrance est également présente dans notre environnement, dans notre famille et chez les collègues avec qui nous travaillons.

Si, en tant qu'enseignants, nous-mêmes ne sommes pas heureux, comment pouvons-nous attendre des enfants qu'ils le soient ? C'est une question très importante ! Peut-être manquons-nous de patience, de compréhension, de fraîcheur ou de compassion pour pouvoir faire face à toute cette souffrance. Nous avons besoin d'une dimension spirituelle pour nous aider à nous transformer et commencer à aider ceux qui nous entourent – les membres de notre

famille, notre partenaire, puis les autres – à se transformer. Si nous rencontrons du succès dans cette
pratique, nous devenons plus agréables et emplis
de compassion.

Ramener notre esprit dans notre corps

La première chose à faire est de revenir en soi-
même – pour s'en sortir, il faut d'abord rentrer
chez soi. Revenez en vous-même de façon à pouvoir prendre soin de vous : apprendre à générer un
sentiment de bonheur ; apprendre à faire face à une
émotion ou à un sentiment pénible ; écouter votre
propre souffrance, afin de faire naître la compréhension et la compassion et de moins souffrir. C'est
la première chose à faire et, en tant qu'enseignant,
vous devez en être capable. Vous devez commencer par vous-même. Il existe des méthodes pour
vous aider à y parvenir, et nous pouvons pratiquer
ensemble dans la joie.

Avec la respiration consciente, nous pouvons
ramener notre esprit dans notre corps et commencer à prendre soin de ce dernier. Lorsque vous
l'aurez fait pour vous-même, vous pourrez aider
les autres à faire de même. Sans l'expérience de
sa propre transformation, il est très difficile d'aider
quelqu'un d'autre à changer pour moins souffrir.
S'il y a plus de paix et de douceur en vous, vous
devenez plus agréable, et c'est ce qui vous permet
d'aider beaucoup plus facilement d'autres personnes
à diminuer leur souffrance.

Notre corps abrite des tensions et de la douleur. Avec la pratique de la pleine conscience, vous pouvez revenir dans votre corps, reconnaître les tensions et la souffrance qui y sont présentes et respirer de façon à relâcher cette souffrance. Une demi-heure de pratique peut déjà changer les choses, et même cinq minutes.

La pleine conscience est une énergie qui nous aide à être pleinement présents dans l'ici et maintenant, en étant conscients de ce qui se passe dans notre corps, dans nos émotions, dans notre esprit et dans le monde, afin de nous mettre en contact avec les merveilles de la vie qui ont le pouvoir de nous nourrir et de nous guérir.

L'art de vivre

La pratique de la pleine conscience est la pratique de la joie. C'est un art de vivre. Avec la pleine conscience, la concentration et la vision profonde, vous pouvez générer un sentiment de joie et de bonheur aussi souvent que vous le souhaitez. Avec l'énergie de la pleine conscience, vous pouvez aussi faire face à une émotion ou à un sentiment pénible. Si vous n'avez pas en vous l'énergie de la pleine conscience, vous craindrez d'être submergé par la douleur et la souffrance qui vous habitent.

La pleine conscience est toujours la pleine conscience de quelque chose. Inspirer et expirer en pleine conscience s'appelle la « pleine conscience de la respiration ». Pratiquer la marche en pleine conscience s'appelle « marcher en pleine conscience ». Et prendre votre petit-déjeuner en pleine conscience s'appelle « manger en pleine conscience ». Vous n'avez pas besoin de vous asseoir dans la salle de méditation pour pratiquer la pleine conscience. Vous pouvez le faire en prenant une douche, au volant de votre voiture, à l'école, en travaillant sur un projet et dans vos relations avec les autres ; vous pouvez pratiquer la pleine conscience en étant debout, en marchant, en position assise ou allongée. L'énergie de la pleine conscience, générée par la conscience de la respiration ou la conscience de vos pas quand vous marchez, aide à ramener votre esprit dans votre corps, et lorsque l'esprit et le corps sont réunis, vous êtes bien établi dans l'instant présent. La vie, avec toutes ses merveilles, toutes ses sources de fraîcheur, de réconfort qui nous comblent – la joie, le bonheur et la sérénité –, est à notre portée dans l'instant présent. Le passé n'est plus et le futur n'est pas encore ; le moment présent est le seul instant pendant lequel vous êtes vraiment vivant.

La pleine conscience permet toujours d'améliorer la concentration et, ensemble, pleine conscience et concentration peuvent produire la vision profonde. Lorsque vous respirez en pleine conscience, en vous concentrant sur votre inspiration, vous pouvez prendre conscience de choses simples, mais essentielles, comme le fait d'être vivant et d'avoir un corps. « Je sais que j'ai un corps » – c'est déjà une prise de conscience ! Je suis vivant, je suis libre, je suis présent dans l'ici et maintenant. « J'inspire,

je sais que je suis vivant ; et être en vie est un miracle
– le plus grand de tous les miracles. » Quand vous
inspirez, vous savez que vous êtes vivant, simplement parce que, lorsqu'on est mort, on ne peut plus
respirer. En expirant, vous pouvez déjà célébrer le
fait d'être toujours en vie. Vos poumons ont assez
de force pour vous permettre d'inspirer, vos pieds
ont assez de force pour vous permettre de toucher la
terre à chaque pas. De nombreuses conditions pour
accéder au bonheur sont déjà réunies. Avec la pleine
conscience et la concentration, votre compréhension
des choses s'approfondit.

Cessez de courir

Les conditions du bonheur sont multiples. Il ne
nous en faut pas davantage. Si nous prenons un stylo
pour noter les conditions du bonheur qui sont déjà
là pour nous, une page ne suffira pas, pas plus que
deux ou dix. Énumérer tous les éléments qui repré-
sentent pour vous les conditions du bonheur est une
méditation importante.

Lorsque vous reconnaissez les conditions du bonheur, vous pouvez vous sentir heureux et joyeux ici
et maintenant. De nombreuses personnes confondent
le bonheur et l'excitation, qui pourtant n'est pas
exactement le bonheur. Lorsque vous êtes excité,
il n'y a pas suffisamment de paix en vous et le
bonheur n'est pas réel. La pleine conscience est
une forme de pratique qui nous aide à comprendre
ce qu'est le bonheur véritable. Il ne peut provenir

des objets visés par notre soif de célébrité, de pouvoir, de richesse et de plaisirs des sens, mais de la compréhension et de la compassion.

Le bonheur véritable signifie que vous n'avez plus besoin de courir. Un sentiment de satisfaction d'être ici et maintenant apparaît lorsque vous reconnaissez que vous disposez de nombreuses conditions pour connaître le bonheur, chaque fois que vous êtes assis, debout ou que vous marchez. Si vous y parvenez, vous pouvez générer un sentiment de bonheur et de joie simultanés. Nous pouvons créer de la joie et du bonheur non seulement pour nous-mêmes, mais aussi pour les autres. Avec votre pleine conscience, vous êtes un rappel pour les autres – cela peut être contagieux. Vous leur rappelez que vous êtes dans un monde merveilleux, qu'ils peuvent toucher les merveilles de la vie qui sont accessibles et nous rendent heureux. Si vous êtes joyeux, heureux et présent, vous allumez la lampe du bonheur et de la joie en eux, car il existe en chacun une graine de pleine conscience. Cet art n'a rien de difficile. En tant qu'enseignant, vous pouvez accomplir ce miracle en quelques secondes et rendre heureux les élèves de votre classe.

Une communication profonde

Nous disposons aujourd'hui de nombreux moyens de communication, comme les téléphones portables, la télévision et les ordinateurs, mais la communication est devenue très difficile entre mari et femme, père et fils, mère et fille. Ce n'est pas parce que vous avez à votre disposition toutes sortes d'appareils électroniques que vous améliorez la qualité de la communication. Si vous ne vous comprenez pas vous-même, si vous ne pouvez pas être en contact avec vous-même, si vous ne connaissez pas la cause de votre propre souffrance, de votre peur et de votre colère, vous ne pouvez pas communiquer avec vous-même. Et sans cela, comment pourriez-vous communiquer avec les autres ?

Il est par conséquent essentiel de revenir en vous-même pour entrer en contact avec votre corps, vos émotions, vos perceptions et votre souffrance – pour vous comprendre avant de pouvoir aider l'autre. C'est pourquoi nous proposons aux enseignants et aux élèves de s'asseoir ensemble pour parler de la souffrance présente en eux. Nous devrions avoir le temps – nous accorder le temps – de le faire. La véritable communication consiste à comprendre à la fois la souffrance en soi et la souffrance en l'autre. C'est cela que nous devons enseigner à la jeune génération.

Pratiquer l'écoute profonde et la parole aimante avec nos élèves contribue à lever les barrières entre enseignants et élèves. Si les élèves comprennent votre souffrance, ils cesseront de vous faire souffrir. Si nous comprenons leur souffrance, nous saurons comment les aider à moins souffrir. Ensemble, nous améliorons ainsi la qualité des processus d'enseignement et d'apprentissage, et la classe devient un lieu très agréable pour tout le monde. Il est possible d'être heureux ensemble, enseignants et élèves.

La pratique de la pleine conscience appliquée à l'écoute et à la parole nous aide à rétablir la communication avec nous-mêmes parce que nous pouvons apprendre à écouter notre propre souffrance. Nous n'avons pas besoin de chercher à nous fuir nous-mêmes, ou à dissimuler ce qu'il y a de désagréable ou de douloureux en nous. Nous essayons d'être là pour nous-mêmes, de nous comprendre afin de pouvoir nous transformer. Si vous savez écouter avec compassion et amour, vous pouvez aider l'autre à moins souffrir. Vous savez qu'il y a de la souffrance en vous comme en l'autre. Alors vous cessez de le blâmer ou de l'accuser. Au lieu de cela, vous voulez l'aider à moins souffrir. Mais comment pouvez-vous reconnaître la souffrance présente en l'autre si vous ne reconnaissez pas celle qui vous habite ? C'est pourquoi la pratique de l'écoute en pleine conscience de notre propre souffrance est si importante. La compassion va naître en nous et nous souffrirons moins. Après quoi, nous pourrons regarder l'autre et savoir comment l'aider à suivre le même chemin. Le fait d'écouter l'autre avec compassion nous apportera un soulagement en une demi-heure ou une heure. C'est la pratique de l'écoute en pleine conscience.

Nous associons à cette pratique celle de la parole aimante, qui consiste à dire à l'autre la souffrance qui est en nous et en lui, avec douceur, pour l'aider à ouvrir son cœur. Notre façon de parler aide l'autre à reconnaître la souffrance qui est en lui et celle qui est en nous. Toutes ces pratiques sont des pratiques de pleine conscience – la pleine conscience de l'écoute et la pleine conscience de la parole.

L'enseignant et les élèves peuvent ensuite appliquer les pratiques de l'écoute et de la parole en pleine conscience lors de séances de partage. Ils doivent commencer par s'écouter les uns les autres. L'enseignant devrait pouvoir s'asseoir et écouter la souffrance des élèves, et les élèves découvrir les difficultés et la souffrance de l'enseignant et de leurs camarades de classe. Lorsqu'ils se seront écoutés de la sorte, leur comportement changera. Toute la classe peut pratiquer l'assise, la respiration et l'écoute mutuelle. Ce n'est pas une perte de temps – au contraire, cela mène à la compréhension mutuelle. Les élèves comme les enseignants pourront collaborer de sorte que les processus d'apprentissage et d'enseignement seront une joie pour tout le monde. Imaginons un enseignant assis avec son élève pour parler de la souffrance de celui-ci. L'enseignant a développé la capacité d'écouter l'élève avec compassion et de l'aider à moins souffrir. Il se peut que, jusqu'à ce jour, personne n'ait été en mesure de comprendre la souffrance de cet enfant. Son père et sa mère sont très occupés, et cela explique pourquoi il est tellement en colère. Nous avons maintenant une occasion de nous asseoir et d'écouter sa souffrance – cet enseignant est peut-être la première personne qui sait comment s'asseoir et l'écouter. Si cet enfant sent que sa souffrance est comprise par quelqu'un, il souffrira moins. La pratique de l'écoute avec compassion aide ainsi à tisser des liens avec l'élève et à dissiper la colère et la peur qui peuvent exister entre l'enseignant et ses élèves.

Les responsables administratifs et les directeurs d'établissement doivent comprendre qu'en organisant des séances d'écoute profonde les enseignants et les élèves auront beaucoup plus d'énergie pour enseigner et apprendre. Sans ces pratiques, les enseignants risquent de faire souffrir les élèves et réciproquement, avec pour effet de creuser davantage le fossé entre les deux générations. La pratique qui consiste à utiliser l'écoute profonde et la parole aimante pour rétablir la communication et favoriser la compréhension et la collaboration entre enseignants et élèves devrait faire partie de tous les programmes de formation destinés aux enseignants.

L'art de faire face au bonheur et à la souffrance

Il nous arrive parfois de penser que le bonheur n'est pas possible ici et maintenant. Cette croyance, qui nous a été transmise par nos parents et nos ancêtres, nous pousse à nous projeter sans cesse dans l'avenir pour réunir plus de conditions du bonheur. Nous pensons ne pas disposer suffisamment de conditions pour être heureux maintenant. Chaque respiration, chaque pas accompli en pleine conscience nous aident à cesser de courir. Nous avons l'habitude de courir vers le futur à la recherche de quelque chose, même pendant notre sommeil, et cette énergie d'habitude est très forte.

La pratique de la pleine conscience nous permettra de la reconnaître et de lui sourire. Ainsi, cette énergie d'habitude ne pourra plus nous pousser à courir.

L'art de faire face au bonheur et à la souffrance est très important. C'est pourquoi nous souhaitons que les enseignants transmettent cet art à l'école, afin de moins souffrir dans leur famille, avec leurs amis et dans leurs relations avec leurs élèves et leurs collègues, dans leur entourage et dans le monde. Ils pourront ainsi aider leurs élèves à moins souffrir à leur tour. Si nous faisons tout pour fuir notre souffrance, nous n'aurons pas la possibilité de la comprendre et de la transformer. On peut même parler des bienfaits de la souffrance. Si nous savons comment accueillir notre souffrance avec tendresse, la regarder en profondeur, alors nous pourrons générer l'énergie de la compassion et de la compréhension, les fondements du bonheur véritable.

La vision profonde de l'inter-être

Mes élèves et moi proposons Cinq Entraînements à la pleine conscience qui peuvent être considérés comme une forme d'éthique globale. Ils ne se veulent pas préceptes ou commandements d'une religion en particulier, et tout le monde peut y adhérer ou vérifier l'intérêt ou la vérité qu'ils renferment. Ces entraînements peuvent nous aider à pratiquer la pleine conscience tout au long de la journée : pour protéger la vie, pratiquer le bonheur véritable, l'amour véritable, l'écoute profonde et la parole aimante ainsi que la consommation consciente. En suivant ces entraînements, nous pourrons faire face à notre souffrance et à notre bonheur, restaurer la communication et aider ainsi notre famille, notre entourage et le monde à moins souffrir. Il s'agit là de pratiques très concrètes et non d'une théorie. Une telle pratique peut donner beaucoup de joie, de bonheur et de paix. Cette éthique se fonde sur la vision de l'inter-être.

« Inter-être » signifie que vous n'avez pas d'existence séparée – vous êtes forcément dans l'inter-être avec tout le reste. Supposons que nous regardions une rose en profondeur, avec pleine conscience et concentration. Il ne nous faut pas bien longtemps pour découvrir qu'une rose est faite uniquement d'éléments non roses. Que voyons-nous dans une rose ? Nous voyons un nuage, parce que nous savons que, s'il n'y avait pas de nuage, il n'y aurait pas de pluie et qu'aucune rose ne pourrait pousser. Un nuage est un élément non rose que l'on peut voir dans la rose. Le soleil, qui est indispensable pour que la rose puisse pousser, est un autre élément non rose présent dans la rose. Si nous retirons les éléments nuage et soleil de la rose, il n'y a plus de rose. En poursuivant notre observation, nous voyons qu'il existe de nombreux éléments non roses dans la rose, comme les minéraux, le sol, le jardinier, etc. Le cosmos entier a fait en sorte de produire une merveille qu'on appelle une « rose ». Celle-ci ne peut exister uniquement par elle-même ; elle ne peut qu'inter-être avec tout le cosmos. C'est la vision profonde qu'on appelle l'inter-être.

Il en va de même pour le bonheur : il est fait uniquement d'éléments non bonheur. Si vous voulez supprimer tous les éléments non bonheur, vous ne connaîtrez jamais le bonheur. C'est comme lorsque vous faites pousser des fleurs de lotus – vous avez besoin de la boue. En regardant profondément la fleur de lotus, vous voyez la boue. Vous ne pouvez pas faire pousser des fleurs de lotus sur du marbre. Un lotus est fait uniquement d'éléments non lotus, de même que le bonheur est fait d'éléments non bonheur. C'est la véritable nature de l'inter-être. Tout est dans tout le reste. Écarter une chose et prendre une autre chose est impossible parce que les choses sont à l'intérieur les unes des autres, non à l'extérieur. Nous devons nous défaire de notre façon dualiste de regarder les choses.

Dès lors, nous voyons clairement que le bonheur n'est pas quelque chose d'individuel. Si nous comprenons notre souffrance et sommes suffisamment habiles pour en faire un bon usage, nous pouvons créer le bonheur. C'est la vision de l'inter-être : le bonheur et la souffrance inter-sont.

Les humains sont aussi faits d'éléments non humains. En nous regardant, en regardant notre corps, nous voyons que nous sommes faits d'éléments comme les minéraux, les animaux, les plantes, etc. Supprimons tous ces éléments non humains et l'espèce humaine disparaît. C'est pourquoi, si nous voulons protéger l'humanité, il nous faut protéger les éléments non humains. C'est l'enseignement écologique le plus profond. Les Cinq Entraînements à la pleine conscience sont une façon d'être, de se comporter, une sorte de mode de vie fondé sur la vision profonde de l'inter-être. Les Cinq Entraînements sont une expression très concrète de la pratique de la pleine conscience. Si nous vivons, et si les enfants et les jeunes vivent en accord avec les Cinq Entraînements à la pleine conscience, alors le bonheur est possible, la compassion est possible, la guérison est possible. Un enseignant doit incarner ce mode de vie en pleine conscience, ce genre de compassion et de compréhension. Cela aidera considérablement la jeune génération à avancer sur la voie de la transformation et de la guérison.

Rien ne peut exister uniquement par soi-même. Tout dépend nécessairement de tout le reste pour exister. La vision profonde de l'inter-être nous aide à nous détacher de la notion d'un soi séparé, ce qui nous permet de nous défaire des complexes qui sont à la base de la souffrance. Vous ne vous comparez plus à qui que ce soit. La souffrance résulte dans une large mesure de perceptions erronées, telles que cette notion, et c'est pourquoi il est essentiel de restaurer la communication avec nous-mêmes et avec les autres pour soulager la souffrance.

Une communauté d'inter-être

Tout le monde peut pratiquer la respiration en pleine conscience et relâcher la douleur et les tensions présentes dans le corps. Tout le monde peut pratiquer la respiration consciente ou la marche en pleine conscience afin de toucher les merveilles de la vie présentes en nous et autour de nous, et reconnaître ainsi que les conditions pour être heureux ici et maintenant sont déjà réunies. Tout le monde peut pratiquer la pleine conscience afin de surmonter une émotion forte, comme la peur, la colère ou le désespoir. Tout le monde peut pratiquer l'écoute compatissante et la parole aimante pour contribuer à restaurer la communication et permettre la réconciliation.

Rêvons de bâtir une communauté parmi nos collègues et le personnel de l'établissement. Vous pouvez commencer avec deux, trois ou quatre personnes avec qui vous communiquez mieux.

Ces personnes ont vu votre transformation et votre guérison : comme vous êtes plein de fraîcheur, de compassion, et combien vous souriez. Vous pouvez leur parler du bonheur et de la souffrance présents en vous et dans votre établissement. Vous pouvez les rencontrer plus souvent afin de pouvoir continuer la pratique, pour vous-même ou comme famille, mais aussi en tant que communauté. Créer une communauté de pratique est absolument nécessaire ! Vous pouvez faire une méditation marchée ensemble, boire du thé ensemble, faire une séance de relaxation totale ensemble et, ce faisant, bâtir une petite communauté composée d'enseignants heureux. Ce sont ces enseignants heureux qui changeront le monde !

Avec cette petite communauté, vous allez pouvoir changer tout l'établissement. Vous pouvez écrire une lettre dans laquelle vous annoncerez : « Nous sommes un groupe d'enseignants ayant opéré des changements dans notre vie, à la maison et au travail. Nous pensons que ce serait merveilleux si vous pouviez vous joindre à nous. » Vos collègues pourront ainsi commencer à goûter eux-mêmes à cette paix, à cette fraternité et à la détente que procure la pratique dans une petite communauté.

Si les enseignants sont malheureux, s'il n'y a pas d'harmonie et de paix entre eux, comment peuvent-ils aider les jeunes à moins souffrir et à bien faire leur travail ? Nous ne pouvons pas continuer ainsi.

Chaque enseignant devrait être un bâtisseur de communauté. Les enseignants accomplissent un travail noble, beau et respectable, mais sans une communauté, ils ne peuvent pas faire grand-chose. Alors, mes chers amis, il est réellement important de bâtir votre communauté.

Je forme le vœu que nous ayons le temps et l'occasion de mettre ces enseignements bientôt en pratique tous ensemble. Je vous souhaite une bonne et heureuse pratique !

Thich Nhat Hanh
Village des Pruniers, France,
octobre 2014

Préface

Une vision pour l'éducation

La communauté du Village des Pruniers

Le bonheur est possible

Lorsqu'en 2011 le maître zen Thich Nhat Hanh a pris son pinceau de calligraphie dans une simple hutte en bois, dans le sud-ouest de la France, pour écrire les mots « Les enseignants heureux vont changer le monde », il ne s'agissait pas d'un vœu pieux, mais d'une vision puissante fondée sur l'expérience d'une vie consacrée à la pratique et à l'enseignement spirituels.

Thich Nhat Hanh a consacré toute sa vie d'enseignant à appliquer de façon créative le pouvoir de la pleine conscience aux défis de notre époque. Le but ultime de l'éducation est de fournir aux élèves comme aux enseignants un environnement dans lequel ils peuvent se développer, s'épanouir et acquérir des compétences pour mener une vie heureuse, saine, créative, équilibrée et riche de sens. Lorsqu'un enseignant connaît l'art de transformer les difficultés et de cultiver le bonheur dans sa vie quotidienne, alors sa famille, ses collègues et ses élèves en profitent immédiatement. Thich Nhat Hanh a dit que le plus grand talent est « la capacité d'être heureux ». « Le bonheur », précise-t-il, est « une habitude que nous avons tous besoin d'apprendre ».

Grâce à cet ouvrage, Thich Nhat Hanh et sa communauté du Village des Pruniers, en France, ainsi que tous les centres de pratique dans le monde, offrent inspiration et conseils pour tous les professionnels de l'éducation, à tous les niveaux d'enseignement, de façon pratique, non religieuse et non sectaire. Sachant que des enseignants heureux font des élèves heureux, vous trouverez dans ce guide des pratiques de pleine conscience pour aider les enseignants et leurs élèves à être plus en phase avec eux-mêmes et plus conscients de ce qui se passe dans leur corps et leur esprit, afin d'apaiser les tensions et de développer la confiance, la clarté, la compassion, le bien-être et la joie. Un enseignant qui sait comment prendre soin de son corps et de son esprit, comment cultiver la joie et le bonheur, comment diminuer le stress et gérer des émotions pénibles est quelqu'un qui fait preuve de résilience et de compassion. Un tel enseignant pourra aider ses élèves à faire de même.

Ce livre vise à offrir des méthodes efficaces aux enseignants et autres professionnels de l'éducation afin qu'ils puissent appliquer la pleine conscience dans leur vie quotidienne et la faire découvrir à leurs collègues et à leurs élèves, en les aidant à créer dans les classes et dans les établissements scolaires et universitaires un environnement paisible et favorable aux apprentissages, dans lequel ils se sentent aimés et où règnent la confiance mutuelle, la communication et la compréhension.

La pleine conscience est un chemin et non un outil

Thich Nhat Hanh a démontré que la pratique véritable de la pleine conscience ne pouvait être dépourvue d'une dimension éthique ou spirituelle. C'est la raison pour laquelle, au Village des Pruniers, la pratique de la pleine conscience est enseignée non comme un outil, mais comme un chemin. La pleine conscience est une façon de vivre que nous ne cessons de cultiver et d'approfondir. Ce n'est pas un moyen pour arriver à une fin ni un outil pour obtenir de meilleurs résultats plus tard – que ces résultats soient le bonheur ou de meilleures notes. Tout au long du chemin, il est possible de toucher le bonheur, la paix et le bien-être à chaque instant de notre pratique de la pleine conscience, même lorsqu'on débute dans la pratique. Cet ouvrage trouve sa source dans l'éthique qui sous-tend la véritable pratique de la pleine conscience et nous offre ainsi un guide pour créer une communauté bienveillante, saine et heureuse dans nos classes, nos écoles et nos universités.

Thich Nhat Hanh, à l'occasion d'un enseignement dispensé dans le cadre d'une retraite pour les enseignants au Village des Pruniers, expliquait en juin 2014 :

Les responsables administratifs peuvent être attirés par la pleine conscience parce qu'ils pensent que cela va améliorer les résultats scolaires et prévenir le burn-out chez les enseignants. Mais la pratique de la pleine conscience peut faire beaucoup plus. La pratique de la pleine conscience juste peut aider les enseignants comme les élèves à moins souffrir ; ils pourront améliorer la communication et créer des conditions d'apprentissage favorisant davantage la bienveillance et la compréhension. Les élèves peuvent apprendre des choses très importantes, comme faire face à des émotions difficiles, prendre soin de la colère, se détendre et relâcher les tensions, restaurer la communication et se réconcilier. À quoi bon apprendre, si apprendre ne vous apporte pas le bonheur ? La pratique de la pleine conscience juste peut produire un changement profond, tant en classe que dans le système éducatif de manière générale, afin que notre façon d'enseigner permette aux élèves d'être vraiment heureux. Si cela leur permet en plus d'apprendre plus facilement et plus rapidement, et aux enseignants d'éviter le burn-out, c'est merveilleux aussi[1].

Toute une vie consacrée à enseigner

Le maître zen Thich Nhat Hanh est respecté dans le monde entier pour ses enseignements inspirants et ses écrits sur l'art de la pleine conscience, qui ont touché un très large public. Il a été l'un des premiers à apporter la pleine conscience aux États-Unis et en Europe, et à donner des conférences sur ce sujet dans les universités Columbia et Cornell, dans les années 1960. Enseignant de renommée mondiale, durant tout son parcours qui s'étend de la guerre au Viêtnam à son accident vasculaire cérébral en 2014, Thich Nhat Hanh n'a cessé de rechercher de nouveaux moyens d'appliquer les pratiques de la pleine conscience, de la concentration et de la vision profonde aux difficultés du monde contemporain. Son principal enseignement est qu'en pratiquant la pleine conscience nous pouvons apprendre à vivre heureux dans le moment présent – la seule façon de véritablement développer la paix et le bonheur, en soi et dans le monde.

Né dans le centre du Viêtnam en 1926, Thich Nhat Hanh est devenu moine novice à l'âge de seize ans. Dans les années 1950, dans le chaos de la guerre, Thich Nhat Hanh et ses amis ont commencé à étudier comment appliquer l'essence des enseignements et des pratiques qu'ils avaient appris dans les domaines de la politique, de l'économie, de l'éducation et de l'action humanitaire. Ils ont publié des magazines radicaux, ouvert de nouveaux cours dans des instituts et même fondé une école expérimentale pour les enfants des hauts plateaux du centre du pays, sur le plateau de Dalat. Ils ont créé l'École de la jeunesse pour le service social (SYSS), une association de secours locale qui a compté des milliers d'élèves et reposait sur les principes de la non-violence et de l'action bienveillante, ainsi que l'Université bouddhique Van Hanh, qui proposait un nouveau programme révolutionnaire pour les jeunes moines. Dans toutes ces entreprises, Thich Nhat Hanh était déterminé à découvrir de nouveaux moyens de cultiver la sagesse, la compassion et l'existence d'une véritable communauté dans le domaine de l'éducation et dans la société.

En 1966, alors qu'il avait entrepris une tournée aux États-Unis et en Europe pour appeler à la paix au Viêtnam, Thich Nhat Hanh s'est retrouvé exilé. Il a poursuivi inlassablement ses efforts en faveur de la paix et effectué de nombreux déplacements aux États-Unis et en Europe, lors desquels il s'est entretenu avec des responsables politiques. Il a également pris la tête d'une délégation vietnamienne lors des pourparlers de paix, à Paris. À distance, il a poursuivi son action pour soutenir l'École de la jeunesse pour le service social et dirigé des projets visant à venir en aide aux victimes de la guerre et à parrainer des enfants orphelins devenus réfugiés. Martin Luther King l'a proposé pour le prix Nobel de la paix en 1967. Dans les années 1970, il a dirigé une action de sauvetage des boat people dans les hautes mers de l'Asie du Sud-Est. La pratique de la pleine conscience a soutenu l'action engagée de Thich Nhat Hanh et c'est en 1975, alors qu'il déployait tous ses efforts, qu'il a écrit l'un de ses livres, *Le Miracle de la pleine conscience*.

Pleine conscience et communauté

Devenus réfugiés en France, Thich Nhat Hanh et les membres de son équipe qui avaient pris part aux pourparlers de Paris se sont d'abord installés dans un petit appartement à Paris, puis dans une petite ferme de la forêt d'Othe, avant de finir par trouver et acquérir une ferme délabrée dans le sud-ouest de la France. C'est là que la communauté du Village des Pruniers a commencé à se développer et à ouvrir ses portes aux visiteurs qui souhaitaient découvrir la méditation et l'art de vivre en pleine conscience. Thich Nhat Hanh a commencé à donner des conférences et à organiser des retraites pour les familles, les enseignants, les hommes d'affaires, les responsables politiques, les scientifiques, les psychothérapeutes, les vétérans de guerre, les officiers de police et, à partir de 2003, pour les Israéliens et les Palestiniens.

Depuis sa création en 1982, la communauté du Village des Pruniers n'a cessé de se développer pour devenir aujourd'hui le plus grand centre international de pratique de la méditation et de la pleine conscience en Occident. Plus de deux cents moines et moniales y résident et des milliers de visiteurs viennent participer à des retraites chaque année. Alors que la renommée de Thich Nhat Hanh s'étendait, on l'a invité à donner des enseignements dans le monde entier. Il a pris la parole au Congrès américain, devant le Parlement du Royaume-Uni, de Grande-Bretagne et d'Irlande du Nord et le Parlement de l'Inde, à l'Unesco, devant la Banque mondiale et au Parlement mondial des religions. Au cours des vingt dernières années, il a créé des centres de pratique résidentiels pour moines et moniales en Californie, à New York, au Viêtnam, à Paris, à Hong Kong, en Thaïlande, dans le Mississippi, en Australie et en Allemagne. Il existe actuellement plus de deux mille groupes locaux de pleine conscience dans la tradition du Village des Pruniers, qui se réunissent régulièrement dans des villes du monde entier. Au moins seize de ces groupes rassemblent des jeunes du mouvement Wake Up, tous activement engagés pour contribuer à bâtir une société plus saine et bienveillante.

Lorsqu'en 2008 Thich Nhat Hanh a commencé à élaborer un programme de formation international destiné aux enseignants en vue d'apporter la pleine conscience dans des milieux éducatifs tels que les écoles et les universités en Europe, en Amérique et en Asie, c'était dans la continuité naturelle des efforts qu'il avait menés toute sa vie en faveur d'une éducation pleine de sens, dans la joie et porteuse de transformation, tant pour les enseignants que pour les élèves. Forts de l'expérience considérable qu'ils ont acquise en organisant des retraites depuis plus de trente ans, Thich Nhat Hanh et sa communauté ont mis au point et peaufiné un ensemble riche, créatif et efficace de pratiques en vue de transmettre la pleine conscience aux enseignants ainsi qu'aux enfants et aux jeunes. Tout au long de sa carrière d'enseignant, Thich Nhat Hanh a utilisé l'imagerie d'un poète, la vision profonde d'un maître zen et l'espièglerie d'un enfant pour concevoir des moyens créatifs permettant de partager les enseignements et pratiques de pleine conscience auprès des enfants, de leurs parents et des enseignants. En 1987, lors d'une retraite organisée à Santa Barbara, en Californie, il a mis au point sa célèbre méditation des cailloux en quatre parties pour les enfants, qui est devenue depuis un exercice classique de méditation utilisé dans le monde entier. Il se sert d'une fleur de tournesol pour enseigner l'inter-être aux enfants, de l'histoire d'un nuage pour leur enseigner l'impermanence, la non-mort, et de l'histoire de ses deux mains et d'un marteau pour leur enseigner l'inclusivité et la non-discrimination. Il a montré que même les plus jeunes enfants peuvent apprendre à cultiver l'amour et la compréhension – les principaux éléments qui constituent le fondement de l'éthique.

Les Wake Up Schools

En 2008, dans le cadre des efforts déployés après les émeutes urbaines qui avaient perturbé la France au cours des années précédentes, le président Nicolas Sarkozy a lancé une nouvelle politique d'« éducation morale et civique » dans les écoles françaises en vue de contribuer à une société plus éthique. Mais il est apparu très rapidement que bon nombre d'enseignants ne savaient pas très bien ce qu'il fallait enseigner dans ces cours.

« Nous avons des choses à proposer », a alors fait savoir Thich Nhat Hanh, demandant à ses élèves de soumettre une proposition au Président sur le genre d'« éthique appliquée » que le Village des Pruniers

41

avait entrepris de partager avec des enfants, des adolescents et des enseignants depuis les années 1980. Pour Thich Nhat Hanh, apprendre à se détendre, à être présent et attentif, à se concentrer, à cultiver la compassion et à pratiquer la parole aimante et l'écoute profonde est une pratique concrète de l'éthique appliquée, dont chaque élément peut être enseigné. Ces pratiques peuvent non seulement s'attaquer aux racines de la violence et de l'injustice, mais aussi apporter un sentiment de bonheur et de bien-être profond et durable au bénéfice des personnes, des établissements d'enseignement, des familles et de la société.

En septembre 2008, Thich Nhat Hanh et ses élèves ont organisé pour la première fois une retraite de formation pour plus de cinq cents enseignants, à Dehradun, sur les contreforts de l'Himalaya, dans le nord de l'Inde, pour continuer à développer ces idées. Lorsqu'il a rencontré Sonia Gandhi quelques semaines plus tard à Delhi, l'éducation et la formation des enseignants figuraient en tête de l'agenda du gouvernement. Thich Nhat Hanh a continué de développer ses enseignements sur l'éthique appliquée et annoncé en 2011 un nouveau projet visant à développer et à partager plus largement les pratiques du Village des Pruniers. Les « Wake Up Schools », le nom donné à ce programme, proposent des formations qui puisent leur source dans les enseignements et la vision du Village des Pruniers, de manière non religieuse et non sectaire.

Les Wake Up Schools opèrent à partir du Village des Pruniers, en France, et offrent des retraites, des programmes de formation, des contenus pédagogiques et un accès à un réseau communautaire visant à favoriser le bonheur, le développement personnel et le bien-être des enseignants, du personnel administratif, des élèves et des parents. L'initiative Wake Up Schools est menée par les élèves de Thich Nhat Hanh, avec les apports d'une communauté internationale active d'enseignants et de bénévoles, qui sont tous des pratiquants chevronnés de la pleine conscience dans la tradition du Village des Pruniers.

Depuis que le mouvement des Wake Up Schools a été créé, en 2011, Thich Nhat Hanh et la communauté du Village des Pruniers organisent plusieurs fois par an des retraites à l'intention des enseignants et des professionnels de l'éducation, ainsi que des programmes de formation aux États-Unis, en France, en Allemagne, en Espagne, au Royaume-Uni, au Bhoutan, au Canada, en Corée, à Hong Kong, en Thaïlande et en Inde. Les formations destinées aux enseignants comprennent actuellement deux volets : le premier vise à permettre aux enseignants d'intégrer en eux la pratique et le second est axé sur le partage des pratiques de pleine conscience auprès de leurs élèves et de leur communauté scolaire. (Vous trouverez en fin d'ouvrage de plus amples informations ainsi que les contacts des Wake Up Schools et des centres de pratique dans la section « Pour aller plus loin ».)

Le programme des Wake Up Schools se propose de fournir aux enseignants une base éthique, de favoriser un climat de concentration et d'apprentissage psychosocial dans les écoles et les universités et de soutenir la pleine conscience et le bien-être des enseignants. Ce programme reconnaît que les milieux éducatifs sont de plus en plus stressants, que les enseignants et le personnel font face à des pressions accrues, alors même que les difficultés sur le plan économique et social se multiplient pour les familles. Il est par conséquent très important que les enseignants puissent cultiver leur bonheur, leur pleine conscience et leur bien-être, de façon à pouvoir aider les enfants et les jeunes adultes à développer les compétences nécessaires pour faire face à ces difficultés, à ces pressions, et à trouver sans attendre de la joie dans leur vie quotidienne. En incarnant la pleine conscience, la concentration, la joie et la paix, les enseignants peuvent apporter du bonheur, de la stabilité et de la clarté à leur communauté. Avec l'énergie de la pleine conscience et de la compassion, la classe, l'école ou l'université peuvent devenir comme une famille où les élèves, notamment ceux issus de milieux défavorisés, trouvent une seconde chance. Petit à petit, les communautés éducatives peuvent devenir des agents de développement social et personnel pour les élèves, les enseignants et le monde.

Cet ouvrage est inspiré par la vision de Thich Nhat Hanh pour apporter le bonheur, le bien-être et la paix aux enseignants, aux élèves et à la société. Après avoir animé des dizaines de retraites pour les enseignants dans le monde, il a supervisé avec la plus grande attention les premières phases de la rédaction de ce livre, jusqu'à son attaque cérébrale en novembre 2014.

À l'occasion de ces retraites destinées aux enseignants, Thich Nhat Hanh a offert des dizaines d'heures de discours et de séances de questions/réponses qui ont inspiré le cœur et l'esprit des milliers de personnes venues l'écouter. Ici, pour la première fois, des extraits de transcriptions de ces enseignements sont disponibles, grâce au travail accompli par une équipe de moines et moniales ayant travaillé en étroite collaboration avec lui pendant ces retraites. Ils ont distillé l'essence des enseignements de Thich Nhat Hanh, son expérience et sa vision. Nous sommes réellement heureux de les faire connaître, car ils constituent une partie essentielle de ce qu'il lègue au monde.

La communauté du Village des Pruniers
Village des Pruniers, France,
octobre 2016

Préface

La contribution du Village des Pruniers au domaine de la pleine conscience dans l'éducation

Katherine Weare

J'ai le privilège d'être coauteure de ce livre et enseignante, et j'espère à ce titre apporter ma perspective d'enseignante à l'étude de la pleine conscience et de l'approche proposée par le Village des Pruniers. Après avoir commencé ma carrière comme professeure en lycée, je me consacre depuis quarante ans au développement et à la recherche dans les domaines du bien-être, du bonheur, de la santé mentale et de l'apprentissage psychosocial dans des établissements scolaires et universitaires. Il y a quinze ans, j'ai commencé à m'intéresser à la pleine conscience, à la compassion et aux études contemplatives, sujets que j'ai intégrés dans mes travaux de recherche et dans ma pratique. Je suis arrivée à la pleine conscience lorsque j'ai dû affronter, non sans mal, un épisode de maladie grave, et j'ai compris très rapidement que la pleine conscience allait transformer ma relation avec moi=même et avec les nombreuses difficultés – que je m'étais moi-même infligées – que je rencontrais dans ma vie trépidante. Je me réjouis de constater qu'aujourd'hui ce domaine qui va du bien-être à la pleine conscience est de plus en plus connu et utilisé, pour le moins dans certaines régions du monde.

La genèse de ce livre

Lorsque j'ai rencontré pour la première fois la communauté monastique et laïque du Village des Pruniers, lors de la retraite offerte aux enseignants à Londres en 2012, j'ai été frappée par la profondeur, l'importance et l'authenticité que leur approche, désormais mieux connue du grand public, apportait à tout ce domaine, et je suis ravie que l'on m'ait proposé de contribuer à la rédaction de cet ouvrage. Mon propos consistera à décrire les intentions de ce livre ainsi que le paysage éducatif auquel il se rapporte, et d'examiner ce que l'approche du Village des Pruniers apporte, selon moi, à ce champ de l'activité humaine qui évolue et se développe rapidement.

Ce livre a germé à partir d'une graine plantée lors d'une rencontre avec des élèves de Thich Nhat Hanh passionnés, parmi lesquels de nombreux pratiquants éminents, dans une petite pièce où étaient réunis des enseignants participant à une retraite organisée à Londres, en avril 2012. Nous discutions des actions que la communauté laïque pourrait entreprendre par la suite pour soutenir au mieux le développement de la vision de Thich Nhat Hanh sur la pleine conscience dans l'éducation. Nous étions tous au fait de l'importance croissante de la pleine conscience et d'autres approches contemplatives dans le monde éducatif – dans des établissements d'enseignement primaire et secondaire, et de plus en plus à l'université, à travers le monde –, comme en témoigne la multiplication des travaux de recherche, des programmes, des formations, des publications et des conférences en la matière.

La communauté du Village des Pruniers menait déjà de nombreuses activités autour de la pleine conscience et de l'éthique appliquée à l'éducation, et jouissait d'une solide réputation, principalement grâce au bouche à oreille, pour son travail authentique, inspirant et précurseur, notamment dans le cadre des retraites destinées aux enseignants. À l'époque, il n'existait encore aucune instruction écrite de Thich Nhat Hanh ou de la communauté sur les meilleurs moyens d'aider les enseignants à cultiver la pleine conscience dans leur vie et dans leur classe, à l'école et à l'université. Nous avons pris la résolution de nous atteler à cette tâche.

Au départ, nos intentions étaient modestes. Un petit groupe de pratiquants monastiques et laïques a commencé par recenser les pratiques de base de l'approche du Village des Pruniers. Nous avions envisagé une simple série de « fiches recettes » résumant pas à pas comment les appliquer à soi-même et les enseigner. Nous souhaitions qu'elles soient succinctes et faciles à utiliser par tous ceux qui découvriraient ces enseignements. (Ces principes – la brièveté et l'aspect pratique – restent au cœur des pratiques de base que vous découvrirez dans la première partie de ce livre.) Vous trouverez également des fiches pratiques résumant les pratiques de base à l'annexe A.

Notre vision et nos aspirations se sont ensuite élargies et approfondies, pour finalement donner lieu au guide pratique que vous tenez entre vos mains.

Nous étions conscients que les paroles et la vision de Thich Nhat Hanh, notamment ses enseignements qui tenaient les publics en haleine lors des retraites, constituaient une ressource précieuse. Ils n'avaient jusqu'alors jamais été publiés et nous sommes très heureux de les reproduire dans ce livre. Vous les trouverez dans les premières pages, dans l'introduction et au début de chaque chapitre de la première partie.

Utiliser les exemples fournis par des enseignants

Notre objectif était également de soutenir la vision inspirante de Thich Nhat Hanh en répondant aux nombreuses demandes de conseils pratiques formulées par des enseignants sur les différents moyens de développer la pleine conscience dans leur vie, ainsi que dans leur classe, leur école ou leur université. Après avoir mis au point le déroulé pas à pas des pratiques, nous sommes devenus plus ambitieux. Convaincus qu'il existait un grand nombre d'activités à recenser en vue de soutenir le travail des enseignants, nous avons décidé de compléter les conseils pratiques par une étude systématique des résultats déjà produits sur les enseignants qui pratiquent selon l'approche du Village des Pruniers. En recueillant ces témoignages, nous partions dans l'inconnu, un inconnu qui s'est révélé riche de récompenses inattendues et qui a profondément façonné la nature et le contenu de ce livre.

Dans un premier temps, nous avons identifié et contacté environ soixante-dix pratiquants expérimentés qui utilisent depuis des années l'approche du Village des Pruniers dans le domaine de l'éducation, et nous leur avons demandé de nous faire part de leurs expériences. Certains récits avaient déjà été publiés dans *The Mindfulness Bell* (le magazine officiel de la communauté du Village des Pruniers), mais la plupart résultent de notre appel, qu'ils nous aient été communiqués par écrit ou oralement, lors d'un entretien. Nous avons également réalisé une enquête en ligne en anglais, en espagnol et en français auprès des personnes qui s'étaient inscrites pour recevoir des informations sur les Wake Up Schools, et nous avons posté l'invitation à participer à l'enquête sur la liste de diffusion électronique du réseau Mindfulness in Education (MiEN) et le site Internet des Wake Up Schools. Nous avons parcouru les différents numéros de la revue *The Mindfulness Bell* afin de réunir des articles sur la pratique dans divers contextes éducatifs. Nous avons profité de plusieurs retraites et séminaires destinés aux enseignants et organisés dans le monde entier pour interroger les participants. Pour certaines communautés, comme en Italie et en Inde, nous avons sollicité des témoignages par courriel et par le bouche à oreille. En fait, nous avons contacté toutes nos connaissances qui, partout, travaillent dans le domaine de l'éducation. Des centaines de réponses nous sont parvenues et environ cent cinquante personnes sont finalement citées dans ce livre. Leurs noms apparaissent en fin d'ouvrage, à l'exception de ceux qui ont souhaité rester anonymes. Il est à noter que nous n'avons pas pu utiliser toutes les réponses reçues.

> Thich Nhat Hanh est souvent appelé « Thây » par ses élèves, comme vous le verrez dans certains exemples. Ce terme, qui signifie « maître » en vietnamien, est devenu son surnom.

Nous recherchions des témoignages, des réflexions et des exemples personnels pour illustrer l'influence des enseignements de Thich Nhat Hanh ou du Village des Pruniers sur la vie d'enseignants et sur leur façon d'enseigner. Nous leur avons demandé de décrire les effets de la pleine conscience sur eux-mêmes et sur leurs élèves ou leurs étudiants, ainsi que leur manière d'enseigner les pratiques, s'ils étaient parvenus à collaborer avec leurs collègues à l'école ou à l'université et à en parler avec les parents, et quelles ressources ils avaient trouvées utiles. Ils devaient s'en tenir à ce qu'ils pouvaient attribuer clairement à la tradition du Village des Pruniers, et non à la pleine conscience de façon générale ou à d'autres approches.

Ce processus a pris deux ans. Les réponses qui nous parvenaient étaient classées par catégorie, grâce à une analyse thématique et du contenu. Au fil du temps, ce sont les réponses elles-mêmes qui ont façonné la structure et la teneur de ce livre, qui n'a donc rien d'une spéculation abstraite ; il reflète au contraire la réalité solide, venue du terrain, de ce que vivent des enseignants dans l'enseignement primaire, secondaire et supérieur, que l'on peut clairement attribuer aux enseignements extrêmement concrets et inspirants offerts par Thich Nhat Hanh et la communauté du Village des Pruniers.

Ce que l'approche du Village des Pruniers apporte au monde de l'éducation

En tant que coauteure de ce livre, mon rôle a consisté à guider nos efforts en vue de réaliser un guide pratique traitant des moyens de cultiver la pleine conscience dans notre vie et notre travail quotidien d'enseignants. En tant que professionnelle de l'éducation et universitaire, mon rôle a également consisté à rassembler nos idées sur ce qui relie l'approche de la pleine conscience suivie par le Village des Pruniers et les préoccupations, les domaines d'intérêt et les travaux de recherche en cours relatifs à l'éducation. Nous avons mis au point ce guide et choisi ces thématiques en nous fondant non seulement sur la théorie et la recherche, mais aussi sur les réponses fournies par les enseignants contactés.

Dans la partie introductive des différentes pratiques, je m'attacherai à montrer ce qui, selon moi, constitue la contribution de l'approche du Village des

Pruniers, de manière générale, à la pleine conscience dans les établissements d'enseignement, et plus largement dans le paysage éducatif. Je formule ces réflexions à titre personnel, en tant qu'enseignante. Si elles ne prétendent pas représenter un quelconque point de vue officiel du Village des Pruniers sur la pleine conscience dans l'éducation, elles résultent toutefois d'un contact approfondi avec les enseignements et de longues discussions avec différentes personnes engagées dans cette démarche. Je vous fais part de ces réflexions dans l'espoir qu'elles vous aident à comprendre le contexte dans lequel cette approche est devenue si populaire, si précieuse et si accessible pour les enseignants d'aujourd'hui.

L'importance accordée au positif et au bien-être

Le monde semble faire face à une crise sur le plan de la santé mentale, notamment chez les enfants. Partout dans le monde, les problèmes de santé mentale sont la principale cause des maladies non mortelles et contribuent à environ un quart du total des maladies[1]. La fréquence de la dépression, de l'anxiété, de l'automutilation, du suicide et des comportements agressifs et violents semble augmenter, de même que le sentiment de stress et d'insatisfaction, qui est certes moins grave, mais très répandu. Il est particulièrement difficile de faire face à cette épidémie en raison de la honte et de la stigmatisation qui entourent la maladie mentale : les gens craignent d'en parler de peur qu'on les juge faibles, qu'on leur fasse des reproches ou qu'on les ostracise.

Comment gérer le sentiment d'être malheureux ou stressé et, plus positivement, comment être plus heureux ? C'est l'éternelle question que se posent les êtres humains. Au vu du nombre d'années consacrées à tenter de résoudre cette énigme et du désordre et de la confusion qui semblent croître, il est clair que la réponse n'est pas aisée. Le développement de la science du bonheur et du bien-être[2] nous donne toutefois plusieurs indices. Les changements récents dans la recherche théorique et le nombre croissant de données factuelles issues de la recherche font écho à la sagesse représentée par Thich Nhat Hanh et l'approche du Village des Pruniers.

La façon d'aborder le développement humain accorde une importance renouvelée au « positif ». L'usage de plus en plus répandu de termes comme « bien-être », « psychologie positive », « santé mentale positive » ou « développement individuel » et « épanouissement » en est la parfaite illustration. Ce changement porte en lui l'aveu que, jusque-là, les analyses s'intéressaient dans une très large mesure et depuis longtemps à ce qui ne va pas chez les gens, aux troubles et à la souffrance mentaux, au lieu d'étudier ce qui fonctionne bien, notamment les forces et la résilience qui peuvent nous aider à faire face à ces problèmes.

Pour les personnes qui travaillent dans le domaine de l'éducation, le rôle que sont amenés à jouer les établissements scolaires et universitaires est de plus en plus important et déborde le cadre restreint de la maîtrise des savoirs académiques, en ce sens qu'ils aident les élèves à se développer et à s'épanouir en cultivant des valeurs humaines fortes et une éthique laïque solide. Il est question de « prosociabilité », de « sentiment d'être en lien, ou connecté », de « compétences sociales, affectives et mentales », d'« intelligence émotionnelle », de « moralité », de « valeurs », de « civisme », d'« éthique », de « compétences générales ou non cognitives » (en anglais, *soft skills*), de « compétences pour la vie », de « bien-être » et de « bonheur ». Les études menées montrent qu'il existe un lien clair entre ce programme et les résultats scolaires[3].

Cultiver le bonheur
pour soulager la souffrance

La vision de Thich Nhat Hanh et de la communauté du Village des Pruniers est une manière équilibrée de résoudre l'énigme permanente à laquelle sont confrontés les êtres humains : comment atteindre le bonheur ? Ainsi que le reconnaît Thich Nhat Hanh dans sa lettre reproduite en début d'ouvrage, « avec la pleine conscience, la concentration et la vision profonde, vous pouvez générer un sentiment de joie et de bonheur aussi souvent que vous le souhaitez. Avec l'énergie de la pleine conscience, vous pouvez aussi faire face à une émotion ou à un sentiment pénible. Si vous n'avez pas en vous l'énergie de la pleine conscience, vous craindrez d'être submergé par la douleur et la souffrance qui vous habitent ».

Thich Nhat Hanh a une vision réaliste de la part d'ombre de l'humanité, qui se tapit sous forme de « graines » de colère et de violence potentielles dans notre « conscience du tréfonds », aux côtés de graines de bonté et de bonheur potentiels. Tout résulte des graines que nous « arrosons ». Les études relatives à la psychologie de l'évolution suggèrent que l'espèce humaine, dans son processus d'évolution, semble ne pas avoir été dotée au mieux, et que nombre d'entre nous sont fondamentalement sujets à certaines inclinations de l'esprit comme la « tendance à la négativité ». Celle-ci nous pousse à la rumination, au pessimisme, à l'inquiétude, à la colère, à l'hyperactivité et à l'hypervigilance. Ces tendances nous ont peut-être permis autrefois d'assurer notre sécurité en tant qu'espèce-proie survivant dans des environnements dangereux, et ont permis aux plus agressifs et aux plus sombres d'entre nous de transmettre leurs gènes, mais elles sont inutiles lorsqu'il s'agit de bien vivre ensemble ou de faire face aux difficultés modernes d'une époque hyper-connectée et sous pression[4]. Si nous voulons vivre une vie heureuse et emplie de compassion, nous devons agir de façon positive.

Le passage de la souffrance au bonheur ne peut impliquer une lutte fébrile. Les états d'esprit positifs ne proviennent pas de nouvelles acquisitions, d'un statut plus élevé ou de réussites, ni même des « bonnes choses » qui peuvent nous arriver. Dès lors que nos besoins fondamentaux sont satisfaits, tout ce que l'on peut ajouter ne produira pas une hausse proportionnelle de notre bien-être émotionnel[5].

Il s'avère que le message clé de l'approche du Village des Pruniers – la nécessité de cultiver le bonheur authentique de l'intérieur – est bien fondé. Les travaux de recherche suggèrent qu'il est tout à fait possible de développer le bonheur en renforçant notre sentiment d'être connecté aux autres, en cultivant l'altruisme et la compassion, en savourant le moment présent, en acceptant avec équanimité ce qui ne peut être changé et en renforçant le sentiment de mener une vie pleine de sens. Le bonheur est aussi renforcé par la pleine conscience, comme nous le verrons plus loin dans le chapitre consacré aux données factuelles issues de la recherche.

Le souci de cultiver le bien-être et le bonheur de toute la personne n'est pas une invention moderne. Aristote disait déjà qu'« éduquer l'esprit sans éduquer le cœur n'est pas éduquer ». Mais on l'a oublié et on demande aux établissements d'enseignement d'axer leurs efforts sur l'intellect et l'obtention de résultats aux examens, souvent dans le cadre d'un programme de croissance économique nationale qui lui-même s'inscrit dans le cadre d'une économie mondiale concurrentielle. Aujourd'hui, un peu partout dans le monde, des enseignants dans un nombre croissant d'établissements scolaires et universitaires ordinaires commencent à estimer que cette tendance est allée trop loin et s'emploient à élargir leur mission. Ils tournent leurs efforts vers la promotion des compétences et des états d'esprit qui aideront leurs élèves et le corps enseignant à mener une vie épanouie (être en contact avec ses émotions, acquérir les aptitudes nécessaires au niveau relationnel, avoir des objectifs propres et le sens des responsabilités), ce qui les aidera à se développer personnellement, à s'épanouir et à être heureux dans l'instant présent. L'approche du Village des Pruniers est particulièrement bien adaptée pour soutenir ce changement d'orientation vers une approche plus globale.

Vous trouverez dans ce livre des témoignages d'enseignants et même d'établissements visionnaires qui ont placé le bonheur et le bien-être au cœur de leurs méthodes pédagogiques, avec l'aide de la pleine conscience et en s'inspirant de l'approche du Village des Pruniers. Bon nombre d'entre eux considèrent que cette nouvelle orientation favorise les apprentissages scolaires et que ces deux intentions ne sont pas en conflit. Nous explorons les liens entre pleine conscience et apprentissages au chapitre 10.

L'engouement pour la méditation de pleine conscience

La tradition qui a motivé Thich Nhat Hanh à créer ce qui est devenu une approche totalement laïque des moyens de cultiver le bonheur humain découle en droite ligne de deux mille cinq cents ans de pratique et d'étude dans les pays d'Asie. Il y a eu dans les années 1970 une vague d'intérêt pour la pleine conscience et les pratiques méditatives, et toutes sortes d'activités ont été menées pour les faire connaître en Occident. Dans ce contexte, le travail de pionnier réalisé par Thich Nhat Hanh aux États-Unis et en Europe et la publication, en 1975, de son livre à la fois accessible et populaire, *Le Miracle de la pleine conscience*, ont exercé une forte influence, ainsi que le rappelle la communauté du Village des Pruniers dans sa préface sur l'historique de la pleine conscience.

À partir de la fin des années 1970, Jon Kabat-Zinn, soutenu par d'autres chercheurs, a commencé à explorer le fondement scientifique de la méditation et à rendre beaucoup plus accessible la méditation de pleine conscience. Sa démarche était notamment axée sur la conception de programmes de cours de courte durée, ce qui a permis d'aborder la pleine conscience sous forme d'« interventions spécifiques », lesquelles présentent l'avantage de pouvoir être facilement étudiées avec les méthodes de la recherche scientifique, en particulier les essais comparatifs avec répartition aléatoire des sujets[6]. Au cours des trente dernières années, les interventions basées sur la pleine conscience, sous des intitulés comme « Programme de réduction du stress basé sur la pleine conscience » (en anglais, *Mindfulness-Based Stress Reduction*, MBSR), accompagnées d'une base de données factuelles toujours plus riche, se sont développées dans des contextes variés. D'abord utilisées dans le domaine de la santé, elles le sont aujourd'hui dans pratiquement tous les contextes possibles, au plan personnel, professionnel et social, et notamment dans les établissements d'enseignement. La méditation de pleine conscience pour les enfants et les jeunes s'est répandue rapidement dans certaines régions du monde et nous disposons désormais de nombreux programmes, interventions et travaux de recherche à leur sujet dans les milieux de l'éducation et de la santé, notamment en lien avec les compétences parentales et la vie en collectivité.

Être conscient de la respiration, du corps, des mouvements, manger et marcher en pleine conscience et cultiver une attitude d'ouverture d'esprit et de curiosité bienveillante vis-à-vis de notre propre expérience sont autant de pratiques aujourd'hui largement enseignées. Thich Nhat Hanh en a hérité et les a peaufinées et enseignées tout au long de sa vie, avant que la pleine conscience ne devienne populaire, ce à quoi il a de toute évidence amplement contribué. Maintenant que ces pratiques ont attiré l'attention de nombreux chercheurs, nous disposons d'une base de données factuelles qui se développe rapidement et suggère que la méditation de pleine conscience est d'une utilité pratique considérable[7].

Je vais tenter de vous donner un aperçu de la base de données scientifiques qui reconnaissent l'efficacité de la méditation de pleine conscience. Je suis universitaire de profession, de sorte que le ton prudent que j'emploie pourra contraster avec l'énorme battage médiatique auquel nous assistons parfois, en particulier dans les médias populaires. Dans l'esprit du Village des Pruniers – pas besoin de se presser –, célébrons déjà ce que nous savons des bénéfices apportés par la méditation de pleine conscience, sans prétendre en savoir plus que ce n'est le cas, et en nous réjouissant du long chemin qui reste à parcourir.

Les bénéfices de la pleine conscience pour les enseignants

On assiste à un développement rapide des programmes de pleine conscience pour les enseignants, certains en lien avec des programmes scolaires et universitaires, d'autres dans le cadre de la formation des enseignants[8]. Dans un manuel récent qui fait déjà autorité, intitulé *Handbook of Mindfulness in Education*[9], la moitié des chapitres portent sur le développement de la pleine conscience des enseignants et des professionnels de l'éducation eux-mêmes, afin de renforcer leur bonheur et leur bien-être, et pas seulement pour qu'ils enseignent la pleine conscience à leurs élèves. La sagesse fondamentale de l'approche du Village des Pruniers, à savoir qu'il faut commencer avec les enseignants, est de plus en plus reconnue.

Les études menées auprès d'enseignants confirment la validité de la solide base de données factuelles qui s'est constituée au cours des trente-cinq dernières années sur les effets de la méditation de pleine conscience en général. Chez les adultes, on reconnaît ses effets sur un vaste éventail de problèmes de santé physique et mentale, notamment la dépression et l'anxiété. Elle influe également sur les compétences psychosociales, les processus d'apprentissage et les fonctions cognitives, ainsi que sur les ressentis, les performances et de nombreux indicateurs de la qualité de vie et de bien-être dans des contextes très variés. Un résumé récent des travaux de recherche existants a été effectué par Khoury et son équipe[10]. Les études montrent un lien clair entre le nombre d'heures de pratique auquel les élèves sont prêts à consentir et le degré de bénéfices qu'ils en retirent. Les résultats cumulés de différentes études sont généralement acceptés comme étant convaincants, de sorte que nous pouvons raisonnablement affirmer qu'ils reposent sur des bases solides, scientifiquement parlant.

Les données factuelles portant sur l'intérêt spécifique de la méditation de pleine conscience pour les enseignants que j'évoquerai ci-après sont tirées d'un article récent[11]. À ce jour, les études sur ce thème restent peu nombreuses, et nous devons par conséquent les traiter avec prudence, mais elles ne cessent de se développer.

Les enseignants qui étudient la pleine conscience ont tendance à rencontrer moins de problèmes de santé mentale tels que le stress, la dépression et l'anxiété. Ils disent éprouver un plus grand bien-être, notamment un sentiment de sérénité, de satisfaction à l'égard de leur vie, de confiance en soi et de compassion envers soi. Ils éprouvent davantage de bienveillance et de compassion envers eux-mêmes et autrui, ont plus d'empathie, de tolérance, de capacité à pardonner et de patience, moins de colère et d'hostilité. La pratique de la médiation de pleine conscience améliore leurs performances cognitives, notamment leur capacité à se concentrer, à prendre des décisions et à réagir avec souplesse aux difficultés qui se présentent. Cela fait d'eux de meilleurs enseignants, avec une meilleure gestion et organisation de la classe, une meilleure capacité à établir des priorités, à avoir une vision globale des situations, une motivation et une autonomie supérieures. Ils sont plus à l'écoute des besoins de leurs élèves et tissent avec eux des relations de soutien. Ils ont également tendance à être en meilleure santé physique, avec notamment une tension artérielle plus basse, des taux de cortisol abaissés (une hormone du stress) et moins d'absences pour cause de maladie.

Les exemples donnés par les enseignants cités dans ce livre se rapportent à tous ces domaines dans lesquels des bénéfices ont été constatés. Il sera question de mieux prendre soin de soi, d'avoir de la compassion pour soi, d'avoir plus d'empathie et d'être plus à l'écoute des autres, d'acquérir une plus grande capacité à faire les choses lentement, à lâcher prise, à voir les choses de façon équilibrée, et de parvenir à une diminution du stress et des jugements négatifs envers soi-même et autrui.

Les bénéfices de la pleine conscience pour les enfants et les adolescents

Des résultats prometteurs émergent également des études sur la pleine conscience menées auprès d'enfants et d'adolescents dans différents domaines, notamment la santé et l'éducation. Les données factuelles sont encore relativement peu nombreuses et il reste un très long chemin à parcourir, mais c'est un bon début. Les résultats auxquels je me réfère ci-après sont également tirés d'une revue récente de la littérature scientifique[12].

Lorsqu'elle est bien enseignée, la pleine conscience peut améliorer la santé physique, sociale, psychique et mentale, ainsi que le bien-être des enfants et des adolescents. Ces effets sont particulièrement notables lorsqu'il s'agit de réduire les troubles de la santé mentale, notamment pour les enfants connaissant des niveaux de difficulté importants[13]. La pleine conscience peut diminuer la dépression, le stress, l'anxiété, la réactivité et les comportements difficiles. Elle peut améliorer le bien-être et favoriser le calme, la détente et le sommeil. Elle renforce l'aptitude à gérer ses émotions, ainsi que la conscience de soi, l'estime de soi et l'empathie. La pleine conscience a également un impact clair sur les résultats scolaires[14] : elle favorise les processus d'apprentissage en contribuant au développement de compétences cognitives et d'habiletés. Elle semble apporter une aide en ce qu'elle permet aux enfants d'être plus attentifs, plus concentrés, de penser de manière plus novatrice, d'utiliser plus efficacement leurs connaissances, d'améliorer leur mémoire de travail et de renforcer leurs aptitudes en matière de planification, de résolution des problèmes et de raisonnement. À ce jour, aucun effet délétère (exemple d'effets préjudiciables) n'a été signalé.

Dans le cadre des recherches conduites en vue de la rédaction de ce livre, nous n'avons pas été en mesure d'interroger des élèves directement – ce sera pour un autre ouvrage –, mais seulement de recueillir les témoignages d'enseignants du Village des Pruniers constatant des changements dans le comportement des élèves. Il sera question d'élèves plus calmes, plus détendus, plus heureux, moins déprimés et moins angoissés, contrôlant mieux leurs pensées et leur comportement, ayant plus de bienveillance envers eux-mêmes et autrui, exprimant de la gratitude et de la compassion, davantage capables de soulager leur propre souffrance et de faire face aux difficultés qu'ils peuvent rencontrer dans le cadre des apprentissages et des examens, des relations avec leurs pairs et de leur vie de famille.

Les données des neurosciences sur l'impact de la pleine conscience sur le cerveau

Les recherches menées par les neuroscientifiques sur la méditation de pleine conscience ont connu un réel essor. Nous savons désormais que la structure et le fonctionnement du cerveau ne sont absolument pas déterminés de façon définitive dans l'enfance, et que le cerveau demeure « neuroplastique », c'est-à-dire qu'il ne cesse d'évoluer tout au long de notre vie. Un nombre croissant d'études sur le cerveau, conduites à l'aide de l'imagerie par résonance magnétique (IRM) et dont les résultats sont considérés comme fiables, suggèrent que la méditation de pleine conscience modifie en profondeur la structure et le fonctionnement du cerveau afin d'améliorer la qualité des pensées et des émotions. Pour simplifier à l'extrême un sujet d'une grande complexité, la méditation de pleine conscience semble remodeler certaines chaînes neurales vitales, ce qui accroît la densité et la complexité des connexions dans des zones associées aux facultés cognitives, comme l'attention, la conscience de soi et l'introspection, et dans des zones du cerveau responsables des émotions (liées à la bonté, à la compassion et à la rationalité). Elle diminue *a contrario* l'activité et le développement des zones responsables de l'anxiété, de l'hostilité, de la propension à s'inquiéter et de l'impulsivité[15,16]. Bien que les changements les plus frappants aient été observés sur des méditants chevronnés, on a pu montrer des effets visibles et clairs sur le fonctionnement et les performances cérébraux à l'issue de pratiques de pleine conscience pendant quelques semaines seulement[17].

Ces découvertes scientifiques se font l'écho des exemples donnés dans ce livre par des enseignants qui témoignent de leur expérience directe des effets de la méditation telle que pratiquée au Village des Pruniers. Ils racontent comment ils ont appris à mieux se connaître et à mieux connaître leurs habitudes et leurs motivations, à éprouver plus de compassion et moins d'hostilité et de jugement envers les autres, et comment ils ont amélioré leur capacité à faire preuve de sérénité et de patience ; ils sont moins impulsifs et plus rationnels et savent mieux prendre du recul par rapport aux situations qui se présentent.

Le Village des Pruniers et les données issues de la recherche

Les formes de pratiques méditatives étudiées par les chercheurs sont essentiellement identiques à celles enseignées au Village des Pruniers – pleine conscience de la respiration, de l'assise, de la marche, des repas, du corps, des mouvements – et à celles qui consistent à cultiver la bienveillance et la compassion envers soi et envers les autres. Comme je l'ai indiqué, les effets de la pleine conscience décrits en détail dans la littérature scientifique vont largement dans le sens des récits à la première personne livrés par des enseignants du Village des Pruniers, qu'il s'agisse d'eux-mêmes ou de leurs élèves. Bien qu'il n'existe pas encore de données factuelles spécifiques sur les pratiques du Village des Pruniers (des travaux de recherche sont toutefois en cours), nous pouvons raisonnablement penser qu'un engagement dans ces pratiques méditatives devrait avoir des effets positifs, à condition de procéder avec lenteur et de manière progressive.

Une visée éthique solide

Avec la popularité croissante de la méditation de pleine conscience, la question s'est posée de savoir si on n'allait pas délaisser le système éthique dont elle est issue, qui vise à aider les êtres humains à faire preuve tout au long de leur vie de compassion et de bonté, en étant libérés de l'attachement obsessionnel aux possessions et aux réalisations. L'approche du Village des Pruniers nous fournit un exemple clair et utile qui réussit à être strictement laïc, populaire auprès des enseignants et d'une grande utilité pratique, mais aussi expressément fondé sur l'éthique.

Cette approche attire des milliers de personnes, non seulement parce qu'elle nous aide à faire face aux difficultés du XXIe siècle, mais aussi parce qu'elle est clairement inspirée par une finalité sociale et éthique profonde, caractéristique qui a convaincu une bonne part de ceux qui se sont engagés dans cette voie.

Les pratiques offertes dans ce livre nous aident tous, notamment enseignants et élèves, à être plus sereins et plus concentrés dans notre travail et à apprendre plus efficacement. Mais, plus fondamentalement, elles sont aussi et de façon assez explicite une voie de transformation humaine qui vise à faire advenir une société plus équitable, plus durable et plus compatissante. Dans sa lettre reproduite en début d'ouvrage, Thich Nhat Hanh nous explique sa vision de la mission éducative : « Former des êtres humains, construire une humanité belle et digne de l'être humain, pour pouvoir prendre soin de notre précieuse planète. » Réaliser cette vision éthique claire par notre pratique de la pleine conscience, notre façon de vivre et dans le cadre de nos études ou de notre travail d'enseignant est l'un des fils conducteurs de cet ouvrage.

Une approche contemplative globale

Thich Nhat Hanh expose très clairement sa vision de la pleine conscience dans sa « Lettre à un jeune enseignant ». L'acception large et profonde de l'expression « pleine conscience » est assez différente du sens étroit qui lui est souvent réservé dans des contextes modernes, et se rapproche intimement de l'expression

« pratiques contemplatives ». Les pratiques contemplatives ont été définies comme « les moyens que les êtres humains, à travers les cultures et les époques, ont trouvés pour concentrer, élargir et approfondir la présence consciente comme porte pour cultiver leur potentiel et mener une vie plus épanouissante[18] ». Elles se sont révélées particulièrement fructueuses dans l'enseignement supérieur – leur style et leur langage cadrent bien avec la culture universitaire –, ce qui a donné lieu au développement de tout un champ d'étude, de cursus et de publications[19]. L'enseignement de méthodes contemplatives ne porte pas uniquement sur la méditation et la compassion ; il encourage également le bénévolat, l'action sociale, la créativité, l'art, la poésie et les mouvements en pleine conscience, et son approche recoupe dans une large mesure les pratiques enseignées au Village des Pruniers, à la fois ouvertes à tous et engagées socialement.

Approfondir
l'apprentissage psychosocial

La notion d'apprentissage psychosocial (en anglais, *Social and Emotional Learning*, SEL) se rapporte dans une large mesure à la pleine conscience. De nombreuses études scientifiques ont démontré ses bienfaits, notamment en lien avec une amélioration des apprentissages scolaires ainsi qu'avec le bien-être, ce qui a eu pour effet de la populariser dans bon nombre d'établissements scolaires et universitaires. L'apprentissage psychosocial vise à favoriser le développement de compétences utiles pour nous comprendre et gérer nos émotions, et pour entretenir des relations avec les autres. CASEL[20], un vaste réseau très actif dans ce domaine aux États-Unis, suggère qu'il existe cinq domaines de développement des compétences : la conscience de soi, la gestion de sa vie intérieure et de ses émotions, la prise de décision responsable, les compétences relationnelles, la conscience sociale et l'empathie.

La relation entre l'apprentissage psychosocial et la pratique de la pleine conscience a fait l'objet de nombreux débats. De par son objectif et ses champs de développement des compétences, le premier peut représenter un soutien naturel, à la maison, pour la seconde, tandis que, réciproquement, la nature incarnée des pratiques de pleine conscience offre un ancrage aux tendances parfois intellectuelles, cérébrales et dirigées vers un but de l'apprentissage psychosocial[21]. La pleine conscience est souvent considérée comme la « pièce manquante » ou la « clé » qui nous permet d'atteindre les objectifs ambitieux visés par l'apprentissage psychosocial, non seulement en paroles, en pensées et en intentions, mais dans l'ici et maintenant, ce qui produit des effets dans notre cœur, notre corps et nos actes.

Vous trouverez dans ce livre de nombreux témoignages d'enseignants qui pratiquent dans la tradition du Village des Pruniers et sont déjà parvenus à intégrer ces deux dimensions. L'approche du Village des Pruniers, à la fois universelle et engagée socialement, est particulièrement adaptée à la mise en synergie de ces deux démarches. Elle place clairement au centre de l'attention l'éthique et la gratitude, ainsi que l'importance de consommer en pleine conscience et de prendre des décisions responsables. Les pratiques relationnelles comme le partage, l'écoute profonde et la parole aimante permettent de cultiver directement des compétences essentielles pour les relations et la conscience sociale. Des pratiques plus méditatives, comme la conscience de la respiration et du corps, ou l'accueil bienveillant dans son corps des émotions fortes, développent l'aptitude à demeurer dans le calme, présent et bien ancré, tout en maintenant une attention soutenue.

Une approche globale
à l'échelle de l'établissement

Dans sa « Lettre à un jeune enseignant », Thich Nhat Hanh insiste sur l'importance cruciale de bâtir une « communauté de pratique » et, dans sa préface, la communauté du Village des Pruniers nous rappelle que « le but ultime de l'éducation est de fournir aux élèves comme aux enseignants un environnement dans lequel ils peuvent se développer, s'épanouir et acquérir des compétences pour mener une vie heureuse, saine, créative, équilibrée et riche de sens ».

Insister sur l'importance de cultiver la pleine conscience dans son entourage et dans son environnement de travail, pas seulement dans sa classe, nous semble accompagner l'intérêt croissant du milieu éducatif pour ce que l'on appelle une « approche à l'échelle de l'école ou de l'université », une « approche scolaire globale » ou encore une « approche englobant tous les acteurs intervenant dans le processus éducatif ». Tous ces termes tentent de rendre compte de l'importance de travailler en concertation à l'échelle de l'institution, de créer une culture de soutien et de veiller à ce que tous les intervenants travaillent de façon cohérente et concertée. Cette notion a été appliquée avec un certain succès à de nombreuses problématiques, comme la santé, le bien-être, la sécurité, l'équité et la prévention de la violence, et on a constaté qu'elle avait une meilleure efficacité lorsqu'elle était intégrée à l'échelle de tout un établissement d'enseignement. L'approche du Village des Pruniers a la sagesse de mettre d'emblée l'accent sur la pratique de la pleine conscience dans notre environnement quotidien, avec nos proches. Comme nous le verrons au chapitre 11, cette approche de la pleine conscience à l'échelle de l'institution devient une réalité dans toujours plus d'établissements d'enseignement.

J'ai eu le privilège, avec l'aide de nombreux collègues très estimés, de tisser ces divers éléments ainsi que les témoignages d'enseignants pour en faire un récit cohérent ; c'est du moins ce que nous espérons. Nous nous sommes employés à bâtir des ponts entre les paroles inspirantes de Thich Nhat Hanh et les pratiques de base du Village des Pruniers, d'une part, et le monde des établissements scolaires et universitaires, d'autre part, en établissant des liens avec les préoccupations quotidiennes d'enseignants très sollicités et d'élèves stressés, ainsi qu'avec le milieu éducatif et social dans lequel ils évoluent.

Nous espérons ainsi avoir fourni un écrin à la mesure des deux diamants que sont les enseignements de Thich Nhat Hanh et les réflexions et exemples partagés par nos collègues enseignants, en espérant que ce livre soit pour vous, lecteurs, une source d'inspiration et d'une réelle utilité pratique.

Je me joins à tous ceux et celles qui ont contribué à faire en sorte que ce livre existe pour vous souhaiter de prendre plaisir à le lire et, beaucoup plus important, à en faire un bon usage.

Katherine Weare
Somerset, Royaume-Uni,
décembre 2016

PREMIÈRE PARTIE

Les pratiques de base

« La paix est chaque respiration. »

Thich Nhat Hanh

1

La respiration

Dans ce chapitre, vous allez :
- Découvrir dans quelle mesure la conscience de notre respiration peut être utile pour revenir au moment présent, nous aider à gérer nos émotions et retrouver le calme, en étant concentrés et en contact avec ce qui se passe dans notre esprit et dans notre corps.
- Bénéficier d'instructions pas à pas et de conseils concrets pour la pratique de base qui consiste à se relier à sa respiration, et découvrir des variantes de cette pratique.
- Prendre connaissance d'idées et de suggestions formulées par des enseignants pratiquants sur les moyens d'intégrer la respiration consciente dans notre vie quotidienne et dans notre travail d'enseignant.

Respire, tu es vivant !

Thich Nhat Hanh

Respirer en pleine conscience ramène l'esprit vers le corps afin que nous puissions nous établir dans l'ici et maintenant, en étant pleinement présents pour vivre en profondeur chaque instant de notre vie quotidienne.

Les enseignants devraient maîtriser la pratique de la respiration consciente avant de la proposer à leurs élèves. Cela peut être très joyeux et agréable à faire. Savourer la respiration en pleine conscience peut apporter de la joie et aider à faire face à des émotions et à des sentiments douloureux. Si les enseignants peuvent le faire, ils peuvent aider naturellement leurs élèves à faire de même.

Même de très jeunes élèves peuvent être souvent en proie à des émotions fortes et à des sentiments douloureux. S'ils ne savent pas comment gérer ces émotions et ces sentiments pénibles, ils souffriront. En tant qu'enseignants, nous pouvons inspirer et expirer, et générer l'énergie de la pleine conscience pour aider nos élèves à moins souffrir. C'est quelque chose de très beau à voir. Si vous comprenez et écoutez leur souffrance, vous pouvez leur dire : « Moi aussi, j'ai souffert, mais j'ai pratiqué de la sorte et maintenant, je souffre moins. Voudrais-tu apprendre à le faire ? » Et ils vous écouteront. Une telle communication entre enseignant et élèves transforme la classe en communauté. Lorsque les élèves sont heureux et détendus, les processus d'enseignement et d'apprentissage deviennent beaucoup plus faciles.

N'attendez pas d'être emporté par une émotion forte pour commencer à pratiquer. Nous devrions commencer la pratique de la respiration en pleine conscience sans attendre et, d'ici quelques semaines, nous y serons habitués.

La pleine conscience de la respiration est une pratique très simple et accessible à tous. Ce n'est pas compliqué, cela procure un grand calme et un bonheur immédiats. Pour commencer, la pratique est simple : « J'inspire, je sais que j'inspire. J'expire, je sais que j'expire. » Vous identifiez l'inspiration comme étant l'inspiration et l'expiration comme étant l'expiration. Lorsque vous inspirez, vous savez que c'est une inspiration : vous savez qu'une inspiration a lieu. Lorsque vous expirez, vous savez qu'une expiration a lieu. Lorsque vous utilisez votre esprit pour identifier l'inspiration et l'expiration, il n'y a plus de pensées. « J'inspire, je sais que c'est une inspiration », cela n'a rien d'une pensée. Il s'agit de reconnaître ce qui se passe : votre inspiration et votre expiration. Vous pouvez prendre plaisir à simplement inspirer et expirer.

En respirant, nous focalisons notre attention sur notre respiration – elle devient le seul objet de notre esprit. Si nous lui sommes véritablement attentifs, nous lâchons prise de tout le reste – le passé, le futur, nos projets, notre peur et notre colère –, car l'esprit est dirigé sur un unique objet : la respiration. Il y a des regrets, de la tristesse au sujet du passé, de la peur et de l'incertitude quant à l'avenir. Nous lâchons prise de tout cela en seulement une ou deux secondes, parce que nous dirigeons tout notre esprit sur notre respiration. En inspirant, la pleine conscience nous rend libres. Dès lors, si nous devons prendre une décision pour dire ou faire quelque chose, nous le faisons mieux parce que nous avons suffisamment de liberté. Nous ne sommes pas sous l'influence de la colère ou de la peur.

L'effet de cette pratique peut être très profond. Lorsque vous êtes attentif à votre inspiration et revenez à votre corps, vous pouvez réaliser : « Oh, j'ai un corps ! Je suis conscient que j'ai un corps. » Lorsque l'esprit et le corps sont réunis, vous êtes vraiment dans l'instant présent – l'ici et maintenant, prêt à vivre votre vie. Si nous savons comment être en contact avec notre corps et nous reconnecter à lui, alors nous serons reconnectés avec la Terre mère et tout le cosmos.

Ne sous-estimez pas cet exercice facile. Même si vous pratiquez la respiration en pleine conscience depuis dix ou vingt ans, cela reste une pratique merveilleuse dont vous ne cesserez de tirer de plus en plus de bénéfices.

Dans un deuxième temps, nous suivons notre inspiration et notre expiration du début à la fin : « J'inspire, je suis mon inspiration du début à la fin. J'expire, je suis mon expiration du début à la fin. » Il n'y a pas d'interruption dans notre pleine conscience de la respiration pendant tout le temps que durent l'inspiration et l'expiration. En dirigeant toute notre attention sur la respiration, nous cultivons la concentration : aucune milliseconde n'est perdue ; vous êtes entièrement avec votre respiration et vous demeurez de façon très solide dans votre respiration. Être solide, être stable signifie que vous êtes libre du passé, libre de l'avenir, et capable d'être dans l'ici et maintenant.

Alors que vous inspirez, de nombreuses pensées peuvent vous traverser l'esprit, comme : « J'inspire, je suis vivant ! » On peut célébrer le miracle d'être en vie juste en inspirant. C'est déjà le bonheur. Nul besoin de le rechercher ailleurs. Il suffit de s'asseoir, de respirer et d'apprécier pleinement le fait d'être en vie.

À pratiquer la respiration consciente en marchant, on peut réaliser qu'il est merveilleux d'être vivant et de marcher sur cette belle planète. Une telle pensée peut procurer du bonheur immédiatement. Le bonheur ne vient pas de l'argent, de la notoriété ou du pouvoir, mais de la pleine conscience de la respiration. En suivant et en savourant chaque inspiration et chaque expiration du début à la fin, nous cultivons une grande concentration – pleine conscience et concentration sont de la même nature, comme l'eau et la glace.

Lorsque l'esprit et le corps sont séparés, nous ne sommes pas vraiment là. Il est possible d'oublier totalement que nous avons un corps lorsque nous passons deux heures devant notre ordinateur, et lorsque l'esprit n'est pas avec le corps, nous ne sommes pas vraiment vivants. Nous sommes perdus dans notre travail, nos soucis, nos peurs et nos projets. La respiration consciente nous aide à réunir l'esprit et le corps. À ce moment-là, nous sommes vraiment vivants, en contact avec les merveilles de la vie présentes en nous et autour de nous, et ça, c'est la vie.

Lorsque nous sommes avec notre corps, nous pouvons aussi prendre conscience de ce qui, en lui, a besoin d'attention pour se transformer, comme des tensions ou des douleurs. Vivre dans l'oubli permet aux tensions et aux douleurs, au stress de la vie moderne de s'accumuler dans le corps. Il y a beaucoup de stress en nous à cause de la vie moderne.

La pratique de la respiration consciente permet de relâcher les tensions. « J'inspire, je relâche les tensions dans mon corps. » Lorsque nous inspirons et revenons dans notre corps, nous pouvons remarquer que ces tensions nous empêchent d'être détendus, en paix et heureux. Cela nous motive à faire quelque chose pour aider notre corps à moins souffrir. En inspirant et en expirant, nous relâchons les tensions du corps. C'est la pratique de la relaxation totale. Et elle est très agréable.

Pris par notre vie quotidienne, nous pouvons avoir le sentiment que nous n'avons pas le temps de pratiquer la pleine conscience. Or, inspirer et expirer en pleine conscience, lâcher nos pensées et nous ancrer dans notre corps ne prend qu'une ou deux minutes. On peut pratiquer tout au long de la journée et en tirer des bénéfices immédiats, que ce soit dans le bus, au volant de notre voiture, en prenant une douche ou en préparant le petit-déjeuner. Nous disposons de beaucoup de temps si nous savons où regarder. C'est très important. Lorsque nous pratiquons et que cela nous détend et nous procure de la joie, nos élèves en profitent. Pratiquer la respiration consciente est un acte d'amour. Nous sommes en paix, détendus, joyeux, et nous devenons un instrument de paix et de joie pour les autres.

Notes pour les enseignants

Entrer en contact avec notre respiration

Pourquoi « entrer en contact avec notre respiration » ?
- Pour faire l'expérience que la respiration est comme un « ami », toujours là pour nous aider à revenir au moment présent, en nous-mêmes, et créer des moments de paix tout au long de la journée.
- Pour améliorer notre capacité à nous concentrer et à diriger notre attention sur ce qui se passe ici et maintenant.
- Pour calmer et ancrer notre corps et notre esprit afin de pouvoir mieux gérer les émotions douloureuses et les impulsions.
- Pour nous détendre et nous aider à relâcher le stress et les tensions.
- Pour améliorer notre capacité à reconnaître comment nous nous sentons.
- Pour aider à réunir le corps et l'esprit.

- Pour nous aider à être plus présents et « vraiment là » pour les autres, à écouter plus profondément et à communiquer avec plus d'empathie.

La pleine conscience est toujours la pleine conscience de quelque chose, et la respiration est un objet sur lequel il est aisé de diriger son attention. Elle est avec nous partout où nous allons ; source de stabilité, toujours accessible dans l'instant présent, comme un refuge où nous pouvons nous rendre pour être plus solides et plus stables. Quelle que soit la « météo » intérieure de notre esprit – nos pensées, nos émotions et nos perceptions changeantes –, la respiration nous accompagne toujours, comme un ami fidèle qui nous relie à notre corps et au moment présent.

La respiration consciente peut nous aider à nous concentrer. En portant notre attention sur notre respiration, nous ramenons notre esprit dispersé au moment présent. Chaque fois que nous nous sentons emportés par nos pensées, submergés par une émotion forte ou préoccupés par nos soucis ou nos projets, nous pouvons revenir à l'expérience concrète de la respiration pour nous aider à rassembler et stabiliser notre esprit, en le ramenant ici et maintenant.

En fin de chapitre, nous verrons comment appliquer et enseigner la respiration consciente à partir d'exemples fournis par des enseignants pratiquants. Ils nous expliquent pourquoi et comment ils utilisent la pratique de la respiration, et dans quelle mesure, selon eux, cela les aide ainsi que leurs élèves. Comme la respiration consciente s'appuie souvent sur les pratiques de l'écoute de la cloche et de l'assise, les conseils et les illustrations qui figurent dans les deux prochains chapitres pourront vous être utiles : « La cloche de pleine conscience » et « S'asseoir »

Respirer en pleine conscience n'a rien de compliqué. Nous n'avons pas besoin de contrôler la respiration. Nous portons simplement l'attention sur la sensation de l'air qui entre et sort du corps, en étant conscient de l'abdomen qui se soulève et s'abaisse ou de la sensation présente dans les narines ou dans la poitrine. Nous entrons simplement en contact avec la respiration telle qu'elle est. Nous pouvons sentir si notre respiration est légère et naturelle, calme et paisible, ou bien remarquer si elle est courte, superficielle ou agitée. Le simple fait d'être conscients de notre respiration, sans porter de jugement ni essayer de la modifier, nous rend plus conscients de ce que nous ressentons. Lorsque nous dirigeons notre conscience sur la respiration, celle-ci a naturellement tendance à ralentir et à s'approfondir et nous nous sentons plus sereins et plus détendus. Quoi qu'il arrive, il n'est pas nécessaire d'essayer de changer ou de forcer les choses, il faut simplement rester conscient.

Au fil du temps, si l'on est davantage en contact avec la respiration, elle peut devenir un fil de pleine

conscience tout au long de nos activités quotidiennes – en nous habillant, en nous brossant les
dents, en nous lavant, en marquant une pause avant
de répondre au téléphone, et en nous adressant à
quelqu'un. La respiration consciente est un cadeau
simple et précieux qui a le pouvoir de transformer
notre vie.

Pratique de base

Entrer en contact avec notre respiration

Vous trouverez un résumé de cette pratique et de toutes les autres pratiques de base en fin d'ouvrage.

Les consignes indiquées ci-après sont destinées à une courte pratique de quelques minutes. Une fois que vous l'aurez maîtrisée, vous pourrez vous référer aux suggestions indiquées plus bas pour des pratiques plus longues ou des variantes de celle-ci. Elles peuvent servir à vous former ou être utilisées comme base d'un script que vous lirez à haute voix.

Nous suggérons d'utiliser une cloche pour cette pratique. Nous préférons dire que nous « invitons » la cloche à sonner plutôt que de recourir à des termes comme « frapper » ou « faire sonner » la cloche. Nous invitons la cloche en douceur pour qu'elle nous fasse partager le son qu'elle renferme. Thich Nhat Hanh explique : « Nous ne disons jamais "frapper" la cloche, car nous considérons la cloche comme un ami à même de nous éveiller à la pleine compréhension. »

Vous trouvez d'autres consignes détaillées sur l'utilisation de la cloche au chapitre 2, « La cloche de pleine conscience ».

MATÉRIEL ET PRÉPARATION

- Un enseignant ayant l'expérience de la pratique de la respiration consciente.
- Des chaises, des coussins, des tapis, etc., selon la façon dont vous souhaitez que les participants s'assoient.
- Une cloche et un inviteur (optionnel, mais vivement recommandé).

Invitez la cloche à des moments appropriés. Vous trouverez des consignes sur l'utilisation de la cloche au chapitre suivant.

1. PRÉPARATION

Trouvez une position d'assise stable, détendue et confortable. Cela peut être sur une chaise, sur un coussin ou à tout autre endroit où vous êtes assis confortablement. Vous pouvez imaginer que vous êtes assis comme une montagne, solide et stable.

Sentez le contact avec le sol, la terre, la chaise ou le coussin.

Invitez les élèves à fermer les yeux ou à les garder ouverts avec le regard dirigé sur le sol devant eux.

Invitez la cloche (si vous le souhaitez) pour commencer. Sinon, commencez à suivre les consignes indiquées.

> *Les personnes anxieuses ou peu enthousiastes peuvent commencer la méditation en gardant les yeux ouverts. Assurez-vous de leur proposer cette possibilité.*

2. OBSERVER QUE VOUS RESPIREZ

Prenez un moment pour prendre peu à peu conscience que vous respirez. N'essayez pas de changer quoi que ce soit. Soyez conscients de la respiration, observez-la et reconnaissez-la telle qu'elle est.

> *Au début, il est fréquent d'avoir du mal à ne pas modifier sa respiration ; c'est particulièrement le cas des jeunes enfants. Encouragez-les à suivre le rythme normal de leur respiration.*

3. Suivre la respiration

En inspirant, portez votre attention sur toute la longueur de l'inspiration – comment l'air entre à travers votre bouche ou votre nez, descend dans la gorge et emplit vos poumons. En expirant, portez votre attention sur toute la longueur de l'expiration – la sensation de l'air qui quitte vos poumons et passe à travers la gorge, pour sortir par votre bouche ou votre nez. Si vous vous perdez dans vos pensées, contentez-vous de l'observer et ramenez en douceur votre attention sur votre respiration.

> *Rappelez-vous et rappelez à vos élèves de temps à autre que si leur esprit se disperse, ce qu'il ne manquera pas de faire, il suffit de revenir en douceur à la respiration. Avec la pratique, on repère de plus en plus clairement les moments où l'on se perd dans ses pensées et ceux où l'on est directement conscient de la sensation physique de la respiration.*

4. Sentir la respiration dans l'abdomen

Posez les mains sur votre abdomen et observez simplement comment il se soulève à l'inspiration et s'abaisse à l'expiration. Il n'y a rien à modifier.

Contentez-vous d'observer la sensation de l'inspiration et de l'expiration, en ressentant le mouvement des mains et de l'abdomen, ne serait-ce que légèrement.

Observez la longueur de la respiration et le passage en douceur de l'inspiration à l'expiration.

> *Cette étape est optionnelle.*

> *Les personnes très tendues ont tendance à respirer uniquement avec le haut de la poitrine. Dans ce cas, leur abdomen peut s'abaisser sur l'inspiration, et non sur l'expiration. Ne supposez rien au sujet de ce que vous ou vos élèves pouvez observer lorsque vous commencez cette pratique.*

5. Fin

Vous pouvez terminer en invitant la cloche.

Invitez les élèves à prendre trois respirations en pleine conscience pour terminer, puis à ouvrir les yeux doucement et à se détendre.

VARIANTES DE CETTE PRATIQUE

Les pratiques de respiration peuvent être réalisées en position allongée ou debout. Vous pouvez observer les différences ressenties au niveau de la respiration selon la position du corps.

Respirer en utilisant les doigts : cette pratique peut aider à maintenir l'attention en associant un mouvement simple à la respiration.

Voici comment Mike Bell, qui a travaillé comme professeur dans le secondaire au Royaume-Uni, décrit cette pratique : « Commencez par poser l'index d'une main sur le poignet de l'autre main, juste en dessous du pouce. En inspirant, faites glisser votre index le long du pouce, vers l'extérieur. En expirant, faites-le redescendre sur le pouce de l'autre côté, vers l'intérieur. En inspirant, faites glisser l'index le long du deuxième doigt, côté extérieur ; en expirant, faites-le glisser de l'autre côté, etc.[1] »

Placez votre doigt sous votre nez pendant un moment et observez si vous pouvez sentir votre respiration et prendre conscience de la différence entre l'inspiration et l'expiration (température, degré d'humidité, qualité, etc.).

Observez dans quelle partie du corps vous sentez votre respiration le plus clairement en ce moment même. Observez si cela évolue à différents moments. Observez si vous pouvez devenir plus conscient de la sensation de la respiration dans différentes parties du corps, comme les narines, l'arrière-gorge, la poitrine ou l'abdomen. Observez si vous pouvez progressivement prendre conscience de sensations plus subtiles, par exemple à l'arrière de la cage thoracique.

Utilisez la respiration pour recueillir des informations utiles sur votre état d'esprit. Observez tranquillement votre respiration, où se trouvent votre esprit et votre corps en ce moment même. Prenez conscience de la présence de certaines émotions et de vos préoccupations du moment. Observez s'il y a eu un changement après la pratique.

Prenez conscience de la longueur de vos inspirations et de vos expirations. Vous pouvez compter les secondes et observer les différences de longueur selon votre état d'esprit. Observez comment la respiration a naturellement tendance à s'allonger lorsque vous pratiquez plus souvent ou depuis un certain temps.

Associez un sourire à la respiration. À chaque expiration, vous pouvez sourire un peu plus jusqu'à ce que votre visage arbore un large sourire et que vous ressentiez une ouverture souriante et détendue dans votre corps.

> *Note : Il se peut que certains élèves ou collègues considèrent que « sourire sur commande » n'est pas naturel et ne se sentent pas à l'aise avec cette pratique. Le pédiatre Dzung X. Vo explique plus loin dans ce chapitre, à la page 102, comment il l'enseigne à des adolescents sceptiques.*

Ajoutez l'idée de compter, par exemple, « un » avant une inspiration et une expiration, puis « deux » pour la respiration suivante, jusqu'à dix. Observez si votre esprit s'égare et reprenez tranquillement le décompte à partir de « un » de façon à reconnaître que votre esprit a été distrait.

Il existe plusieurs **chants du Village des Pruniers sur la respiration** que vous pourriez chanter dans votre classe. Vous trouverez des suggestions de chants au chapitre 10. Les paroles et la musique peuvent être consultées sur le site www.wakeupschools.org/songs.

Récitez – intérieurement ou à haute voix – l'un des vers proposés en suivant chaque inspiration et chaque expiration.

J'inspire, je sais que j'inspire.
J'expire, je sais que j'expire.
J'inspire, je suis calme.
J'expire, je souris.

Au fil du temps, vous pourrez prononcer juste les mots « j'inspire » quand vous inspirez et « j'expire » quand vous expirez.

Vous pouvez inviter vos élèves à recopier ces vers et à les mémoriser, ou à les illustrer avec un dessin, en se reliant de temps à autre à leur respiration pendant cette activité. Ils peuvent également composer leur propre poème « J'inspire ; j'expire ».

Éléments de réflexion

La pratique de la respiration

Voici quelques questions destinées à nourrir votre réflexion. Vous pourrez également les utiliser avec les élèves après une pratique – lors d'un partage avec la classe ou juste pour laisser ces questions s'installer dans leur esprit. Utilisez-les avec parcimonie – ce n'est pas une liste de points à vérifier !

- Comment est-ce que je me sens maintenant ? Que se passe-t-il maintenant dans mon esprit et dans mon corps ? (Est-il calme, clair, détendu, tendu, anxieux ?)
- Comment est ma respiration ? (Par exemple, lente, profonde, légère, rapide ?)
- Que s'est-il passé pour moi pendant cette pratique, dans mon esprit, dans mon corps et dans ma respiration ? Ai-je remarqué un changement ? (Par exemple, vous sentez-vous plus calme, plus agité, plus présent, plus clair ?)

- Cela m'a-t-il semblé facile de concentrer mon esprit sur la respiration ?
- Comment ai-je trouvé la pratique ? (Bizarre, agréable, difficile, ennuyeuse ?)

Vous pouvez ajouter d'autres questions. N'en posez que quelques-unes, en veillant à ce qu'elles soient simples, ouvertes, encourageantes et sans jugement, et acceptez tous types de réponses, y compris les réponses « négatives » ou les « je ne sais pas ». Si les élèves se perdent dans des théories, ramenez-les en douceur à ce qu'ils ont ressenti pendant la pratique.

RESPIRER EN PLEINE CONSCIENCE DANS NOTRE VIE ET NOTRE TRAVAIL D'ENSEIGNANT

La plupart des gens qui pratiquent la pleine conscience se rendent compte rapidement à quel point la respiration est essentielle pour être pleinement présent dans son esprit et dans son corps. Entrer en contact avec la respiration est vécu comme une pratique porteuse de transformation, une fondation à laquelle, dès lors qu'on l'a apprise, on ne cesse de revenir naturellement.

Vous trouverez ci-après des réflexions d'enseignants sur leur expérience des effets de la respiration consciente.

Ce qui m'a été le plus utile a été de prendre conscience de ma respiration, de considérer mon souffle et ma respiration comme des amis. Ma respiration est mon refuge – dans des moments de joie, elle intensifie mon sentiment de joie et, dans des moments de tristesse ou de colère, elle m'aide à soulager mon anxiété. Ma respiration m'aide aussi à me préparer à faire face à des situations difficiles, en reliant mon esprit et mon corps, ce qui m'aide à me sentir plus ancrée. – Sally Anne Airey, coach, France.

Il arrive parfois que le simple fait d'être avec sa respiration permette de se défaire de l'anxiété et de perspectives erronées.

J'ai constaté que ce sont souvent les pratiques les plus simples qui m'apportent beaucoup. Parfois, quand je m'inquiète trop au sujet de mon travail, le simple fait de passer quarante minutes à diriger mon esprit sur ma respiration m'apporte un sentiment de bien-être, de calme et de soulagement. J'ai un tout autre point de vue sur les choses, ce qui me permet de reprendre le cours de ma vie avec plus de clarté et de compassion envers moi-même. – Michael Bready, formateur en pleine conscience, Royaume-Uni.

Il existe un lien étroit entre la respiration et la relaxation.

Ce que j'ai appris de Thây et qui m'a été le plus utile, c'est : « J'inspire, je sais que j'inspire. J'expire, je sais que j'expire. » Pourquoi ? Parce qu'au moment où j'en prends conscience, je sens les tensions présentes en moi et je m'en libère. – Chau Li Huay, formateur d'enseignants en collège et en lycée, Singapour.

Respirer en pleine conscience peut nous aider à mieux enseigner

Rester en contact avec notre respiration face aux difficultés, au stress et aux exigences d'une journée d'enseignant peut nous aider à rester centrés. Il existe de multiples façons d'intégrer en douceur la respiration consciente dans votre quotidien, sans avoir à opérer de changements majeurs ou y consacrer davantage de temps. Vous pouvez prendre pour habitude d'inspirer et d'expirer en pleine conscience chaque fois que vous vous dirigez vers le tableau de la classe. Un enseignant fait remarquer combien il est utile de porter son attention sur la respiration lorsque les choses deviennent difficiles.

J'ai remarqué que j'avais tendance à retenir ma respiration lorsque je suis confronté à une situation difficile ou quand je me sens ému. Depuis, au lieu de retenir ma respiration, j'essaie de respirer avec et dans ces situations. Cela m'aide vraiment.

Chau, formateur d'enseignants en collège et en lycée à Singapour, nous raconte la situation difficile et peu enviable d'enseignant vacataire dans laquelle il se trouvait : ses contrats temporaires ne lui laissaient pas le temps de tisser des liens avec les élèves. Il a constaté que le fait d'utiliser sa respiration pour rester ancré était une méthode plus efficace pour gérer la classe que des méthodes punitives, comme crier.

J'ai enseigné dans des écoles publiques pendant deux ans comme vacataire. Les élèves (quarante par classe) sont très bruyants et leur attention est très limitée. Je sais qu'au lieu de crier, d'être en colère ou de les regarder de travers, je peux être une révolution paisible juste en revenant à ma respiration et en marchant en pleine conscience dans la classe. Ils le remarquent !

Enseigner la respiration consciente à nos élèves

Déployer sur plusieurs séquences
notre enseignement de la respiration consciente

La respiration en pleine conscience est la première pratique de base enseignée dans ce livre, car elle est essentielle. Peggy Rowe Ward et son mari, Larry, des États-Unis, pratiquent et enseignent tous les deux la pleine conscience depuis de longues années. Dans le cadre du programme qu'ils ont mis en place dans une école internationale en Thaïlande, ils ont commencé par enseigner la pleine conscience de la respiration, en proposant une pratique toute simple qui consistait à faire cinq respirations en pleine conscience. Cette pratique s'est avérée si efficace qu'elle a été proposée à l'échelle de l'établissement.

Alors que nous intervenions comme consultants auprès de l'American School of Bangkok, nous avons proposé de commencer la journée avec une pratique très simple, « Take Five », qui consistait à faire cinq respirations en pleine conscience. Nous disposions pour cela de quelques minutes le matin lors du rassemblement des élèves. Nous faisions cinq respirations en pleine conscience, ce qui nous permettait à tous de commencer la journée de cours en nous arrêtant et en ramenant le calme en nous. Cette pratique a par la suite été intégrée dans le cadre de nombreuses activités d'apprentissage, d'activités sportives et lors des évaluations.

Christine Petaccia, ergothérapeute aux États-Unis, décrit une séquence plus longue de pratique de respiration qu'elle a adaptée aux capacités de ses élèves vulnérables ayant des besoins spécifiques.

Les élèves avec qui je travaille ont des besoins particuliers, mais j'ai mis au point une séquence qui marche pour tous les enfants et passe par l'analyse des activités. Je les invite pour commencer à réunir le corps et l'esprit, puis je leur parle de la façon dont le corps et la parole influencent l'esprit et vice versa. Ils s'allongent ensuite sur le dos et je leur fais écouter un carillon ou un bol chantant, environ dix fois. Puis, je les invite à observer l'inspiration et l'expiration (que ce soit en plaçant un jouet sur leur ventre qu'ils pourront voir bouger, ou en regardant le formateur). Je leur rappelle qu'il s'agit de respirer de façon normale, détendue et ils essaient à leur tour de faire trois respirations, puis cinq. Ensuite, ils comptent le nombre de respirations qu'ils font en dix secondes, vingt secondes, etc. Pour illustrer leur inspiration et leur expiration, je leur donne l'image des vagues sur l'océan.

L'étape suivante consiste à répéter cette séquence de respiration en étant assis sur une chaise, ce qui peut être un vrai défi pour des enfants souffrant de handicaps liés à des troubles respiratoires. Je leur suggère de se rappeler la sensation de détente qu'ils ont pu ressentir pendant l'expiration lors de la séquence où ils étaient allongés. Puis je leur explique que nous allons faire cette respiration quand j'inviterai la cloche.

J'utilise aussi la respiration avec les enfants qui ont des troubles de la parole, tels que le bégaiement, et des troubles de l'attention. Les élèves parlent souvent trop vite et sans réfléchir et, avec cette pratique, ils apprennent à faire une respiration consciente pour rassembler leurs idées avant de répondre à des questions ou de s'exprimer.

« Plein de manières ludiques » d'enseigner

La respiration est un refuge fiable, car elle est toujours là. Mais c'est aussi la raison pour laquelle certains jeunes peuvent trouver cette pratique plutôt ennuyeuse. Si nous voulons que l'idée de conscience de la respiration suscite leur intérêt, des méthodes vivantes et variées s'avéreront utiles.

Dzung X. Vo est pédiatre au Canada pour des adolescents souffrant de troubles mentaux. L'enseignement de la respiration consciente est à la base de tout son programme. Il met également l'accent sur l'importance de cultiver l'amitié et la bienveillance, et de ne pas oublier de sourire.

J'ai introduit très tôt la pratique de la pleine conscience à titre expérimental. J'ai une grande confiance en la sagesse intérieure des adolescents et j'ai découvert que, lorsqu'ils ont la possibilité d'expérimenter directement les bienfaits de la pleine conscience pour eux-mêmes, ils sont même plus ouverts au niveau de l'esprit et du cœur que les adultes. Pour commencer, je propose généralement une courte pratique guidée de respiration consciente (deux ou trois minutes) en utilisant des vers inspirés du Village des Pruniers pour qu'ils portent leur attention sur la respiration, mais aussi sur le sourire. Je leur explique que sourire, ce n'est pas « faire semblant » ou « faire comme si l'on était heureux si on ne l'est pas ». (Les adolescents sont très sensibles à ce qui n'est pas authentique.) Je leur explique qu'au lieu de cela, « sourire, c'est offrir de la bienveillance et de l'amitié à la conscience de votre respiration ». Vous pouvez apporter de la bienveillance et de la compassion dans chaque instant, qu'il soit agréable ou pénible.

Alison Mayo, qui enseigne en maternelle au Royaume-Uni, propose toutes sortes d'activités ludiques à ses classes de tout-petits.

En travaillant auprès de très jeunes enfants, j'ai constaté qu'ils avaient besoin de moyens ludiques pour découvrir et ressentir ce qu'est la respiration, pour qu'ils soient bien préparés pour commencer à écouter la cloche et à faire des pratiques de respiration. J'ai proposé à ces tout-petits des activités comme souffler sur des bougies, faire des bulles, fabriquer de petits bateaux en papier et les faire avancer dans une cuvette remplie d'eau en soufflant dessus, placer les doigts sous les narines, les mains sur le ventre, faire des relaxations en étant allongé avec des jouets sur le ventre, gonfler des ballons, faire le bourdon, comme une abeille, et même courir dans tous les sens et sentir ce qui se passe quand on est essoufflé.

Respirer en pleine conscience peut aussi rendre les choses ordinaires plus intéressantes. L'un des élèves de Jenna Bondel, qui travaille auprès de jeunes adultes aux États-Unis, a créé une pratique de respiration en pleine conscience à partir de sa tâche quotidienne qui consistait à balayer.

Nous avons des échanges en classe pour parler de notre pratique. Les élèves font part de ce qu'ils ont découvert pour pratiquer la respiration en dehors des séances de méditation. Un élève qui était en section de mécanique diesel a raconté qu'il avait trouvé un moyen de mettre de la pleine conscience dans son travail, qui consistait à balayer : il coordonne sa respiration avec chaque coup de balai, et c'est devenu la « méditation du balai » !

Respirer peut aider nos élèves à se calmer

Les élèves sont souvent d'avis que l'effet apaisant de la respiration en pleine conscience peut grandement les aider à gérer leur stress. C'est tout particulièrement le cas en période d'examens, comme en témoigne Dzung X. Vo.

Je me souviens d'une adolescente qui faisait des crises de panique quand il y avait un contrôle. Auparavant, elle disait : « Je m'assois devant ma feuille, je me mets soudain à paniquer et j'oublie tout ce que j'ai appris ! » Après avoir appris à se ménager un espace de respiration, elle raconte comment les choses se passent maintenant pour elle : « Je m'assois devant ma feuille. Avant de commencer, je ferme les yeux et je crée un espace de respiration. Je sens que je commence à paniquer, mais je continue de pratiquer. Lorsque j'ouvre les yeux, je vois les choses plus clairement et je peux finir mon contrôle. »

Jennifer Wood, enseignante et conseillère d'éducation dans un lycée aux États-Unis, recommande également la pratique de la respiration pour « réduire l'anxiété liée aux examens » et fait remarquer que « le simple fait d'inspirer et d'expirer (trois fois, par exemple) est efficace avant et après des examens et lorsque les élèves sont entre deux activités ».

Pour les élèves, certains aspects quotidiens de l'école et de l'université sont une source de stress, et pas seulement les examens. Il suffit parfois que l'enseignant respire avec eux pour les aider.

Une élève est entrée dans mon bureau si énervée qu'elle pouvait à peine respirer, après un incident qui était arrivé à l'une de ses amies. J'ai pu l'aider juste en restant assis à ses côtés, en inspirant et en expirant, et elle a peu à peu retrouvé son calme. Quelques minutes plus tard, elle est sortie de mon bureau avec un « Merci, monsieur », calme et souriante. – Derek Heffernan, professeur en lycée, Canada.

La meilleure façon de faire consiste parfois à simplement incarner ce que nous souhaiterions que nos élèves fassent et à les encourager à pratiquer avec nous. Pascale Dumont, ancienne professeure des écoles en France, a aidé un petit garçon que l'on disait « incontrôlable » à se détendre et à retrouver son calme en pratiquant l'assise, la méditation et la respiration alors qu'il était assis sur ses genoux. (En France, le contact corporel entre les élèves et l'enseignant n'est pas strictement interdit. Il est permis et laissé à la discrétion de l'enseignant, mais ce n'est peut-être pas le cas dans le milieu éducatif dans lequel vous travaillez.)

Victor était un « petit CP ». Dans sa classe, il ne tenait pas en place. La maîtresse avait dû isoler sa table et la mettre face au tableau, tout devant. Ce jour-là, nous avions réuni tous les élèves de l'école dans le grand hall pour une représentation de chant choral. Sa maîtresse me l'avait confié parce qu'il était incontrôlable ; il n'était pas envisageable de le faire chanter avec sa classe. Je l'ai pris par la main pour aller assister à la représentation. Nous nous sommes assis par terre. Pour qu'il profite mieux du spectacle, je lui ai proposé de s'asseoir sur mes genoux. Il remuait beaucoup et, instinctivement, j'ai posé mes mains l'une sur l'autre, comme je le faisais habituellement en méditation, et mes mains ont rencontré son ventre. Il s'est détendu un peu. Et puis, spontanément, il a posé doucement ses deux petites mains dans les miennes, comme pour trouver un petit nid douillet. Je l'ai laissé faire et j'ai entrepris de méditer. Pendant tout le temps qu'a duré la représentation, j'ai senti tout son corps se relâcher peu à peu pour devenir très détendu, calme, apaisé. Son dos semblait s'incruster en moi. Nos respirations ne faisaient qu'une.

Christiane Terrier, qui a été professeure en lycée et enseigne aujourd'hui la pleine conscience en France, nous raconte comment elle respirait régulièrement avec ses lycéens agités avant les cours pour les aider à retrouver leur calme.

Lorsque les élèves sont encore dans le couloir, je leur propose de respirer ensemble pendant un moment, comme un jeu. L'agitation diminue et nous pouvons entrer calmement en classe. Ce petit temps favorisera ensuite la disponibilité pour les apprentissages. Il arrive qu'un élève soit stressé ou qu'il ait des crises d'angoisse en classe ou dans le couloir. Même si on ne le connaît pas personnellement, on peut lui dire qu'on est là pour lui et proposer de respirer avec lui. « J'inspire, je me calme. J'expire, je souris. » Il suffit souvent de quelques respirations pour que la situation se transforme. L'élève redevient serein et peut alors sourire.

Prendre soin de nos élèves qui rencontrent des difficultés pour pratiquer la respiration consciente

Se concentrer sur la respiration peut générer des tensions et des émotions puissantes. Cette pratique peut s'avérer difficile pour certains élèves – par exemple ceux qui souffrent d'anxiété sévère, d'asthme ou d'autres problèmes respiratoires semblables. Il faut veiller à ce que les élèves ne se sentent pas contraints de pratiquer la respiration, en leur rappelant qu'ils peuvent à tout moment, s'ils se sentent angoissés, oublier la respiration et simplement porter leur attention sur une partie du corps, comme leurs pieds en contact avec le sol, la sensation dans leurs mains ou celle de leurs fesses sur la chaise. Soyez particulièrement attentif aux élèves dont vous savez qu'ils peuvent rencontrer des difficultés, notamment en maintenant un contact visuel avec eux ; et ayez l'œil pour repérer d'éventuelles gênes tout en continuant à pratiquer pour vous-même. Si des élèves ont des réactions fortes voire « négatives » pendant les échanges et la discussion, réagissez avec calme et une curiosité bienveillante sur le moment, et reparlez-en ultérieurement avec eux si vous l'estimez nécessaire.

Vous pouvez aussi enseigner la respiration en pleine conscience de manière ludique, sans que cela soit toujours intense ou sérieux, comme le suggère Sara Martine Serrano, enseignante spécialisée qui travaille en Suisse auprès d'enfants handicapés.

Je travaille avec des enfants handicapés mentaux âgés de douze ans qui ont des potentiels très variés. Le premier problème que j'ai rencontré était la respiration. J'ai remarqué que le fait d'inspirer et d'expirer créait des tensions dans le haut de leur corps et qu'ils retenaient leur respiration. Je me suis mise alors à chercher d'autres méthodes pour pratiquer la respiration.

J'ai commencé par inventer une histoire qui parle d'une plume ou d'une feuille de papier. Je posais cette plume ou cette feuille dans la main de l'enfant à qui je racontais l'histoire, en lui demandant de souffler doucement sur cette plume ou cette feuille, juste assez pour qu'elle bouge ou tremble. Puis, je leur demandais d'accroître le volume de leur respiration jusqu'à ce que la plume ou la feuille s'envole. L'attention de l'enfant n'était pas dirigée sur la respiration en tant qu'objet extérieur, mais il n'en travaillait pas moins sur sa respiration.

« J'écoute, j'écoute, ce son merveilleux
me ramène à ma vraie demeure. »

Thich Nhat Hanh

2

La cloche de pleine conscience

Dans ce chapitre, vous allez :
• Explorer l'importance d'« inviter la cloche »
  pour créer un moment de pleine conscience,
  s'arrêter et devenir plus présent, et se rappeler
  combien notre vie et le temps dont nous disposons sont précieux.
• Choisir le type de cloche le plus adapté en
  fonction du contexte dans lequel vous proposez cette pratique.
• Bénéficier d'instructions pas à pas et de conseils
  concrets pour deux pratiques de base : 1. inviter
  la cloche et 2. écouter la cloche, et découvrir
  des variantes de ces pratiques.
• Explorer des façons d'intégrer la cloche de
  pleine conscience dans notre vie quotidienne
  et dans notre travail d'enseignant, en prenant
  connaissance d'exemples et de suggestions
  d'enseignants pratiquants.

Un ambassadeur
de la paix et du bonheur

Thich Nhat Hanh

Nous voulons chérir chaque instant de notre vie ; nous voulons chérir chaque minute. Nous n'avons pas besoin d'oublier le temps ; nous n'avons pas besoin que le temps aille plus vite. Nous ne voulons pas que le temps aille plus vite, parce que le temps, c'est la vie.

Chaque seconde renferme de nombreux trésors et chaque minute – chaque seconde – est en soi un trésor. Si vous regardez le trésor qu'est cette seconde, vous verrez le ciel, la terre, les arbres, les montagnes, les rivières et les océans – c'est si beau ! Nous ne voulons pas tuer le temps. Nous voulons profiter intensément de chaque instant qu'il nous est donné de vivre. La cloche de pleine conscience nous aide à le faire.

Sans la pleine conscience, vous perdez votre temps ; vous ne vivez pas profondément votre vie.

La cloche nous aide à revenir à nous-même et à générer l'énergie de la paix et de la joie.

La cloche est un ambassadeur de la paix et du bonheur dans notre foyer ou dans notre salle de classe. Nous disons « inviter la cloche » et non « frapper » ou « faire sonner » la cloche, car nous voulons traiter cet ambassadeur avec respect, en l'invitant à nous faire partager le son merveilleux qu'il renferme. Lorsque nous voyons vraiment que la cloche est un ambassadeur de la paix et du bonheur, nous pouvons respirer en pleine conscience et voir vraiment que la cloche, l'ambassadeur, est là. En expirant, nous sourions à Son Excellence, l'ambassadeur. Le fait d'inspirer et d'expirer de la sorte apporte un sentiment de paix et de calme.

Ce chapitre vous aidera à devenir un bon maître de la cloche. Vous commencez par tenir la cloche et le bâton et vous inspirez et expirez deux fois profondément, en récitant silencieusement un court poème. Le premier vers de ce poème est : « Corps, parole et esprit en parfaite harmonie ». En inspirant, vous récitez ce vers silencieusement en apportant de la concentration dans votre corps, votre esprit et vos paroles.

> *En inspirant, « Corps, parole et esprit en parfaite harmonie »,*
> *En expirant, « Je vous envoie mon cœur par le son de cette cloche ».*
> *En inspirant, « Que tous ceux qui m'entendent sortent de l'oubli »,*
> *En expirant, « et transcendent toute anxiété et douleur ».*

Lorsque vous récitez ce poème silencieusement en inspirant et en expirant, vous apportez l'énergie de la paix, du calme et de la pleine conscience. Vous possédez désormais les aptitudes pour être un maître de la cloche. Lorsque nous ne sommes pas suffisamment en paix, calme ou heureux, nous devrions nous abstenir d'inviter la cloche. Si nous sommes en paix, le son transmettra cette qualité de paix.

La première chose que nous faisons après avoir récité le poème est de réveiller la cloche. Vous produisez non pas un son complet, mais un demi-son, en touchant le bord de la cloche avec le bâton et en le gardant posé. Ce son de réveil avertit tout le monde dans la classe qu'un son complet va être produit. Lorsque tout le monde a pu faire une inspiration et une expiration, en s'arrêtant de penser et de parler, et que tout le monde est prêt à recevoir le son que nous allons produire, nous invitons la cloche à sonner pour la première fois. (Voir illustration page 122.)

Après avoir invité la cloche, nous devons laisser suffisamment de temps aux participants pour faire trois inspirations et trois expirations profondes. Soyez généreux, car c'est le moment de générer un sentiment de paix et de bonheur. Comme tout le monde ne respire pas de la même manière, vous pouvez, en tant que maître de la cloche, faire quatre inspirations et expirations. En particulier si un enfant est le maître de la cloche, il doit faire une inspiration et une expiration supplémentaires après chaque son de cloche. La durée de l'inspiration et de l'expiration ne sera pas la même chez les enfants et chez des adultes déjà accoutumés à cette pratique.

En inspirant, nous pouvons dire : « J'écoute, j'écoute vraiment. » Nous invitons toutes les cellules de notre corps à écouter très profondément. Nous laissons le son de la cloche pénétrer chaque cellule de notre corps pour l'aider à se détendre. Il y a des milliards de cellules dans notre corps qui respirent ensemble. C'est pourquoi, quand nous disons : « J'écoute, j'écoute », cela signifie en fait « Nous écoutons, nous écoutons ». Des milliards de cellules écoutent en même temps. Ensemble, elles produisent l'énergie collective de l'écoute. Nous n'écoutons pas en tant qu'individu, nous écoutons en tant que communauté : la communauté des cellules. C'est ce qu'on appelle l'« écoute profonde ». Écouter de la sorte apportera la paix et le calme dans notre corps et dans notre esprit en même temps. Si nous ne nous sentons pas en paix, une telle écoute sera très bénéfique et nous pourrons calmer nos émotions.

Nous savons que nos ancêtres biologiques et spirituels sont pleinement présents dans chaque cellule de notre corps. Nous pouvons tous les inviter à se joindre à nous pour écouter la cloche et redevenir vivants. Nous pensons que nos ancêtres ne sont plus en vie, mais si nous pratiquons le regard profond, nous voyons que ce n'est pas vrai. Ils sont toujours vivants dans chaque cellule de notre corps. Nous pouvons entrer en contact avec eux chaque fois que nous le souhaitons. Nous pouvons leur parler. Nous pouvons les inviter à marcher avec nous, à respirer avec nous et à écouter la cloche avec nous. Lorsque vous entendez la cloche, vous pouvez inviter tous vos ancêtres à vous joindre à vous pour écouter. Écouter de la sorte nous permet à la fois de nous transformer et de nous guérir.

En expirant, nous disons : « Ce son merveilleux me ramène à ma vraie demeure. » Notre vraie demeure est le moment présent, le seul où nous pouvons être en contact avec la vraie vie. Alors, en expirant et en écoutant la cloche, nous nous libérons du passé, de l'avenir, de nos projets, et nous nous établissons dans l'instant présent, en étant en contact avec les merveilles de la vie qui sont en nous et autour de nous. Où que vous alliez, si vous avez la pleine conscience, vous serez chez vous.

Nous inspirons et expirons trois fois avant d'inviter la cloche à sonner une deuxième fois. Avec trois sons de cloche, nous avons une occasion d'inspirer et d'expirer neuf fois en tout.

Le matin, avant d'aller au travail ou à l'école, vous pouvez vous asseoir et écouter un son de cloche – seul ou en famille. En produisant trois sons de cloche, nous pouvons pratiquer neuf inspirations et neuf expirations. Lorsqu'un groupe de personnes respire ainsi, l'énergie de la pleine conscience et de la paix peut être très puissante, nourrissante et porteuse de guérison. Les enfants qui s'assoient avec nous peuvent ressentir cette énergie. Nous n'avons pas besoin de nous souhaiter une bonne journée les uns aux autres ; nous pouvons faire en sorte de vivre une bonne journée en la commençant bien. Pareil pour le soir. Avant d'aller coucher les enfants, nous pouvons les réunir autour de la cloche et pratiquer la respiration en pleine conscience pour détendre notre corps et sentir la présence de chaque personne.

Au cours de la journée, chaque fois que nous sentons que l'atmosphère n'est pas suffisamment paisible – s'il y a de la colère, de l'irritation et des difficultés –, nous pouvons inviter la cloche à sonner, afin que tous les élèves puissent se détendre, respirer et restaurer la paix et le bonheur. Vous pouvez aussi programmer dans votre ordinateur une cloche de pleine conscience qui sonnera tous les quarts d'heure, ce qui vous permettra d'entendre la cloche, de faire une pause dans votre travail et de retrouver la joie d'inspirer et d'expirer en pleine conscience.

Notes pour les enseignants

La cloche de pleine conscience

Pourquoi inviter et écouter la cloche ?
- Pour expérimenter une façon douce et agréable de créer un moment de pleine conscience ; pour s'arrêter et savourer le moment présent.
- Pour être conscients de notre respiration et de ce que nous ressentons en cet instant même.
- Pour calmer, reposer et détendre le corps et l'esprit.
- Pour améliorer l'atmosphère dans la salle de classe en apportant plus de bonheur, de paix, de détente et de concentration.
- Pour renforcer le sentiment d'être en lien avec les autres.

UTILISER LA CLOCHE DANS NOTRE VIE

Vous pouvez utiliser la cloche pour soutenir tous les aspects de votre pratique de la pleine conscience, notamment la respiration en pleine conscience, la méditation assise, la marche en pleine conscience et les repas en pleine conscience.

Nous pouvons tout faire en nous souvenant doucement de revenir à nous-mêmes dans l'instant présent, de prendre du temps pour nous. Notre esprit, même lorsque nous pratiquons la pleine conscience, a tendance à se distraire et à nous entraîner vers le passé ou l'avenir, ou encore à s'inquiéter et à planifier. Nous perdons facilement le contact avec nos vrais sentiments, avec ce que notre corps nous dit et avec ce qui se passe dans le monde réel. La cloche peut nous aider à faire cesser notre agitation mentale, en nous ramenant avec douceur et compréhension à ce qui se passe dans l'instant présent.

Si notre esprit revient parfois sans difficulté au moment présent, il peut lui arriver d'être submergé par une émotion puissante ou difficile à gérer. Dans tous les cas, nous continuons de pratiquer en faisant preuve de bienveillance envers nous-mêmes et ce qui se passe. Parfois, il s'agira simplement d'être en paix avec notre mental agité, en faisant preuve de patience, de bienveillance, et même avec une touche d'humour bienveillant.

Au fil du temps, nous pourrons choisir nous-mêmes des « cloches de pleine conscience » dans notre vie de tous les jours – des ponctuations régulières de respiration en pleine conscience –, comme les feux rouges, les trois premières sonneries du téléphone, descendre ou monter un escalier ou fermer une porte. Nous pouvons y voir des occasions de nous rappeler, le temps d'un court instant, de revenir au moment présent.

PRENDRE LE TEMPS D'APPRENDRE CETTE COMPÉTENCE

On ne doit pas inviter la cloche de façon automatique, mais en pleine conscience. Apprendre à inviter la cloche demande une certaine préparation personnelle, de la pratique et une habileté, pour nous-mêmes et pour nos élèves. Cela peut être quelque chose d'agréable à apprendre. Il n'est pas si facile qu'il y paraît d'inviter le son que vous souhaitez produire ! Ne mettez la pression ni à vous-même, ni aux autres pour y parvenir à la perfection. Cette compétence vient avec l'expérience.

La qualité du son dépend de l'état mental et physique de la personne qui l'invite : produire un son stable et chaleureux nécessite de la douceur, d'où l'importance de commencer par calmer le corps et l'esprit, du mieux que vous le pouvez, et de prendre plaisir à le faire. Les enseignants peuvent apprendre à inviter la cloche eux-mêmes avant de faire découvrir cette pratique à leurs élèves. Elle peut se révéler merveilleuse pour vous procurer un sentiment de calme et de sérénité.

COMMENT BIEN CHOISIR UNE CLOCHE

- Les petites cloches japonaises, les *rin gongs*, ont la forme d'un bol, sont de petite taille (ce qui peut être utile si la classe se réunit dans différents lieux) et produisent un joli son. Elles sont fournies avec un bâtonnet (qu'on appelle un « inviteur », pour nous rappeler que le son est déjà présent dans la cloche et qu'il nous suffit d'apporter la dernière condition – le mouvement de la main – pour inviter le son à se produire) et un coussin support.

- Les bols chantants en cuivre, de plus grande taille, sont merveilleux pour la chaleur du son complet qu'ils produisent. Un plus gros bol peut être adapté pour une plus grande classe, des assemblées, des marches en extérieur, etc.
- Vous pouvez télécharger le son d'une cloche de pleine conscience sur votre ordinateur ou votre smartphone, en guise de cloche de secours. Il existe différentes applications qui produisent le son d'une cloche de pleine conscience. Vous en trouverez une sur le site Internet du Village des Pruniers, à l'adresse www.plumvillage.org.
- Si l'utilisation d'une cloche vous semble présenter un caractère trop « religieux » dans votre contexte, vous pouvez vous servir d'un simple carillon ou d'un triangle – même si cela n'a pas forcément la même qualité de son, et que c'est très différent d'inviter la cloche. Vous trouverez en fin de chapitre des exemples fournis par des enseignants sur les différents types de cloches qu'ils utilisent.

DANS LA SALLE DE CLASSE

- Traitez votre cloche avec soin et encouragez les élèves à faire de même. Servez-vous de la cloche uniquement pour la pratique de la pleine conscience, et toujours avec respect.
- Pratiquez le calme dans votre esprit pour vous rendre capable d'offrir un sourire détendu tout en maintenant votre propre concentration, de façon à incarner la pratique lorsque vous invitez la cloche.
- N'employez pas la cloche comme instrument de discipline. Vous transmettez à tous ceux qui écoutent l'émotion qui est en vous lorsque vous invitez la cloche. Si vous vous sentez en colère ou énervé, calmez les émotions qui vous habitent en respirant et en souriant avec acceptation avant d'inviter la cloche.
- Veillez à ce que la pratique demeure authentique et agréable en recourant à toutes sortes de pratiques, de mots et d'images pour vous inspirer et vous guider, vous et vos élèves.

En fin de chapitre sont rassemblés des témoignages d'enseignants pratiquants au sujet de la cloche qu'ils ont choisie, des raisons de ce choix et de l'usage qu'ils en ont dans leur vie et en classe.

Inviter la cloche va pratiquement toujours de pair avec la pratique de la respiration en pleine conscience, et souvent avec celle de l'assise. Les conseils et les illustrations qui figurent aux chapitres 1 et 3 pourront par conséquent vous être utiles.

Pratique de base

Inviter la cloche

MATÉRIEL ET PRÉPARATION

- Une petite cloche et un inviteur.
- Un enseignant dans un état de détente et d'ouverture, qui a envie d'apprendre cette nouvelle compétence.

Vous trouverez un résumé de cette pratique à l'annexe A, page 603.

1. PRÉPARATION

Installez-vous et recentrez-vous, assis, le dos bien droit, mais détendu.

Placez une main à l'horizontale, la paume dirigée vers le haut, et déposez la cloche dans votre paume. Celle-ci doit être bien à plat et ouverte aussi largement et confortablement que possible, et vous devez veiller à ce que le point de contact entre votre main et la cloche ne soit pas trop large afin de ne pas étouffer le son. S'il vous semble difficile de produire ainsi un son clair, vous pouvez déplacer la cloche sur le bout de vos doigts, bien serrés et tendus vers le haut.

2. RÉVEILLER LA CLOCHE
EN INVITANT UN DEMI-SON

Commencez par inspirer et expirer en pleine conscience au moins deux fois pour revenir au moment présent. Prenez plaisir à respirer.

En tenant le bâtonnet (l'inviteur) à la verticale et parallèle au bord du bol, entrez en contact avec le bol, en douceur, mais avec fermeté, selon un angle de 30 degrés. Lorsque le bâtonnet touche le bord du bol, laissez-le posé afin d'amortir le son et de produire ainsi un « demi-son ». C'est ce qu'on appelle « réveiller la cloche ».

> *Un « demi-son » est clair et audible, mais étouffé, et il ne résonne pas. Il sert à « réveiller » la cloche ainsi que « ceux qui écoutent », avant d'inviter un son complet.*

3. PRODUIRE LE SON COMPLET

Inspirez et expirez une fois en pleine conscience. En tenant l'inviteur avec le pouce, l'index et le majeur, faites un mouvement de balayage vers le haut jusqu'à ce qu'il frappe doucement l'extérieur de la cloche, tout près du bord. Le fait d'approcher la cloche avec le bâtonnet tourné vers le haut et parallèle au bord de la cloche produit un son doux et clair. Avec la pratique et un peu d'expérience, dans la légèreté, le plaisir et la détente, vous y parviendrez.

> *Le son complet est propre, puissant et clair.*

4. ÉCOUTER LA CLOCHE

Inspirez et expirez en pleine conscience et naturellement trois fois, en laissant le son de la cloche pénétrer profondément chacune de vos cellules.

Vous pouvez également utiliser l'une des variantes indiquées à la fin de la description de la pratique « Écouter la cloche ».

Pratique de base

Écouter la cloche

MATÉRIEL ET PRÉPARATION

- Un enseignant ayant l'expérience d'inviter la cloche.
- Une petite cloche et un inviteur.

Vous trouverez un résumé de cette pratique à l'annexe A, page 603.

Vous trouverez dans la description de cette pratique des consignes de base pour écouter la cloche, ainsi que des suggestions quant à la manière d'approfondir cette pratique.

1. Préparation

Trouvez une position, debout ou assis, qui soit à la fois stable et confortable. Vous pouvez avoir à l'esprit des images telles qu'être assis « comme une montagne » ou « comme un prince ou une princesse ».

2. Inviter un demi-son de cloche

Assis, le dos bien droit, inspirez et expirez deux fois en pleine conscience pour calmer votre esprit et votre corps. Invitez un demi-son de cloche.

3. Invitez le son complet

Inspirez et expirez encore une fois en pleine conscience, en restant centré sur votre inspiration et votre expiration.

Lorsque vous vous sentez prêt, invitez un son de cloche complet. Vous pouvez le faire une, deux ou trois fois.

Faites trois respirations complètes entre chaque son de cloche complet.

Vous pouvez également choisir l'une des variantes de cette pratique indiquées ci-après.

J'écoute, j'écoute.
Ce son merveilleux
me ramène à ma vraie demeure.

> *Vous pouvez réciter doucement ce poème avant d'écouter la cloche, ceci afin de vous aider à préparer votre esprit ou celui de vos élèves, ou après que la cloche a été invitée pour rester centré. Récitez en silence le premier vers en inspirant, le deuxième vers en expirant, et le dernier vers avec la prochaine inspiration-expiration.*

VARIANTES DE LA PRATIQUE DE L'ÉCOUTE DE LA CLOCHE

Toutes ces pratiques peuvent être répétées autant de fois que vous le souhaitez, en procédant lentement et en prévoyant des pauses et des temps de réflexion. Ne faites pas plus d'une ou deux pratiques par séance ou par cours.

- Observez quand des pensées surviennent, laissez-les passer et ramenez votre attention sur le son de cloche et la conscience de votre inspiration et de votre expiration.
- Laissez le son pénétrer chaque cellule de votre corps.

- Utilisez le son pour vous aider à vous reconnecter à votre centre, un lieu où vous vous sentez en sécurité et en paix.
- Prêtez attention au son jusqu'à ce que vous ne l'entendiez plus du tout.
- Invitez les élèves à se déplacer dans la pièce et à s'arrêter lorsqu'ils entendent la cloche en respirant en pleine conscience, puis à se déplacer à nouveau lorsqu'ils n'entendent plus la cloche, ou après trois respirations. (Cette variante pourrait mieux fonctionner que l'assise pour des élèves plus jeunes et plus actifs.)
- Invitez les élèves à compter le nombre de respirations qu'ils ont faites (une inspiration et une expiration égalent une respiration). Invitez-les à ouvrir les yeux lorsqu'ils n'entendent plus la cloche et à lever la main et les doigts pour indiquer le nombre de leurs respirations.

Éléments de réflexion

La cloche de pleine conscience

Voici quelques questions destinées aux enseignants, pour nourrir votre réflexion. Vous pourrez également les utiliser avec vos élèves lors d'un partage en classe ou simplement laisser ces questions s'installer dans leur esprit. Utilisez-les avec parcimonie, ce n'est pas une liste de points à vérifier !

- La cloche m'a-t-elle aidé à trouver mon centre de calme, mon « île intérieure » ? Ou est-ce que je me suis senti angoissé ou mal à l'aise ? Comment ai-je vécu cette expérience ?
- Ai-je pu ramener mon esprit sur la cloche ou sur ma respiration lorsque des pensées sont arrivées ?
- Cela m'a-t-il semblé difficile ou facile de rester concentré sur le son de cloche ?

Vous pouvez au besoin ajouter d'autres questions. Veillez à ce qu'elles soient simples, ouvertes, encourageantes et sans jugement, et acceptez tous types de réponses, y compris les réponses « négatives » ou les « je ne sais pas ». Veillez à ce que ce partage porte sur le ressenti des participants.

LA CLOCHE DE PLEINE CONSCIENCE DANS NOTRE VIE QUOTIDIENNE ET DANS NOTRE TRAVAIL D'ENSEIGNANT

Utiliser la cloche pour soutenir
votre propre pratique

Pour Denys Candy, directeur de programme universitaire et consultant, la cloche est un moyen précieux d'apporter de la paix et de la détente dans une vie bien remplie. Il évoque une image chaleureuse de son enfance irlandaise pour exprimer le sentiment de détente que lui procure la cloche.

Je trouve utile d'inviter la cloche à différents moments de la journée et de la semaine. J'appelle cela « se lier d'amitié avec la cloche ». Inviter une cloche au réveil ou juste avant d'aller se coucher, en s'éloignant pour une pause de son clavier ou de son téléphone, ou simplement de temps à autre, me rappelle que la paix est à ma portée, ici et maintenant. Ralentir en écoutant la cloche me ramène à une respiration agréable. Cette respiration ouvre d'autres possibilités de pratique, comme faire un demi-sourire, ce qui me donne encore plus de joie. Quand j'étais petit, en Irlande, et que je me réveillais après un long sommeil réparateur, mes parents me disaient : « Tu t'es bien reposé. » Inviter la cloche, c'est comme m'accorder dans la journée plein de moments de détente.

Inviter la cloche n'est pas aussi facile qu'on pourrait le penser. John Bell, qui enseigne depuis des années dans la tradition du Village des Pruniers auprès de jeunes déscolarisés aux États-Unis, s'est rendu compte qu'il fallait beaucoup d'adresse pour inviter la cloche de façon efficace.

J'ai passé beaucoup de temps avec cette cloche. Je la connais bien. Je sais qu'il existe de nombreuses façons de la faire sonner. Je sais que, dans certaines conditions, elle produit les plus beaux sons. Par exemple, elle sonne différemment en différents points sur le bord. J'ai aussi constaté que si j'utilise la partie inférieure du bâtonnet plutôt que sa partie supérieure, près de l'extrémité, elle sonne mieux. Je me suis également rendu compte que si je faisais un mouvement vers le haut sur le bord de la cloche, elle sonnait mieux qu'avec un mouvement vers le bas. Certaines conditions permettent à la cloche de produire les plus beaux sons, afin qu'elle réalise sa véritable nature.

John a aussi appris que lui et la cloche « intersont » : la cloche est sensible à l'état dans lequel se trouve la personne qui l'invite. Pour lui, c'est une façon de nous rappeler que nous devons être conscients de notre état mental et physique lorsque nous invitons la cloche.

Ce que j'ai aussi compris avec la cloche, c'est que dans la mesure où elle et moi sommes en relation, lorsque je l'invite, mon état influence sa façon de sonner. Si je suis en colère, elle peut sonner plus fort que la situation l'exigerait. Si je me sens déprimé, le son qu'elle produira risque d'être trop faible pour centrer l'attention des personnes qui écoutent. Si je suis distrait et que je ne prête pas attention au mouvement du bâtonnet, il peut atterrir de travers et produire un son discordant. On peut dire que la cloche et moi inter-sommes. Si je ne suis pas concentré, la cloche ne pourra pas offrir son meilleur son. C'est pourquoi, en tant qu'enseignants, lorsque nous prenons bien soin de nous, nous prenons aussi soin de nos élèves.

Ces remarques nous rappellent qu'il importe de mieux prendre soin de nous-mêmes quand nous réalisons que le calme et la concentration nous font défaut lorsque nous guidons la pratique.

Utiliser la cloche avec les élèves...

Dès lors qu'ils ont acquis une certaine expérience de la pratique de la cloche en l'utilisant pour soutenir leur propre pleine conscience, bon nombre d'enseignants se mettent à l'utiliser avec plaisir dans leur classe. Denys nous donne des conseils pratiques précieux.

1. Détendez-vous et prenez soin de votre propre pratique. Ne vous préoccupez pas de ce que les gens pourraient penser (par exemple, « c'est bizarre »).

2. Prenez le temps d'expliquer en détail la pratique de la cloche et entraînez-vous plusieurs fois avec les participants. Invitez-les à s'asseoir avec le dos droit et détendu, à sentir leurs pieds en contact avec la terre ; dites-leur qu'ils peuvent fermer les yeux s'ils le souhaitent et récitez un poème, comme « J'inspire, je sais que j'inspire ; j'expire, je sais que j'expire ».

3. Ayez confiance dans la pratique – faites confiance à votre présence et à votre pratique ; faites confiance au groupe pour prendre plaisir à respirer en pleine conscience et faites confiance à la cloche pour évoquer l'énergie de la pleine conscience chez tous ceux qui l'écoutent.

Nous faisons souvent référence à la cloche, car elle est extrêmement utile pour soutenir les pratiques proposées dans ce livre : respirer, s'asseoir, se déplacer, marcher, manger et être présent à soi-même et aux autres.

Pour structurer le cours en douceur...

Certains enseignants trouvent utile d'inviter la cloche à intervalles réguliers – deux ou trois fois par cours – dès lors que les élèves sont familiarisés avec la pratique et se sentent à l'aise, afin de leur donner l'occasion de s'arrêter et de respirer. Cela peut les aider à trouver le calme et cela aide tout le monde à profiter du moment. Inviter la cloche toutes les vingt minutes est une bonne base, mais veillez à ne pas en abuser.

Alison Mayo nous rappelle que la pratique de l'écoute de la cloche doit rester une invitation et en aucun cas un moyen de contrôler la classe :

Nous enseignons aux enfants pourquoi et comment respirer et nous leur donnons le vocabulaire pour décrire ce qu'ils ressentent. Je considère qu'il est très important de présenter la pratique de la cloche et de la respiration comme quelque chose de ludique et d'apaisant, et qu'on ne doit pas utiliser la cloche pour contrôler la classe ou faire revenir le calme. Nous faisons sonner la cloche et « prenons plaisir à respirer tranquillement » avant de chanter notre chant de remerciement au moment du goûter, ainsi que pendant notre « temps tapis ».

Certains enseignants utilisent parfois la cloche pour marquer une transition, par exemple avant de commencer ou à la fin d'un cours. Tous les élèves de la classe ont ainsi l'occasion de faire une pause et de respirer, de faire le point et de passer en pleine conscience à la suite de la journée, au lieu de s'y précipiter. Voici à ce sujet le témoignage de Betsy Blake Arizu, professeure en lycée et conseillère d'éducation à la retraite, en Floride.

Écouter le son de la cloche – l'écouter vraiment et le ressentir dans son corps – est une merveilleuse façon de se détendre et d'apporter de la conscience dans l'instant présent. C'est une excellente manière de commencer une réunion ou un cours, ou de commencer et de terminer une pratique de pleine conscience.

Au fil du temps, les enfants peuvent s'attacher beaucoup à la cloche ; la classe se l'approprie et les enfants décident de l'endroit où la poser, ou donnent des idées quant à la manière de l'utiliser. Pour la classe de maternelle de Ross Young, instituteur au Royaume-Uni, la cloche est devenue une sorte d'« animal de compagnie » de la classe.

J'explique aux enfants que notre cloche aime qu'on lui fasse un « bisou » avant de la faire sonner, pour la réveiller. Nous la considérons comme un « animal de compagnie » ou un « ami » que les enfants peuvent à tour de rôle emporter chez eux pour une journée, et qu'ils pourront faire sonner le matin ou le soir avant d'aller se coucher. Chaque jour, c'est un autre élève qui accueille la cloche chez lui pour s'en occuper.

Alison Mayo constate que les élèves aiment qu'on leur demande d'inviter la cloche à certains moments, et qu'ils apprécient tout autant d'acquérir les aptitudes et les attitudes nécessaires pour devenir un « maître de la cloche ».

Les enfants aiment inviter la cloche eux-mêmes. Un exercice que je leur propose souvent consiste à les faire asseoir en cercle et à leur faire se passer la cloche à tour de rôle pour la faire sonner délicatement, de manière à propager le son dans le cercle. Cela marche très bien pour retenir l'attention du groupe.

Les enseignants sont généralement soucieux de favoriser la concentration et le calme dans la classe, mais cet objectif peut être difficile à atteindre. Beaucoup témoignent de l'extraordinaire bénéfice produit par la cloche dès lors que les élèves se sont habitués au son qu'elle produit. L'écoute de la cloche a la capacité quasi instantanée, voire « magique », de produire une atmosphère propice à la communication et aux apprentissages.

Pour certains d'entre eux, tel Michael Schwammberger qui enseigne depuis des années dans la tradition du Village des Pruniers au Royaume-Uni et en Espagne, le son a une qualité « reposante ».

> Lorsque vous invitez la cloche en étant concentré et que vous revenez à votre respiration, vous ressentez une certaine qualité de pleine conscience... les enfants le sentent. Ils peuvent marquer une pause.

La cloche peut nous aider à « nous centrer » et à faire en sorte que « le temps semble s'arrêter », comme le suggère Richard Brady, professeur de mathématiques à la retraite et instructeur expérimenté dans la tradition du Village des Pruniers.

> J'ai rencontré Thây à l'Omega Institute, à New York. C'est là que j'ai découvert l'habitude qui consiste à

s'arrêter lorsqu'on entend le son d'une cloche et à porter toute son attention sur le moment présent. Je suis rentré chez moi avec une petite cloche et je l'ai apportée dans mes cours de maths. Je la faisais sonner au début du cours, et de temps à autre pendant le cours, pour aider les élèves à s'arrêter et à se centrer. Pendant ces brefs instants, on aurait dit que le temps s'arrêtait. Les élèves réagissaient à la cloche avec respect[1].

La cloche peut aider les élèves « à revenir » à eux-mêmes. Meena Srinivasan, qui a longtemps travaillé comme enseignante et dirige actuellement un programme d'apprentissage psychosocial aux États-Unis, nous fait part de son expérience.

Je commence par sortir ma petite cloche et dis à mes élèves : « Notre corps est là, mais où est notre esprit ? Peut-être est-il encore au réfectoire ou encore en cours de maths ? Dans ce cas, si une main représente notre esprit et l'autre main représente notre corps, lorsque j'invite la cloche et que nous prenons conscience de notre respiration, notre esprit et notre corps sont réunis. Prenons un moment, invitons la cloche, joignons les mains et revenons à nous-mêmes, de façon à être vraiment là. » Cela m'aide réellement dans mon travail d'enseignante.

John Bell établit un lien entre le pouvoir de transformation du son de la cloche et l'objectif généralement poursuivi par l'enseignant, qui est d'encourager les élèves à faire de leur mieux.

Et maintenant, pourquoi est-ce que je vous parle d'une cloche ? Eh bien, parce qu'il me semble que, en tant qu'enseignants, nous nous employons à créer les bonnes conditions dans nos classes et dans nos écoles afin de permettre aux élèves de donner le meilleur d'eux-mêmes, de se manifester pleinement et de découvrir leurs talents uniques et la joie innée d'apprendre. N'est-ce pas précisément ce que nous essayons de faire ?

On peut utiliser l'atmosphère créée par la cloche pour cultiver des états d'esprit particuliers. Coreen Morsink, qui enseigne dans le primaire et dans le secondaire en Grèce, aide ses élèves à développer la capacité d'accéder à des pensées plus joyeuses en les invitant à associer le son de la cloche à des pensées positives.

Nous chantons une chanson pour nous mettre en train, puis je demande aux élèves d'écouter le son des cymbales de doigts et de penser à quelque chose en particulier qui les rend heureux, ou à des choses qui leur procurent de la joie. Je voulais qu'ils associent le bonheur au son de la cloche. La plupart d'entre eux y sont arrivés très rapidement ; c'était juste un peu triste de voir que certains peinaient à avoir une pensée joyeuse. Mais après que la majorité des enfants a fait part à la classe d'une pensée joyeuse, ceux qui n'en avaient trouvé aucune en ont aussi trouvé une. Ces pensées allaient de « manger une glace » à « passer du temps avec papa ».

Les enseignants constatent souvent que le côté direct des sons convient particulièrement aux élèves en difficulté ou vulnérables à divers titres. Murielle Dionnet, enseignante en maternelle, CP et enseignante spécialisée en France, utilise différents sons avec les enfants ayant ou non des difficultés d'apprentissage et des problèmes de santé mentale, ce qui les aide à se détendre, à retrouver leur calme, voire, comme dans un cas, à résoudre des conflits à la maison rien qu'en se souvenant du son produit par la cloche.

La première pratique que j'ai proposée aux enfants était la respiration en pleine conscience : leur apprendre à respirer trois fois pour se détendre et se calmer. Je commençais en leur montrant un bocal d'eau agitée avec un peu de terre et nous observions au fil des heures comment l'eau tranquille devenait claire et transparente. Je leur disais que comme l'eau, quand nous sommes agités, en colère ou malheureux, ce n'est pas « clair » en nous et nous ne nous sentons pas bien. Alors, nous allions apprendre comment « être tranquille » pour nous sentir bien. Chaque matin, je guidais trois respirations conscientes au son du carillon. Un élève « responsable du calme » pour la semaine faisait sonner le carillon chaque fois qu'il trouvait la classe trop bruyante ou agitée, après avoir respiré lui-même en pleine conscience trois fois.

Chaque élève pouvait également venir sonner le carillon s'il se sentait mal. Au début d'une année est arrivé dans ma classe un petit garçon de cinq ans qui venait juste de perdre son papa. Il a alors beaucoup utilisé le carillon, ayant bien compris qu'à chaque fois que la souffrance se manifestait en lui, il pouvait en prendre soin en respirant et en la partageant avec ses camarades. Cette expérience m'a beaucoup touchée.

Je me souviens d'un témoignage d'une élève de huit ans qui disait : « Quand je me dispute avec ma sœur, je vais dans ma chambre et je fais sonner le carillon dans ma tête, je respire et je me sens mieux. »

Ensuite, j'ai travaillé avec des élèves handicapés mentaux. J'ai fait comme à la maison : j'ai installé dans la classe une vieille horloge qui sonnait tous les quarts d'heure. Avec ces élèves, je guidais systématiquement les trois respirations et nous finissions avec un beau sourire.

J'inspire, je sais que j'inspire.
J'expire, je sais que j'expire.
J'inspire, je me calme.
J'expire, je me détends.
J'inspire, je me sens bien.
J'expire, je souris.

Enfants, auxiliaires de vie et moi-même avons grandement bénéficié de cette pratique qui nous a apporté calme, détente, concentration, cohésion et sourires.

Dans un récit inspirant et qui fait chaud au cœur, Shelley Murphy, ancienne institutrice et actuellement formatrice d'enseignants au Canada, raconte comment la cloche a aidé un enfant qui traversait une tempête émotionnelle à calmer ses pensées.

Raymond passe la porte de notre salle de classe en sautillant. Dès qu'il arrive, c'est un vrai moulin à paroles : il ne cesse de faire des commentaires sur tout ce qu'il voit.

Raymond a du mal à « arrêter les idées dans sa tête », comme il le dit lui-même. Au moment de s'asseoir, ses grands yeux se fixent sur les bols du genre tibétain qui se trouvent au premier rang. Je vois presque les idées qui commencent à ralentir dans son esprit. La première fois que j'avais introduit les cloches dans notre classe, ce petit garçon âgé de huit ans avait des milliers de remarques et de questions à formuler : « D'où viennent-elles ? En quoi sont-elles faites ? Est-ce que je peux les faire sonner ? Est-ce que c'est un instrument de musique ? Je joue de la flûte à bec, et vous, vous jouez de quel instrument ? » Aujourd'hui, l'année scolaire est déjà bien entamée. Nous commençons et terminons chaque journée en faisant sonner les bols. Je fais sonner les bols plusieurs fois, et chaque élève devient de plus en plus conscient de sa respiration. Raymond écoute et continue d'écouter jusqu'à ce qu'on n'entende plus le son et la vibration des bols. Il ferme les yeux, son attention concentrée sur son ventre qui se soulève et s'abaisse chaque fois qu'il inspire et expire. Les pensées qui monopolisaient son attention semblent avoir été reléguées à la périphérie de sa conscience.

Peu à peu, Raymond est devenu à l'aise avec sa pratique de la pleine conscience. Il s'en réjouit à l'avance et s'attend à ce qu'elle fasse partie de sa journée. Il s'est rendu compte qu'il pouvait désormais avoir accès à des états de concentration plus profonds, et que je l'avais remarqué moi aussi. Il était moins agité et de plus en plus à même de faire face à la stimulation et aux distractions de la classe. Il était plus en paix[2].

Nous pouvons aussi utiliser des cloches avec nos collègues, pour contribuer à créer une atmosphère de calme et encourager la communication authentique, comme le décrit John Bell de façon émouvante.

Je commence souvent les formations du personnel enseignant en invitant la cloche. J'invite la cloche trois fois. Les participants cessent peu à peu de parler et l'énergie devient plus calme. Puis je dis quelque chose comme : « C'est un joli son, n'est-ce pas ? C'est la cloche de méditation que j'utilise tous les matins lorsque je m'assois pour méditer. Je l'emporte aussi en voyage. Je m'en suis servi comme bâton de parole que les personnes se passent l'une à l'autre dans un groupe. Les participants la tiennent dans leurs mains et expriment ce qu'ils ressentent dans leur cœur. »

Denys utilise sa cloche très souvent, aussi bien dans des réunions avec des collègues qu'avec son entourage. Il estime que cela transforme non seulement la chaleur émotionnelle de l'interaction, mais aussi la qualité même des décisions prises.

Au fil du temps, j'ai parlé de la cloche à plusieurs amis et collègues en les invitant à venir partager ma pratique quotidienne. Cela a ouvert de nouvelles possibilités, notamment offrir les cadeaux du calme et de la présence à des collègues. En générant une énergie collective de pleine conscience, nous savions que nous allions insuffler de la joie et de la compassion dans notre environnement de travail. Cela nous a aidés d'avoir ce genre de soutien les jours où tout allait de travers, quand le désespoir devant l'injustice ou la colère de voir des projets tomber à l'eau prenait le dessus. Dans ces moments-là, la pratique balbutiante de mes collègues me rappelait que les émotions pénibles sont impermanentes. Ensemble, nous pratiquions la gratitude pour cette pratique partagée de la cloche et marquions un arrêt pour nous souvenir que le ciel ou une fleur nous rappellent notre nature véritable – la nature de l'émerveillement.

J'ai aussi introduit la pratique de la cloche dans des réunions locales où plus de cent personnes se rassemblent en vue de mettre en place un projet ou de proposer des solutions afin de régler un différend, que ce soit avec des personnes travaillant avec les jeunes et qui cherchent à mieux communiquer, ou dans des organisations locales.

Lors de réunions publiques, je demande aux gens de fixer des règles de base – une écoute et une parole respectueuse, de la place pour tout le monde – et je présente la pratique de la cloche. Les participants sont d'accord pour marquer une pause et respirer trois fois en silence et en pleine conscience avant de poursuivre la discussion. Même lors de débats houleux, tout le monde respecte la cloche. Après quoi, ils constatent un « buzz » d'énergie positive. Cela nous permet de prendre des décisions importantes, de contenir les conflits et les inquiétudes, et d'avoir un dialogue plus productif avec les autorités municipales.

VEILLER À ÉVITER
TOUTE CONNOTATION RELIGIEUSE

Bien que les pratiques que nous proposons autour de la cloche soient ancestrales, il se peut, dans certains contextes, qu'une connotation religieuse constitue un obstacle qui empêche certaines personnes de pouvoir se relier aux enseignements humains de la pleine conscience. L'utilisation de bols tibétains ou japonais peut parfois induire cette perception. Betsy Blake Arizu, l'enseignante en lycée et conseillère d'éducation à la retraite que nous avons déjà rencontrée, donne le conseil pratique suivant :

> J'ai lu un article au sujet d'un secteur scolaire dans le Midwest (États-Unis) qui avait mis en œuvre des pratiques de pleine conscience dans l'ensemble du district ; le conseil d'établissement avait annoncé la fin prochaine de ce programme. On ne savait pas très bien quels motifs avaient conduit à cette décision. Ils étaient certainement nombreux, mais le bruit a couru que c'était lié à l'utilisation de bols tibétains dans les classes ou au symbolisme religieux. Il se trouve simplement que les bols tibétains produisent un beau son qui résonne longtemps pour l'écoute en pleine conscience. On peut se servir d'autres cloches. Personnellement, j'utilise un carillon ou le genre de cloche que l'on peut trouver dans un orchestre.

Les enseignants ont déployé beaucoup d'imagination pour éviter toute connotation religieuse non désirée. Certains utilisent simplement des cloches sans faire aucune association de ce genre. Coreen nous livre son témoignage.

J'ai loué de simples cymbales grecques (cymbales de doigts) pour les utiliser comme cloche de pleine conscience, parce que je n'avais pas de bol en cristal ni d'autre cloche adaptée. Cet instrument a bien fonctionné.

Muriel, que nous avons déjà rencontrée plusieurs fois, utilise des « cloches » différentes selon les publics, comme un carillon ou une horloge, l'important étant de choisir des instruments ayant de jolis sons et sans connotation religieuse. Jade Ong, qui enseigne dans le secondaire en Malaisie, utilise un bol chantant, mais évite toute référence religieuse en présentant la pratique comme un jeu, le « jeu de la cloche ».

Comme je travaillais avec des élèves réfugiés de différentes confessions dans un établissement scolaire confessionnel, il fallait veiller à ce que le cours ne soit pas interprété comme étant à caractère religieux. Alors que nous étions assis à une extrémité de la pièce, je leur ai dit : « Et maintenant, nous allons jouer au jeu de la cloche ! » « Ouais ! » se sont-ils enthousiasmés de concert. Je tenais la cloche et j'ai demandé au groupe de rester silencieux. Après avoir fait sonner la cloche, je l'ai fait passer auprès de tous les élèves, en les encourageant à sentir, toucher et entendre le son qu'ils produisaient. Puis la cloche m'est revenue. Je leur demandais de lever un doigt, puis un autre et ainsi de suite, chaque fois

146

qu'ils entendaient la cloche. Cela semble très simple, mais cela a merveilleusement bien marché et tous les élèves ont réussi à écouter les sons dans le calme. L'étape suivante a consisté à proposer à des volontaires de faire sonner la cloche eux-mêmes. Je leur ai alors parlé de la respiration en pleine conscience. Comme ils ont appris en jouant, les séances commencent désormais dans un silence complet, suivi de trois sons de cloche et d'une pratique de respiration en pleine conscience.

3

S'asseoir

Dans ce chapitre, vous allez :
- Explorer l'importance de l'assise en pleine conscience pour s'arrêter, se calmer et détendre l'esprit et le corps.
- Bénéficier d'instructions pas à pas et de conseils pour la pratique de l'assise, avec des suggestions de variantes, afin de trouver une position d'assise stable et confortable.
- Recueillir des idées sur la façon d'intégrer la pratique de l'assise dans notre vie quotidienne et dans notre travail d'enseignant, avec des réflexions, des exemples et des suggestions d'enseignants pratiquants.

S'asseoir comme une montagne

Thich Nhat Hanh

Henri était professeur de mathématiques à l'École française de Toronto. Après avoir passé trois semaines au Village des Pruniers, il a repris les cours et commencé à pratiquer la pleine conscience avec ses élèves. Un jour, alors qu'il marchait lentement et en pleine conscience dans la classe, il s'est mis à écrire au tableau en pleine conscience. Ses élèves lui ont demandé : « Monsieur, vous êtes malade ? » Ce à quoi il a répondu : « Non, je ne suis pas malade, je pratique juste la marche en pleine conscience. Cela me plaît beaucoup. Je ressens une grande paix. Je me sens très serein parce que j'ai appris la pleine conscience. Voulez-vous que je vous dise ce que j'ai fait au Village des Pruniers ? » Et ils ont écouté.

Ils ont décidé ensemble que, tous les quarts d'heure, l'un d'entre eux frapperait dans ses mains – parce qu'ils n'avaient pas encore de cloche de pleine conscience –, et que tous les élèves et même le professeur pratiqueraient la respiration en pleine conscience pour se détendre, en restant assis à leur bureau. Ce qu'ils faisaient, c'était arrêter leurs pensées, et cette pratique les a aidés à améliorer leurs capacités d'apprentissage.

Au début, c'était comme jouer, mais au fil du temps ils l'ont intégrée à leur quotidien ; la pratique de la pleine conscience de la respiration et de l'assise a été très bénéfique pour toute la classe. La transformation et la guérison ont pu avoir lieu et ses élèves ont beaucoup progressé, jusqu'à devenir une sorte de famille très joyeuse. D'autres classes de l'établissement ont suivi leur exemple et, lorsque Henri a atteint l'âge de la retraite, l'administration lui a demandé de rester encore quelques années. Il a pu alors se consacrer à l'enseignement de la pratique de la pleine conscience dans cet établissement, ce qui a permis d'améliorer la qualité de l'enseignement et des apprentissages.

Les enseignants peuvent reproduire l'expérience d'Henri juste en s'asseyant et en respirant, ce qui aidera leurs élèves à moins souffrir et à être heureux. Vous les aidez à générer un sentiment de joie et ils sauront ensuite comment le créer eux-mêmes.

Il y a une radio qui reste tout le temps allumée dans notre esprit, c'est la « radio qui ne s'arrête jamais ». Lorsque vous vous asseyez, vous coupez la radio et savourez chaque respiration plus profondément. Cela nourrit et guérit notre esprit beaucoup plus facilement que lorsque nous pensons. Si vous êtes vraiment concentré sur votre respiration, même pendant un court instant, vous constatez que vous êtes capable de cesser naturellement de penser au passé ou au futur, à vos projets ou à vos soucis, et vous développez la capacité de vous réjouir des merveilles de la vie dans l'instant présent, à chaque respiration. Cela devient une habitude, mais cela demande un peu d'entraînement, comme lorsqu'on apprend à jouer au ping-pong ou au tennis. Avec la pratique, vous vous habituez à prendre plaisir à vous asseoir et à respirer.

Pendant la méditation assise, ensuite, nous cessons de parler et nous calmons notre corps et notre esprit. Nous ne nous laissons pas emporter par nos pensées. Lâcher prise de nos pensées au sujet du passé ou du futur, revenir à l'instant est très utile. C'est le fait de penser qui vous empêche d'être dans l'ici et maintenant. Si vous êtes tout le temps préoccupé ou tracassé, cela vous épuise et vous ne pouvez plus être présent.

Le philosophe René Descartes a dit : « Je pense, donc je suis. » Mais je ne suis pas d'accord : « Je pense, donc je ne suis pas là – je ne suis pas vraiment en contact avec les merveilles de la vie » ; lorsque je suis emporté par mes pensées, je ne peux pas être réellement présent. La pensée est parfois productive, mais elle peut aussi nous éloigner de l'expérience qui consiste à être en contact avec ce qui est là et se passe ici et maintenant. Vous pouvez faire cesser naturellement vos pensées en dirigeant toute votre attention sur votre inspiration et votre expiration. Vous observez une sorte de silence très éloquent et très puissant, qui vous permet d'être pleinement vivant et présent pour apprécier chaque instant, chaque respiration. Ce silence n'a rien d'oppressant. Il est très vivant. Lorsque nous cessons de parler et que nous calmons nos pensées pour respirer en conscience, nous redevenons vivants et conscients de ce qui se passe en nous et autour de nous. On peut décrire ce silence comme un « silence foudroyant », aussi puissant que le tonnerre. Si vous vous asseyez et respirez ainsi tous ensemble, cela génère une énergie collective très puissante qui touchera en profondeur tous les élèves de la classe et les aidera ainsi sur la voie de la guérison et de la transformation.

L'esprit est comme une rivière, et les pensées comme les gouttes d'eau qui se succèdent dans le courant. Méditer, c'est s'asseoir à côté de la rivière de l'esprit et reconnaître chaque pensée qui apparaît. Vous pouvez vous servir de ces vers pour pratiquer en position assise, en prenant deux ou trois respirations à chaque vers :

Conscient de mon inspiration, j'inspire ; conscient de mon expiration, j'expire.

Suivant mon inspiration, j'inspire ; suivant mon expiration, j'expire.

Conscient de mon corps, j'inspire ; conscient de mon corps, j'expire.

Calmant mon corps, j'inspire ; calmant mon corps, j'expire.

Générant de la joie, j'inspire ; générant de la joie, j'expire.

Générant du bonheur, j'inspire ; générant du bonheur, j'expire.

Conscient de la sensation ou de l'émotion pénible, j'inspire.

Conscient de la sensation ou de l'émotion pénible, j'expire.

Calmant la sensation ou l'émotion pénible, j'inspire.
Calmant la sensation ou l'émotion pénible, j'expire.

Supposons que mille élèves soient assis en silence pendant un rassemblement et pratiquent la respiration en pleine conscience pour calmer leur corps et relâcher les tensions avec une méditation guidée comme celle-là ! Ils ressentiront une énergie puissante, à même de les aider à retrouver leur calme et à se sentir heureux. Les enfants qui se retrouveront avec un groupe de personnes capables de générer l'énergie de l'amour et de la compréhension auront plus de chances de transformer leur propre souffrance. Une énergie collective de paix, générée par la pleine conscience, est la réponse.

Notes pour les enseignants

S'asseoir en pleine conscience

Pourquoi pratiquer l'assise en pleine conscience ?
- Pour renforcer notre capacité à nous poser, à retrouver notre calme et à détendre l'esprit et le corps.
- Pour ramener l'esprit dans le corps.
- Pour pratiquer « être vivant dans l'instant présent » et prendre plaisir à ne « rien faire ».
- Pour développer notre conscience des pensées, des émotions et des sensations corporelles.
- Pour accroître le sentiment d'être relié aux autres et de soutien mutuel avec les autres.

La pratique de l'assise peut apporter une grande stabilité au niveau de l'esprit et du corps. Elle nous donne l'occasion d'être plus pleinement conscients de ce qui se passe en nous et autour de nous, dans l'instant présent.

Généralement, quand nous sommes assis, que ce soit pendant un trajet vers le travail, l'école ou l'université, à notre bureau, pendant une réunion ou dans notre canapé, nous sommes tellement emportés par notre énergie d'habitude de « faire quelque chose » que nous pensons avoir besoin de nous distraire, en travaillant, en regardant la télévision, en allumant notre ordinateur ou en lisant un livre ou un magazine. S'asseoir en pleine conscience signifie juste s'asseoir. On cesse de faire ce qu'on est en train de faire et on porte toute son attention sur ce qu'il se passe dans l'instant présent, dans la respiration, l'esprit et le corps. Comme une montagne quand la tempête fait rage, solide et stable, on reste assis en regardant défiler les émotions et les pensées. C'est s'asseoir juste pour s'asseoir, le dos bien droit, avec dignité et l'esprit pleinement éveillé.

Nous sommes assis avec l'intention de demeurer dans le moment présent du mieux possible. Certains jours, en particulier lorsque nous commençons à pratiquer, il nous semble qu'avoir cette intention représente un maximum, et nous observons notre esprit qui part dans tous les sens comme un singe sautant de branche en branche. Regarder notre esprit-singe se comporter de la sorte, c'est prendre conscience de ce qui se passe dans l'instant présent : nous devenons pleinement présents au flot incessant de nos pensées. Comme l'indique avec un certain amusement John Bell, qui enseigne la pleine conscience aux États-Unis et que nous avons rencontré précédemment, nous pouvons constater qu'il s'agit parfois simplement de la nature de l'esprit.

Le mental ! Ses hauts et ses bas totalement dingues, qui se sent bien, qui se sent mal, ses dix mille joies et ses dix mille chagrins ! Nous ne pouvons échapper à cette expérience. La méditation peut nous enseigner comment accepter ces états changeants. Le but de la méditation n'est pas de se sentir bien, même si notre espoir secret est de parvenir à ce résultat. C'est de nous entraîner à accepter avec compassion ce qui se passe instant après instant.

Pendant la méditation assise, l'objectif est de lâcher toutes les choses de la même manière – pensées, émotions, sensations corporelles, qui passent, et les sons autour de nous. Nous observons nos émotions et nos pensées au fur et à mesure qu'elles se manifestent, puis nous les relâchons en douceur pour les laisser partir. Il ne s'agit pas de les repousser, de les supprimer ou de prétendre qu'elles ne sont pas là. La meilleure chose à faire est de toutes les observer avec un regard plein de douceur et d'acceptation. Nous pouvons nous imaginer comme un arbre bien enraciné, ce qui nous permet de rester calmes et sereins malgré les tempêtes qui peuvent faire rage en nous ou autour de nous.

La bonne nouvelle, c'est qu'avec une pratique régulière, nous constatons que notre esprit s'avère progressivement plus posé, plus calme, plus clair, plus spacieux et plus heureux, et qu'il y a plus de douceur et de bienveillance dans notre cœur, du moins certains jours !

La pratique formelle n'est pas seulement fondée sur l'assise, et certaines personnes se sont aperçues qu'elles préféraient marcher ou faire des mouvements en pleine conscience ; il n'en reste pas moins utile d'expérimenter la pratique de l'assise pour développer l'aptitude d'être assis sans bouger, calme et stable. Même si cela semble difficile au début, une courte séance d'assise nous permet d'accéder à la stabilité de la respiration et du corps de façon à pouvoir explorer nos pensées, nos sensations et nos émotions. Nous pouvons examiner tout sentiment d'agitation ou d'ennui qui rendent cette pratique de l'assise encore difficile. Cela peut être très éclairant, comme tout ce qui se manifeste pendant la pratique et qui concerne notre vie quotidienne et nos relations.

Apprendre à s'asseoir peut nous apporter de la stabilité pendant les repas, au travail et dans notre capacité à être là lorsque nous prenons la parole. À chaque fois que nous sommes assis – à attendre quelque part, pendant une réunion, dans les transports ou devant la télévision –, nous avons une occasion de prendre conscience de notre respiration, de notre esprit et de notre corps. Ceux qui sont autour de nous n'ont même pas besoin de savoir ce que nous faisons !

S'asseoir est un choix de pratique, mais ce n'est pas nécessairement le meilleur lorsque nous sommes bouleversés, agités ou léthargiques. Il est conseillé d'alterner régulièrement la pratique de l'assise avec des formes plus actives de la pleine conscience, comme la marche méditative et les mouvements en pleine conscience. Ces formes peuvent se révéler d'une plus grande utilité lorsque nous avons besoin de bouger ou de calmer notre agitation.

Vous trouverez en fin de chapitre d'autres récits et réflexions sur la façon dont des enseignants pratiquants ont intégré l'assise dans leur vie, auprès de leurs élèves et dans leur classe, leur école ou leur université.

La pratique de l'assise va toujours de pair avec la respiration en pleine conscience et, parfois, avec l'écoute de la cloche. Les indications et les illustrations qui figurent aux chapitres 1 et 2 pourraient par conséquent vous être utiles.

Pratique de base

Courte pratique d'assise

Vous trouverez un résumé de cette pratique à l'annexe A, page 608.

MATÉRIEL ET PRÉPARATION

- Commencez par vous exercer à cette pratique vous-même afin d'acquérir suffisamment d'expérience personnelle pour la partager. Disposez des chaises, des coussins, des tapis, etc., selon la façon dont vous souhaitez que les participants soient assis (voir d'autres indications à ce sujet dans la partie intitulée « Trouver la meilleure position d'assise »).
- Une cloche et un inviteur (optionnel, mais recommandé).

Cette pratique dure de quinze à vingt minutes.

Vous pouvez vous arrêter à tout moment. Il est préférable de bien pratiquer pendant un bref instant plutôt que de faire les choses à la va-vite.

1. TROUVER VOTRE POSITION D'ASSISE

Installez-vous dans une position d'assise stable et confortable.

Asseyez-vous le dos bien droit, mais détendu et avec dignité.

Imaginez que vous êtes assis comme une montagne, stable et solide, et que vous vous sentez soutenu par la terre.

Assurez-vous que votre tête repose confortablement sur votre colonne vertébrale, et rentrez légèrement le menton.

Fermez les yeux ou posez le regard sur un point devant vous. Détendez le visage et la mâchoire.

Suivez les consignes lentement, en marquant des pauses à la fin de chaque vers et en suivant votre respiration. N'hésitez pas à répéter une consigne si vous le souhaitez.

Des consignes plus détaillées pour trouver une position confortable sont présentées plus loin dans ce chapitre.

2. CONTACT

Soyez présent à ce que vous ressentez, assis en silence sans bouger. Soyez attentif au contact avec la terre – vos pieds en contact avec le sol, votre dos contre la chaise.

Établissez-vous dans votre corps et ressentez comme vous êtes soutenu.

> *Si vous-même ou vos élèves êtes assis sur des coussins posés au sol, adaptez les points de contact de façon à ce que les genoux soient soutenus et se trouvent en dessous des hanches.*

3. J'INSPIRE, J'EXPIRE,
PLUS PROFOND, PLUS DOUX :
ÊTRE AVEC LA RESPIRATION

Invitez un son de cloche pour commencer la pratique.

Prenez conscience de votre inspiration et de votre expiration. Utilisez votre respiration comme une ancre.

Vous pouvez pratiquer cette méditation guidée pour vous-même en silence, ou la lire à haute voix pour les autres. Après avoir lu les deux premiers vers, les deux mots-clés qui suivent doivent être lus avec l'inspiration puis avec l'expiration. Faites une série d'inspirations et d'expirations après chaque série de mots-clés.

J'inspire, je sais que j'inspire.
J'expire, je sais que j'expire.
J'inspire – J'expire

J'inspire, j'observe que mon inspiration est plus profonde.
J'expire, j'observe que mon expiration est plus douce.
Plus profonde – Plus douce

Il n'y a rien à modifier, juste à être conscient que votre respiration s'approfondit et ralentit.

> *Vous pouvez dire alors, ou à tout autre moment approprié : « Nous observons les moments où notre esprit part dans toutes les directions. Nous ramenons notre attention sur l'inspiration et l'expiration pour nous ancrer ici et maintenant. Nous pratiquons la bienveillance envers nous-mêmes, sans porter de jugement. Nous n'avons pas à nous sentir frustrés si notre mental est agité ; la seule chose à faire est de l'observer et de l'accepter tel qu'il est. »*

4. Calme et bien-être,
SOURIRE ET DÉTENTE DANS LE CORPS

Ressentez le calme et le bien-être dans votre esprit et votre corps.

J'inspire, je me sens calme.
J'expire, je suis bien.
Calme – Bien

J'inspire, je souris à tout mon corps.
J'expire, je relâche les tensions dans mon corps.
Sourire – Relâche

5. Moment présent,
MOMENT MERVEILLEUX

Prenez pleinement conscience du moment présent et reconnaissez les conditions qui rendent ce moment merveilleux.

Réjouissez-vous – vous êtes en vie !

J'inspire, je m'établis dans le moment présent.
J'expire, c'est un moment merveilleux.
Moment présent – Moment merveilleux

> *À partir du moment où les élèves seront habitués à cette pratique, vous pourrez leur proposer les pratiques « Laisser défiler les pensées »*

163

et « Conscience du son en tant que
son » décrites ci-après.

6. FIN SIMPLE

Avec trois respirations en pleine conscience, ramenez votre attention sur la sensation du contact entre votre corps et le sol ou le siège.

Sans commencer à bouger, préparez-vous dans votre esprit et dans votre corps à ce que la pratique se termine.

Invitez un son de cloche complet pour indiquer la fin de la pratique.

Prenez tout le temps dont vous avez besoin pour vous étirer en douceur, commencer à bouger lentement, ouvrir les yeux et respirer.

AUTRES FINS PLUS COMPLEXES

Vous pouvez si vous le souhaitez ajouter une de ces phrases à la fin de votre pratique de l'assise, en guise de réflexion finale :

Nous réalisons que nous pouvons juste être présents avec
ce qu'il y a en nous, que ce soit notre souffrance, notre
colère, de l'irritation, ou des sentiments de joie, d'amour
et de paix.

Nous portons toute notre attention à ce qu'il y a autour
de nous : des sons, des odeurs, la pièce et les autres.
Moment présent, moment merveilleux.

Lorsque nous sommes traversés par une tempête d'émotions, nous revenons à la respiration abdominale, en portant notre attention de la tête vers l'abdomen.

Nous laissons notre esprit devenir spacieux et notre cœur s'adoucir.

Comme une montagne, nous rayonnons de paix et de stabilité.

N'utilisez qu'une phrase par cours ou séance d'assise.

Nous verrons de façon plus détaillée comment « prendre soin de nos émotions » au chapitre 7.

VARIANTES ET AUTRES ÉLÉMENTS À AJOUTER À UNE PRATIQUE D'ASSISE DE BASE

- Vous pouvez, ainsi que vos élèves, pratiquer l'assise plus longtemps. Cela doit toujours être agréable. Comme ce n'est pas un exercice d'endurance, veillez toujours à privilégier une pratique plus simple et plus courte.
- Vous pouvez, ainsi que vos élèves, approfondir la pratique en vous référant aux consignes indiquées ci-dessus pour vous exercer à une pratique d'assise plus longue. Nous suggérons ci-après deux autres pratiques : 1. laisser défiler

les pensées, et 2. la conscience des sons, que vous pouvez utiliser avec vos élèves dès lors qu'ils sont habitués à la pratique de base.
• Vous pouvez essayer d'autres images pour trouver une position d'assise solide et stable. En plus de la montagne, vous pouvez évoquer un tronc d'arbre aux racines profondes, qui reste solide même lorsque ses branches sont secouées par des tempêtes, ou un rocher campé dans une rivière au cours rapide.

PRATIQUE : LAISSER DÉFILER LES PENSÉES

Cette pratique nécessite de procéder lentement.

Effectuez les étapes un à cinq de la pratique de base, puis ajoutez cette variante.

Vous êtes assis et attentif aux pensées qui surviennent.

Lorsque vous observez que vous êtes pris dans vos pensées, ne soyez pas frustré. Le fait d'observer les pensées transforme cet instant en moment de pleine conscience. Observer vos pensées, c'est la pleine conscience des pensées.

Reconnaissez vos pensées avec un sourire, laissez-les aller et redirigez votre attention sur votre respiration et votre corps. Vous êtes une montagne stable ; le vent et les intempéries sont déchaînés autour de vous, mais vous n'êtes pas ébranlé.

Vous pouvez utiliser l'une des images
suggérées ci-dessous.

Utilisez ces images avec parcimonie,
une seule par pratique.

AUTRES IMAGES POUR LÂCHER PRISE DES PENSÉES ET DES ÉMOTIONS

En dehors de l'image des nuages qui se déplacent dans le ciel, vous pouvez aussi suggérer :
- Des voitures qui passent tandis que vous êtes assis au bord de la route.
- Des « autocars de pensées » qui vont et viennent (éventuellement avec le nom de la pensée ou de l'émotion affiché à l'avant).
- Une rivière qui s'écoule et que vous regardez depuis la rive.
- Une chute d'eau qui produit un vacarme assourdissant et que vous contemplez de derrière.
- Des personnages qui vont et viennent sur une scène ou dans un film (éventuellement portant des écriteaux avec le nom de la pensée ou de l'émotion).

Dès lors que vous-même et vos élèves serez habitués à cette pratique, vous pourrez observer toute pensée ou émotion récurrente, par exemple, une inquiétude (« personne ne m'aime »), des projets (« je m'ennuie », « qu'est-ce qu'on mange à midi ? »), afin de prendre conscience des habitudes mentales.

PRATIQUE :
CONSCIENCE DU SON EN TANT QUE SON

Cette pratique nécessite de procéder lentement.

Effectuez les étapes un à cinq de la pratique de base, puis ajoutez cette variante.

Nous sommes souvent distraits par les sons pendant l'assise. Il peut être utile de trouver un moyen d'être avec le son en tant que son, avec équanimité.

Soyez attentifs aux sons, dans la pièce ou à l'extérieur, qui parviennent à vos oreilles.

Concentrez-vous sur la qualité du son : la hauteur (aigu, grave), le volume (fort ou faible), le rythme (rapide ou lent), etc.

Observez chacune des pensées ou des émotions qui surviennent en réponse au son.

Cette pratique est particulièrement utile lorsqu'un son vient distraire l'attention pendant la pratique de l'assise.

Éléments de réflexion

La pratique de l'assise

Voici quelques questions destinées aux enseignants, pour nourrir votre réflexion. Vous pourrez également les utiliser avec les élèves lors d'un partage en classe ou laisser simplement ces questions s'installer dans leur esprit. Utilisez-les avec parcimonie, ce n'est pas une liste de points à vérifier !

- Comment est-ce que je me sens maintenant, dans mon esprit, mon corps, ma respiration ?
- Qu'ai-je ressenti pendant la pratique de l'assise ? L'expérience a-t-elle été la même tout au long de la pratique ou a-t-elle changé ?
- Comment était mon esprit aujourd'hui avant et pendant la méditation ? Stressé, calme, distrait ?
- Comment était mon corps ? Comment mon corps a-t-il trouvé le simple fait de s'asseoir : facile ou difficile ? Ai-je eu souvent envie de bouger ? Si oui, ai-je pu le faire en pleine conscience ?

- Si j'ai observé que mon esprit avait tendance à se disperser, ai-je pu le ramener à ma respiration et à l'instant présent ?

Vous pouvez au besoin ajouter d'autres questions. Veillez à poser des questions simples, ouvertes, encourageantes et sans jugement, et acceptez tous types de réponses, y compris des réponses « négatives » ou les « je ne sais pas ». Veillez avec douceur à ramener le partage sur le ressenti des participants.

Notes pour les enseignants

Trouver la meilleure position d'assise

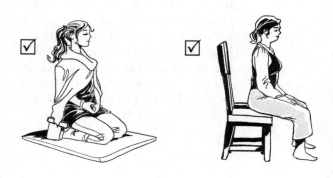

Vous-même et vos élèves souhaiterez peut-être expérimenter d'autres façons de vous asseoir – sur des chaises ou par terre –, afin de déterminer quelle position vous convient le mieux pour votre pratique de l'assise.

- Prenez tout le temps nécessaire pour trouver une position dans laquelle vous serez vraiment à l'aise, de façon à pouvoir y rester pendant un certain temps sans avoir à trop bouger ou vous laisser distraire.

- Assurez-vous que votre dos et votre colonne vertébrale sont droits, mais détendus, afin que l'assise soit agréable.
- Rentrez légèrement le menton afin que votre tête repose confortablement sur votre colonne vertébrale.
- Fermez les yeux ou fixez un point devant vous.
- Si vous êtes assis sur une chaise, ne vous appuyez pas au dossier afin de ne pas vous avachir, et assurez-vous que vos deux pieds sont fermement posés sur le sol. Placez des coussins sous vos pieds si le siège est un peu haut.
- Si vous êtes assis sur un coussin, un tapis ou le sol, faites en sorte d'avoir trois points de contact avec le sol : les fesses et les deux genoux. Si cela vous est difficile, pensez à ajouter des coussins ou des soutiens sous vos genoux.

Avec le temps, vous-même et vos élèves souhaiterez peut-être apprendre à vous asseoir par terre, les jambes croisées, sur un coussin ou un tabouret de méditation. Assurez-vous toujours que votre position d'assise vous apporte un confort total et n'essayez pas de nouvelles positions pendant trop longtemps. Vos genoux doivent toujours être bien soutenus. Si vous vous asseyez en tailleur et que vos genoux ne touchent pas le sol – ce qui sera certainement le cas si vous débutez dans la pratique –, placez des coussins supplémentaires pour soutenir vos genoux.

Vous trouverez facilement des instructions en ligne pour les positions d'assise sur les genoux, pour la position en tailleur, et même pour le demi-lotus et le lotus complet si vous vous y sentez à l'aise. Lisez toutes les consignes et les mises en garde, procédez très progressivement et avec précaution, dans un esprit ouvert et curieux mais en veillant à ne pas créer de tensions dans votre corps.

Certains objets dédiés à la méditation peuvent vous aider, comme des tapis, des tabourets, des coussins qu'on appelle souvent des *zafu*, mais toute surface douce ou n'importe quel coussin peut aussi faire l'affaire.

S'ASSEOIR EN PLEINE CONSCIENCE
DANS NOTRE VIE QUOTIDIENNE
ET DANS NOTRE TRAVAIL D'ENSEIGNANT

S'asseoir dans le cadre de notre propre pratique
de la pleine conscience

Établir une pratique quotidienne régulière peut apporter une fondation solide à notre pratique de la pleine conscience. La paix et la stabilité que nous cultivons vont naturellement imprégner notre vie quotidienne. La pratique de l'assise peut alors nous aider à offrir la pleine conscience à nos proches et à notre entourage.

Au début, essayez de vous asseoir et de diriger votre attention sur la respiration en pleine conscience pendant seulement cinq ou dix minutes chaque jour, le matin ou le soir. Essayez de pratiquer au même moment de la journée et au même endroit – une pièce de la maison, un coin de la pièce, un coussin ou une chaise en particulier. Cela crée une énergie d'habitude positive qui soutient la pratique consistant à cultiver le calme et la concentration. Il peut être utile de prendre des notes sur les expériences que vous avez vécues pendant la pratique, en écrivant dans un « carnet d'assise » les sentiments, les sensations et les émotions qui vous sont apparus.

Rester assis confortablement pendant de plus longues périodes demande un peu d'entraînement et de pratique. Nos efforts initiaux en vue d'établir une pratique doivent être courts et réguliers et viser des objectifs atteignables. Fiona Cheong, professeure d'université aux États-Unis qui a travaillé dans de nombreuses régions du monde, nous donne quelques conseils.

Si nous voulons éveiller la sagesse ou la compassion en nos élèves, nous devons commencer par mettre notre propre éveil en mouvement. La réponse à mes collègues qui me demandent « Mais comment fais-tu ? » est simple. Vous pouvez essayer de vous asseoir pendant une demi-heure chaque matin et, si cela vous semble irréaliste, commencez par cinq minutes. Je m'assois de vingt à trente minutes, parfois plus longtemps. Je pratique également la marche en pleine conscience pour rejoindre ma classe, au rythme de trois pas à chaque inspiration et expiration, en sentant avec joie le contact entre mes pieds et la terre. Lorsque je me retrouve avec mes élèves et que je leur donne la première consigne, j'entends comme ma voix est douce. Je sens le sourire sur mon visage.

*S'asseoir en pleine conscience
avant d'enseigner*

Vous souhaiterez peut-être vous asseoir en pleine conscience si vous arrivez dans la classe quelques minutes avant le cours, pour vous préparer. Cela peut vous permettre d'avoir l'esprit plus clair pour passer en revue ce que vous avez prévu, pour penser à vos élèves, à leurs besoins et à leurs difficultés, et pour faire en sorte de les saluer avec une présence ancrée authentique. Pour David Viafora, enseignant de pleine conscience et travailleur social aux États-Unis, s'asseoir pendant quelques minutes crée de l'espace pour réfléchir en profondeur à la façon de faire participer les élèves.

J'essaie toujours de prendre quelques minutes, avant de commencer notre séance, pour respirer et réfléchir au fait que ces jeunes ne sont pas seulement mes élèves, mais aussi mes enseignants. Avec des années d'expériences personnelles sur le terrain, ce regard neuf et cet esprit du débutant révèlent une nouvelle fois comment la pleine conscience peut être enseignée de manière habile pour que leurs vies uniques en profitent véritablement, ici et maintenant. Si j'y prête suffisamment d'attention, les jeunes éclairent celui que j'ai besoin d'être naturellement à chaque instant pour les servir au mieux et faire en sorte qu'une relation authentique puisse s'instaurer. Dans cette relation, la pratique de la pleine conscience s'établit en profondeur et de façon très naturelle pour les élèves comme pour les enseignants.

Aider les élèves à s'asseoir
en pleine conscience

Vous pouvez faire en sorte que la pratique de l'assise en pleine conscience, associée à celle de la respiration en pleine conscience ou de l'écoute de la cloche, devienne une activité régulière dans votre classe. Le simple fait de passer quelques minutes assis de la sorte est une très bonne façon de commencer et de terminer un cours. Cela peut aussi représenter un soutien utile, pour vous et vos élèves,

176

avant d'effectuer une tâche difficile ou de passer à une autre activité.

Derek Heffernan a constaté des résultats significatifs après avoir enseigné à ses élèves à pratiquer ce qu'il appelle des « temps calmes ».

J'enseigne dans le secondaire, dans l'Ontario, au Canada. Cela fait maintenant trois ans que j'utilise la pleine conscience dans ma classe. Je commence chaque cours avec une à cinq minutes de « temps calme ». J'utilise une cloche pour commencer ce temps calme et les élèves en écoutent le son. Je les ai familiarisés avec cette pratique pendant la première semaine de cours. Les élèves, assis en silence, respirent au début de chaque cours pendant un temps qui varie d'une à cinq minutes. J'ai constaté qu'ils aiment beaucoup ce moment et attendent avec impatience le temps calme pour commencer le cours. Si j'oublie, ils ne manquent jamais de me le rappeler !

Les élèves aiment ce temps calme pour de multiples raisons. Cela les aide à faire une transition entre le repas et le retour en classe, et leur permet de mieux se concentrer. Il arrive parfois que j'aie un retour de leur part, ils me disent qu'ils se sentent calmes et plus apaisés après un temps calme. Je sais aussi que des élèves ont apporté cette pratique chez eux, pour s'aider lorsqu'ils se sentent agités ou n'arrivent pas à s'endormir, par exemple. Je propose ce temps calme régulièrement tout au long du semestre (quatre mois) pendant lequel ils suivent mes cours. Toutes les deux ou trois semaines, je vérifie auprès des élèves si cette pratique les intéresse toujours et s'ils souhaitent la poursuivre ou non. Cela leur permet de s'approprier la pratique et encourage la participation de ces adolescents qui ont besoin d'exercer un certain contrôle sur ce qu'ils font.

S'asseoir en pleine conscience présente un intérêt particulier en cas d'incident ou d'émotions fortes. Il est important d'avoir établi la pratique avec vos élèves afin qu'ils se sentent à l'aise avec elle dans un moment de difficulté. Cette enseignante spécialisée dans l'État de Washington, aux États-Unis, nous raconte comme elle utilise l'assise lorsque tout semble déraper, un sentiment que bon nombre d'enseignants connaissent bien.

Il m'arrive parfois de demander aux élèves de s'asseoir en silence avec moi pendant un court instant et de se concentrer sur leur respiration ou sur les sons. C'est justement quand tout semble devenir chaotique que j'aime utiliser cette pratique. Je trouve utile de décrire simplement comment nous pouvons rester assis, que ce soit à notre bureau, sur une chaise ou par terre, etc., en ayant les mains, le corps et la voix au repos et en étant détendus. J'ai souvent vu des élèves, qu'ils soient ou non en difficulté, prendre quelques minutes et apprécier ce plaisir simple qui les apaise. Puis nous reprenons le cours de nos activités.

L'assise peut offrir un espace dans lequel les élèves expérimentent facilement l'immobilité et le centrage, le calme et la concentration. Il est important de rappeler que la pratique de l'assise n'est pas toujours la plus appropriée et que des pratiques en mouvement conviennent parfois mieux pour des personnes agitées. De même, les élèves des petites classes ne peuvent pas rester assis longtemps et certains n'apprécieront pas cette pratique. Ce n'est pas un problème, comme l'explique sœur Tai Nghiem, du Village des Pruniers.

À la fin des activités de la journée, nous invitons les adolescents à venir pratiquer l'assise en silence pour écouter la cloche et respirer pendant cinq minutes. Même si, au début, ils n'en ont pas envie, ce n'est pas grave. Avec le temps, ils apprennent à y prendre plaisir.

S'asseoir pour cultiver
le sentiment d'être relié

Dès lors que vous-même et vos élèves serez habitués à pratiquer l'assise, vous pourrez explorer de façon plus approfondie les bénéfices de cette pratique en compagnie d'autres personnes. Vous pouvez réfléchir aux sentiments de soutien mutuel, d'attention, de paix et de développement d'une énergie collective. Des images peuvent vous aider, comme des oiseaux volant en formation ou des gouttes d'eau rejoignant une rivière ou l'océan. L'assise peut aussi être utilisée pour nous aider à cultiver le sentiment d'être connecté, ancré, enraciné dans la terre, en lien avec les autres, y compris avec ceux qui ne sont pas présents physiquement. L'assise peut nous aider à cultiver une plus grande compassion et un sentiment d'être relié au reste de la vie, aux autres êtres vivants, à la planète.

Se connecter avec la nature peut être particulièrement inspirant pour ce type d'exploration, ainsi que le suggère Chelsea True, qui enseigne auprès de tout-petits, aux États-Unis.

Je raconte l'histoire d'une montagne solide qui nous aide à découvrir que notre corps peut être un lieu de refuge. Dans cette montagne, il y a des chevaux heureux en été et les chants tristes des oies migratrices en hiver. Mais tout au long de l'année, la montagne reste debout, bien droite, et est un refuge pour tout le monde. Je leur raconte l'histoire d'un renard qui vit en pleine conscience et écoute son cœur et son ventre. Dans chaque classe, nous marchons avec les pieds de ce renard et embrassons la terre à chaque pas. J'invite chaque enfant l'un après l'autre à marcher dans la classe et à aller s'asseoir à sa place comme une montagne, et à prendre plaisir à respirer chaque fois qu'un enfant arrive.

Lorsque le temps le permet, s'asseoir à l'extérieur, dans la nature avec sa myriade de sons et d'odeurs, peut être particulièrement délicieux.

« Paix à chaque pas. »

Thich Nhat Hanh

4

Marcher

Dans ce chapitre, vous allez :
- Comprendre ce que signifie « marcher en pleine conscience ».
- Examiner les raisons pour lesquelles nous marchons en pleine conscience.
- Bénéficier d'instructions pas à pas et de conseils concrets pour apprendre et enseigner deux pratiques de base : 1. marcher selon un parcours déterminé, par exemple en cercle, et 2. faire une plus longue marche en extérieur, avec des suggestions de variantes.
- Explorer quelques idées pratiques pour intégrer la marche en pleine conscience dans notre vie quotidienne et notre travail d'enseignant.

Marcher juste pour marcher

Thich Nhat Hanh

C'est une joie de marcher juste pour marcher. Avec la pratique de la marche en pleine conscience, nous devenons pleinement présents à nos pas et à notre respiration, notre esprit étant fermement établi dans l'ici et maintenant. Chaque moment de la journée pendant lequel nous marchons devient une occasion de pratiquer.

Lorsque nous pratiquons la méditation marchée, chaque pas accompli génère l'énergie de la paix, apaise les tensions dans notre corps et nous aide à entrer en contact avec les merveilles de la vie qui peuvent nous nourrir et nous guérir. Si nous avons suffisamment de pleine conscience et de concentration, nous pouvons toucher la Terre profondément à chaque pas. Lorsque vous marchez depuis le parking où vous avez garé votre voiture jusqu'à votre établissement, vous pouvez prendre plaisir à chaque pas que vous faites.

En associant votre respiration à vos pas, vous pourrez trouver un réel plaisir à pratiquer la marche en pleine conscience. En inspirant, vous faites… mettons deux pas. Vous prêtez attention au contact entre vos pieds et le sol. Vous ne laissez pas votre esprit rester au niveau de votre tête, mais vous l'amenez vers la plante de vos pieds et vous touchez le sol en pleine conscience. Marchez comme si vous embrassiez la Terre, la Terre mère, avec vos pieds. Vous prêtez attention à la Terre mère, et vous êtes conscient de la toucher avec vos pieds. Cette pratique peut être très agréable. Vous n'avez pas besoin de vous donner du mal ou de faire un type d'effort particulier pour être conscient que vous touchez la Terre. Au moment de poser votre pied à terre, en suivant votre inspiration, vous pouvez dire : « Je suis chez moi ; je suis arrivé. » Je suis arrivé à destination, c'est-à-dire la vie, parce que la vie se passe ici et maintenant. L'ici et maintenant, c'est le seul endroit et le seul instant où la vie est là.

Peut-être avons-nous toujours couru, en sacrifiant l'instant présent pour le futur. Nous ne savons pas être heureux maintenant, dans l'instant présent. Marcher de la sorte est par conséquent une sorte de révolution, une forme de résistance : vous résistez à la course. Vous ne voulez plus courir. Vous vous sentez bien et en paix dans l'instant présent, et c'est pourquoi vous pouvez vous dire : « Je suis arrivé dans l'ici et maintenant, où la vie est. Je ne veux plus courir. » La pleine conscience nous donne suffisamment de force pour résister à l'habitude de courir.

Pour ceux d'entre nous qui sont habitués à la pratique, nous arrivons à 100 % dans l'ici et maintenant. Dès lors que vous pouvez arriver à 100 % dans l'ici et maintenant, vous éprouvez immédiatement un sentiment de paix et de bonheur. Si cette pratique est nouvelle pour vous, vous pouvez essayer la méditation marchée lente. En inspirant, vous faites un seul pas en vous disant intérieurement : « Je suis arrivé. » Mettez tout votre esprit et votre corps dans ce pas et essayez d'arriver à 100 % dans l'ici et maintenant. Si vous n'atteignez pas 100 %, mais peut-être seulement 20 % ou 25 %, alors ne faites pas un pas de plus. Restez là, debout, inspirez et expirez une nouvelle fois. Fixez-vous pour objectif d'arriver à 100 % dans l'ici et maintenant. Puis, faites le sourire de la victoire et un autre pas en vous disant : « Je suis arrivé. » « Je suis chez moi, je suis arrivé. » Chez moi, c'est ici, dans l'instant présent.

Notes pour les enseignants

Marcher en pleine conscience

Pourquoi marcher en pleine conscience ?
- Pour ramener notre esprit et notre corps au moment présent en marchant.
- Pour prendre plaisir à ralentir et à ne pas courir – en pratiquant « nulle part où aller, plus rien à faire ».
- Pour cultiver la conscience du corps par le mouvement.
- Pour devenir plus conscient des liens entre les émotions et le mouvement.
- Comme alternative à l'assise, pour développer la concentration, l'attention et le calme, réduire le stress et l'anxiété, faire cesser les ruminations et les pensées répétitives.
- Pour voir les merveilles de la vie, en étant connecté plus profondément avec nous-mêmes, ceux qui marchent avec nous et l'environnement dans lequel nous marchons.

Marcher en pleine conscience est une pratique de base extrêmement précieuse pour nous-mêmes comme pour nos élèves. Avec la marche en pleine conscience, nous découvrons que nous pouvons être pleinement présents pendant toutes sortes d'activités, en tous lieux et à tout moment. Bon nombre d'adultes considèrent que marcher en pleine conscience, lâcher leurs projets et leurs soucis leur permet de se sentir plus insouciants et de se relier à la joie qu'ils ont pu connaître, dans leur enfance, de demeurer avec bonheur dans l'instant présent. Lorsque l'esprit ou le corps sont affairés ou agités, des pratiques en mouvement comme la marche s'avèrent parfois plus appropriées que des postures assises ou allongées.

Nous marchons, libres et solides, sans plus aucun besoin de nous presser. Nous pratiquons « ralentir et cesser de courir » et, du mieux possible, nous explorons la sensation de n'avoir rien à faire et nulle part où aller. Lorsque nous remarquons que notre esprit a été emporté par des pensées, ce qui ne manquera pas d'arriver, nous ramenons doucement notre attention à notre respiration et à nos pas. Au cours de cette pratique, nous pourrons observer à quel point nous nous sommes habitués à courir, à nous perdre dans nos pensées, planifier, rêvasser, ressasser et ruminer, parler ou écouter de la musique quand nous marchons.

Pour débuter la pratique de la marche en pleine conscience, il est bon de se concentrer sur ses pieds et de marcher plus lentement. Cela ne veut pas dire marcher de façon extrêmement lente, solennelle, artificielle ou bizarre. Marchez naturellement, à un rythme tranquille, et cela aidera votre corps à se détendre.

On ne tente jamais de forcer sa respiration ou de la modifier. On fait en sorte d'harmoniser ses pas avec sa respiration, telle qu'elle est en ce moment même. Marcher devrait être une pratique agréable qui n'exige pas trop d'efforts ni une respiration particulière. En pratiquant, on s'apercevra peut-être que l'on peut aller à la vitesse d'une balade agréable et observer davantage ce qui se passe en soi et autour de soi, en continuant à porter l'attention sur la respiration et les pas.

Si on a la chance de marcher dehors, dans la nature, on pourra de temps à autre s'arrêter pour contempler et observer la beauté de la vie – les arbres, les nuages blancs, le ciel infini. On pourra écouter les oiseaux et sentir la fraîcheur de l'air. La vie est partout autour de nous et nous sommes en vie !

Même blessé ou souffrant d'un handicap, on peut marcher en paix. Peut-être aura-t-on besoin d'une aide, que ce soit une personne sur laquelle s'appuyer, une canne, des béquilles ou un fauteuil roulant. Où que nous allions dans le monde, nous pouvons être conscients du privilège de pouvoir nous déplacer librement. En pratiquant, nous sentirons peut-être notre respiration se détendre et notre corps éprouver plus de légèreté.

Vous trouverez en fin de chapitre d'autres exemples et réflexions sur les différentes manières dont des enseignants pratiquants ont intégré la marche en pleine conscience dans leur vie, auprès de leurs élèves, ainsi que dans leur classe, leur école ou leur université.

Pratique de base

Marcher en pleine conscience en cercle

*Vous trouverez un résumé de cette
pratique à l'annexe A, page 612.*

*Cette pratique a pour but de vous
aider à apprendre à marcher en
pleine conscience et à pouvoir initier
d'autres personnes à une pratique
de base simple de marche en pleine
conscience.*

NOTES AU SUJET DU CHOIX DE L'ENDROIT OÙ MARCHER

Pour une première pratique, choisissez de préférence un endroit tranquille et à l'écart, où vous
ne serez pas gêné ou perturbé. Cela peut être à
l'intérieur ou à l'extérieur, dans un jardin ou dans

un endroit calme d'un parc, sur un petit circuit en boucle ou sur un chemin en ligne droite.

Si vous avez l'intention d'organiser une marche pour les élèves, pratiquez d'abord une marche méditative à l'endroit que vous avez choisi. Vous pouvez également commencer dans un espace fermé, comme une salle de gymnastique, un couloir ou une salle de classe spacieuse, en longeant les murs de la pièce. Un espace extérieur fermé, comme un terrain de jeu ou une cour d'école, peut aussi convenir. Souvenez-vous que c'est en prenant vous-même plaisir à pratiquer que vous pourrez le mieux inciter les élèves à apprécier cette pratique.

> *N'oubliez pas de tenir compte des difficultés que vos élèves pourraient rencontrer et veillez à inclure ceux qui sont blessés ou souffrent d'un handicap, ou qui ont besoin de l'aide d'une canne, d'un fauteuil roulant ou de tout autre type de soutien.*

1. EXPLIQUER LA PRATIQUE ET PRÉPARER LES ÉLÈVES

- Nous marchons en silence afin de pouvoir nous concentrer sur la marche sans être distraits.
- Nous restons ensemble et suivons le rythme de la personne qui se trouve devant nous.
- Nous pratiquons la marche sans penser au passé ni au futur, ni à nos projets, en ramenant notre

attention vers la respiration et vers nos pas, chaque fois que nous observons que nous nous perdons dans nos pensées.
• Pour une marche plus longue, nous nous ouvrons aux merveilles de la vie qui sont en nous et autour de nous – les personnes et les environs.

> *Donnez des consignes claires au début : par exemple, indiquez aux élèves si vous allez faire une pause et reprendre la marche, ou si vous allez vous arrêter après avoir décrit un cercle complet.*

2. ARRIVER

Commencez par inviter un son de cloche.
Trois respirations en pleine conscience en écoutant la cloche peuvent aider tous les participants à se recentrer et à se concentrer.

> *Peut-être souhaiterez-vous chanter un des chants du Village des Pruniers, comme « Je suis chez moi, je suis arrivé », ou « J'inspire, j'expire », afin de renforcer la concentration et l'énergie. Le fait de chanter fonctionne bien avec les enfants et les adultes, mais il se peut que les adolescents se sentent mal à l'aise avec cette idée. Vous trouverez les*

paroles et la musique des chants du Village des Pruniers à l'adresse www. wakeupschools.org/songs.

Vous pouvez aussi chanter une chanson que la classe connaît bien si elle favorise le calme et convient à la pratique.

3. FORMER UN CERCLE

Tout le monde commence à former un cercle, éventuellement en se donnant la main.

Lâchez les mains et élargissez le cercle de façon à laisser assez d'espace entre deux personnes.

Chacun laisse ensuite retomber ses bras le long de son corps et se tourne vers la gauche, l'épaule droite orientée vers le centre du cercle.

4. RESTER DEBOUT EN PLEINE CONSCIENCE

Tenez-vous le dos bien droit, détendu, et faites quelques respirations en pleine conscience.

Vous pouvez, si vous le souhaitez, poser les mains sur votre abdomen pour ressentir l'inspiration et l'expiration.

Soyez attentif au contact entre vos pieds et le sol ou la terre. Sentez comme votre corps et votre esprit s'ancrent dans la terre.

Soyez attentif à tous les mouvements de vos pieds, instant après instant, ce qui vous aidera à garder votre équilibre et à ne pas tomber.

Portez votre attention jusque dans l'abdomen et laissez toutes vos pensées et tous vos soucis se déverser dans la terre.

> *Fermez les yeux ou dirigez le regard légèrement vers le bas. Vous pouvez aussi les garder ouverts si vous vous sentez mal à l'aise.*

> *À tout moment pendant la pratique, si vous remarquez que votre esprit se disperse, souvenez-vous et rappelez à vos élèves de revenir au point d'ancrage de la respiration et à la conscience du contact des pieds avec le sol ou la terre.*

5. MARCHER EN PLEINE CONSCIENCE

> *Marchez d'une façon naturelle et tranquille, ni mécanique ni forcée.*

Après quelques respirations, un son de cloche est invité et tous les participants commencent à marcher ensemble dans le sens des aiguilles d'une montre, en suivant la personne qui les précède.

En inspirant, faites un pas avec votre pied gauche et, en expirant, un autre pas avec le pied droit.

Marchez lentement ensemble le long du cercle, de façon calme et paisible.

Concentrez-vous entièrement sur votre respiration et le contact de vos pieds avec le sol ; marchez comme si vous embrassiez la terre avec vos pas.

Lorsque vous vous retrouvez à l'endroit où vous avez commencé ou lorsque vous entendez la cloche, arrêtez-vous et continuez de respirer. Observez ce que vous ressentez lorsque vous vous tenez fermement sur la terre.

6. Pause ou fin

Vous pouvez vous arrêter là ou refaire un tour de cercle.

Terminez en vous faisant face les uns les autres avec un sourire, ou même en vous inclinant afin d'exprimer aux autres votre gratitude pour l'énergie collective qui vous a soutenus pendant la marche.

Si vous êtes avec des élèves, vous pouvez les inviter en pleine conscience à reprendre leur place ou à s'asseoir par terre.

Lorsqu'ils se seront recentrés, vous pourrez, si vous le souhaitez, utiliser les éléments de réflexion indiqués ci-après.

VARIANTES
DE LA PRATIQUE DE LA MARCHE

Pour toutes ces variantes, pratiquez lentement en étant pleinement concentrés et en faisant des pauses fréquentes pour favoriser le calme et la réflexion.

- En marchant, portez peu à peu votre attention sur votre corps – les chevilles, les genoux, les hanches, les bras – en vous concentrant pleinement sur cette partie du corps et sur ce que vous ressentez lorsqu'elle est en mouvement.
- Changez de rythme – plus lent ou plus rapide – et observez les effets produits sur votre esprit et votre corps.
- Récitez les vers suivants pour la marche en pleine conscience en suivant vos pas, à haute voix ou en silence. Par exemple, dites « Je suis chez moi » en inspirant et « Je suis arrivé » en expirant.

Je suis chez moi ; je suis arrivé.
Il n'y a qu'ici, et maintenant.
Bien solide, vraiment libre,
Je prends refuge en moi-même.

Suggestions pour utiliser ces vers :
Dites la première partie en inspirant, par exemple « Il n'y a qu'ici », et la dernière en expirant, par exemple « et maintenant ».
Répétez en silence les mots-clés : *chez moi, arrivé ; ici et maintenant ; solide, libre*, alors que

chaque pas touche la terre et s'établit pleinement dans l'instant. Par exemple, dites « chez moi » en inspirant et « arrivé » en expirant.

Souvenez-vous que ces mots-clés ne doivent pas être répétés de façon automatique, mais qu'ils sont une invitation à pratiquer une pleine présence à chaque pas.

Concentrez votre attention sur un seul vers à la fois.

UNE PRATIQUE LUDIQUE
– « MARCHER COMME... »

Bon nombre d'enseignants aiment l'idée d'utiliser leur propre imagination ou celle de leurs élèves pour jouer en groupe en marchant de différentes manières. Cette activité peut créer une atmosphère de plaisir et de rire, dynamisante et joyeuse, tout en aidant les élèves à établir des liens et à se faire confiance. Elle permet à chacun d'être plus présent à son corps dans l'instant, et peut être utilisée pour susciter des réflexions sur les différentes influences de ces types de marche sur l'humeur, les pensées et les sensations.

Dans ce jeu, l'enseignant demande aux élèves de proposer une façon de marcher. Voici quelques exemples :
- Marcher en imaginant d'autres conditions météorologiques ou d'autres situations, par exemple, sous la pluie ou sous la neige, sur la glace, sur le sable, dans l'eau, sur des braises.

- Marcher en évoquant certaines catégories de personnes ou de métiers (par exemple, un homme d'affaires, un garde forestier, un enseignant, un astronaute, une ballerine, un zombie), de personnalités (timide, confiant) ou d'âges (un nourrisson, un adolescent, une personne âgée).
- Marcher comme différents animaux (un singe, un éléphant, une souris).
- Marcher dans différents états d'esprit (pressé, effrayé dans un parc, heureux dans un parc).

Tout le monde marche ensuite comme indiqué, jusqu'à entendre le son de la cloche. Alors tous les participants s'arrêtent à l'endroit où ils se trouvent et reviennent en silence à leur respiration. Il est important d'expliquer les choses clairement avant de commencer, particulièrement pour les plus jeunes élèves qui peuvent être assez excités lorsqu'il faut changer de rythme et de façon de marcher. Pour finir, concluez en proposant une marche plus lente – par exemple, dans du miel, sous l'eau –, puis invitez les élèves à faire un pas à chaque respiration ou à simplement revenir à leur rythme de marche consciente naturel.

Lorsque les élèves sont habitués à cette idée, invitez-les à faire de nouvelles propositions en levant la main.

Pratique de base

Faire une plus longue marche en pleine conscience

Vous trouverez un résumé de cette pratique à l'annexe A, page 612.

Dès que vous-même et vos élèves vous sentirez à l'aise avec une courte pratique de marche sur un parcours prédéfini, vous pourrez avoir envie de faire une plus longue marche méditative ensemble, avec vous, l'enseignant, pour guider le groupe. Assurez-vous que tout le monde est prêt avant de commencer, de façon à éviter toute angoisse pendant la marche.

MATÉRIEL ET PRÉPARATION

- Une cloche et un inviteur (optionnel, mais recommandé).

- Un enseignant ayant l'expérience de la marche en pleine conscience.

Trouvez un lieu où vous pourrez marcher en toute sécurité et choisissez un parcours d'une longueur adaptée à l'âge de vos élèves – que ce soit dans un gymnase, la cour de l'école, des rues calmes, un parc proche de votre établissement ou un chemin de campagne.

> *Marcher dans un espace plus vaste est très agréable, mais il sera plus difficile de rester concentré. C'est pourquoi il est préférable de s'engager progressivement dans des environnements plus difficiles.*

Vous pouvez, pour la première marche en extérieur, choisir un lieu particulièrement sûr, comme l'enceinte de l'école.

Accomplissez la marche vous-même une première fois avant de la proposer à d'autres. Pensez aux détails, comme les distractions possibles, les obstacles, la taille de la cloche que vous emporterez, etc.

Le long d'un parcours situé hors de l'établissement, il est préférable de demander à un autre adulte de rester à l'arrière du groupe afin de garder un œil sur les élèves et de veiller à leur sécurité.

Maintenant, vous pouvez respirer, sourire et prendre plaisir à marcher !

N'oubliez pas que certains, adoles-
cents ou jeunes souffrant de phobie
sociale, peuvent se sentir mal à l'aise
à l'idée de marcher dans un espace
public.

1. CONSTITUER LE GROUPE

Lorsque tous les participants sont rassemblés au point de départ, aidez le groupe à se constituer et à se concentrer en prenant quelques respirations en pleine conscience ou en écoutant la cloche.

2 EXPLIQUER L'ACTIVITÉ

Rappelez au groupe les techniques que nous avons apprises en effectuant une marche plus courte et que nous pouvons utiliser pour rester concentrés, par exemple la conscience de la respiration, la conscience des pas, les vers « chez moi ; arrivé » (voir les « variantes » ci-dessus).

Rappelez les règles de base : suivre la personne qui mène la marche, rester derrière elle, rester ensemble pour maintenir une énergie collective, se déplacer comme un seul organisme et garder le silence qui nous aide à être pleinement présents pour nous-mêmes et les uns pour les autres.

Montrez comment coordonner la respiration et les pas, par exemple deux pas en inspirant et trois pas en expirant, ou trois pas en inspirant et cinq pas en expirant, ou même quatre pas en inspirant et six pas en expirant.

Rappelez qu'il n'est pas utile de forcer les pas pour s'accorder avec la respiration ; il suffit d'observer combien de pas accompagnent naturellement l'inspiration et l'expiration. Quel que soit le nombre de pas par respiration, on prendra garde à respecter le rythme du groupe pour rester ensemble.

Invitez le groupe, ainsi que vous-même, à prendre conscience de tout état d'excitation ou d'angoisse qui pourrait être présent dans votre esprit et votre corps avant de faire ce premier pas ensemble, et détendez-vous avec un sourire.

> *Gardez à l'esprit que plus le lieu est public, plus il y a de chances que d'autres personnes vous regardent et fassent des commentaires ; il faut s'y préparer. Vous pouvez suggérer que, dans le cas où une personne nous observe, il suffit de lui sourire puis de revenir à sa respiration.*

> *Si vous avez prévu de vous arrêter de temps à autre pour apprécier la beauté des lieux, faites-le savoir au groupe à l'avance. Lorsque la pause arrivera, tous les participants sauront ainsi qu'ils sont invités à demeurer en silence et à respirer en s'établissant dans l'instant.*

3. COMMENCER À MARCHER

Faites trois respirations complètes (trois inspirations et trois expirations). Vous pouvez également, si vous le souhaitez, vous servir de la cloche. Dans ce cas, invitez les membres du groupe à laisser le son de cloche pénétrer dans leur corps en étant solidement reliés à la terre.

Si vous souhaitez utiliser un chant du Village des Pruniers ou tout autre chant que la classe connaît bien, à condition qu'il soit apaisant et adapté à la pratique, vous pouvez l'entamer ensemble avant de commencer à marcher.

Puis, commencez à marcher, avec aisance et liberté.

Les chants du Village des Pruniers peuvent être consultés à l'adresse www.wakeupschools.org/songs.

4. PAUSE (OPTIONNELLE)

Si vous repérez un lieu inspirant où vous arrêter, respirer et admirer le paysage (par exemple devant un arbre, une rivière ou juste des insectes en train de se déplacer sur le trottoir), vous pouvez vous arrêter un moment pour être présent à cette expérience.

Il est également possible de choisir une pelouse ou tout autre lieu approprié où le groupe pourra s'asseoir pour faire une courte méditation assise à mi-chemin. Invitez les participants à garder le silence.

> *Lorsque le groupe se remet en marche, rappelez à tous les participants d'être conscients de leur corps et de leur respiration en marchant, afin de pouvoir s'ouvrir aux merveilles de la vie et à la joie d'être vivant.*

5. Fin

Après un son de cloche, vous pouvez, si vous le souhaitez, inviter les élèves à faire part de leur expérience, par deux ou en groupe (par exemple ce qu'ils ont entendu, vu, respiré, ainsi que les pensées et les sensations du moment présent). Vous pouvez vous servir des éléments de réflexion ci-dessous pour vous guider.

Rythmez et structurez les questions et invitez la cloche de temps à autre, afin que les participants puissent revenir à leur respiration.

Invitez le groupe à maintenir l'énergie de la pleine conscience en passant à l'activité suivante (un cours, un repas, une récréation ou l'heure de rentrer à la maison).

> *Il est conseillé de terminer la marche en pleine conscience là où elle a commencé, ce qui donne à tous les*

participants le sentiment d'avoir bouclé la boucle.

Si vous marchez en extérieur et trouvez un lieu adapté pour vous asseoir, vous pouvez y passer un moment et poursuivre votre contemplation.

Éléments de réflexion

La pratique de la marche

Voici quelques questions destinées aux enseignants, pour nourrir votre propre réflexion. Vous pourrez également les utiliser avec vos élèves lors d'un partage en classe ou pour laisser simplement ces questions s'installer dans leur esprit. Utilisez-les avec parcimonie, ce n'est pas une liste de points à vérifier !

- Qu'ai-je observé en marchant – en moi, autour de moi ?
- Quels ont été les effets de la pratique sur moi aujourd'hui ? Est-ce que cela a entraîné des changements dans mes pensées, mes sensations, mon corps, ma respiration ?
- Est-ce que marcher ainsi m'apporte des sensations différentes par rapport à ma façon habituelle de marcher ? Si oui, pourquoi ?
- Cette pratique m'a-t-elle semblé facile ou difficile ? Agréable, ennuyeuse, apaisante, compliquée ?

- Le fait de marcher en silence m'a-t-il semblé facile ou agréable ? Qu'est-ce que cela a ajouté à l'expérience ?
- Mon esprit a-t-il été distrait ? Si j'ai constaté que mon esprit s'égarait, ai-je pu le ramener à ma respiration et à mes pas ?
- Comment ai-je vécu cette marche en pleine conscience en compagnie d'autres personnes ?

Vous pouvez au besoin ajouter d'autres questions. Veillez à ce qu'elles restent simples, ouvertes, sans jugement et encourageantes, et acceptez tous types de réponses, y compris des réponses « négatives » ou les « je ne sais pas ». Veillez à ce que ce partage porte sur le ressenti des participants.

MARCHER EN PLEINE CONSCIENCE DANS NOTRE VIE QUOTIDIENNE ET DANS NOTRE TRAVAIL D'ENSEIGNANT

Intégrer la marche en pleine conscience dans notre quotidien

Il est possible de marcher en pleine conscience n'importe où et à tout moment. Cette pratique peut être intégrée facilement dans un emploi du temps chargé, car elle ne prend pas plus de temps que celui que nous consacrons déjà à nous rendre d'un lieu à un autre.

Dans le chapitre consacré à l'assise, nous avons évoqué l'importance de mettre en place une pratique régulière. Marcher en pleine conscience peut en devenir la pierre angulaire, en plus de l'assise, voire à sa place. Pour commencer la journée d'un bon pied, il est utile de faire de la marche en pleine conscience une routine dès le début de la journée, par exemple sur le trajet de l'école ou de l'université. Comme pour toutes les pratiques, il est conseillé de commencer en se concentrant sur une courte pratique, en choisissant juste une partie du parcours que nous empruntons tous les jours, et d'exprimer l'intention de réaliser ce parcours en pleine conscience tous les jours pendant une semaine. Si vous utilisez les transports publics, vous pouvez suivre votre respiration assis ou debout en pleine conscience dans le bus ou le train.

Faites en sorte de ne pas arriver sur votre lieu de travail dans votre esprit avant d'y être arrivé dans votre corps. En marchant en pleine conscience et en étant présent, vous pouvez disposer d'un peu plus de temps pour vous-même avant le début de votre journée de travail.

Je reste assis dans ma voiture sur le parking pendant cinq minutes pour pratiquer, en étant attentif à ma respiration et présent. Puis je me dirige vers ma classe en me souvenant de « marcher comme si mes pieds embrassaient la terre ». Je sais que je ne pourrai pas toujours le faire, et je le vis comme un rappel de l'ici et maintenant et de la gratitude pour le simple fait de pouvoir marcher.
– Un formateur de travailleurs sociaux, Canada.

Meena Srinivasan, qui enseigne dans la tradition du Village des Pruniers depuis des années, considère que marcher en pleine conscience pour se rendre dans sa classe au début de la journée l'aide à établir un état d'esprit qui la rend plus présente et prête à enseigner. Plus tard dans la journée, elle prend plaisir à pratiquer la pleine conscience chaque fois qu'elle dispose d'un court moment.

J'essaie chaque matin de marcher du parking à ma salle de classe en pleine conscience, en prononçant des mots tels que « joie », « bonheur », « paix » ou « amour » à chaque pas. Cela me permet de changer rapidement mon état d'esprit et, lorsque j'arrive en classe, je suis plus réceptive et plus positive. Je m'efforce également d'effectuer certains déplacements en pleine conscience dans l'établissement où je travaille, par exemple lorsque je sors de ma classe pour aller aux toilettes. Le fait d'utiliser ces temps de transition pour nourrir la paix de mon esprit est une très bonne façon de prendre soin de moi chaque journée de cours. Marcher en pleine conscience est un excellent moyen de pratiquer la pleine conscience les jours où vous n'avez tout simplement pas le temps de vous asseoir.

Marcher en pleine conscience
dans la salle de classe

Nous pouvons aussi marcher en pleine conscience dans la salle de classe. Même un petit moment peut nous aider à demeurer plus attentifs et présents pour nos élèves pendant une activité scolaire.

Sarah Woolman, qui enseigne dans le primaire et au collège, au Royaume-Uni, pratique la marche en pleine conscience juste le temps de quelques pas.

> J'essaie de marcher en pleine conscience du photo-copieur à la salle de classe, de mon bureau au tableau. Comprendre que tout se passe dans l'instant et non dans l'atteinte d'un objectif ou d'un résultat m'a beaucoup aidée dans mon travail. Être présent à ce que les enfants vivent et être ouvert au changement, c'est ce qui permet à la classe de respirer, d'être vivante.

Au fil du temps, nous pouvons mettre en place l'habitude de marcher en pleine conscience à tout moment et tout au long de la journée.

Marcher en pleine conscience
en présence d'autres personnes

La pratique de la marche en pleine conscience fait désormais partie intégrante de la culture de plusieurs établissements d'enseignement. Dans de tels lieux, nous pouvons « marcher pour les autres » et pour nous-mêmes : le sentiment de calme intérieur généré par la marche en pleine conscience peut influer sur les autres et leur rappeler d'être plus présents. Voici le témoignage que nous a livré Bea Harley, membre de l'équipe de direction d'un établissement scolaire et institutrice à la retraite au Royaume-Uni.

> Chacun d'entre nous est comme une « cloche » pour les autres. Le fait de voir un collègue monter les marches

de l'escalier en pleine conscience nous rappelle de respirer et de prendre les choses plus calmement.

Bea a travaillé dans une petite école élémentaire où la pratique de la pleine conscience faisait partie de la culture de l'école. Ce n'est évidemment pas le cas dans bon nombre d'établissements, comme nous le verrons avec Tineke Spruytenburg, enseignante spécialisée et formatrice en pleine conscience aux Pays-Bas, qui intervient dans des contextes plus ordinaires. Comme elle le rappelle à ses enseignants en formation, l'une des joies de marcher en pleine conscience est qu'on peut en retirer tous les bienfaits sans que quiconque sache ce que l'on fait !

Lorsque je forme des enseignants, je leur conseille de pratiquer chaque jour la marche méditative lorsqu'ils vont aux toilettes. Je leur suggère de ne pas marcher aussi vite que d'habitude, mais pas trop lentement non plus, afin que les autres ne se demandent pas ce qu'il se passe. Je leur propose de marcher avec leurs pieds et non avec leur tête, et de faire ce genre de pause lorsqu'ils se sentent stressés. Personne ne vous demandera pourquoi vous allez aux toilettes, alors mettez à profit cette possibilité, même si vous n'avez pas envie d'uriner. Prenez le temps de marcher en pleine conscience et, une fois aux toilettes, soyez pleinement attentif à ce que fait votre corps, aux mouvements que vous faites en vous lavant les mains, etc. Vous serez frais et dispos pour retourner en classe.

Marcher en pleine conscience
peut être utile en cas de stress

Marcher en pleine conscience peut dans une large mesure vous libérer du stress. Si vous vous apprêtez à vivre un événement stressant ou que vous vous sentiez agité, vous pouvez essayer de vous y rendre en marchant en pleine conscience, au moins pendant une partie du trajet. Cela peut vous aider à empêcher votre esprit de se faire un film ou de s'inquiéter au sujet de ce qui vous attend. Peut-être souhaiterez-vous examiner la différence avec la façon dont vous « arrivez » généralement dans de telles circonstances. Vous pouvez aussi marcher en pleine conscience lorsque vous souhaitez prendre de la distance par rapport à une situation difficile, en observant comment cette pratique peut vous aider à vous calmer progressivement, ou simplement être présent à votre agitation.

Sœur Chan Duc, moniale expérimentée du Village des Pruniers à l'European Institute of Applied Buddhism, a commencé sa carrière professionnelle comme enseignante au Royaume-Uni. Elle témoigne de l'importance de la marche en pleine conscience, qui l'a aidée à surmonter les difficultés qu'elle rencontrait dans un établissement situé dans le centre d'une grande ville. Pour elle, marcher ainsi en fin de journée était particulièrement utile pour lâcher prise d'avec des événements difficiles et se recentrer sur des choses agréables, « se reconnecter avec les beautés de la vie » juste en contemplant ce qu'elle voyait en rentrant chez elle.

Alors que j'étais enseignante, j'ai participé à une retraite pendant laquelle j'ai appris à marcher en pleine conscience. Je savais que c'était la réponse qu'il me fallait dans ma vie quotidienne. J'ai donc décidé de me lever plus tôt et de faire à pied une partie de mon trajet jusqu'à l'école, afin d'avoir la possibilité de vraiment marcher. Et j'ai décidé que je ferais tout le trajet de retour à pied. Ce n'était pas si long. Le fait de pratiquer la méditation marchée pour me rendre au travail m'a permis d'être beaucoup plus calme, détendue et prête à enseigner. La méditation marchée pour rentrer chez moi m'a aussi permis de totalement lâcher prise. À l'école, il se passait toujours des choses désagréables pendant la journée. Il pouvait aussi y avoir des choses agréables, mais, comme je travaillais alors dans un établissement très difficile où il y avait beaucoup de violence, cela restait plus rare. J'avais vraiment besoin de complète-ment lâcher prise. Lorsque je rentrais chez moi, dans le centre de Londres, je regardais les jardins devant les maisons et je voyais les fleurs. Sur certaines parties de ce trajet, je marchais sur l'herbe et c'était une merveilleuse occasion de transformer toutes les choses désagréables qui s'étaient passées au cours de la journée juste en étant en contact avec ce qu'il y avait de merveilleux dans la vie.

Marcher en pleine conscience nous relie
au monde qui nous entoure

Avec l'expérience, nous pouvons apporter de la pleine conscience à toutes sortes de marches – rapides et lentes, solitaires ou dans une rue bondée, au soleil ou sous la pluie, en grimpant un escalier, etc. Nous pouvons même essayer de courir, nager, faire du vélo ou même conduire en pleine conscience. Il suffit de porter notre attention sur les sensations de notre corps, en associant nos mouvements et notre respiration, et en ancrant notre esprit dans l'instant présent.

Pratiquer la marche en pleine conscience pendant nos temps de loisirs peut aussi nous aider à « clarifier notre esprit » et à nous relier au monde de la nature, comme le fait Alison Mayo, enseignante en maternelle très occupée.

Désormais, je fais une méditation marchée sur une colline près de chez moi pratiquement tous les soirs. J'ai constaté que cela me permettait d'avoir les idées plus claires et de faire un peu d'exercice, à l'air libre et en lien avec la nature.

Marcher en pleine conscience aide
à gérer les émotions et à instaurer
une atmosphère plus calme

Les enfants et les jeunes apprécient la pratique de la marche lorsqu'elle leur est présentée de façon légère et qui leur parle. Jess Plews, ancienne enseignante dans le primaire et éducatrice d'activités en plein air au Royaume-Uni, explique en quoi cette pratique a aidé ses élèves à prendre conscience de leur environnement et à en parler, y compris les plus timides.

La marche en pleine conscience que nous avons faite hier était très belle. Les élèves ont adoré et ils étaient très concentrés. Le fait qu'on leur montre comment mieux remarquer les choses les a encouragés à poser des questions sur tout ce qui les entourait. Nous avions quelques enfants qui parlaient rarement, qui sont plutôt timides, et qui étaient aussi motivés lors de cette marche pour noter des choses et poser des questions sur la nature.

L'autorégulation, c'est-à-dire la capacité de gérer ses propres émotions et son comportement et la capacité de se contrôler, qui sont étroitement liées, représente une difficulté pour bon nombre de jeunes. Leur nervosité peut être à l'origine des problèmes qu'ils rencontrent sur le plan des apprentissages ou de leurs relations avec les autres. Pour les enseignants, l'impulsivité des élèves peut être stressante et difficile à vivre, et ils sont souvent ravis de pouvoir les aider de façon positive à se comporter plus calmement. Marcher en pleine conscience représente une méthode douce et efficace pour y parvenir.

Christine Petaccia, l'ergothérapeute que nous avons rencontrée dans le chapitre consacré à la respiration, nous fait part d'une expérience de marche en pleine conscience qui a aidé rapidement des élèves à retrouver leur calme et à être prêts à apprendre.

Un jour, on m'a appelée dans une classe pour montrer à l'enseignant comment utiliser des techniques d'auto-régulation afin d'aider les enfants à se calmer. Je venais juste de participer pour la première fois à une séance de pleine conscience en groupe et de pratiquer la méditation marchée. Alors, je me suis dit que j'allais essayer. J'ai fait venir tous les élèves de la classe dans la salle où je travaillais et nous avons fait des exercices de respiration et de relaxation, allongés sur le dos. Puis je leur ai montré comment pratiquer la méditation marchée et, lorsqu'ils sont revenus en classe, ils étaient très calmes et prêts à apprendre. C'était vraiment extraordinaire de voir comme cela avait bien marché dès la première fois.

Le sentiment de tumulte intérieur qu'éprouvent de nombreux enfants et leur difficulté à maintenir leur attention dans la durée produisent souvent de l'excitation et de l'agitation, avec un niveau sonore si élevé qu'il en devient stressant pour eux comme pour les enseignants. Cette agitation se manifeste particulièrement lorsque les élèves évoluent dans un établissement clos. Les enseignants tentent d'y remédier par des règles qui s'accompagnent parfois de sanctions et de punitions. Enseigner aux élèves la marche en pleine conscience peut leur offrir une alternative positive, et permettre aux élèves de s'impliquer pour maintenir une atmosphère générale de calme, comme en témoignent deux enseignants.

Pendant les moments de transition entre deux cours, l'agitation atteint parfois des sommets. Le fait de monter et de descendre les escaliers en pleine conscience a transformé l'échange d'énergie entre deux salles de classe. C'est la pratique que nous avons mise en place, qui fait désormais partie intégrante de ce que nous sommes. – Caroline Woods, institutrice, Royaume-Uni.

Avant, les élèves faisaient la queue en silence devant la porte, puis ils allaient au vestiaire. Lorsqu'ils arrivaient dans le vestiaire, il y avait beaucoup de bruit et de bousculades. Maintenant que nous marchons en pleine conscience pour aller au vestiaire, le calme y règne et ils en sortent tranquillement. Et lorsqu'ils quittent l'école, ils peuvent se défouler. – Susannah Robson, institutrice, Royaume-Uni.

Susannah nous rappelle à juste titre que les enfants ont besoin de « se défouler » – la marche en pleine conscience devrait toujours être proposée et non imposée. Elle ne devrait pas être utilisée pour discipliner les enfants ou faire en sorte qu'ils « marchent tranquillement et en silence ». La pratique de la marche en pleine conscience doit s'inscrire dans le cadre d'une journée d'école active au cours de laquelle les enfants ont plein d'occasions de déborder de vitalité et d'énergie, et de pousser des cris de joie.

*Marcher en pleine conscience
renforce la confiance*

Le lien entre l'esprit et le corps est le fondement de la pleine conscience. Notre façon de nous tenir debout et de nous déplacer a des effets importants sur notre état d'esprit et sur ce que nous projetons sur les autres. Mike Bell, instituteur au Royaume-Uni qui applique depuis des années la tradition du Village des Pruniers dans ses classes, utilise la marche en pleine conscience pour aider les enfants qui se sentent rejetés. Il a constaté que la pratique permettait aux élèves de se sentir plus solides intérieurement et d'incarner la confiance et la non-réactivité.

La méditation marchée a très bien fonctionné avec les enfants qui avaient été victimes de harcèlement. Je leur ai fait remarquer que les élèves qui persécutent leurs camarades sont des personnes qui aiment voir l'autre se sentir mal ; d'où l'importance de ne pas leur donner l'impression que cela vous affecte. J'ai montré à plusieurs élèves comment ramener leur attention au point de contact entre leurs pieds et le sol, et comment rester concentré sur ce point lorsqu'ils marchent dans la cour de récréation, en ne montrant aucun changement d'expression si quelqu'un se moque d'eux. J'ai observé un changement chez deux ou trois élèves. Une fille qui venait jusque-là me rapporter combien les autres étaient méchants avec elle vient maintenant me parler de tout autre chose[1] !

Enseigner la marche en pleine conscience
de façon vivante

Pour faire comprendre aux élèves la signification de « marcher en pleine conscience », on peut recourir à des mots et à des images qui leur parleront.

Chelsea True, aux États-Unis, utilise avec sa classe de petits l'image facile à mémoriser de « marcher avec des pattes de renard », une image qui leur a paru signifiante au point que certains l'ont utilisée chez eux.

En reprenant les mots de Thây de manière ludique, je leur dis : « Un renard attentif a des pattes douces et velues. Quand il marche, ses pattes de renard velues embrassent la terre à chacun de ses pas. À chaque pas qu'il fait, une fleur pousse. Nous pouvons marcher comme un renard et être en paix à chaque pas. »

Avant de commencer, nous posons nos mains sur notre ventre pour apaiser les tensions. Quand nous commençons à marcher, je leur dis un poème de Thây : « Sur ce beau chemin, je marche en paix. À chaque pas, une fleur éclot. » Nous chantons ce poème en marchant, comme un jeu d'appels et de réponses, avec des pattes de renard toutes poilues qui embrassent la terre à chaque pas. Même des enfants de trois ans peuvent prendre plaisir à marcher avec des pattes de renard.

Un parent m'a dit que sa fille, Aubrey, âgée de cinq ans, utilisait ses pattes de renard pour marcher en pleine conscience à la maison et que cette image faisait désormais partie du vocabulaire de la maison. Gracyn, dix ans, aimait tellement marcher avec des pattes de renard qu'elle a trouvé des chaussons de renard qu'elle porte chez elle. Lorsqu'une mutation professionnelle a entraîné le déménagement de sa famille, elle m'a envoyé par texto une photo d'elle à l'aéroport. Elle avait mis ses chaussons de renard et marchait en pleine conscience vers ce nouveau chapitre de sa vie.

Alors qu'il s'occupait d'un groupe d'adolescents au Village des Pruniers, Mark Vette, de Nouvelle-Zélande, les a encouragés à effectuer la pratique, puis à choisir un nom pour la décrire – avec des résultats plutôt cocasses lorsqu'ils se sont retrouvés face au maître zen lui-même !

Il y a quelques années, quand je travaillais comme bénévole au Village des Pruniers dans l'équipe chargée du programme pour les adolescents, quand on faisait une pratique formelle, on se contentait de la faire. On lui donnait un nom après. Un jour, Thây a vu le groupe et nous a félicités de pratiquer la méditation marchée. Un jeune s'est tourné vers lui pour lui dire : « Ce n'est pas de la méditation marchée, mais des pas de taï-chi. » Et ils ont continué, ravis.

Dans la section « variantes », nous avons évoqué la pratique qui consiste à « marcher comme un… ». Peggy Rowe Ward, formatrice expérimentée d'enseignants aux États-Unis, nous raconte sa pratique ludique avec des élèves de tous âges.

Les plus jeunes adorent les super-héros. Pourquoi ne pas marcher comme Spiderman ? Nous pouvons utiliser nos sens de Spiderman. Et Hulk, pratique-t-il la pleine conscience ? Nous avons marché en pleine conscience comme des éléphants, des kangourous, des chiens et des poules. Nous avons marché sur différentes surfaces imaginaires, comme du sable chaud, dix centimètres d'eau, vingt centimètres d'eau, du miel, de la cire chaude…

Quand les élèves ont étudié l'Égypte ancienne, nous avons regardé sur YouTube l'émission *Saturday Night Live* avec Steve Martin qui marche comme un Égyptien. Quand les élèves ont étudié l'océan, nous avons marché au fond de la mer. Nous avons marché comme le Mahatma Gandhi et Martin Luther King lorsque nous avons abordé ces personnages en classe. Bien évidemment, cela aide les élèves à intégrer le cours et rend les enseignants heureux.

FAIRE PARTICIPER LES ÉLÈVES

La pleine conscience devient concrète pour les élèves lorsqu'ils se l'approprient. Peggy nous fait part de ses idées riches et inspirantes pour encourager ses élèves à marcher en pleine conscience.

Essayez des pratiques en binôme. Les enfants aiment se coacher mutuellement lorsqu'ils essaient de nouvelles façons de marcher. Marcher pieds nus était plutôt inhabituel pour bon nombre d'enfants dont nous nous sommes occupés dans des pays d'Asie, et certains ont vraiment adoré. Tous les enfants ont aimé marcher avec un partenaire qui avait les yeux bandés. Nous avons marché avec des livres sur la tête, en nous tenant la main, les enfants adoptant tour à tour le rôle de celui qui marche en pleine conscience et de celui qui marche en essayant de distraire l'autre.

Invitez les élèves à montrer comment faire. Proposez à ceux qui aiment vraiment la pratique de donner l'exemple. Très vite, tout le monde voudra guider la

220

pratique. J'ai beaucoup appris de ces élèves stagiaires. Une des classes de maternelle les plus turbulentes que j'ai eues était guidée par Lukie, un élève qui faisait en sorte que toute la classe soit un lieu de beauté en mouvement. Le visage parfaitement serein, il marchait en pleine conscience à chaque pas qu'il faisait sur le sol avec ses petits pieds et tous les enfants entraient alors dans un champ de paix.

Grâce à des méthodes attrayantes comme celles que nous venons de voir, l'expérience de la marche en pleine conscience peut être ludique, vivante et authentique. Elle aide également les enfants et les jeunes à renforcer leur confiance en eux et leur autonomie, et permet de cultiver des relations plus confiantes entre élèves et enseignants.

Pratiques sensorielles
lors de la marche méditative

Marcher en pleine conscience peut nous aider à apprécier le monde qui nous entoure, à travers tous nos sens. Anita Constantini, qui anime des retraites en Italie, partage ici les pratiques sensorielles dynamiques qu'elle a proposées lors d'une retraite d'été destinée aux familles, le « Camp du bonheur », avec des enfants âgés de six à douze ans et leurs parents.

Nous marchons pieds nus dans la nature, ce qui permet de réveiller l'organe sensoriel du toucher ! Le fait de porter des chaussures nous fait passer à côté de nombreuses impressions ! Nous posons nos yeux sous nos pieds et nous les laissons nous guider pendant au moins vingt minutes. Nous observons la différence entre marcher sur des surfaces ensoleillées et d'autres à l'ombre, la sécheresse ou l'humidité, les feuilles, l'herbe et diverses textures. Au bout d'un moment, nos pieds s'accommodent et nos sensations changent. Lorsque nous remettons nos chaussures, nous discutons des sensations que cela nous procure.

Bobbie Cleave et Gordon « Boz » Bosworth, qui ont travaillé comme gardes forestiers aux États-Unis et sont maintenant éducateurs dans le domaine de l'environnement, utilisent des méthodes similaires pour aider les enfants et les adolescents à se connecter plus profondément avec la terre et la nature.

La marche en pleine conscience est de toute évidence un très bon moyen pour enseigner aux enfants comment se relier profondément à la terre. Nous marchons pieds nus avec des classes ; nous nous tenons les mains pour faire un cercle autour d'un arbre ; nous touchons l'écorce des arbres ; nous restons assis au bord de l'eau, nous observons attentivement une feuille ou un champignon, etc. Il existe d'innombrables manières de se relier profondément à la nature dans le cadre de nos pratiques de pleine conscience, dans le calme et la lenteur.

La marche en pleine conscience
pour les élèves plus âgés

Bien qu'elle puisse être ludique, la marche en pleine conscience peut aussi nous aider lorsque nous entreprenons des tâches sérieuses. Katrina Tsang, professeure de médecine à Hong Kong, nous explique le programme d'enseignement de la marche en pleine conscience qu'elle a proposé à ses étudiants. Comme elle le fait remarquer, ces étudiants ont de toute évidence besoin de faire preuve de compassion envers eux-mêmes et de ressentir la paix que celle-ci induit, à la fois pour leur bien-être immédiat et pour apprendre à prendre soin d'eux-mêmes dans leurs futures carrières, où ils seront soumis à de fortes pressions.

Au cours de leurs premières années d'étude, les étudiants en médecine aiment aussi marcher en pleine conscience. Si le temps le permet, nous marchons en extérieur, dans des endroits où ils peuvent se rapprocher de mère Nature. Nous commençons par une pratique de marche lente, puis, après un moment, nous passons à une marche rapide et les étudiants partent alors dans toutes les directions. Ils ressentent la différence sur le plan de la concentration et disent qu'il est plus facile pour eux de rester focalisés sur leurs pas en marchant lentement. Je les invite à choisir un trajet quotidien ou habituel pour en faire leur chemin de marche en pleine conscience. Cela peut être un court trajet, de leur chambre à la salle de bains ou à la cuisine, ou de chez eux jusqu'à l'arrêt de bus ou la gare. Je leur suggère d'autres possibilités de pratiquer la marche en pleine conscience à l'avenir, par exemple lorsqu'ils seront de garde à l'hôpital pendant leur internat et devront gérer beaucoup de choses en même temps. Ils peuvent revenir à leurs pas et accorder un répit à leur esprit pressé et sous pression lorsqu'ils se déplacent à l'intérieur de l'hôpital.

Cela me fait vraiment chaud au cœur lorsque les étudiants me disent qu'ils se sentent bien, que la vie est plus belle, qu'ils se sentent moins stressés ou en colère, ou qu'ils me font part de ce qu'ils viennent de découvrir sur leur esprit ou leur corps ; cela les amène souvent à mieux se comprendre et à prendre soin d'eux-mêmes. J'espère sincèrement que ces étudiants se souviendront que, pour pouvoir bien s'occuper des autres en tant que professionnels de santé, nous devons d'abord savoir prendre soin de nous-mêmes. Si nous avons de la compassion et un véritable amour pour nous-mêmes, alors nous pourrons avoir de la compassion et de l'amour pour les autres.

Marcher dans le voisinage

Une pratique courante du Village des Pruniers consiste à marcher en groupe dans le voisinage ou dans le quartier. En général, le fait de voir des gens marcher ensemble en silence et dans la joie a un impact profond à la fois sur ceux qui participent et sur ceux qui observent. Marcher en groupe crée un sentiment de solidarité et de paix – il arrive souvent que des observateurs se joignent au groupe. Victoria Mausisa, animatrice de retraites, décrit une marche en groupe avec des étudiants sur le campus de Santa Clara, en Californie.

Il y avait une trentaine d'étudiants et d'étudiantes de l'université de Santa Clara. À pas lents, ils sont sortis d'une salle de cours, ont traversé le couloir et franchi les doubles portes pour arriver dans la cour – un espace paysager où il y a de l'herbe, des arbres et de petits buissons. C'était l'après-midi, il faisait chaud et le soleil brillait. Alors que d'autres étudiants se déplaçaient à toute vitesse dans la cour, nous marchions lentement, en pleine conscience. Notre lenteur, notre déplacement en file indienne puis notre cercle autour d'un arbre en fleur ont été très remarqués. De nombreuses personnes nous ont souri.

Alors que nous nous tenions en cercle autour de l'arbre en fleur, j'ai été touchée par un jeune homme, grand, qui avait posé ses deux mains sur son cœur et fermé les yeux. Quelques instants plus tard, comme ils y avaient été invités, les étudiants se sont tous tenu la main, en silence.

Un autre a ensuite fait remarquer : « Au début, je trouvais ça bizarre de marcher lentement et qu'on me regarde. Mais très vite, j'ai pu rentrer dans la pratique et j'ai cessé de penser aux autres. » Un autre étudiant a dit : « Je n'avais jamais marché lentement avant ni observé un arbre de si près. Mais aujourd'hui, lorsqu'on s'est arrêtés, j'en ai vu un vraiment. »

Quel cadeau merveilleux ! Marcher ensemble, sentir la chaleur du soleil, respirer avec l'arbre devant nous et explorer notre nature d'inter-être avec le soleil, les arbres, l'herbe, l'air, les autres !

> « Je prends soin de mon corps
> et je le traite avec respect,
> comme un musicien prend soin
> de son instrument. »

Thich Nhat Hanh

5

Le corps

Dans ce chapitre, vous allez :
- Explorer l'importance de la conscience du corps et de la respiration, du mouvement et de la relaxation, pour nous-mêmes et pour nos élèves.
- Bénéficier d'instructions pas à pas et de conseils concrets pour trois pratiques de base du Village des Pruniers : 1. la conscience du corps, 2. les Dix Mouvements en pleine conscience et 3. la relaxation profonde.
- Réfléchir à divers moyens d'intégrer les pratiques corporelles dans notre vie quotidienne et dans notre travail d'enseignant dans les écoles, les universités et les salles de classe, à l'aide d'exemples et de suggestions d'enseignants pratiquants.

Corps et esprit réunis

Thich Nhat Hanh

Lorsque vous passez deux heures avec votre ordinateur, vous pouvez être si absorbé par ce que vous faites que vous en oubliez totalement que vous avez un corps. Et lorsque votre esprit n'est pas avec votre corps, vous ne pouvez pas être vraiment vivant ; vous êtes perdu dans votre travail ou dans vos préoccupations, votre peur et vos projets. En respirant en pleine conscience et en ramenant l'esprit dans le corps, nous redevenons vraiment vivants. Lorsque nous ramenons notre esprit dans notre corps, notre esprit ne fait qu'*un* avec lui. Notre esprit devient un esprit fait corps. L'état d'unité du corps et de l'esprit nous permet de recontacter les merveilles de la vie, et notre corps est la première merveille de la vie que nous rencontrons. Notre corps contient la Terre, le Soleil, les étoiles et tout le cosmos, et même tous nos ancêtres.

Vous ne pouvez pas être un enseignant heureux si vous ne savez pas comment relâcher les tensions présentes dans votre corps. Supposons que vous soyez enseignant et que votre corps abrite beaucoup de tensions et de douleurs. La pratique de la relaxation totale peut vous aider à relâcher les tensions, ce qui permettra de réduire la quantité de douleurs dans le corps, notamment les douleurs chroniques, car celles-ci sont toujours dues à des tensions. C'est pourquoi un bon enseignant devrait connaître l'art de la relaxation. Lorsque vous savez détendre votre corps, vous savez comment y restaurer un sentiment de paix. Vous en tirez un bénéfice immédiat, et vos collègues et vos élèves en profitent aussi.

Vous pouvez pratiquer en disant : « J'inspire, je sais que j'ai un corps, et mon corps est une merveille de la vie. » C'est une façon très concrète de vous réjouir d'avoir un corps.

Si nous remarquons des tensions et des douleurs en inspirant, nous pouvons les relâcher en expirant. C'est l'un des exercices de respiration en pleine conscience le plus souvent pratiqués. « En inspirant, je suis conscient de mon corps et des tensions dans mon corps ; en expirant, je relâche les tensions dans mon corps. » Vous pouvez pratiquer cet exercice au volant de votre voiture, dans le train ou en classe. Vous pouvez commencer par détendre les muscles de votre visage. Il y a environ trois cents petits muscles sur notre visage et, lorsqu'ils sont tendus, nous ne sommes pas très beaux à voir ! Si en inspirant nous sourions légèrement, alors, avec l'expiration, nous pouvons relâcher les tensions dans ces trois cents muscles. Nous pouvons apprendre à détendre ces muscles très rapidement, en faisant juste deux ou trois respirations.

Où que vous vous trouviez, vous pouvez pratiquer la respiration en pleine conscience pour être conscient de votre corps et relâcher les tensions qu'il renferme. Lorsque vous êtes assis dans le bus, vous pouvez pratiquer la respiration et relâcher les tensions. En vous rendant dans la salle de classe ou à une réunion, vous pouvez relâcher les tensions à chaque pas. Quand nous marchons ainsi, nous sommes libres et apprécions chaque pas. Nous ne sommes plus pressés. C'est ainsi que nous relâchons les tensions.

Sur le chemin entre le parking et notre bureau ou notre salle de classe, pourquoi ne pas pratiquer ainsi et relâcher les tensions présentes ? C'est la forme de marche que nous adoptons au Village des Pruniers chaque fois que nous avons besoin de nous déplacer.

La pratique de la relaxation totale peut être appliquée dans toutes les positions – assis, allongé, en marchant ou debout. Nous pouvons à tout moment prendre plaisir à pratiquer la respiration consciente et à relâcher les tensions présentes dans notre corps. Cela peut devenir une habitude – l'habitude de la relaxation, l'habitude de la paix. Si nous apprenons bien cette pratique de relaxation, nous pouvons la transmettre à nos élèves, car leurs corps sont également soumis à beaucoup de tensions. Certains enseignants commencent leur cours en inspirant et en expirant en pleine conscience avec leurs élèves. Cela ne prend que quelques minutes. Ils font de leur mieux pour être là, tous ensemble, et pour relâcher les tensions – cela facilite l'enseignement et les apprentissages.

Notes pour les enseignants

Les pratiques corporelles

Une grande partie de notre malheur vient du fait que nous séparons l'esprit et le corps, alors que ce n'est ni nécessaire ni réaliste. Nous pouvons négliger notre corps, en abuser voire l'oublier totalement et vivre uniquement « dans notre tête ». Bien souvent, nous n'écoutons pas ce que notre corps nous dit sur nous-mêmes, notre esprit et ce qui se passe pour nous. Il y a bien des façons d'oublier de prendre soin de lui, que ce soit en se nourrissant d'aliments mauvais pour la santé, en utilisant des substances néfastes ou en ne faisant pas d'exercice.

Les écoles et les universités s'efforcent d'aider les élèves à prendre soin d'eux-mêmes, mais, dans la pratique, ce sont avant tout des lieux sédentaires, particulièrement lorsque les élèves sont plus âgés et qu'on leur demande, comme à leurs enseignants, de se concentrer sur le programme et sur le mental, en oubliant le corps. Nous pouvons tous, enseignants comme élèves, perdre le contact avec notre corps et passer la journée à vivre dans notre tête pleine de pensées, de projets et de soucis, à respirer, manger et boire sans même le remarquer, le corps plein de tensions dont nous ne sommes même pas conscients. Cette distanciation avec la réalité physique du corps peut créer des maladies, dans l'esprit et dans le corps.

La pratique de la pleine conscience nous met étroitement en contact avec le corps et l'esprit et nous les intégrons en douceur, ce qui nous aide à mieux prendre soin de nous-mêmes et donc à accroître notre sentiment de plénitude et de bien-être. Nous devenons conscients de nos sensations corporelles ; nous apprenons à nous connaître et à connaître nos sensations, et nous pouvons réagir aux messages importants transmis par notre corps au sujet de notre état d'esprit, nos émotions, nos intuitions ou notre état de santé. Une activité physique douce est une manière de prendre soin du corps et de faire preuve de gratitude à son égard, en améliorant notre ligne et notre souplesse, tout en apportant un sentiment de paix et de calme à l'esprit. Apprendre à nous détendre nous aide profondément à guérir l'esprit et le corps, à réduire les problèmes de santé mentale, tels que le stress, la colère et l'anxiété.

Les trois pratiques décrites dans ce livre – la « conscience du corps et de la respiration », les « mouvements en pleine conscience » et la « relaxation profonde » – sont des moyens simples et structurés de nous aider, nous et nos élèves, à revenir au corps afin qu'il devienne le siège de la pratique de la pleine conscience et un ami plein de sagesse.

Vous trouverez en fin de chapitre des réflexions et des exemples d'enseignants pratiquants sur diverses manières d'intégrer les pratiques corporelles dans sa vie et dans sa classe.

Pour les pratiques décrites ci-après, nous partons du principe que l'enseignant et les élèves sont déjà familiarisés avec les pratiques de la respiration, de l'écoute de la cloche et de l'assise.

Notes pour les enseignants

La conscience du corps et de la respiration

Pourquoi développer la conscience du corps et de la respiration ?

- Pour développer le sentiment d'unité entre l'esprit et le corps.
- Pour améliorer la capacité d'attention et de concentration envers ce qui se passe ici et maintenant – au niveau de la respiration, dans le corps et dans l'esprit.
- Pour être attentif au souffle, qui constitue un pont entre le corps et l'esprit.
- Pour réduire le stress et renforcer les sensations et les émotions positives, comme le calme, la relaxation et le bonheur.

Nous pouvons ramener notre attention au corps à tout moment, quelle que soit notre activité. Au début, il peut être utile de pratiquer l'arrêt, c'est-à-dire cesser toute activité afin de faciliter ce retour. La cloche peut être un rappel utile.

Une fois à l'arrêt, nous pratiquons la respiration consciente. Nous prenons conscience que nous respirons, puis nous suivons notre inspiration et notre expiration. Trois respirations complètes peuvent suffire à apporter un sentiment de sérénité, de paix et d'harmonie avec la respiration, le corps et les émotions, et influer sur notre état physique et psychique, en particulier face à une situation difficile.

Nous continuons de respirer ainsi tout en passant progressivement en revue et en pleine conscience les différentes parties du corps. Puis nous relâchons toutes les tensions (pour de plus amples détails, voir la partie sur la relaxation profonde dans ce chapitre). Notre corps tout entier devient l'objet de notre pleine conscience.

Pratique de base

La conscience du corps et de la respiration

Vous trouverez un résumé de cette pratique à l'annexe A, page 617.

MATÉRIEL ET PRÉPARATION

- Un enseignant expérimenté dans cette pratique.
- Des chaises, des coussins, des tapis, etc., positionnés selon la façon dont vous souhaitez que les élèves soient assis ou allongés.
- Une cloche et un « inviteur » (optionnel, mais recommandé).

Cette pratique peut se faire dans n'importe quelle position – allongé, assis ou debout. On suppose dans cette version que vous êtes assis.

Invitez vos élèves à s'asseoir et à trouver une bonne position (ce qu'ils ont appris à faire en pratiquant la méditation assise – bien ancrés, stables et conscients des points de contact entre le corps et la chaise, le coussin ou le sol).

> *Si vous effectuez cette pratique plusieurs fois, il est intéressant d'examiner les différences que la position adoptée produit sur l'esprit, le corps, les émotions, les sensations et le ressenti.*

1. CLOCHE

Pour commencer, invitez la cloche avec un son complet. Utilisez ensuite le script suivant, en inspirant et en expirant au fur et à mesure que vous parlez.

> *Procédez lentement, en faisant des pauses entre les consignes et en donnant aux élèves tout le temps nécessaire pour respirer et s'immerger profondément dans la pratique.*

2. ÊTRE CONSCIENT DE LA RESPIRATION ET SUIVRE LA RESPIRATION

J'inspire, je sais que j'inspire.
J'expire, je sais que j'expire.

*J'inspire, je suis toute la longueur de mon inspiration, du
        début à la fin.*
*J'expire, je suis toute la longueur de mon expiration, du
        début à la fin.*

3. Conscience du corps

J'inspire, je suis conscient que j'ai un corps.
J'expire, je sais que mon corps est là.

J'inspire, je suis conscient de tout mon corps.
J'expire, je souris à tout mon corps.

4. Calmer et relâcher
les tensions dans le corps

J'inspire, je suis conscient de mon corps.
J'expire, je calme mon corps.

J'inspire, je détends mon corps.
J'expire, je relâche toutes les tensions dans mon corps.

5. Fin

Un son de cloche complet, en inspirant et en expirant en pleine conscience, pour terminer.

Notes pour les enseignants

Les Dix Mouvements en pleine conscience

Pourquoi pratiquer des mouvements en pleine conscience ?
- Pour développer le sentiment d'unité entre l'esprit et le corps.
- Pour améliorer la capacité d'attention et de concentration et diriger son attention sur ce qui se passe ici et maintenant – au niveau de la respiration et dans le corps et dans l'esprit, par la conscience du corps dans le mouvement.
- Pour diminuer le stress et l'anxiété.
- Pour accroître les sensations et les émotions positives, comme le calme, la détente et le bonheur.

Les mouvements dont il s'agit ici peuvent tous être effectués en pleine conscience et synchronisés avec la respiration. Ils doivent être faciles et agréables, et pratiqués de façon détendue, sans chercher à obtenir ou à atteindre un quelconque résultat. Cela peut être assez différent de notre façon habituelle de pratiquer une activité physique, c'est-à-dire en mode « compétition », avec du stress, des efforts et des objectifs à atteindre. Un mouvement en pleine conscience est simplement l'occasion de réunir l'esprit et le corps de façon détendue et apaisante.

Vous trouverez dans les consignes suivantes des suggestions pour une pratique de base d'environ dix minutes avec les Dix Mouvements en pleine conscience qui permettent d'étirer différentes parties du corps. Ces mouvements nous invitent à être conscients de notre corps et nous aident à trouver un sentiment d'équilibre et de souplesse. En tant qu'enseignants, il faudra les adapter à l'âge, à l'état d'esprit, à l'espace disponible et au niveau d'aptitude physique du public, en encourageant les élèves à rester attentifs à leur respiration. Nous veillons à ne pas en faire trop et gardons à l'esprit qu'il ne s'agit pas de faire de l'exercice : nous pratiquons la pleine conscience du corps.

Pratique de base

Les Dix Mouvements en pleine conscience

Vous trouverez un résumé de cette pratique à l'annexe A, page 620.

MATÉRIEL ET PRÉPARATION

- Un enseignant ayant l'expérience de la pratique des mouvements en pleine conscience.
- Un espace assez vaste pour permettre à chacun de tendre les bras (si vous ne disposez pas d'un tel espace, vous adapterez les mouvements choisis à la taille de la pièce).

Pensez à rappeler au groupe de ne surtout pas forcer le corps. Souriez et passez un bon moment ensemble !

Invitez les élèves à se tenir debout confortablement, les pieds fermement posés sur le sol, légèrement écartés (un écart de la largeur des épaules). Les genoux sont souples et légèrement fléchis, les épaules relâchées. Rentrez le menton et gardez le corps droit et détendu. L'espace doit être suffisant entre chaque participant pour pouvoir bouger les bras sans toucher les autres.

Invitez-les à prendre conscience de chaque inspiration et expiration, en laissant leur souffle descendre dans l'abdomen et en expulsant tout l'air en expirant. Ils peuvent poser les mains sur l'abdomen s'ils le souhaitent.

Invitez les élèves à prendre conscience du contact de la plante de leurs pieds sur le sol ou la terre. Imaginez un fil invisible qui partirait du sommet de votre crâne et vous tirerait vers le ciel. Tout le monde devrait aimer se détendre dans cette position et y rester pendant quelques instants.

> *Pour approfondir cette simple pratique d'être debout en pleine conscience, n'hésitez pas à consulter les suggestions qui figurent dans la section consacrée à la marche en pleine conscience.*

1. LEVER LES BRAS

Position de départ : debout en étant centré, le dos droit et les bras le long du corps.

En inspirant, levez les deux bras à l'horizontale jusqu'au niveau des épaules, parallèles au sol, les paumes tournées vers le sol.

En expirant, abaissez-les le long du corps. Répétez ce mouvement deux ou trois fois.

Après chaque mouvement, vous pouvez inviter les participants à rester debout, en silence, et à porter leur attention sur leur respiration. Si vous n'en avez pas le temps ou si l'ennui s'installe, vous pouvez passer directement à un autre mouvement.

2. ÉTIRER LES BRAS (TOUCHER LE CIEL)

Position de départ : debout en étant centré, le dos droit et les bras le long du corps.

En un mouvement continu accompagnant l'inspiration, levez les deux bras au-dessus de la tête, les paumes se faisant face.

En expirant, ramenez les bras dans la position de départ, le long du corps.

Recommencez deux ou trois fois.

3. OUVRIR LES BRAS
(LA FLEUR QUI ÉCLOT)

Position de départ : debout en étant centré, le dos droit, pliez les bras de façon à ce que vos mains touchent vos épaules.

En inspirant, ouvrez les bras à l'horizontale, au niveau des épaules, les paumes tournées vers le ciel.

En expirant, ramenez doucement les mains sur les épaules.

Recommencez deux ou trois fois.

4. FAIRE UN CERCLE AVEC LES BRAS

Position de départ : debout en étant centré, le dos droit, les bras tendus devant vous à la hauteur de votre ventre, paumes jointes avec les doigts pointant vers le sol.

En inspirant, levez les bras et séparez-les lorsqu'ils arrivent au-dessus de la tête.

En expirant, continuez à décrire un cercle avec les bras, vers l'arrière et vers le bas, avant de joindre à nouveau vos paumes devant vous.

Recommencez deux ou trois fois, puis répétez le mouvement deux ou trois fois dans l'autre sens.

5. Faire un cercle avec la taille

Position de départ : debout, centré, les mains sur les hanches, les jambes droites, mais pas tendues.

En inspirant, penchez le buste vers l'avant puis faites-le pivoter à droite puis vers l'arrière comme pour dessiner un cercle avec la tête.

En expirant, bouclez le cercle depuis l'arrière à gauche et vers l'avant.

Faites encore deux ou trois cercles, puis répétez le mouvement dans le sens opposé et recommencez deux ou trois fois.

6. ÉTIRER TOUT LE CORPS

Position de départ : position de la fin de l'exercice 5, le corps penché vers l'avant au niveau de la taille, les bras dirigés vers le sol.

En inspirant, pliez légèrement les genoux, en gardant le dos droit, et levez le buste et les bras jusqu'au-dessus de votre tête, les paumes en avant. Vos talons restent fermement posés au sol pendant que vous vous étirez vers le haut comme pour toucher le ciel.

En expirant, penchez-vous vers l'avant et ramenez le buste et les bras vers le bas pour toucher la terre. Veillez à ce que votre nuque reste bien relâchée.

Recommencez un cycle. Commencez par inspirer en gardant tout du long le dos bien droit, comme pour toucher le ciel. Puis recommencez le mouvement deux ou trois fois.

7. SE POSER SUR LES TALONS (COMME UNE GRENOUILLE !)

Position de départ : debout, centré, les mains sur les hanches, les pieds décrivant un « V », joints au niveau des talons. (Pour ajouter une difficulté à ce mouvement, vous pouvez le faire en restant hissé sur les orteils.)

En inspirant, hissez-vous sur les orteils, en gardant les talons joints.

En expirant, restez dans cette position en gardant le dos droit, et descendez en pliant les genoux. Maintenez le buste et le dos bien droits en allant aussi loin que possible, sans vous asseoir, sans rien forcer et en gardant votre équilibre.

Répétez ce cycle : en inspirant, remettez-vous bien droit, en étirant les jambes, toujours sur les orteils, et répétez ce mouvement cinq ou six fois.

8. ÉTIRER LES JAMBES

Position de départ : debout pieds joints, en étant centré, les mains sur les hanches, commencez par déplacer tout votre poids sur le pied gauche.

En inspirant, levez la cuisse droite en pliant le genou et en pointant les orteils vers le sol (ne cherchez pas à lever le genou trop haut si cela vous fait mal ou que vous perdez l'équilibre).

En expirant, étirez la jambe droite devant vous, le pied pointé vers l'avant et les orteils toujours vers le sol.

En inspirant, pliez à nouveau le genou pour retourner à la position précédente.

En expirant, étirez à nouveau la jambe. Répétez ce cycle : continuez deux ou trois fois, puis posez le pied au sol.

Ensuite, déplacez tout votre poids sur le pied droit et répétez cette séquence de mouvements avec la jambe gauche deux ou trois fois.

Pour ce mouvement et le prochain, qui nécessitent de rester en équilibre sur une jambe, il est conseillé d'inviter les participants à fixer leur regard sur un point devant eux pour mieux garder leur équilibre, ou à poser une main contre le mur ou sur le dossier d'une chaise pour se sentir plus stables.

9. FAIRE UN CERCLE AVEC LES JAMBES

Position de départ : debout pieds joints, en étant centré, les mains sur les hanches, commencez par déplacer tout votre poids sur le pied gauche.

En inspirant, levez la jambe droite devant vous et dessinez un demi-cercle en partant sur le côté, en veillant à garder la jambe bien tendue, les orteils pointés vers le sol.

En expirant, continuez le demi-cercle vers l'arrière et ramenez lentement la jambe droite à la position de départ, sans toucher le sol.

Répétez ce mouvement deux ou trois fois puis faites de même dans le sens opposé. À la fin, rééquilibrez le poids de votre corps entre les deux pieds avant de déplacer tout votre poids sur le pied droit.

Recommencez le mouvement avec la jambe gauche. Répétez le cycle deux ou trois fois, dans les deux sens.

10. MOUVEMENT SUR LE CÔTÉ EN ÉTIRANT LE BRAS

Position de départ : debout, en étant centré, le dos droit, les pieds joints et parallèles, les mains sur les hanches. Placez les pieds en position de « L » : le pied gauche ne bouge pas, le pied droit tourne sur le côté jusqu'à former un angle à quatre-vingt-dix degrés. Posez la main gauche sur la hanche gauche et laissez le bras droit sur le côté.

En inspirant, pliez le genou droit et déplacez tout votre poids sur le pied droit. Gardez le bras droit bien droit, et levez-le sur le côté en un mouvement continu, en le balayant jusqu'au ciel. Tournez la tête pour regarder votre bras levé, la paume en avant, gardant la poitrine bien ouverte et le bras droit parallèle à la jambe gauche.

En expirant, redressez le genou et ramenez lentement votre bras le long du corps.

Répétez ce cycle deux ou trois fois, puis passez sur l'autre jambe et répétez le mouvement du côté gauche deux ou trois fois.

Fin

Tenez-vous fermement, les deux pieds parallèles, écartés de la largeur de vos épaules. Vous pouvez inviter un son de cloche et fermer les yeux pour prendre plaisir à respirer en pleine conscience. Sentez comme votre corps est détendu. Remerciez-vous mutuellement avec un sourire ou inclinez-vous.

Vous pouvez vous servir des questions destinées à nourrir votre réflexion qui figurent en fin de chapitre pour l'ensemble des pratiques corporelles.

VARIANTES DES MOUVEMENTS
EN PLEINE CONSCIENCE

- Vous pouvez, ainsi que vos élèves, adapter ou créer votre propre séquence de mouvements de pleine conscience – pour changer, pour le plaisir, ou pour vous adapter au lieu ou à l'âge des élèves, leurs aptitudes ou leurs handicaps.
- Vous pouvez utiliser n'importe quel exercice d'étirement que vous avez déjà appris (par exemple, en cours de yoga ou lors d'échauffements avant une pratique sportive), en étant pleinement conscient du mouvement, du corps, de l'esprit et de la respiration

Notes pour les enseignants

La relaxation profonde

Pourquoi pratiquer la relaxation profonde ?
- Pour améliorer notre capacité à relâcher les tensions et à détendre le corps et l'esprit.
- Pour développer notre sentiment de lien entre l'esprit et le corps.
- Pour améliorer notre capacité à être présent, conscient, à nous concentrer et à prêter attention à ce qui se passe ici et maintenant – dans la respiration, le corps et l'esprit – en faisant l'expérience de la détente dans le corps.
- Pour réduire nos niveaux de stress et d'anxiété.
- Pour accroître les émotions positives comme le calme, la gratitude, l'acceptation et le bonheur.

Le stress et les tensions sont un problème pour bon nombre d'entre nous. Même les enfants sont de plus en plus touchés par le stress. Les établissements d'enseignement peuvent être des lieux très agités offrant peu de moments propices au repos. La relaxation profonde est une pratique concrète qui nous permet d'unir notre corps et notre esprit. En dirigeant notre esprit sur notre corps, nous permettons à notre corps de se détendre, se reposer et se régénérer.

LE PROCESSUS DE RELAXATION

La relaxation est un processus simple. Nous commençons par lâcher prise de nos pensées, de nos soucis et de nos angoisses, en portant notre attention sur notre respiration et le contact de notre corps avec le sol. Puis nous portons notre attention sur différentes parties de notre corps, l'une après l'autre. Au moment où notre conscience se porte sur chaque partie :

- Nous inspirons et expirons, en étant conscients de cette partie du corps.
- Nous prenons conscience de toute sensation qui s'y manifeste, en y accordant toute notre attention.
- Nous invitons cette partie de notre corps à se détendre, en relâchant toute tension qui pourrait s'y trouver.
- Nous sourions à cette partie de notre corps, en lui envoyant de l'amour, de la tendresse et de la gratitude pour ce qu'elle fait pour nous.
- Si notre esprit est distrait, nous nous contentons d'observer qu'il l'est et le ramenons dans la partie du corps sur laquelle nous dirigeons notre attention, ou sur notre respiration.

Pendant cette pratique, il peut être utile de ramener de temps à autre notre attention sur notre respiration.

ADAPTEZ LA RELAXATION
EN FONCTION DE VOS ÉLÈVES

Vous devrez connaître tous les élèves de votre classe et être informé de tout problème physique qu'ils pourraient avoir (douleurs, blessure ou handicap). Adaptez vos consignes en conséquence ou voyez avec chacun individuellement comment adapter au mieux la pratique lorsqu'elle porte sur la partie du corps concernée. Les élèves qui ne peuvent pas ou ne souhaitent pas s'allonger peuvent pratiquer assis. Dans ce cas, il peut être utile de leur demander de poser la tête sur leur bureau, afin qu'ils ne soient pas incités à regarder autour d'eux.

Pratique de base

La relaxation profonde

Vous trouverez un résumé de cette pratique à l'annexe A, page 627.

MATÉRIEL ET PRÉPARATION

- Un enseignant ayant l'expérience de la relaxation profonde totale.
- Des tapis, des couvertures.
- Une cloche et un inviteur.
- De la musique ou un instrument de musique (optionnel).
- Un sol propre, avec un tapis ou des couvertures pour la chaleur et le confort (les élèves peuvent être invités à en apporter).
- Inviter les élèves à porter des vêtements confortables.

- Une salle chauffée (la salle de classe normale ou, idéalement, un espace plus vaste comme une salle de gymnastique).
- Une note polie du style « Ne pas déranger » posée sur la porte.

> *La durée d'une relaxation profonde peut varier. La version proposée ici dure environ vingt minutes. Vous trouverez d'autres options dans les « variantes » ci-dessous.*

> *Pour la première fois, vous pouvez enregistrer et écouter les instructions suivantes, ou demander à quelqu'un de vous les lire. Vous trouverez également des liens pour accéder aux relaxations guidées en ligne dans la section « Pour aller plus loin ».*

1. INSTALLATION

Invitez les participants à s'allonger sur le dos.
Laissez aux élèves le temps de s'installer.
Invitez-les en douceur à trouver une position confortable, les jambes tendues bien à plat et les bras sur les côtés, ou les mains sur le ventre.
Invitez-les à fermer les yeux s'ils le souhaitent.

Laissez les rires et l'excitation qu'il peut y avoir au début se dissiper naturellement.

De votre place, vous devez pouvoir voir tous les élèves clairement. Gardez les yeux ouverts et soyez attentif à tout ce qui se passe tout au long de la pratique.

2. CLOCHE

Invitez trois sons de cloche, en laissant le temps de trois inspirations et expirations entre chaque, pour commencer la séance.

Voir les notes pour les enseignants ci-dessous pour plus de conseils sur la façon d'inviter les enfants à s'allonger dans le calme et en toute sécurité.

Passez lentement à la pratique présentée ci-dessous.

Lisez le texte suivant aux élèves. Laissez suffisamment de temps entre deux phrases, au moins une respiration complète.

3. La pratique

Fermez les yeux, les bras le long du corps, les jambes détendues et légèrement tournées vers l'extérieur. Laissez votre **corps** commencer à se détendre et à lâcher prise.

En inspirant et en expirant, soyez conscient du sol et de tous les points de contact de votre corps avec le sol, comme les talons, l'arrière des jambes, le dos, les épaules.

À chaque expiration, laissez votre **corps s'enfoncer** de plus en plus profondément dans le sol, en relâchant les tensions et en lâchant les soucis, les pensées et les idées.

Prenez conscience de votre **abdomen qui se soulève** et s'abaisse lorsque vous inspirez et expirez. Se soulève, s'abaisse ; se soulève, s'abaisse. Vous pouvez poser une main sur le ventre si vous le souhaitez.

En inspirant, portez toute votre attention sur **vos yeux**. En expirant, laissez vos yeux se détendre. Laissez vos yeux s'enfoncer dans votre tête, en relâchant les tensions dans les petits muscles autour des yeux. Souriez à vos yeux et laissez-les se détendre. Envoyez de la gratitude à vos yeux qui sont des cadeaux, car ils vous permettent de voir toutes sortes de formes et de couleurs.

En inspirant, portez votre attention sur votre **bouche**. En expirant, laissez-la se détendre et relâchez les tensions qui l'entourent. Laissez un doux sourire éclore sur vos lèvres. Notre bouche nous permet de parler, de respirer, de manger... Vous pouvez envoyer de la gratitude à votre bouche qui fait tant de choses pour vous.

En inspirant, portez votre attention sur vos **épaules**. En expirant, laissez vos épaules se détendre. Laissez-les s'enfoncer dans le sol. Les épaules sont souvent le siège de tensions que vous laissez se vider dans le sol. Vous pouvez prendre soin d'elles en les laissant se détendre.

En inspirant, soyez conscient de vos **bras**. En expirant, détendez-les. Laissez vos bras s'enfoncer dans le sol, leur partie supérieure, vos coudes, vos avant-bras, vos poignets, vos mains et vos doigts et tous les petits os et les petits muscles. Vous pouvez remuer les doigts si vous pensez que cela peut aider vos muscles à se détendre.

En inspirant, portez votre attention sur votre **cœur**. En expirant, laissez-le se détendre. Votre cœur bat pour vous jour et nuit. Pour prendre bien soin de lui, envoyez-lui toute votre tendresse.

En inspirant, portez votre attention sur votre **abdomen**. Observez comme il se soulève quand vous inspirez et s'abaisse quand vous expirez. Dedans, dehors. Profondément et lentement. L'abdomen qui se soulève, l'abdomen qui s'abaisse. En inspirant, portez votre attention sur vos **hanches**. En expirant, laissez vos hanches se détendre.

Commencez maintenant à porter votre attention sur vos **jambes** et relâchez toutes les tensions qui pourraient s'y trouver, en portant successivement votre attention sur vos cuisses, vos genoux, vos mollets, vos chevilles, vos **pieds** et vos orteils.

Vous pouvez remuer les orteils pour aider les petits muscles à se détendre.

Revenez à votre inspiration et expiration. J'inspire, j'expire. **Tout votre corps** se sent léger comme un nénuphar à la surface de l'eau. Vous n'avez nulle part où aller et rien à faire. Vous êtes aussi libre qu'un nuage dans le ciel.

4. MUSIQUE ET CHANT (OPTIONNEL)

Passez une musique relaxante.

Si les circonstances s'y prêtent, par exemple avec de jeunes enfants, vous pouvez leur chanter des chansons pour les aider à demeurer dans la pratique et dans leur corps.

> *Il est préférable de chanter plutôt que d'utiliser un enregistrement. Ce qui compte, ce n'est pas d'avoir une belle voix, mais de chanter avec la douceur qui convient pour faciliter la détente en groupe.*

5. SE PRÉPARER À TERMINER

Portez à nouveau votre attention sur votre respiration, et sur votre abdomen qui se soulève et s'abaisse.

Pour ne pas faire sursauter les élèves, vous pouvez les prévenir en douceur que le son de cloche qu'ils vont entendre annoncera la fin de la pratique.

6. CLOCHE

Comme d'habitude, faites un demi-son pour réveiller la cloche. Invitez un son de cloche pour indiquer la fin de la séance.

7. FIN DE LA PRATIQUE

Prenez tout votre temps.

Invitez les élèves à remuer les orteils et les doigts. Puis invitez-les à ouvrir les yeux et à rouler sur un côté du corps pour s'étirer lentement avant de se remettre en position assise.

8. PONT POUR PASSER À L'ACTIVITÉ SUIVANTE

Donnez des consignes pour la suite, par exemple se lever, retourner à leur bureau, ranger leurs affaires, quitter la classe, etc.

Invitez-les à marcher lentement et en pleine conscience et à préserver l'esprit de calme et de détente tout au long de la journée.

Si vous souhaitez mener une réflexion sur cette pratique – mais vous pouvez très bien estimer que ce n'est pas nécessaire –, vous pouvez vous servir des éléments de réflexion ci-après. Faites-le lorsque vos élèves sont toujours assis, de façon à ne pas rompre le calme, ou alors lorsqu'ils ont repris tranquillement leur place à leur bureau.

VARIANTES DE L'ENSEIGNEMENT DE LA RELAXATION PROFONDE

- Vous pouvez changer l'ordre des parties du corps.
- La durée de la relaxation profonde peut varier, selon le temps dont vous disposez ; elle peut durer cinq minutes comme quarante minutes.
- Si vous voulez qu'elle soit plus longue, ajoutez d'autres parties du corps, observez plus profondément chaque partie. Vous pouvez laisser plus de temps entre chaque phrase, à moins que les élèves ne tiennent pas en place.
- Si vous disposez d'un temps limité, vous pouvez porter votre attention sur la totalité de votre corps allongé et les points de contact avec le sol, en suivant votre respiration et en utilisant l'expiration pour relâcher les tensions et s'enfoncer dans le sol.

- Portez votre attention sur une partie de votre corps qui est malade ou douloureuse. Prenez le temps d'être conscient de cette partie qui souffre et envoyez-lui de l'amour. En inspirant, laissez cette partie de votre corps se reposer et, en expirant, souriez-lui avec tendresse et affection. Soyez conscient des autres parties de votre corps qui vont bien et envoyez cette force à la partie plus faible, ce qui produit un effet apaisant.
- Il n'est pas nécessaire d'être allongé pour pratiquer la relaxation, bien que ce soit une bonne position pour apprendre. Vous pouvez l'effectuer assis ou même debout.
- Essayez de pratiquer la relaxation totale dans la nature. Si le temps le permet et que le sol n'est pas trop humide, vous pouvez pratiquer en extérieur, où les sensations, les odeurs et les sons peuvent apporter un sentiment de quiétude par le contact avec la terre et le lien avec tout ce qui est.
- Vous pouvez vous servir d'images pour aider vos élèves à porter leur attention sur différentes parties de leur corps, comme un petit nuage de pluie, une cascade de lumière ou un rayon laser. Nous imaginons alors que nous nous déplaçons dans notre corps avec la cascade, la lumière ou le rayon laser qui représentent l'énergie de notre pleine conscience, et que chaque partie qu'ils éclairent devient calme et détendue.

Notes pour les enseignants

S'allonger dans la salle de classe

Au début, les enfants peuvent trouver bizarre et à la fois excitant de s'allonger dans une salle de classe. Ce n'est pas grave et c'est même amusant, mais afin de s'assurer qu'il y aura autant de calme que possible, il est conseillé de bien préparer la pratique et de s'entraîner au préalable, en particulier si vous choisissez un espace confiné, comme une salle de classe. Par exemple :

- Donnez aux élèves des consignes claires et précises sur la façon de quitter l'activité en cours pour aller se mettre en position allongée.
- Assurez-vous que le sol est propre et que les élèves pourront s'allonger sur quelque chose de doux, comme une couverture ou un tapis.
- Déterminez à quel endroit ils doivent s'allonger et expliquez-leur clairement comment s'y rendre. Dans une salle de classe normale, il n'est pas toujours simple de se déplacer entre les bureaux.

- Demandez-leur de s'allonger tous dans le même sens, afin d'éviter qu'ils aient à s'accommoder des odeurs de pieds désagréables de leurs camarades.
- Assurez-vous que des élèves qui ne doivent pas se retrouver côte à côte – que ce soit en raison d'une animosité ou d'une tendance à se distraire mutuellement – sont séparés.
- Prenez en compte les risques en matière de sécurité. Par exemple, assurez-vous que les élèves ne sont pas allongés près d'une porte. Si vous placez les chaises sur les bureaux pour gagner plus d'espace, retournez-les les pieds vers le haut.
- Assurez-vous que les élèves se sentiront en sécurité et respectés dans leur dignité avec les vêtements qu'ils portent – vous pouvez séparer les garçons et les filles dans le cas de préadolescents ou d'adolescents.
- Assurez-vous que chacun veille à ne pas toucher quelqu'un d'autre. S'ils ont besoin d'ajuster leur position pendant la pratique, expliquez-leur que ce n'est pas un problème, mais qu'ils doivent le faire sans déranger leurs voisins.
- Avant de commencer, précisez que certains peuvent s'endormir ou se mettre à ronfler, mais que c'est naturel et ne doit pas être un problème. Vous pouvez les inviter à considérer le ronflement de leurs camarades comme une autre sorte de cloche de pleine conscience. Attendez-vous toutefois à des éclats de rire si des ronflements se font entendre. Il est inutile

d'y prêter attention et il convient simplement de continuer à guider la relaxation avec
calme et concentration. Les rires vont finir par
s'estomper.

ÉLÉMENTS DE RÉFLEXION :
LES PRATIQUES CORPORELLES

Voici quelques questions destinées aux enseignants, pour nourrir votre réflexion. Vous pourrez également les utiliser avec les élèves lors d'un
partage en classe ou pour laisser simplement ces
questions s'installer dans leur esprit. Utilisez-les
avec parcimonie, ce n'est pas une liste de points
à vérifier.
- Comment est-ce que je me sens maintenant ?
  (Cette question peut être posée à tout moment
  pendant la pratique.)
- Quels ont été les effets de la pratique sur mon
  esprit, mon corps, ma respiration ? (Vous
  pouvez poser cette question en rapport avec
  quelque chose qui s'est passé pendant la pratique.)
- La pratique m'a-t-elle semblé facile ou difficile ?
- Mon esprit a-t-il eu tendance à se disperser ?
  Dans quelle mesure ? Si j'ai remarqué que mon
  esprit avait tendance à se disperser, ai-je pu
  le ramener à ma respiration, dans mon corps ?
- Ai-je remarqué des tensions importantes dans
  certaines parties de mon corps ?

Vous pouvez au besoin ajouter d'autres questions. Veillez à ce qu'elles restent simples, ouvertes, encourageantes et sans jugement, et acceptez tous types de réponses, y compris des réponses « négatives » ou les « je ne sais pas ». Veillez avec douceur à ramener le partage sur le ressenti des participants.

LA CONSCIENCE DU CORPS ET LES PRATIQUES CORPORELLES DANS NOTRE VIE QUOTIDIENNE ET DANS NOTRE TRAVAIL D'ENSEIGNANT

Corps et respiration

Je suis convaincue que nous devons enseigner aux élèves à faire des mouvements et à associer leur respiration aux mouvements pour avoir une réelle connexion entre le corps et l'esprit. Ces pratiques leur permettent d'apprendre qu'ils forment un tout, que leur esprit n'est pas séparé de leur corps et que nos pensées sont seulement des pensées. Elles ne sont pas ce que nous sommes !
– Mariann Taigman, ergothérapeute, États-Unis.

La pleine conscience peut nous aider à faire l'expérience de notre esprit et de notre corps comme les deux faces d'une seule réalité, sans aucune séparation. Dzung, le pédiatre qui enseigne la pleine conscience à des adolescents en Colombie-Britannique, au Canada, et que nous avons déjà rencontré, est un fervent défenseur de l'enseignement du lien entre l'esprit et le corps. Il a constaté qu'enseigner la conscience de l'esprit et du corps avait eu des effets très bénéfiques sur un problème de santé dont souffrait une de ses patientes adolescentes.

Un grand nombre d'adolescents avec qui je travaille ont des difficultés à suivre les cours en raison de problèmes de santé. Par exemple, une adolescente qui fréquentait notre groupe était souvent absente en raison de maux d'estomac. Dans le cadre du groupe, elle a pris conscience du fait que ses maux d'estomac étaient liés au stress et à l'anxiété (la connexion entre l'esprit et le corps), ainsi qu'à la confiance qu'elle pouvait avoir en sa capacité d'y faire face à l'aide de la pleine conscience. Voici son témoignage : « J'ai commencé à avoir des maux d'estomac en cours. Mais cette fois-ci, au lieu de quitter le lycée et de rentrer chez moi, j'ai décidé de sortir de la salle et de faire une méditation sur la respiration. Je me suis centrée sur ma respiration… J'ai observé à quel point j'étais stressée, tout en continuant de respirer… Au bout d'un moment, je me suis sentie mieux et je suis revenue en cours. » Après cette expérience, elle n'a plus manqué un jour d'école tout le temps qu'elle est restée dans notre groupe, ce qui représentait une énorme transformation pour elle, de nature à changer sa vie !

Se déplacer en pleine conscience

Se déplacer en pleine conscience nous aide à rester centrés et dans l'instant présent. Les possibilités de se déplacer en pleine conscience sont infinies tout au long de la journée, depuis le moment où l'on se lève le matin jusqu'au moment de se coucher le soir. On peut effectuer en pleine conscience de très nombreux mouvements quotidiens, comme se brosser les dents, prendre son petit-déjeuner ou enfiler son manteau. De même que pour la marche, la joie de réaliser des mouvements en pleine conscience peut être vécue chaque jour et n'exige pas qu'on y consacre du temps en plus, mais tout comme pour la marche, il est préférable de pratiquer progressivement. Expérimentez différents types de mouvements, à différents moments, jouez avec et augmentez peu à peu le temps que vous passez à pratiquer la pleine conscience, en veillant à ce que la pratique reste une joie, et en aucun cas une corvée.

Le bénéfice que l'on retire d'une attitude bienveillante envers soi et de l'attention portée à notre corps et sur nos mouvements n'est pas seulement individuel ; cela nous aide dans nos relations et nos interactions avec les autres. Notre façon de respirer, marcher, nous déplacer, nous asseoir et être debout reflète notre état d'esprit. Aussi, lorsque nous nous déplaçons avec aisance, les autres autour de nous se sentiront également légers et détendus en notre présence. C'est pourquoi, dès lors que nous aurons maîtrisé l'art de nous déplacer en pleine conscience dans notre vie, les autres en bénéficieront par notre présence. Que ce soit au moment d'entrer dans la classe, s'asseoir, se lever ou se diriger vers un élève, on peut maintenir une partie de notre attention sur le mouvement lui-même (et son but), notre ressenti et ses effets sur notre esprit, notre corps et notre respiration.

Lyndsay Lunan, professeure d'université et formatrice en pleine conscience au Royaume-Uni, a constaté que lorsqu'elle se déplaçait en étant davantage en pleine conscience, cela transformait ses relations avec ses étudiants, tout en éveillant leur intérêt à l'égard de la pratique.

Il me semble que marcher et se déplacer en pleine conscience est l'une des transmissions les plus essentielles de l'enseignant à l'élève. Cela permet à l'enseignant de se sentir plus ancré et plus calme, ce qui se ressent dans la classe. En fait, c'est la toute première pratique que j'ai apportée en classe. Je venais tout juste de rentrer d'une retraite au Village des Pruniers où j'avais été très inspirée par la délicatesse avec laquelle Thây efface le tableau blanc. Et j'ai pensé à toutes les fois où j'avais nettoyé à la hâte celui de ma classe. J'ai donc décidé qu'à partir de maintenant, j'allais accomplir ce geste avec ma cloche de pleine conscience. Après chaque cours, je me suis mise à nettoyer le « tableau blanc de mon esprit » en portant mon attention sur chaque passage de la brosse et en prenant plaisir à cette simple activité. Les élèves de mon cours en sciences sociales ont commencé à remarquer que je marchais lentement dans la classe et, un jour, quelques-uns sont restés pour m'observer à la fin du cours. Ils voulaient savoir ce que je faisais, pourquoi je marchais si lentement et souriais souvent ! Cela a donné lieu à une conversation vraiment adorable sur ce qu'est la pleine conscience et, à la fin, ils m'ont demandé si je pouvais leur enseigner cette pratique. Cela a été une grande leçon pour moi : on peut apporter la pleine conscience aux élèves, non pas en l'enseignant, mais en étant soi-même en pleine conscience.

Toute séquence de mouvements que nous faisons avec nos élèves peut être effectuée en pleine conscience. La pratique doit rester ludique et agréable ; elle doit se faire dans la détente et sans chercher à atteindre un quelconque résultat. Ruth Bentley, qui enseigne la pleine conscience dans une classe de primaire en France, nous fournit un exemple précieux des étapes d'un cours qui intègre les mouvements en pleine conscience, la musique et le partage des émotions.

Je les ai guidés dans une séquence de mouvements en pleine conscience, avec la respiration alignée sur notre corps qui s'étire. Nous faisons cette pratique parfois en silence, parfois en écoutant une musique apaisante. J'aime tout particulièrement Mozart qui permet de relier les cultures occidentale et orientale – c'est un peu comme d'aligner les deux hémisphères du cerveau.

Maintenant, nous pratiquons aussi des exercices de danse en pleine conscience. J'ai choisi plusieurs morceaux de musique sur lesquels les enfants se déplacent de façon instinctive, en observant comment leur corps s'accorde à la musique. Après avoir écouté un premier morceau, je baisse le son et les enfants cessent progressivement de bouger pour se tenir debout, le dos droit, mais détendu. Je leur demande alors de fermer les yeux et d'écouter le son de la cloche, en se concentrant sur leur respiration et leurs sensations corporelles. Parfois, je leur parle des différentes parties de leur corps, l'une après l'autre. Parfois, je leur dis juste d'observer ce qu'ils ressentent. Je peux aussi leur dire : « Observez toute sensation de picotement » ou « Observez d'éventuelles douleurs », ou leur demander ce qu'ils ressentent sur le plan émotionnel, après qu'ils ont observé leurs sensations physiques. Il m'arrive aussi de ne rien dire. Cela dépend de ce que j'observe dans le moment présent, à la fois en moi-même et chez les enfants. Après un petit temps de réflexion silencieux, je fais à nouveau sonner la cloche et passe en douceur au morceau suivant, en invitant les enfants à danser. Je répète ces différentes étapes tant que je sens que c'est bénéfique pour les élèves.

Avec un dernier son de cloche, je leur demande de s'asseoir et d'observer leur état physique et émotionnel. Tout comme pour le début de la séance, nous gardons parfois nos observations pour nous-mêmes ou nous les partageons avec un camarade ou avec l'ensemble du groupe. Lorsqu'un élève fait part d'une émotion négative, nous pouvons en profiter pour dire que toutes les émotions sont valables et ne doivent pas être rejetées ni jugées, mais reconnues et acceptées avec bienveillance. Au fil du temps, cela peut nous encourager à ne pas avoir honte d'exprimer nos émotions.

La pleine conscience peut être un plus pour toutes sortes de mouvements contemplatifs avec les élèves, comme le yoga, le tai-chi et la danse, ainsi que le souligne Gail Williams O'Brien, professeure de yoga et ex-doyenne d'une université américaine.

Cela fait maintenant six ans que j'ai intégré la pleine conscience et les enseignements de Thây dans un cours de yoga que je propose à titre bénévole à des adolescents sans-abri ou qui rencontrent des problèmes à la maison. J'ai constaté que les mouvements lents (qui sont adaptés aux aptitudes des élèves sur le plan physique) les aidaient à retrouver leur calme, ce qui leur permet de se reposer. Pendant la pratique, je chante souvent des chants dans la tradition de Thây, comme « J'inspire, j'expire » ou *When I Rise*. Nous avons ensuite une pratique d'assise, puis nous nous prenons dans les bras en guise de méditation d'amour bienveillant. Bien que je ne sois pas dans une salle de classe, je pense que quelques mouvements en pleine conscience associés à la respiration peuvent être utiles avant que les élèves commencent une pratique de méditation ou de pleine conscience.

Pour ceux qui animent des activités sportives, il est intéressant d'étudier les effets que l'énergie de la pleine conscience peut apporter à l'activité – être dans l'instant présent et dans le corps, et non dans l'esprit, en étant conscient du corps et de la respiration et en cultivant un sentiment de détente et de bien-être.

Tineke Spruytenburg, l'enseignante spécialisée aux Pays-Bas que nous avons déjà rencontrée, nous raconte une expérience lors de laquelle elle a intégré la pleine conscience dans un match de football, ce qui a changé radicalement l'essence même du jeu !

L'an dernier, pendant la retraite néerlandaise annuelle qui avait lieu en Allemagne, nous étions conscients que les enfants avaient besoin de jouer au football dans le parc. Nous avons demandé aux enfants plus âgés – de huit à douze ans – de remplir les blancs dans leur programme en proposant de nouvelles activités. La seule règle était que, quelle que soit l'activité qu'ils propose-raient, elle se fasse en pleine conscience. Nous savions que c'était au football qu'ils avaient le plus envie de jouer, et nous leur avons donc proposé de jouer au football en pleine conscience.

À chaque but, on fait sonner la cloche de pleine conscience. S'il fait beau, nous invitons les joueurs à s'allonger par terre et à écouter la cloche en faisant trois respirations complètes par le ventre. Si un joueur se blesse, les autres s'arrêtent et s'occupent de lui. En jouant ainsi, les équipes en oublient souvent de compter les buts et tout le monde gagne !

La relaxation profonde

La relaxation peut être un antidote à une journée d'école stressante pour les élèves, comme le souligne Sara Woolman, enseignante dans le primaire et dans le premier cycle du second degré au Royaume-Uni :

> Nous avons beau dire : « Détendez-vous », cela n'en reste pas moins très difficile à faire. Lorsque nous lisons une méditation guidée pour la relaxation profonde à des enfants ou à des adolescents, cela leur permet de se détendre dans une journée de cours bien remplie et souvent stressante. Cela les aide à se sentir en paix et sereins lorsqu'ils sont habitués à l'inverse. Cela leur donne un point de comparaison.

Tout comme les mouvements en pleine conscience, vous pouvez pratiquer la relaxation à tout moment dans votre vie quotidienne, que ce soit pendant un court instant le matin avant de partir au travail, le

275

soir avant d'aller vous coucher, à la mi-journée ou quand vous rentrez chez vous à la fin de la journée. La relaxation peut être particulièrement utile pour les personnes qui souffrent de troubles du sommeil – il vous suffit de suivre votre respiration lorsque vous êtes allongé sur le dos dans votre lit. Même si vous ne dormez pas, la pratique vous nourrit et vous permet de vous reposer.

Vous pouvez vous détendre avec d'autres pratiques, comme marcher ou manger en pleine conscience. Comme pour toutes les pratiques de pleine conscience, il est conseillé de mettre en place une routine pour la relaxation profonde et d'inviter vos élèves à faire de même.

La relaxation profonde est l'une des pratiques les plus populaires et les plus demandées par les enfants et les adolescents, ainsi que par les adultes. Comme nous le montre l'expérience de Bea Harley, institutrice au Royaume-Uni et que nous avons rencontrée précédemment, les jeunes aiment beaucoup la relaxation et peuvent devenir « accros » si cette activité leur est proposée régulièrement.

Nous pratiquons la relaxation profonde dans notre établissement à tous les âges et j'ai eu le privilège de guider le groupe des élèves les plus âgés (de neuf à onze ans). Parfois, les enfants demandent s'ils peuvent apporter leurs « grenouillères » et ils s'installent sous les couvertures, impatients d'avoir un moment pour se détendre dans leur journée bien remplie.

276

Bea encourage ses élèves à concevoir leurs propres scripts de relaxation. « Je suis toujours aussi touchée devant leur capacité d'imagination et parfois même d'introspection », nous a-t-elle confié. Elle nous fournit un exemple inspirant de relaxation guidée écrite par l'une de ses jeunes élèves, avec un contenu narratif captivant et des images très parlantes. Comme elle le souligne, les enfants ont parfaitement compris que la source de la paix et de la détente se trouve en nous-mêmes, quels que soient les événements qui se produisent dans le monde extérieur.

Êtes-vous bien installés ? Dans ce cas, c'est bien, nous pouvons maintenant commencer. Imaginez que vous êtes allongé sur un tapis, un tapis tout doux et très chaud. Mais vous ne restez pas longtemps sur ce tapis tout doux et très chaud, car maintenant, vous sentez que vous vous enfoncez dans le sol, de plus en plus profondément. Mais vous vous arrêtez là et, au moment où l'obscurité disparaît, vous réalisez que vous êtes sur un nuage qui flotte dans les airs. En arrière-plan, vous entendez très faiblement les bruits d'une grande ville en dessous de vous, mais vous décidez de ne pas l'écouter. Il n'y a que vous et votre nuage dans le ciel, tout est calme et apaisé. Vous restez assis sur votre nuage pendant un moment, serein et en paix.

Bea dit adorer le fait que les enfants aient compris à travers cette pratique qu'ils avaient le choix de ne pas se laisser distraire par le bruit (comme cela nous arrive si souvent) et de demeurer dans le lieu paisible et silencieux qu'ils ont trouvé en eux-mêmes.

Savoir comment se détendre face à la pression aide l'esprit et le corps à continuer de fonctionner harmonieusement et nous permet ainsi de faire de notre mieux. Cela peut être particulièrement utile pour les élèves avant une série d'examens ou des compétitions sportives. Mike Bell, qui enseigne au Royaume-Uni, explique comment il a enseigné la relaxation à ses élèves dans son article « The wisdom of ordinary children ». Il leur a proposé la relaxation comme outil à utiliser avant un examen – ce qui leur a aussi permis de savoir quoi répondre à ceux qui se moquaient d'eux parce qu'ils pratiquaient la relaxation.

> Le jour de leurs épreuves, j'attendais avec mes élèves dans le couloir qui donnait sur la salle d'examens, lorsque deux d'entre eux m'ont demandé si on pouvait refaire ensemble la pratique de la relaxation. (Je leur avais dit que cela pourrait les aider pour réussir.) Un groupe de cinq ou six élèves a commencé à pratiquer la respiration consciente. Un de leurs camarades est venu leur demander ce qu'ils « pouvaient bien fabriquer ». L'un de mes élèves lui a cloué le bec en lui répondant du tac au tac : « Méditer. Notre prof nous a appris... et cela va nous aider à réussir nos examens, alors fermez-la[1] ! »

Ce n'est certes pas tout à fait exemplaire de ce qu'on appelle la « parole aimante », mais, en tant qu'enseignants, nous avançons un pas après l'autre !

« Buvez votre nuage. »

Thich Nhat Hanh

6

Manger

Dans ce chapitre, vous allez :
- Réfléchir à ce que signifie manger en pleine conscience – ralentir, savourer et contempler d'où provient la nourriture, examiner les effets sur nous-mêmes et notre entourage de ce que nous mangeons et de notre façon de consommer.
- Bénéficier d'instructions pas à pas et de conseils concrets pour trois pratiques de base avec l'enseignant et les élèves, 1. manger une mandarine en pleine conscience, 2. faire un goûter en pleine conscience et 3. faire tout un repas en pleine conscience.
- Prendre connaissance de réflexions et de suggestions d'enseignants pratiquants quant à la manière d'intégrer les repas en pleine conscience dans notre vie quotidienne et notre travail d'enseignant, en classe et dans notre établissement scolaire ou universitaire.

Le cosmos dans une carotte

Thich Nhat Hanh

Manger peut être une méditation profonde. Grâce à la pleine conscience et à la concentration, chaque minute pendant laquelle vous prenez votre petit-déjeuner, votre déjeuner, votre dîner ou une simple collation peut devenir une minute de joie et de bonheur.

Lors de cette pratique qui consiste à manger en pleine conscience, nous faisons en sorte de cesser de parler et de penser, parce que penser nous éloigne toujours de l'ici et maintenant. Nous prenons simplement plaisir à être ensemble et à partager le repas. Tous ceux qui mangent avec nous peuvent participer et contribuer à l'énergie collective de la pleine conscience et de la joie.

Au cours de cette pratique, nous portons notre attention sur deux choses, et d'abord sur la nourriture. Nous inspirons et expirons, et prenons conscience des légumes, du riz ou de n'importe quel aliment que nous nous apprêtons à manger. Lorsque je prends une carotte, je le fais en pleine conscience et je la regarde pendant une seconde. Une seule seconde suffit pour voir que le soleil est présent dans cette carotte, de même que la pluie et la bonne terre. Le temps, l'espace, le maraîcher, le livreur – tous ces éléments sont présents dans cette carotte. Ce morceau de carotte contient tout le cosmos. Une seconde passée à regarder de la nourriture en pleine conscience peut vous permettre de toucher tout le cosmos.

Ensuite, vous portez la carotte à votre bouche en pleine conscience. N'y mettez rien d'autre, comme vos soucis ou vos projets. Juste ce morceau de carotte. Les étoiles, le soleil, la Terre mère et le cosmos vous arrivent sous la forme d'une carotte, pour vous nourrir. C'est de l'amour. En mastiquant, vous ne mastiquez que la carotte, et non vos projets, votre colère ou votre peur. Mâcher votre colère ou vos projets n'est pas bon pour votre santé. En fait, vous pouvez savourer chaque morceau de votre repas en ayant cet esprit clair, le cœur empli d'un sentiment de joie et de gratitude.

Le second objet de notre pleine conscience est la présence des autres pratiquants autour de nous. On peut manger en pleine conscience avec des collègues, en classe, avec nos élèves, ou à la maison, en famille. Lorsque nous mangeons ainsi, nous générons l'énergie de la pleine conscience et de la joie, de sorte que nous serons nourris non seulement par la nourriture, mais aussi par l'énergie collective de fraternité, de paix et de joie générée par cette pratique. Manger ainsi peut être très joyeux, même en silence. Cette forme de silence pendant les repas est très éloquente : elle parle beaucoup de camaraderie et de fraternité. Manger ainsi nourrit à la fois le corps et l'esprit.

Votre santé dépend dans une large mesure de ce que vous mangez. Mangeons de façon à pouvoir préserver la compassion dans notre cœur, à aider les êtres vivants à moins souffrir et à contribuer à protéger notre précieuse planète.

UNE CONTEMPLATION DE LA NOURRITURE

Nous pouvons lire ces vers à tout moment avant de manger, que ce soit pour nous-mêmes ou pour nos élèves.

Cette nourriture est le cadeau de tout l'univers : la Terre, le ciel, la pluie et le soleil.

Nous remercions tous ceux qui ont travaillé pour contribuer à ce repas, surtout les paysans, les commerçants et les cuisiniers.

Nous ne mettons dans notre assiette que la quantité que nous pouvons manger.

Nous mâchons lentement les aliments pour mieux les savourer.

Nous mangeons de façon à nourrir notre compassion, protéger les autres espèces et l'environnement, guérir et préserver notre précieuse planète.

Nous mangeons cette nourriture pour être en bonne santé et heureux et pour aimer tout le monde comme une famille.

Les Cinq Contemplations avant de manger
du Village des Pruniers adaptées
pour les enfants et les jeunes

Vous trouverez la version originale des Cinq Contemplations avant de manger pour les adolescents et les adultes en fin d'ouvrage, à l'annexe C, page 669.

Notes pour les enseignants

Manger en pleine conscience

Pourquoi manger en pleine conscience ?

- Pour devenir plus conscient des processus à l'œuvre – ralentir, savourer et se régaler, et manger une quantité de nourriture adaptée et choisie en pleine conscience.
- Pour développer la conscience que nous avons de nos propres énergies d'habitude en ce qui concerne les aliments, la façon de manger et la consommation (ce qui pourrait s'appliquer à bien d'autres choses, au vu des nombreuses formes de consommation existantes).
- Pour développer un sentiment de gratitude en prenant conscience du lien entre la nourriture et les processus et les personnes qui ont permis que ces aliments se retrouvent dans notre assiette.

Manger en pleine conscience peut transformer cette activité quotidienne, un besoin humain fondamental que nous avons tendance à effectuer en « pilotage automatique », en une occasion merveilleuse d'apporter de la pleine conscience dans notre vie et celle de nos élèves de façon simple et régulière. Manger devient ainsi une source de plaisir profond et de lien avec les autres.

Apprendre à manger en pleine conscience apporte de nombreux bienfaits : cela nous aide à développer notre pleine conscience et notre compassion, à apprécier ce que nous mangeons, à améliorer notre santé physique et mentale et à avoir le sentiment de mieux maîtriser notre vie. Nous pouvons profiter de cette pratique pour réfléchir au sentiment d'être constamment sous pression et surchargé. Chacun sait que les enseignants ont de longues journées et manquent de temps pour bien prendre soin d'eux. Il arrive souvent, par exemple, qu'ils travaillent pendant les pauses, préparant un cours ou s'occupant de tâches administratives tout en mangeant. Ce n'est pas un modèle pour les élèves. Cela peut les amener à choisir de la nourriture industrielle, sous vide et néfaste pour la santé, avalée à toute vitesse, « sur le pouce ». Nous pensons souvent que nous devons manger en faisant autre chose, comme répondre à des courriels ou parler avec des collègues. Nous pouvons même trouver bizarre de manger seul sans faire autre chose.

Manger en pleine conscience nous met davantage en contact avec nos pensées, émotions et sensations corporelles liées à la nourriture. Cela nous aide à mieux distinguer nos besoins de manger alors que nos impulsions et nos choix sont souvent guidés par les habitudes et les émotions. Peut-être tentons-nous avec la nourriture de remplir un vide intérieur qui n'a rien à voir avec la faim. Plus conscients, on est mieux à même de rechercher des moyens plus productifs de nous aider et d'aider nos élèves, et de gérer notre stress et notre détresse. Nous nous libérons pour faire des choix plus sains en matière de diététique et de nutrition. Cette liberté nous aidera à éviter l'obésité et les troubles alimentaires tels que l'anorexie, la boulimie et l'orthorexie, qui sont malheureusement de plus en plus fréquents, en particulier chez les jeunes.

On peut manger en pleine conscience une bouchée de nourriture, un goûter ou un repas complet. Cela commence par la préparation de la nourriture avec soin, lentement et en pleine conscience, avec la simple intention d'être vraiment présents tout au long du processus, avec tout notre esprit, tout notre corps et tous nos sens. Tandis que nous nous servons, nous sommes conscients de toutes les personnes qui mangent avec nous, ainsi que de nos besoins, de sorte que nous choisissons avec soin et ne prenons pas trop de nourriture. Si nous mangeons avec d'autres, nous reconnaissons ces personnes en leur souriant, en faisant un signe de tête ou même en nous inclinant. Dans le silence, nous constaterons que nous sommes plus à même de nous concentrer sur ce que nous mangeons. Nous regardons, sentons, mâchons et savourons en conscience chaque morceau de nourriture. Nous pouvons noter qu'à certains moments notre esprit s'égare et nous sourire avec bienveillance puis redevenir attentifs à ce que nous mangeons. Tandis que nous mâchons, nous pouvons poser notre fourchette ou notre cuillère, et attendre d'avoir avalé avant de préparer la bouchée suivante. La contemplation de la nourriture nous rend conscients du nombre d'éléments, comme la pluie, le soleil, la terre, l'air et l'amour, qui ont tous contribué à nous offrir cette nourriture. En fait, nous voyons à travers elle que l'univers tout entier soutient notre existence. Lorsque nous avons terminé, nous prenons quelques instants pour observer que nous nous sentons rassasiés. Nous pouvons contempler notre chance d'avoir pu manger ces aliments nourrissants qui nous soutiennent dans la voie de l'amour, de la compréhension et du souci des autres. Nous prenons conscience également de notre tendance à considérer nos repas quotidiens comme allant de soi, oubliant le cadeau que cela représenterait pour tous ceux qui ont faim dans le monde, et nous sommes reconnaissants pour cette chance de pouvoir manger tous les jours.

En quittant la table, nous pouvons une nouvelle fois reconnaître avec un sourire amical ou en nous inclinant les personnes avec qui nous avons partagé ce repas.

MANGER EN PLEINE CONSCIENCE
– POUR RÉSUMER

- Préparation (de la nourriture, en pleine conscience).
- Arriver (dans le moment présent, en portant son attention sur la respiration, sur l'abdomen).

- Regarder profondément (inter-être, gratitude).
- Intention (de manger en pleine conscience).
- Choisir.
- Voir (la texture, la couleur, la forme).
- Sentir.
- Mettre en bouche.
- Savourer (mâcher, apprécier et avaler).
- Satiété (sentiment de satiété dans le ventre).

PRENDRE SOIN DES ÉLÈVES

Lorsque nous mangeons en pleine conscience, nous devons veiller à prendre soin de nous-mêmes et de nos élèves, car la nourriture et le fait de manger génèrent souvent des émotions qui peuvent être très fortes. La pratique doit rester légère, agréable et ludique. Au début, il est préférable de prévoir de courtes périodes de silence puis, éventuellement, d'autoriser les élèves à bavarder dans le calme. Nous procédons lentement, en veillant à ce que l'expérience soit brève au début. Nous sommes attentifs aux élèves en difficulté et pouvons réclamer de l'aide pour nous occuper d'eux. Lorsque nous encourageons les élèves à réfléchir, nous veillons encore plus qu'à l'accoutumée à accepter toutes sortes de réponses. Tout au long de ces pratiques, nous sommes attentifs à toutes les émotions difficiles qui pourraient survenir – en nous et chez les élèves – et nous les accueillons avec bienveillance.

Avant d'apprendre à vos élèves à manger en pleine conscience, peut-être trouverez-vous utile de commencer par des pratiques de respiration afin que chacun sache comment revenir vers le refuge de la respiration.

Nous verrons en fin de chapitre comment intégrer cette pratique des repas en pleine conscience avec l'aide d'enseignants pratiquants qui nous expliquent pourquoi et comment ils l'utilisent, pour eux-mêmes et avec leurs élèves.

Pratique de base

La méditation de la mandarine

Ces consignes ont pour but de guider l'enseignant dans la pratique et forment la base d'un script que vous pourrez suivre pour enseigner cette pratique. N'hésitez pas à adapter les mots au besoin.

Vous trouverez un résumé de cette pratique à l'annexe A, page 632.

MATÉRIEL ET PRÉPARATION

- Un enseignant ayant l'expérience de manger en pleine conscience.
- Une mandarine pour chaque élève et pour l'enseignant.
- De l'eau et du savon, ou un désinfectant et des serviettes en papier pour se laver les mains avant et après la pratique.

• Une cloche et un inviteur (optionnel, mais recommandé).

Vous pouvez avoir les mains qui collent en faisant cet exercice.

Les fruits frais sont bien adaptés à cette pratique, mais si vous pensez que ce sera trop compliqué à gérer ou que vos élèves n'aiment pas trop les fruits, vous pouvez utiliser un grain de raisin ou un morceau de chocolat. Prévoyez au moins trois morceaux par élève.

1. PRÉPARATION

Prenez tout votre temps pour chaque étape, en étant conscient de la tendance à se presser qui existe en vous et chez vos élèves. En suivant votre respiration, laissez passer cette impulsion.

Veillez à choisir quelque chose de facile et d'adapté à votre environnement, et qui soit en même temps agréable pour une première expérience.

2. PRÉSENTATION DE LA PRATIQUE

La présentation doit être aussi brève que possible, surtout la première fois.

Laissez la pratique elle-même faire l'essentiel du travail.

Lors de la première pratique, les élèves supposeront qu'ils vont manger la mandarine tout de suite. Vous devez par conséquent les préparer. Commencez par les inviter à prendre plaisir à respirer et à être conscients de leur corps. Dites-leur qu'ils pourront bientôt commencer à manger la mandarine tous ensemble.

Indiquez que l'activité s'effectuera en silence, afin qu'ils puissent se concentrer, et que vous allez les guider par une séquence de réflexion.

Il se peut que certains élèves mangent tout de même sans attendre ; ne vous formalisez pas.

3. SE CONNECTER À LA RESPIRATION

Invitez un son de cloche pour commencer, ce qui donne à chacun l'occasion d'inspirer et d'expirer en pleine conscience trois fois.

4. PRENDRE LA MANDARINE DANS SES MAINS OU LA FAIRE PASSER

Donnez une mandarine à chaque élève ou faites-les distribuer par un élève. Prenez la vôtre et invitez chacun à tenir sa mandarine dans sa paume.

Une fois les fruits distribués, invitez les élèves et vous-même à suivre votre respiration et à être conscients de chaque réaction, par exemple de l'impatience, l'envie de se dépêcher, le fait de ne pas aimer ce fruit, l'envie de le manger, etc.

5. CONTEMPLER LA NOURRITURE

Lisez à haute voix les deux premiers vers des Cinq Contemplations avant de manger (version complète ci-dessous) :

Cette mandarine est un cadeau de tout l'univers : la Terre, le ciel, la pluie et le soleil.

Nous remercions tous ceux qui ont fait venir cette mandarine jusqu'à nous, en particulier les maraîchers et les commerçants sur le marché.

Prenez un moment pour imaginer et visualiser toutes les étapes et les personnes qui ont permis que ce fruit se trouve entre vos mains, par exemple :
• Où il a poussé et comment.
• Ce qui lui a permis de pousser et de mûrir (la terre, le soleil, la pluie, etc.).
• Toutes les personnes qui ont fait en sorte que vous puissiez le manger (ceux qui l'ont cultivé, ceux qui l'ont ramassé, ceux qui l'ont transporté, ceux qui l'ont vendu, ceux qui l'ont livré, etc.).

6. Regarder profondément

Regardez attentivement cette mandarine comme si c'était la première fois que vous en voyiez une – le fait est que vous n'aviez jamais vu ce fruit précis. Observez sa couleur, sa texture, sa forme, les rugosités qu'elle peut présenter ou la façon dont la lumière se reflète sur elle. Faites-la rouler dans votre main pour approfondir votre observation. Remarquez les éventuelles différences entre un côté et l'autre.

> *Soyez attentif aux réactions dans votre corps (anticipation, salivation, aversion).*

7. Sentir

Tenez la mandarine sous le nez et sentez son parfum. Observez à quel endroit vous sentez ce parfum – au niveau des narines, du palais, de la gorge ?

> *Fermer les yeux peut aider les élèves à se concentrer sur l'odeur de la mandarine.*

8. Toucher et peler la mandarine

Pelez toute la mandarine, ou la moitié.
Observez ce que vous ressentez en la touchant.

Regardez bien la peau, par exemple la différence entre les deux côtés – l'un duveteux, l'autre piqué ou lisse –, la couleur et le parfum qu'elle dégage.

Détachez délicatement un quartier.

Il se peut que certains élèves, jeunes ou moins jeunes, n'aient jamais appris à peler un fruit. Il sera nécessaire dans ce cas qu'ils se fassent aider par l'enseignant ou que ce dernier leur montre comment faire.

Pour ajouter l'élément son, vous pouvez même demander aux élèves de peler un morceau de la mandarine en l'approchant de leur oreille, afin qu'ils puissent entendre le son de la peau lorsqu'on la pèle.

9. METTRE EN BOUCHE ET MANGER

Mettez un quartier dans votre bouche ou sur votre langue. Ne l'avalez pas et ne le mâchez pas tout de suite.

Observez comment votre bouche réagit, que ce soit en salivant ou en ayant une envie pressante de mâcher.

Faites tourner le quartier dans votre bouche, en observant la texture et le goût.

Croquez – vous pouvez alors être attentif à l'afflux soudain de saveur. Observez à quel endroit précis de votre bouche cela se passe et comment vous réagissez.

Mangez le quartier de mandarine lentement et en pleine conscience.

Observez l'impulsion d'avaler. Mâchez bien ce quartier de mandarine et résistez un moment à l'impatience d'avaler, tout en observant ce que vous ressentez.

Lorsque vous avez terminé de mâcher ce quartier, avalez-le.

Soyez attentif à ce que vous ressentez en avalant, dans le fond de la bouche, dans la gorge et dans l'estomac.

10. APRÈS AVOIR MANGÉ
LE PREMIER QUARTIER

Restez assis et respirez, et observez le goût qui subsiste dans la bouche ainsi que les sensations qui peuvent naître ailleurs, dans le corps et l'esprit.

Observez votre impulsion de prendre tout de suite un nouveau quartier.

11. FIN

Vous pouvez manger le reste de la mandarine. Mangez en étant aussi présent que vous le souhaitez.

Restez assis en silence, en contact avec votre respiration, et méditez sur cette expérience. Si vous y avez pris plaisir, soyez reconnaissants pour toutes les conditions qui ont rendu possibles cette mandarine et cette saveur dans votre bouche.

> *Il se peut que certains de vos élèves n'aiment pas les mandarines. Vous pouvez dans ce cas les inviter à exprimer leur gratitude pour ne pas avoir à répéter cette pratique !*

> *Vous pouvez imaginer comment employer la peau, par exemple en faire du compost ou fabriquer des fleurs ou des cœurs.*

VARIANTES DE CETTE PRATIQUE

- Manger autre chose en pleine conscience – par exemple un grain de raisin, qui est facile à manger sans en mettre partout et plein de saveurs, ou un carré de chocolat, un petit pot de glace, une noix, un fruit frais entier ou un petit morceau, etc.
- Vous pouvez faire l'expérience de manger un fruit normalement, puis un deuxième fruit en pleine conscience, et observer les différences.
- Manger une ou plusieurs bouchées d'un goûter ou d'un repas normal en pleine conscience.
- Vous trouverez en fin de chapitre des conseils sur la façon d'intégrer la pratique des repas en pleine conscience.

Pratique de base

Faire un goûter en pleine conscience

MATÉRIEL ET PRÉPARATION

Vous aurez besoin d'un assortiment de produits sains disposés dans des bols ou des assiettes (fruits frais ou séchés, bretzels, crackers ou biscuits – à base de farine complète et pauvres en sucres) et, en option, de boissons saines (jus frais ou eau), de plateaux, de serviettes en papier, de tasses (de préférence réutilisables et que les élèves nettoieront ensuite), d'une cloche et d'un inviteur. Vous pouvez demander à plusieurs élèves de se charger des préparatifs pour le groupe.

> *Il est conseillé, que ce soit pour vous-même ou pour vos élèves, d'avoir déjà pratiqué la méditation de la mandarine avant de prendre tout un goûter ou un repas en pleine conscience.*

Vous devez être informé d'éventuelles
allergies alimentaires chez vos élèves,
que ce soit aux fruits à coque, au
gluten ou aux produits laitiers. En cas
de doute, ne prenez aucun risque et
évitez de servir des produits possible-
ment néfastes pour la santé.

1. INTRODUCTION

Invitez le groupe à se calmer et à se concentrer.
Rappelez au groupe ce qui constitue l'expérience
de manger quelque chose en pleine conscience :
contempler, regarder, sentir, goûter, etc.

Insistez sur l'énergie collective qui sera générée lorsque vous partagerez ce goûter en pleine
conscience.

Rappelez également que cette pratique se fera en
silence et qu'il faudra attendre que tout le monde
soit servi pour commencer.

Une ambiance « pique-nique » peut
être créée, par exemple en s'asseyant
par terre, en formant un groupe ou
un cercle, de préférence à l'extérieur,
mais la salle de classe et les bureaux
feront aussi très bien l'affaire.

2. La pratique

Posez ce que vous avez prévu pour le goûter, les serviettes en papier et les boissons sur des plateaux. Présentez les grandes lignes de la pratique, en disant quelque chose comme :

Nous avons maintenant l'occasion de pratiquer la méditation du goûter en pleine conscience. Faites passer le plateau, en demandant à la personne assise à côté de vous de se servir puis de faire passer le plateau à son tour. Lorsqu'on vous tient le plateau pour que vous puissiez vous servir, souriez, prenez une serviette et le fruit ou le biscuit, ou juste une boisson, puis tenez à votre tour le plateau pour le suivant. Assurez-vous de regarder l'autre lorsque vous servez ou que l'on vous sert. Avant de commencer à manger et à boire, attendez que tout le monde se soit servi et qu'un son de cloche ait été invité. Nous allons manger en silence pour vraiment apprécier ce goûter.

Demandez à un élève d'inviter la cloche dès que tout le monde est servi.

Il est utile que l'enseignant participe aussi, en étant assis comme une montagne et en mangeant en pleine conscience, afin de servir d'exemple pour les élèves.

Si vous le souhaitez, vous pouvez lire à haute voix les Cinq Contemplations qui se trouvent en début de chapitre.

Ou dire quelque chose de plus simple, comme :

Commençons à manger tous ensemble, en savourant notre goûter et notre boisson en silence. Prenez le temps de manger en pleine conscience – pour vraiment voir, sentir, goûter et mastiquer la nourriture et réfléchir à la façon dont elle est arrivée jusqu'à nous.

Vous pouvez faire repasser le plateau pour ceux qui voudraient se resservir.

Savourez votre goûter !

3. Fin

Invitez un son de cloche pour indiquer la fin de la période de silence pendant ce goûter.

Restez assis dans le calme, en contact avec votre respiration et en réfléchissant à l'expérience. Si vous l'avez appréciée, remerciez tous ceux qui l'ont rendue possible.

Pratique de base

Faire tout un repas en pleine conscience

Une fois la pratique établie, vous serez peut-être plus ambitieux et souhaiterez proposer tout un repas en pleine conscience. Prenez tout votre temps pour mettre en place cette pratique et apprendre au fur et à mesure. Vous pouvez essayer de faire un repas en pleine conscience avec une classe ou un groupe d'élèves, un groupe d'enseignants et, quand vous aurez déjà une bonne pratique, avec l'ensemble de la communauté scolaire, puis, dans un deuxième temps, avec les parents. Les consignes sont les mêmes que pour la pratique présentée précédemment, avec des précisions quant à la façon de guider un plus grand groupe.

• Les participants sont invités à faire la queue pour se servir eux-mêmes, en choisissant avec soin ce qu'ils prennent et en veillant à ne pas se servir plus que nécessaire. Si les participants apportent leur repas, ils peuvent être invités à entrer dans la pièce en silence et à poser leur repas devant eux, en attendant que tout le monde soit assis pour commencer.

- Avant de commencer le repas, les participants pourront écouter une lecture des Cinq Contemplations (voir ci-dessus), être invités à adresser une pensée de gratitude envers toutes les personnes et envers tous les processus qui ont permis la présence de cette nourriture dans leur assiette, ainsi qu'à réfléchir à la nécessité de bien mesurer les effets de leur consommation sur le reste du monde.

- Avant de commencer à manger, les participants reconnaissent leurs compagnons de table ou les personnes qui sont assises avec eux, que ce soit en souriant, en faisant un signe de tête ou en s'inclinant avant et après le repas.

- Vous pouvez commencer à manger après un son de cloche ou après avoir lu les Contemplations. Les participants sont invités à manger à leur propre rythme, ancrés dans leur respiration et le moment présent.

- Si vous invitez la cloche pendant le repas, les participants s'arrêtent et ramènent leur attention à leur respiration avant de reprendre. Ces moments d'arrêt leur rappellent d'être conscients de leur esprit qui s'évade et de se recentrer sur le moment présent, en étant attentifs à leur respiration.

- Décidez à l'avance si tout le repas ou seulement une partie se déroulera en silence, pour permettre aux participants de rester pleinement concentrés sur le repas qu'ils prennent en pleine conscience.

Éléments de réflexion

Manger en pleine conscience

Cette pratique vous semblera peut-être suffisante en soi. Les questions suivantes pourront toutefois vous aider, vous et vos élèves, à poursuivre votre réflexion. Utilisez-les avec parcimonie ; ce n'est pas une liste de points à vérifier.

- Qu'ai-je ressenti – dans mon esprit et dans mon corps – à différents moments de ce repas en pleine conscience ? Donnez-leur des pistes de réflexion : des pensées, des anticipations, des émotions ? Agréables, désagréables, neutres ?
- Quelles différences ai-je pu constater par rapport à ma façon de manger habituelle ? En quoi était-ce différent ? Donnez-leur des pistes de réflexion : est-ce qu'en général je mange en regardant la télévision, en consultant mon téléphone portable, en accomplissant des tâches ménagères ou en faisant mes devoirs ?

- Comment ai-je vécu le fait qu'on ait été invités à contempler d'où provient la nourriture et à éprouver un sentiment de gratitude et d'inter-être ? Donnez-leur des pistes de réflexion : cela m'a-t-il semblé difficile, agréable, réconfortant, énervant, etc. ? Dans quelle partie de mon corps se logent ses sensations ou émotions ? À quoi ai-je pensé pendant cette pratique ?
- Comment ai-je vécu cette pratique de manger en silence ?
- Comment ai-je vécu le fait de manger en compagnie d'autres personnes ?

Vous pouvez ajouter d'autres questions si vous le souhaitez. Veillez à poser des questions simples, ouvertes, sans jugement et encourageantes. Acceptez tous types de réponses, y compris les réponses « négatives », et recentrez le partage sur le ressenti des participants.

MANGER EN PLEINE CONSCIENCE DANS NOTRE VIE QUOTIDIENNE ET DANS NOTRE TRAVAIL D'ENSEIGNANT

Apprendre à manger en étant plus présent

Au début, il est préférable de faire en sorte que l'expérience de manger en pleine conscience soit aussi courte et vivante que possible, pour pouvoir se concentrer plus facilement. On peut utiliser toutes sortes d'aliments, mais de nombreux enseignants privilégient les fruits, qui sont frais, bons pour la santé et pleins de parfums différents.

Kaira Jewel Lingo, enseignante de pleine conscience dans la tradition du Village des Pruniers depuis des années, nous fait part de l'expérience vécue avec les élèves de sa classe lorsqu'ils ont mangé une banane comme si c'était la première fois.

Nous nous sommes assis sur l'herbe pour pratiquer la méditation de la banane. Chaque enfant a reçu une banane non pelée. Ils ont passé un moment à tenir le fruit dans leurs mains et à l'observer. Combien de couleurs pouvaient-ils voir ? Quelle était la sensation dans leur main ? Froide ? Humide ? Douce ? Comment pourriez-vous décrire son parfum ? Ils ont ôté la peau lentement et essayé d'écouter le son que cela produisait, et ils ont observé comment la peau pelée laissait des rainures le long de la banane. Puis ils ont pris un petit morceau et l'ont laissé sur leur langue sans le mâcher. Ils ont observé la salivation et la température de la banane dans leur bouche. Ils ont commencé à mâcher lentement ce petit morceau, en observant le goût, où le parfum était le plus fort sur leur langue, l'action de leurs dents et celle de leur langue pour l'avaler. Il nous a fallu cinq bonnes minutes, juste pour un petit morceau !

Pendant notre échange sur cette pratique, un garçon a dit, et il en était le premier étonné, qu'il venait de se rendre compte qu'il n'avait jamais vraiment savouré une banane avant cet exercice ! Son professeur m'a rapporté par la suite que, impressionné par l'exercice, cet enfant l'avait partagé avec sa famille, et sa mère a également confié que désormais, la méditation des fruits était régulièrement pratiquée chez eux !

Lauri Bower, enseignante de pleine conscience auprès de jeunes enfants au Royaume-Uni, propose de manger un grain de raisin en pleine conscience pour familiariser les élèves avec la pratique de la pleine conscience. Pour elle, c'est une manière de déconstruire d'emblée l'image stéréotypée selon laquelle la pleine conscience consisterait à rester assis sans bouger, les yeux fermés.

J'ai introduit récemment la pleine conscience dans une école primaire au Royaume-Uni où ma fille enseigne à des élèves âgés de sept à onze ans. Nous avons commencé par manger en pleine conscience en prêtant attention à un grain de raisin à l'aide de nous nos sens (y compris l'écoute !) pour l'explorer. Cela peut être un excellent moyen d'introduire la notion de pleine conscience, car cela n'a pas l'air d'être une méditation. Cela peut aussi être une façon d'explorer quelle idée ils se font de la méditation, parfois assez limitée – positionner ses mains d'une façon particulière, être assis en tailleur, etc. Je suis heureuse d'avoir brisé ce mythe au sujet de la méditation.

On peut utiliser toutes sortes d'aliments, notamment ceux qui plaisent généralement aux enfants comme des biscuits ou du chocolat, afin de les aider à savourer des saveurs intenses et à développer un plus grand respect envers la nourriture. Carme Calvo Berbel, formatrice en développement professionnel en Espagne, nous fait part de son expérience.

Pour renforcer la concentration dans mes stages et faire découvrir de nouvelles sensations, nous mangeons un biscuit et pratiquons la présence avec nos cinq sens (la vue, l'odorat, le toucher, l'ouïe et le goût). Nous recueillons toutes sortes d'informations sur les processus qui nous permettent de manger et de savourer ce biscuit. Grâce à cette réflexion, nous éprouvons de l'émerveillement, de la gratitude et un sentiment de paix.

Faire tout un repas en pleine conscience

Dès lors que les bases sont établies, nous pouvons faire tout un repas en pleine conscience. Pour Alison, institutrice en maternelle au Royaume-Uni, manger en pleine conscience est désormais une pratique quotidienne pour elle et les enfants. Elle observe également que cela commence à influencer leur façon de manger à la maison.

Manger ensemble en pleine conscience, dans le cadre de la « famille » qu'est la classe, fait maintenant partie de notre routine matinale. Manger et boire des produits bons pour la santé nourrit notre corps et notre esprit, mais cela peut aussi être une expérience porteuse de guérison à différents niveaux : personnel, social et spirituel… Nous partageons parfois de la nourriture que les enfants ont préparée eux-mêmes, et parfois des plats d'autres cultures ou des produits auxquels ils n'ont encore jamais goûté. Au bout d'une minute, nous faisons à nouveau sonner la cloche et continuons de manger, puis nous prenons un temps pour bavarder ensemble.

J'ai été très étonnée par la vitesse à laquelle les enfants (âgés de trois à quatre ans) s'appropriaient cette pratique, et de voir que les nouveaux dans le groupe apprennent en suivant l'exemple des plus grands. Ils semblent vraiment apprécier cette pratique et commencent à réfléchir par eux-mêmes sur la nourriture. « Je me demande d'où viennent les biscuits à l'avoine… », s'est demandé un enfant la semaine dernière. La collation en pleine conscience fait désormais partie des moments forts de la journée et plusieurs élèves ont introduit une pratique similaire dans leur famille.

Chelsea True, qui travaille dans le domaine de l'éducation aux États-Unis, décrit un programme d'activités périscolaires dans lequel les familles sont invitées à apporter des produits sains à partager lors d'un pique-nique en pleine conscience.

Dans le cadre de notre programme d'activités périscolaires, nous passons un moment à manger en pleine conscience en classe. Chaque fois que nous le pouvons, nous nous asseyons sous les pommiers dans le parc. Observer les changements subtils qui se produisent dans les arbres au fil des saisons fait désormais partie de notre pratique. Les familles apportent des aliments complets et biologiques, sachant que ce que nous mettons dans nos assiettes compte autant que notre façon de manger.

Pour commencer, nous inspirons et expirons ensemble pendant un son de cloche. Lorsque nous n'entendons plus la cloche, nous récitons « The Harvest » d'Alice Corbin Henderson. À la fin de ce poème, je leur dis : « Savourez les rayons du soleil dans votre nourriture ! »

En général, nous ne mangeons pas dans un silence complet, mais nous faisons en sorte de manger avec plus d'attention.

Il m'arrive souvent de demander à un enfant de marquer une pause juste au moment où il s'apprête à mettre un morceau dans sa bouche et d'observer ce qui se passe dans son corps. Maggie, neuf ans, a rapporté un sentiment de pouvoir. Elle avait très envie de mettre le morceau dans sa bouche – et la pleine conscience lui a permis de choisir ce qu'elle allait faire à cet instant. D'autres enfants ont dit avoir remarqué qu'ils salivaient, que leur ventre gargouillait et qu'ils avaient encore plus faim. Manger en pleine conscience nous aide ainsi à cultiver une plus grande conscience de notre corps et de nos impulsions.

Elle observe l'influence de cette expérience sur la classe.

Manger en pleine conscience a énormément d'impact sur les élèves et le climat scolaire. Liam, cinq ans, a observé que les fraises sont d'un rouge plus brillant quand on les mange en pleine conscience. Il est fréquent que tous les élèves se sentent plus vivants et éveillés. L'énergie collective de la pleine conscience fait naître un sentiment de communauté. Lorsque nous mangeons ensemble, nous nous sentons bien – ce qui nous permet la plupart du temps de passer à une nouvelle activité avec plus d'attention et d'harmonie dans le groupe.

Des occasions naturelles de manger
en pleine conscience

Nous avons toutes sortes d'occasions naturelles de manger en pleine conscience, que ce soit lorsqu'un élève apporte un gâteau d'anniversaire, lors du partage du goûter ou du déjeuner, au quotidien ou à l'occasion d'une sortie scolaire. Une enseignante nous livre ci-après son expérience.

> Le jour de leur anniversaire, il arrive souvent que les élèves nous apportent un gâteau pour le goûter. Nous le dégustons toujours en pleine conscience, et les enfants adorent parler de tous les goûts qu'ils ont reconnus et des ingrédients qui ont pu servir à le préparer.
> J'ai remarqué que maintenant, au moment du goûter, mes élèves marquent une petite pause lorsqu'ils ouvrent un paquet et commencent par sentir ce qu'il y a à l'intérieur.

On peut laisser les élèves suggérer la prise d'un repas ou d'un goûter en pleine conscience, en veillant toujours à ce que cela reste une expérience ludique et positive et qu'ils n'y soient pas contraints. Pour les encourager, on peut aussi bien montrer l'exemple, en mangeant devant eux en pleine conscience.

Savourer un sentiment de paix en mangeant

L'idée que cette pratique comporte certaines périodes de silence peut sembler gênante si vous ne l'avez jamais fait. Si ces moments de silence restent brefs au début, les enfants apprécient cette pause de paix, comme le raconte Grace Bruneel, bénévole dans une école catholique à Hong Kong.

Nous avons mis en place une pratique appelée « Repas dans le calme – repas heureux ». La plupart du temps, la cantine était très bruyante, avec des enfants qui criaient et d'autres qui jouaient ou couraient partout. Pour les enseignants, traverser la cantine pendant le déjeuner, c'était un peu comme traverser la mer Rouge ! Maintenant, chaque classe commence par faire la queue dans le couloir qui mène au réfectoire et, quand tout le monde est prêt, un enseignant ou un élève invite la cloche. Puis tout le monde entre. Une fois tous les élèves installés, le père Vicente Sanchez, directeur de l'établissement, ou le coordonnateur de l'éducation spirituelle invite la cloche et dit une prière. Ensuite, tout le monde commence à manger. De la musique classique est diffusée en fond et les élèves sont invités à manger en pleine conscience. S'ils parlent, on leur rappelle de le faire doucement. Ce changement a été très bien accueilli par les enseignants et par les élèves qui se plaignaient tous du niveau sonore, leurs oreilles n'en pouvaient plus !

Renforcer le sentiment d'inter-être
en mangeant en pleine conscience

Prendre le temps de manger en pleine conscience renforce notre sentiment d'être reliés à ceux qui nous entourent. L'invitation à contempler d'où provient la nourriture permet de cultiver un sentiment plus profond de gratitude, d'inter-être, de compassion et de compréhension envers ceux qui l'ont produite et ceux avec qui nous la partageons.

On peut ressentir de la gratitude envers les cuisiniers, comme le fait remarquer Shantum Seth, un enseignant expérimenté du Village des Pruniers qui travaille en Inde.

Lors d'une retraite organisée à l'échelle de l'établissement, dans une école pour garçons, la Welham Boys'School, nous avons mis en place une pratique de cinq minutes de silence au début du déjeuner pour encourager la méditation des repas. Un cuisinier de l'école nous a dit que c'était pendant ce moment de silence qu'il avait entendu pour la première fois les élèves apprécier son travail difficile.

Katrina Tsang, qui enseigne dans une école de médecine à Hong Kong, propose les repas en pleine conscience comme pratique de base à ses étudiants, car elle estime que cela favorise immédiatement un sentiment de lien profond.

C'est généralement avec la méditation du grain de raisin que je commence pour enseigner la pleine conscience à des débutants. Les étudiants peuvent ainsi ralentir et observer les joies et les miracles de la vie, et le miracle d'être vivant. D'autres m'ont dit qu'ils avaient trouvé le raisin plus savoureux que jamais, et la pratique agréable. Pour bon nombre d'entre eux, c'est la première fois qu'ils observent ce qui se passe dans leur esprit et se rendent compte qu'il ne cesse de s'éparpiller. Ils apprennent du groupe que c'est en fait la nature universelle de l'esprit et s'aperçoivent que les autres rencontrent eux aussi des difficultés. La méditation guidée du grain de raisin consiste notamment à voir d'où il provient, le chemin qu'il a parcouru pour venir jusqu'à nous, quels sont les éléments non-raisin dans le raisin, l'inter-être entre les personnes, les animaux, les plantes et les minéraux, et comment un grain de raisin se transforme en nutriments. Dans le partage en groupe qui suit, nous discutons du lien entre l'esprit et le corps (comment la bouche commence à saliver avant même que le raisin soit dans la bouche) et de l'importance et du pouvoir de l'esprit, un aspect bien souvent négligé dans les programmes d'études de médecine. Nous discutons de l'importance d'apprendre et de savoir comment être présents dans l'instant, présents à la vie et vraiment là pour les patients dont nous nous occupons.

Après avoir mangé un grain de raisin en pleine conscience, nous passons à une courte pratique de conscience de la respiration, puis nous prenons notre repas ensemble en pleine conscience. Je les invite à manger en pleine conscience ensemble, en groupe ou chez eux, à la maison, pendant tout un repas ou pendant les quinze ou vingt premières minutes. Quand je vois les étudiants ralentir vraiment, se montrer très curieux des en-cas végétaliens et les savourer pleinement, instant après instant, cela fait naître un sourire sur mes lèvres.

Un bénévole qui travaille dans une grande ville des États-Unis auprès de différents types d'élèves, en général des jeunes marginalisés et « rejetés » par la société, propose une variante pleine d'imagination qui consiste à manger une orange en pleine conscience. Les jeunes sont d'abord invités à bien observer « leur orange » et à la retrouver dans le tas où ils l'ont posée. Cette pratique ludique aide ces jeunes qui se sentent rejetés à se sentir uniques et à ressentir que tout est relié dans la vie.

Dans le centre-ville où j'habite, un grand nombre d'enfants que je rencontre après l'école se sentent « rejetés ». C'est ce qu'ils expriment avec leurs mots et à travers leurs actes. C'est sur cette réalité que je veux agir en leur proposant des techniques de pleine conscience. Un jour, je leur ai montré ce que signifie « voir en pleine conscience ». J'avais apporté un sac d'oranges et chacun en a pris une. Je leur ai demandé de l'observer attentivement et de la reposer sur la table. Ils devaient ensuite retrouver leur orange. Ils étaient tous persuadés que c'était impossible, mais chacun a finalement retrouvé « son » orange. Alors, nous avons énuméré tout ce qui avait permis qu'ils tiennent cette orange entre leurs mains : le ciel, la pluie, les ouvriers agricoles, le marché, un camion, etc.

Manger en pleine conscience accroît notre conscience des effets de la nourriture sur notre santé physique et mentale. L'expérience de cette pratique incline à rechercher des alternatives saines, ce qui aidera tous ceux qui luttent pour éviter le surpoids dans un monde caractérisé par une forte pression commerciale et une surabondance. Cette pratique peut nous encourager à réduire les excès alimentaires et le gaspillage, que ce soit pour nous-mêmes, nos élèves, notre famille ou notre entourage, en ne prenant que ce dont nous avons besoin et en mangeant suffisamment lentement pour prendre conscience du sentiment de satiété.

En tant qu'enseignants ayant la responsabilité de façonner le milieu scolaire et universitaire, manger en pleine conscience peut nous aider à renforcer notre motivation lorsqu'il s'agit de résister aux pressions dues à des budgets serrés sans céder à la facilité, afin de s'assurer que les établissements scolaires et universitaires adoptent des politiques et des pratiques favorisant le bien-être de l'ensemble du personnel et des apprenants.

« Paix en soi, paix dans le monde. »

Thich Nhat Hanh

7

Prendre soin de nos émotions

Dans ce chapitre, vous allez :
- Découvrir comment développer la capacité de reconnaître et de prendre soin de nos émotions plus efficacement, en cultivant la joie et le bonheur et en transformant la façon dont nous vivons les difficultés et la souffrance.
- Bénéficier d'instructions pas à pas et de conseils concrets pour trois pratiques de base du Village des Pruniers : 1. entrer en contact avec nos émotions à travers notre respiration et notre corps, 2. une pratique de « l'arbre sous la tempête » pour nous aider à nous relier plus efficacement à des émotions difficiles, comme la colère, et 3. une méditation des cailloux, pour cultiver des sentiments de fraîcheur, de présence, de solidité, de calme et de liberté.
- Réfléchir à différents moyens pour aider les enseignants et leurs élèves à se relier à leurs

émotions plus efficacement, en cultivant la joie et en transformant la souffrance et les difficultés – en classe, dans les établissements scolaires et universitaires et dans la vie quotidienne.

Ni boue ni lotus

Thich Nhat Hanh

Je pense que les enseignants heureux vont changer le monde.

Si vous n'êtes pas heureux, vous ne pouvez pas aider les autres à être heureux. Aimer, c'est offrir le bonheur. La pratique de la pleine conscience peut nous aider à avoir plus de bonheur, plus d'amour, afin que nous puissions l'offrir aux autres. Si un enseignant a beaucoup de bonheur et beaucoup d'amour en lui, il pourra certainement rendre ses élèves heureux.

La pratique de la pleine conscience est un art. Nous nous entraînons à être capables de générer un sentiment de joie et de bonheur à tout moment, quelle que soit la situation. Nous apprenons à voir que la pleine conscience est *source* de bonheur, parce qu'elle nous aide à être en contact avec toutes les merveilles de la vie présentes en nous et autour de nous. Avec la pleine conscience, nous apprenons aussi à faire face à des sentiments douloureux et

319

des émotions fortes et à en prendre soin. Mais nous devons commencer par apprendre à générer un sentiment de joie et de bonheur, afin d'être suffisamment forts pour faire face à la souffrance qui nous habite.

Si nous voulons apprendre l'art de la souffrance, nous devons d'abord apprendre celui du bonheur. Il existe en nous une croyance selon laquelle les conditions à notre bonheur ne sont pas totales. Nous avons tendance à nous projeter dans l'avenir pour y trouver d'autres conditions du bonheur. Nous nous disons : « Si seulement j'avais ceci ou cela, *alors* je serais heureux. » Mais, en tant que pratiquants, nous voulons nous entraîner à générer un sentiment de joie ou de bonheur à tout moment. Comment y parvient-on ? Si nous maîtrisons la pratique de la respiration en pleine conscience, cela devient très facile, parce que nous inspirons et expirons en pleine conscience, nous ramenons notre esprit dans notre corps et nous relâchons les tensions dans notre corps. Nous sommes établis dans l'ici et maintenant et reconnaissons les nombreuses conditions de la joie et du bonheur qui se trouvent à notre portée – nous découvrons qu'ici et maintenant, il y a déjà plus de conditions qu'il n'en faut pour que nous puissions nous sentir joyeux et heureux.

Il y a une légère différence entre la joie et le bonheur. La joie comporte une certaine excitation, mais dans le bonheur vous êtes plus calme. Imaginez un homme assoiffé qui marche dans le désert et voit soudain une oasis : des arbres autour d'un point d'eau. Il éprouve de la joie : il n'a pas encore bu – il a toujours soif –, mais il ressent de la joie, parce qu'il ne lui reste plus que quelques pas à faire pour arriver au point d'eau. Il y a en lui de l'excitation et de l'espoir. Mais lorsqu'il arrive au point d'eau, s'agenouille, forme un bol avec ses mains et boit, il éprouve le bonheur de boire, ce qui étanche sa soif. C'est le bonheur qui procure un sentiment de contentement.

Supposons que nous pratiquions la méditation en pensant : « En inspirant, j'observe que mes yeux voient toujours bien. » Avoir des yeux qui voient bien est merveilleux – il vous suffit de les ouvrir et un paradis de formes et de couleurs est toujours là pour vous. La seule chose que vous ayez à faire pour savourer le paradis, le soleil, c'est d'ouvrir les yeux. Imaginez ce que ce serait de ne pas pouvoir voir le soleil, de vivre en permanence dans le noir. La pleine conscience vous aide à voir qu'il y a du soleil, des collines, des oiseaux, des arbres et cette belle planète. Avec la pleine conscience, vous vous souvenez que vous avez un corps et que vos pieds sont suffisamment forts pour vous faire courir et marcher. Le fait d'en prendre conscience nous rend heureux sur-le-champ, comme l'homme qui boit l'eau dans le désert.

Apprendre à générer un sentiment de bonheur nous rend capables de créer l'état de bonheur non seulement pour nous-mêmes, mais aussi pour les autres. Notre pleine conscience du bonheur est un rappel pour tous ceux qui nous entourent, et ce genre de pleine conscience peut être contagieux. Nous leur rappelons qu'ils vivent dans un monde merveilleux, que les merveilles de la vie sont à leur portée, et cela les rend heureux. Nous allumons la lampe du bonheur en eux. En tant qu'enseignants, vous pouvez accomplir ce miracle en quelques secondes et rendre heureux les élèves dans votre classe.

Il est très important de ne pas tenter de fuir nos émotions douloureuses. La plupart des gens, dans notre société, y compris les enseignants et les enfants, cherchent à fuir leurs émotions douloureuses en les recouvrant avec autre chose. Nous sommes prêts à tout pour éviter d'être confrontés à la souffrance présente en nous – nous écoutons de la musique, nous ouvrons le réfrigérateur pour y chercher quelque chose à manger, nous consultons des sites sur Internet, nous allumons la télévision –, et la société moderne nous fournit de nombreuses formes de consommation pour nous aider à masquer notre souffrance. En consommant de la sorte, nous ne faisons que laisser grandir la souffrance qui nous habite.

C'est seulement en regardant profondément la nature de notre souffrance que nous pourrons trouver une issue. Il est vain de tenter d'échapper à notre souffrance. Nous avons beaucoup à apprendre de notre souffrance. Il existe une belle plante, qu'on appelle un lotus, qui pousse dans la boue au fond de l'étang et fleurit à la surface. Lorsque nous regardons une fleur de lotus, nous ne voyons pas la boue. Le bonheur est un peu comme un lotus. Sans l'élément « souffrance », vous ne pouvez pas avoir le bonheur. C'est l'un des enseignements les plus profonds de la pleine conscience : « Ceci est, parce que cela est. » C'est parce qu'il y a la boue qu'il peut y avoir le lotus.

C'est pourquoi nous devons nous entraîner à faire face à notre souffrance au lieu de l'éviter. Comment procéder ? La première chose est de pratiquer la respiration en pleine conscience ou la marche en pleine conscience pour générer l'énergie de la pleine conscience. La souffrance, ou la douleur, est une forme désagréable d'énergie, et c'est pourquoi nous faisons tout pour la fuir. Notre pratique propose l'inverse.

Nous sommes faits d'un corps, de sensations et d'émotions, de perceptions, de formations mentales et de conscience. Nous sommes vastes. Il existe au moins deux couches de conscience : la couche supérieure, appelée « conscience mentale », et la couche inférieure, appelée « conscience du tréfonds ».

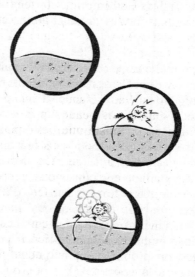

Conscience du tréfonds

Notre peur, notre colère et notre désespoir sont là, au fond de notre conscience, sous la forme de graines. Si la graine de colère est endormie, tout va bien ; nous pouvons rire et passer un bon moment. Mais si quelqu'un dit ou fait quelque chose qui vient provoquer cette graine de colère, elle va se manifester en tant que source d'énergie. Lorsqu'elle est dans la conscience du tréfonds, on parle de graine, mais lorsque cette graine se manifeste dans la conscience mentale, elle devient une « formation mentale » – en l'occurrence la formation mentale appelée « colère ».

Prendre soin de nos émotions fortes (nos formations mentales difficiles) avec la pleine conscience comporte cinq étapes :

1. La première étape consiste à **reconnaître** qu'une émotion est présente. Lorsque la joie est là, nous reconnaissons sa présence. Il en va de même avec la colère. Cela aide d'appeler l'émotion par son nom. Si nous ne reconnaissons pas l'émotion ou les émotions présentes en nous, il nous sera très difficile d'en prendre soin.

2. La deuxième étape consiste à **accepter** la présence de l'émotion. C'est OK d'avoir de la colère ; en fait, en tant qu'être humain, c'est tout à fait normal. Si nous n'acceptons pas qu'une émotion désagréable soit vraiment là, il est fort probable que nous continuerons en pensée à la nourrir. C'est pourquoi nous ne devrions pas essayer de supprimer ou de dissimuler une émotion douloureuse. La pleine

conscience fait le travail de reconnaissance et d'acceptation, sans chercher à éliminer ou à combattre. C'est la non-violence, parce que la douleur, c'est *vous* ; ce n'est pas votre ennemi. Et la pleine conscience, c'est vous, et elle vous aide à transformer la souffrance. Il en va de même pour des sentiments agréables comme le bonheur. Nous devons nous accorder à nous-mêmes la permission d'être heureux et conti-nuer de nourrir notre bonheur pour qu'il dure.

3. La troisième étape consiste à **embrasser l'émo-tion** avec la pleine conscience, comme une mère prend dans ses bras son bébé en pleurs. Elle ne connaît pas encore la cause de la souf-france de son bébé, mais dès qu'elle le tient dans ses bras, il souffre moins. Au début, nous ne savons pas toujours très bien d'où vient notre souffrance, mais comme nous sommes capables de la reconnaître, de l'accepter et de l'étreindre tendrement, nous souffrons déjà moins.

4. La quatrième étape consiste à **regarder pro-fondément** l'émotion. La lumière de notre pleine conscience nous aide à voir clairement les racines de nos émotions difficiles et dans quelle mesure ces racines ont été nourries par nos pensées et nos perceptions. Il est essentiel de voir clairement l'émotion pour transformer le compost des émotions difficiles en fleurs de joie, de paix et de bonheur.

5. La cinquième étape est d'avoir la **vision pro-fonde** que nous sommes plus qu'une émotion.

Même lorsque nous sommes emportés par une émotion forte, nous voyons que celle-ci est impermanente et ne cesse de changer. Nous voyons que le territoire de notre être est vaste et qu'une émotion n'est qu'une toute petite chose. Avec cette vision profonde, nous savons que la transformation est possible.

Avec la pratique de la respiration profonde par le ventre, nous pouvons très facilement survivre à une tempête émotionnelle, mais il ne faut pas attendre que des émotions fortes surgissent pour commencer à pratiquer. Il faut commencer sans attendre. En pratiquant juste cinq ou dix minutes tous les jours, nous allons naturellement nous souvenir de revenir à notre respiration la prochaine fois qu'une émotion forte apparaîtra, et nous survivrons à la tempête plus facilement. Dès lors que nous maîtrisons cette pratique, nous pouvons la transmettre à nos élèves. À l'école, beaucoup d'enfants ont des émotions fortes et ne savent pas comment y faire face. En tant qu'enseignants, nous devons les aider – les aider à se préparer pour le moment où ils seront en proie à des émotions fortes. Si un enfant fait une crise en classe, vous pouvez l'aider à pratiquer la respiration profonde par le ventre et, un jour, il pourra pratiquer lui-même. Vous pouvez sauver sa vie en l'aidant à se préparer maintenant.

Notes pour les enseignants

Prendre soin de nos émotions

Comme en témoignent dans le titre de cet ouvrage les mots *Un prof heureux*, la nécessité de prendre soin de nos émotions est au centre de l'approche du Village des Pruniers. Toutes les pratiques peuvent contribuer à nous rendre plus heureux, en contact avec nos émotions, nos sensations corporelles et notre respiration, à reconnaître et à embrasser tendrement nos émotions douloureuses et à cultiver en nous-mêmes et en nos élèves des états d'esprit positifs comme la sérénité, la clarté, la stabilité, la confiance, la compassion et la gratitude. Ces facultés nous aident à bâtir une communauté heureuse dans laquelle les gens établissent de réelles relations.

Lorsque nous-mêmes et nos élèves pratiquons la pleine conscience, nous apprenons à nous connaître nous-mêmes ainsi que le fonctionnement de notre esprit et de notre corps plus directement. Nous augmentons notre aptitude à observer nos sensations et nos émotions, nos perceptions et les schémas de pensée habituels qui les sous-tendent, et nous remarquons les effets de la pratique sur notre respiration et notre corps. Nous gagnons en liberté lorsque nous utilisons notre respiration et notre corps pour apaiser notre esprit et remplacer peu à peu nos habitudes mentales inutiles et nos perceptions par de nouvelles habitudes plus justes et qui fonctionnent mieux, pour nous-mêmes et notre entourage. Nous apprenons à répondre à une situation sans être totalement dans la réaction. Plus présents pour les autres, nous abandonnons le jugement et l'encombrement mental, et nous communiquons de façon plus ouverte et plus libre. Nous découvrons des moyens plus efficaces de nous calmer et de nous apaiser et, ce faisant, nous nous aidons et aidons les autres à être plus heureux.

Le temps consacré à renforcer notre lien à nos émotions, et à aider les autres à faire de même, n'est pas du temps perdu par rapport à ce que serait l'activité fondamentale des processus d'enseignement et d'apprentissage ; c'est en fait le fondement essentiel. Le stress, la colère, l'anxiété et d'autres états mentaux difficiles empêchent de penser, d'enseigner et d'apprendre de façon efficace. Au contraire, les états d'esprit positifs comme le calme, la joie, l'engagement et le sentiment de sécurité favorisent un fonctionnement optimal de l'esprit et du corps, que ce soit pour enseigner ou apprendre, et la réalisation de tout notre potentiel.

Il existe de multiples occasions de prendre soin de nos émotions : chaque journée passée à enseigner et à apprendre en apporte son lot. Nous pouvons être attentifs à nous-mêmes et à nos réactions fluctuantes face aux tâches qui nous sont confiées ; nous pouvons aider tous les élèves à apprendre et à participer, qu'ils aient de bons résultats ou soient en difficulté, de même que nous pouvons être confrontés à une classe difficile ou gratifiante, ou face à un parent reconnaissant ou en colère. N'oublions pas de nous féliciter et de féliciter nos élèves lorsqu'ils restent calmes, solides et en contact avec leurs émotions. Si nous avons le sentiment d'échouer à atteindre notre objectif, nous pouvons lâcher prise, nous sourire avec bienveillance et simplement réessayer.

Vous trouverez dans ce chapitre trois pratiques spécifiques qui traitent directement de la façon de prendre soin de nos émotions. Les deux premières nous apprennent à utiliser notre corps et notre respiration pour entrer en contact avec ce que nous ressentons dans l'instant présent, pour trouver en nous un centre de sérénité et générer l'énergie positive de la pleine conscience pour nous aider à accueillir et accepter avec bienveillance des émotions difficiles telles que la colère et la tristesse. L'emblématique méditation des cailloux inventée par Thich Nhat Hanh, si appréciée des enfants comme des adultes dans le monde entier, offre un moyen concret d'entrer en contact avec nos qualités aidantes et guérisseuses, d'apprécier le bonheur déjà en nous et autour de nous, et de développer une base stable pour prendre soin de nos émotions plus difficiles.

C'est un travail très profond et très puissant qui peut vous bouleverser, vous ou vos élèves. Faites preuve de prudence et procédez lentement.

En fin de chapitre, nous prendrons connaissance de l'expérience d'enseignants pratiquants qui ont exploré de multiples façons de nous aider à prendre soin de nos émotions, à accueillir avec bienveillance notre souffrance et nos difficultés et à cultiver des états d'esprit positifs.

Notes pour les enseignants

Utiliser notre respiration
pour entrer en contact avec nos émotions

Pourquoi étudier cette pratique ?
- Pour calmer et détendre le corps et l'esprit.
- Pour se relier au souffle dans l'abdomen et sentir la présence de cet « ami » toujours là pour nous aider à réunir notre esprit et notre corps et revenir à l'instant présent.
- Pour accroître notre capacité à reconnaître comment nous nous sentons – dans le corps et dans l'esprit.
- Pour prendre conscience des sentiments de paix, de joie et de bonheur qui sont en nous.
- Pour prendre conscience de nos émotions plus douloureuses, savoir en prendre soin et les accueillir en les acceptant avec bienveillance.

Pratique de base

Utiliser notre respiration
pour entrer en contact avec nos émotions

Vous trouverez un résumé de cette pratique à l'annexe A, page 638.

Cette pratique puissante, que vous pouvez proposer sur plusieurs séances, vise à vous aider, vous et vos élèves, à développer vos capacités. Procédez lentement. Il est préférable de commencer par cultiver le calme, après quoi vous pourrez passer à des sentiments comme la joie et le bonheur. Une fois cette pratique établie, vous pourrez aborder des sentiments plus pénibles.

MATÉRIEL ET PRÉPARATION

- Un enseignant expérimenté dans la pratique – il est recommandé d'avoir une bonne pratique soi-même avant de l'enseigner.
- Des tapis ou des chaises, selon que vous préférez que les participants soient assis ou allongés.
- Une cloche et un inviteur (optionnel, mais recommandé).

> *Pour effectuer cette pratique, les enseignants comme les élèves doivent être familiarisés avec les bases de la pratique de la respiration, de la cloche et de l'assise. Vous pouvez également commencer par les pratiques qui permettent de « revenir dans son corps ».*

> *Servez-vous des mots indiqués ci-après pour vous guider, vous et vos élèves. Si vous découvrez cette pratique, vous pouvez enregistrer le texte ou demander à quelqu'un de vous le lire.*

1. Préparer le groupe

Trouvez une posture d'assise stable, détendue et confortable, les yeux fermés ou mi-clos.

Allongez-vous, si vous préférez cette position et qu'il y a assez de place pour le faire.

2. INVITER LA CLOCHE ET COMMENCER

Invitez un son de cloche pour commencer la pratique.

> *Ne vous pressez pas et exprimez-vous lentement, en laissant tout le temps nécessaire entre deux consignes afin de permettre à chacun de sentir sa respiration, d'être en contact avec l'expérience du corps et de l'esprit et d'amener progressivement sa respiration à se calmer et à ralentir.*

3. OBSERVEZ QUE VOUS RESPIREZ

Prenez quelques instants pour prendre conscience progressivement du fait que vous respirez.

Il n'est pas nécessaire de changer quoi que ce soit, simplement d'être attentif à la respiration, de l'observer et de la reconnaître telle qu'elle est.

> *La pratique présentée ici est la pratique complète. Vous pouvez vous arrêter à tout moment.*

4. Sentir la respiration dans l'abdomen

Posez vos mains sur l'abdomen et remarquez comme il se soulève à l'inspiration et s'abaisse à l'expiration.

Portez votre attention uniquement sur l'inspiration et observez vos mains et votre abdomen qui se soulèvent et s'abaissent.

Observez la longueur de vos respirations et les pauses entre deux cycles de respiration.

> *Prenez tout le temps nécessaire pour cette étape.*

5. Utiliser la respiration pour calmer l'esprit et le corps

> *Le fait de nommer une émotion – colère, tristesse, ennui ou joie – peut nous aider à la comprendre.*

Vous pouvez vous arrêter là si vous le souhaitez. Dans ce cas, vous pouvez inviter un son de cloche.

Prenez conscience progressivement de ce qui se passe en vous, dans votre esprit et dans votre corps à cet instant – état d'esprit, humeur, sensations, émotions et zones de tension dans le corps ou de mal-être au niveau de l'esprit.

Quel que soit votre ressenti, reconnaissez-le. Vous pouvez aussi l'appeler par son nom.

Utilisez ensuite la respiration pour relâcher progressivement toutes les tensions et embrasser toutes les difficultés du mieux possible, comme si vous pouviez être conscient de la sensation de calme et de bien-être qui grandit dans l'esprit et le corps.

J'inspire, je calme mon esprit.
J'expire, je calme mes émotions.

6. RESSENTIR LA JOIE ET LE BONHEUR

Savourez la sensation du souffle qui entre et sort du corps.

Prenez progressivement conscience des parties de votre corps où vous vous sentez bien maintenant.

Servez-vous de votre respiration pour porter toute votre attention sur ces endroits et savourez cette sensation.

Prenez conscience de toutes les conditions du bonheur et de la joie qui sont déjà en vous, aussi petites soient-elles. Respirez avec ces sensations.

J'inspire, je ressens la joie d'avoir deux yeux.
J'expire, je souris à la joie en moi.
J'inspire, je ressens le bonheur d'être assis en paix.
J'expire, je souris au sentiment de bonheur en moi.

Vous pouvez vous arrêter maintenant si vous le souhaitez. Dans ce cas, vous pouvez inviter un son de cloche.

336

7. ÊTRE AVEC DES SENSATIONS OU DES SENTIMENTS PÉNIBLES

Prenez conscience des sensations ou des sentiments pénibles ou difficiles présents dans votre esprit ou dans votre corps.

Si vous n'avez aucune sensation douloureuse maintenant, c'est formidable. Vous pouvez tout de même nommer des émotions pénibles qu'il vous arrive souvent d'éprouver, comme de la tristesse, de l'inquiétude ou de la colère, et pratiquer maintenant avec le texte pour vous aider plus tard.

> *J'inspire, je suis conscient d'une sensation ou d'un sentiment pénible.*
> *J'expire, je calme ma sensation ou mon sentiment pénible.*

Si vous avez maintenant un sentiment ou une sensation pénible, vous pouvez l'explorer et même le nommer. Des tensions ou des douleurs, plus ou moins intenses, sont peut-être présentes dans votre corps ou votre esprit, de même qu'un sentiment d'agitation, d'inquiétude ou d'anxiété, ou encore de la tristesse face à la perte de quelque chose ou de quelqu'un – peut-être bien vous-même –, ou de la jalousie.

Repérez les endroits où se situent ces tensions dans votre corps, comment celui-ci réagit et quel genre de pensées vous traversent l'esprit.

*J'inspire, je sais qu'il y a en moi (nommer le sentiment,
    par exemple de la colère, de la peur, de la jalousie,
    de l'agitation).*
*J'expire, j'embrasse mon sentiment de colère (ou de peur,
    de jalousie, d'agitation, etc.).*
Je te salue, mon sentiment.
Tu t'appelles (x)
Je te connais.
Je vais bien prendre soin de toi.

> *Vous pouvez vous arrêter maintenant
> si vous le souhaitez. Dans ce cas, vous
> pouvez inviter un son de cloche.*

Exemple : être avec la colère

Peut-être ressentez-vous de la colère en ce moment même ou une certaine irritation ? Peut-être ne savez-vous pas très bien ? Maintenant ou la prochaine fois que vous éprouverez de la colère, voici ce que pouvez faire.

J'inspire, je sais qu'il y a de la colère en moi.
J'expire, je suis encore en colère.
J'inspire, je sais que la pleine conscience est là.
J'expire, la pleine conscience embrasse la colère.

Je te salue, mon sentiment.
Tu t'appelles « colère ».
Je te connais.
Je suis là pour toi.
Je vais bien prendre soin de toi.

8. CLOCHE ET FIN

Invitez un son de cloche pour clore la pratique, en laissant aux élèves le temps de prendre trois respirations en pleine conscience avant d'ouvrir les yeux et de s'étirer.

Notes pour les enseignants

L'arbre sous la tempête

Pourquoi pratiquer « comme un arbre sous la tempête » ?
- Pour entrer en contact avec la respiration dans l'abdomen et revenir au moment présent.
- Pour calmer et détendre le corps et l'esprit.
- Pour accroître le sentiment de stabilité et de sécurité.

Cette variante utilise l'image d'un arbre sous la tempête pour vous aider, vous et vos élèves, à ressentir le fait d'avoir un « tronc » stable et solide sur lequel vous pourrez compter lorsque des émotions viendront secouer vos « branches ». Il est préférable de s'être déjà familiarisé avec la pratique de la respiration abdominale et de savoir se relier avec ses émotions. Cette variante peut aussi être utilisée à la place de la pratique présentée précédemment, en particulier avec de jeunes enfants.

Pour la première fois, il est conseillé de l'effectuer lorsque les choses semblent aller bien – en vous et dans la classe. Il peut être utile d'avoir une brève discussion préalable avec les élèves sur les différentes émotions qu'ils peuvent éprouver. Soyez prêt à accueillir les émotions fortes qui pourraient être exprimées. On peut se concentrer sur une seule émotion, comme la colère, ce qui permet d'avoir un ressenti spécifique sur lequel s'appuyer pendant la pratique. Lorsque les élèves seront habitués à cette pratique, il sera plus facile de les aider à y recourir lorsqu'ils feront face à des émotions fortes.

Pratique de base

L'arbre sous la tempête

Vous trouverez un résumé de cette pratique à l'annexe A, page 643.

MATÉRIEL ET PRÉPARATION

- Vous devez déjà avoir une bonne pratique vous-même pour l'enseigner à d'autres.
- Des tapis ou des chaises, selon que vous préférez que les participants soient assis ou allongés.
- Une cloche et un inviteur (optionnel, mais recommandé).

Vous pouvez pratiquer assis ou allongé.

342

1. Cloche

Invitez un son de cloche pour indiquer le début de la pratique.

2. Observez votre respiration

Prenez conscience de votre inspiration et de votre expiration. Soyez-y attentif sans essayer de la modifier.

3. Respirez par le ventre

Commencez par respirer dans le ventre – voir ci-dessus – et reprenez chaque étape jusqu'à « Utiliser la respiration pour calmer l'esprit et le corps ».

4. Soyez conscient des sensations ou des émotions pénibles

Soyez conscient de toute sensation douloureuse ou de toute émotion forte dans votre esprit ou votre corps.

Si vous n'avez aucune sensation douloureuse ni aucune émotion pénible, c'est tant mieux. En apprenant cette pratique dans un moment calme, vous serez mieux préparé la prochaine fois que surgiront des émotions fortes.

Souvenez-vous qu'il n'est pas néces-
saire de passer immédiatement à
l'étape suivante. Procédez au rythme
qui vous convient.

5. L'ARBRE

Imaginez maintenant que vous êtes un arbre.

Votre abdomen est comme le tronc de l'arbre.

L'émotion forte (la colère, la tristesse ou le sentiment d'avoir été blessé) est comme un orage qui secoue les branches de votre arbre d'avant en arrière dans le vent.

Revenez maintenant dans le tronc de l'arbre, dans votre ventre.

On se sent stable et en sécurité dans le tronc de notre arbre.

Il n'est pas nécessaire de penser à ce qui vient de se passer.

Soyez juste conscient de votre respiration, et de l'abdomen qui se soulève et s'abaisse.

J'inspire, je calme cette émotion forte.
J'expire, je peux même sourire à cette émotion forte.

Continuez d'inspirer et d'expirer.
Nous restons dans le tronc de notre arbre.
L'orage est toujours là. Il y a encore cette émotion en nous.
Mais nous inspirons et expirons, plus profondément,

plus doucement, en observant l'abdomen qui se soulève
et s'abaisse.
Dans le tronc de notre arbre, nous pouvons respirer et
nous sentir en sécurité.
L'orage sera bientôt passé.

6. CLOCHE ET FIN

Invitez un son de cloche et faites trois respirations conscientes pour terminer la pratique.

Notes pour les enseignants

La méditation des cailloux

Pourquoi pratiquer la méditation des cailloux ?
- Pour donner un moyen concret d'entrer en contact avec les qualités de fraîcheur, de solidité, de calme et de liberté présentes en nous et qui peuvent nous nourrir et nous aider.
- Pour nous aider à apprécier le bonheur qui est déjà en nous et autour de nous.
- Pour nous offrir une base stable afin de prendre soin de nos émotions plus difficiles et plus puissantes.
- Pour calmer et détendre notre corps et notre esprit.

Introduction à la pratique

Thich Nhat Hanh

> Les consignes pour la pratique figurent dans les pages suivantes.

Il y a quelques années, lors d'une retraite pour enfants, j'ai inventé une pratique, la méditation des cailloux, pour que les enfants puissent apprendre les quatre qualités dont nous avons tous besoin pour être heureux. Nous avons besoin de quatre cailloux pour faire cette méditation, chacun représentant une image et une qualité.

La première qualité est la **fraîcheur**. Nous devons faire quelque chose pour préserver notre fraîcheur et notre beauté. Nous autres humains sommes nés comme une **fleur** dans le jardin de l'humanité, mais si nous ne savons pas vivre en pleine conscience, nous perdrons notre fraîcheur et n'aurons pas grand-chose à offrir à ceux que nous aimons. Les pratiques de respiration en pleine conscience, la marche en pleine conscience, la relaxation profonde et le sourire peuvent nous aider à retrouver notre fraîcheur, pour nous-mêmes et notre entourage.

Le deuxième caillou représente la **solidité**. L'image est une **montagne**. En position d'assise, vous vous sentez solide. Sans solidité, vous ne pouvez pas être heureux. Vous devez cultiver la stabilité et la solidité pour vous-même et ceux qui comptent sur vous. Ce sera bénéfique pour vous et tous vos proches. N'attendez pas des autres qu'ils vous donnent la stabilité ; vous devez la cultiver vous-même.

La troisième qualité est le **calme**. L'image est celle de l'**eau tranquille**. Lorsque l'eau est tranquille, elle peut **refléter** fidèlement le ciel, les nuages et les montagnes. Lorsque votre esprit est serein, vous voyez les choses telles qu'elles sont, vous ne les déformez pas. Le calme est une condition du bonheur. Si vous n'êtes pas calme, vous souffrez et ceux qui vous entourent souffrent aussi. Si vous êtes calme, vous êtes heureux et vos amis profitent du sentiment de paix qui vous habite. Nous générons le calme en respirant, en marchant et en étant assis en pleine conscience.

La dernière qualité est la **liberté**. Une personne qui ne se sent pas libre n'est pas heureuse. Il ne s'agit pas ici de liberté au sens de liberté politique. Être libre signifie ici libre de l'avidité, de la colère, de la haine, du désespoir et de l'ambition. Toutes ces afflictions empêchent d'être libre, et le bonheur d'une personne tient en grande partie à sa liberté. S'il y a beaucoup de soucis, d'angoisse, de projets et de peurs dans votre cœur, vous n'êtes pas libre et vous ne pouvez pas être heureux. La pratique de ce dernier caillou consiste à vous défaire de ce genre d'afflictions afin qu'il y ait beaucoup d'**espace** dans votre cœur.

Pratique de base

La méditation des cailloux

Vous trouverez un résumé de cette pratique à l'annexe A, page 647.

PRÉPARATION

Vous devez avoir une certaine expérience de la pratique avant de l'enseigner. Invitez vos élèves à s'asseoir en cercle, sur des coussins ou des chaises, autour d'une table ou à leur bureau.

Vous pouvez chanter le chant « J'inspire, j'expire » pour introduire cette pratique. Vous trouverez les paroles et la musique de ce chant à l'adresse www. wakeupschools.org/songs.

MATÉRIEL

- Quatre cailloux par personne, placés dans un panier ou un bol que l'on fera passer.
- Une cloche et son inviteur (optionnel, mais recommandé).

1. POUR COMMENCER

Distribuez les cailloux, ou invitez les élèves à prendre quatre cailloux dans le panier ou le bol que l'on fait passer.

Invitez-les à poser les cailloux sur leur gauche.

> *Vous pouvez aussi leur présenter la pratique avant qu'ils choisissent leurs cailloux, de manière à ce qu'ils puissent ensuite choisir ceux qui représentent pour eux une fleur, la montagne, l'eau tranquille et l'espace.*

2. CLOCHE

Invitez trois sons de cloche pour commencer la pratique.

> *Utilisez le script ci-dessous pour vous guider vous-même ou pour guider les élèves tout au long de la pratique.*

3. PREMIER CAILLOU : FLEUR

Prenez un caillou et posez-le dans la paume de votre main. Regardez-le attentivement comme si vous n'aviez jamais vu de caillou auparavant.

Ce caillou représente une fleur. C'est l'être humain plein de fraîcheur, de beauté et d'amour qui est en vous. Nous pouvons tous être une fleur fraîche, pleine d'énergie et de vitalité et ainsi, nous avons beaucoup à offrir à nous-mêmes et aux autres.

Posez votre autre main sur le caillou et tenez-le devant votre ventre, puis fermez les yeux.

Lisez à haute voix :

J'inspire, je me vois comme une fleur.
J'expire, je me sens frais.
Fleur – Frais

Invitez un son de cloche.

Suivez trois respirations complètes tout en vous répétant intérieurement :

Fleur
Frais

Après trois respirations, regardez le caillou, souriez-lui et posez-le sur votre droite.

> *Ne vous pressez pas, mais progressez de manière régulière, au rythme qui vous convient.*

4. Deuxième caillou : montagne

Prenez maintenant le deuxième caillou et posez-le dans la paume de votre main. Regardez-le attentivement avec un regard neuf. Ce caillou représente une montagne. Nous pouvons tous être une montagne, solide, en sécurité avec nous-mêmes et avec les autres. Nous sommes suffisamment stables pour faire face à tout ce qui pourrait nous arriver.

Posez votre autre main sur le caillou et tenez-le devant votre ventre, puis fermez les yeux.

Lisez à haute voix :

J'inspire, je me vois comme une montagne.
J'expire, je me sens solide.
Montagne – Solide

Invitez un son de cloche.

Suivez trois respirations complètes tout en vous répétant intérieurement :

Montagne
Solide

Après trois respirations, regardez le caillou, souriez-lui et posez-le sur votre droite.

5. Troisième caillou : eau tranquille

Prenez maintenant le troisième caillou et posez-le dans la paume de votre main. Regardez-le attentivement avec un regard neuf. Ce caillou représente l'eau tranquille, calme comme la surface d'un lac. L'eau tranquille reflète tout ce qu'il y a autour d'elle – le ciel, les nuages, les arbres, tels qu'ils sont, sans les déformer. Nous pouvons tous être comme l'eau tranquille, calme, claire, reflétant la réalité. Lorsque nous sommes ainsi, nous voyons les choses telles qu'elles sont avec calme et sérénité.

Posez votre autre main sur le caillou et tenez-le devant votre ventre, puis fermez les yeux.

Lisez à haute voix :

J'inspire, je me vois comme l'eau tranquille.
J'expire, je reflète les choses telles qu'elles sont.
Eau tranquille – Reflète

Invitez un son de cloche.

Suivez trois respirations complètes tout en vous répétant intérieurement :

Eau tranquille
Reflète

Après trois respirations, regardez le caillou, souriez-lui et posez-le sur votre droite.

6. QUATRIÈME CAILLOU : ESPACE

Prenez maintenant le quatrième caillou et posez-le dans la paume de votre main. Regardez-le attentivement avec un regard neuf. Ce caillou représente l'espace et la liberté en vous. Lorsque nous accroissons l'espace et la liberté en nous et autour de nous, nous sommes capables de plus de gentillesse et de générosité envers nous-mêmes et envers les autres.

Posez votre autre main sur le caillou et tenez-le devant votre ventre, puis fermez les yeux.

Lisez à haute voix :

J'inspire, je me vois comme l'espace.
J'expire, je me sens libre.
Espace – Libre

Invitez un son de cloche.

Suivez trois respirations complètes tout en vous répétant intérieurement :

Espace
Libre

Après trois respirations, regardez le caillou, souriez-lui et posez-le sur votre droite.

7. CLOCHE

Invitez un son de cloche pour clore la pratique.

8. Fin

Vous pouvez proposer de reprendre les cailloux, mais il est préférable de laisser les élèves les garder afin qu'ils puissent pratiquer aussi souvent qu'ils le souhaiteront.

> *Vous pouvez, si vous le souhaitez, vous servir des éléments de réflexion ci-après pour nourrir votre réflexion.*

VARIANTES DE LA MÉDITATION DES CAILLOUX

- Cette pratique peut être enseignée progressivement, sur plusieurs séances, en contemplant à chaque fois une qualité différente.
- Avoir un échange sur ces différentes qualités pour aider vos élèves à porter toute leur attention sur telle ou telle qualité.
- Fabriquer un sac pour la méditation des cailloux. Les plus jeunes élèves peuvent souhaiter conserver leurs cailloux dans un sac qu'ils pourront décorer. Julie, enseignante dans le primaire au Royaume-Uni, explique que, lorsque les élèves fabriquent leur sac eux-mêmes, « cela leur donne un sentiment de propriété et de contrôle sur leur pratique. Ils se l'approprient, au lieu d'avoir le sentiment qu'elle leur est imposée ».

- Gardez un caillou dans votre poche. Les enseignants peuvent pratiquer pour eux-mêmes en portant sur eux un caillou qui représente les quatre cailloux, afin de se remémorer les différentes qualités qu'ils souhaitent apporter dans leur enseignement et dans leur vie. Le simple fait de toucher votre caillou de temps à autre peut vous aider. Par exemple, quand vous avez peur ou que vous affrontez une difficulté, revenir à ces quatre qualités représentera un soutien. Vous pouvez aussi placer les quatre cailloux à un endroit où vous vous asseyez régulièrement, comme votre bureau ou votre table de travail, pour vous souvenir de revenir à ces qualités en vous.

Vous trouverez des indications pour fabriquer un petit sac pour la méditation des cailloux dans le livre Semer les graines du bonheur dans le cœur des enfants. *Voir la section « Pour aller plus loin ».*

Éléments de réflexion

Être en contact avec nos émotions

Voici quelques questions destinées aux enseignants, pour nourrir votre réflexion. Vous pourrez aussi les utiliser avec les élèves lors d'un partage après une pratique ou pour laisser simplement ces questions s'installer dans leur esprit. Utilisez-les avec parcimonie – ce n'est pas une liste de points à vérifier !

- Comment est-ce que je me sens maintenant ? (Cette question peut être posée à tout moment pendant la pratique.)
- Quels ont été les effets de la pratique sur mon esprit, mon corps, ma respiration ? (Vous pouvez poser des questions concernant cette pratique en particulier.)
- La pratique m'a-t-elle semblé facile ou difficile ? Amusante, ennuyeuse, apaisante, difficile ?
- Puis-je imaginer me servir de ces pratiques pour m'aider à prendre soin de mes émotions dans

ma vie quotidienne ? Est-ce que je dois garder mes cailloux ? Y a-t-il des moments où ces cailloux pourraient m'être utiles et comment pourrais-je les utiliser ?

Vous pouvez au besoin ajouter d'autres questions. Veillez à poser des questions simples, ouvertes, encourageantes et sans jugement, et acceptez tous types de réponses, y compris les réponses « négatives » ou les « je ne sais pas ». Veillez à recentrer le partage sur le ressenti des participants.

PRENDRE SOIN DE NOS ÉMOTIONS DANS NOTRE VIE QUOTIDIENNE ET DANS NOTRE TRAVAIL D'ENSEIGNANT

Prendre soin de nos propres émotions

L'un des premiers cadeaux que la pleine conscience nous apporte rapidement est un changement de perspective. Ce cadeau se manifeste particulièrement dans la capacité de la pleine conscience à nous aider à transformer des émotions fortes.

Lorsque nous sommes sous l'emprise d'émotions fortes, nos pensées et nos actes immédiats sont rarement judicieux et utiles, ce que la plupart des êtres humains ont tendance à réaliser trop tard. C'est ainsi que nous disons ou faisons des choses que nous regretterons par la suite. Si nous prenons le temps de pratiquer la pleine conscience dans ces moments, nous allons en revanche répondre plutôt que réagir, et nous trouverons de l'espace pour commencer à lâcher ce qui obscurcit notre vue. Michael Bready, qui a mis en place et dirige maintenant un programme de pleine conscience pour les jeunes au Royaume-Uni, a constaté que, lorsqu'une inquiétude le tracasse, les pratiques les plus basiques de la pleine conscience lui apportent la sérénité et la clarté de l'esprit nécessaires pour modifier son point de vue.

Je me suis aperçu que ce sont souvent les pratiques les plus simples qui m'apportent le plus. Parfois, lorsque je m'inquiète trop au sujet de mon travail, je passe simplement quarante minutes à reposer mon esprit en suivant ma respiration, ce qui m'apporte un sentiment de sérénité et d'apaisement et m'amène à voir les choses avec plus de recul ; je peux ensuite reprendre le cours de ma vie avec plus de clarté et de compassion envers moi.

Maggie Chau, qui enseigne à l'université de Hong Kong, a compris qu'en évitant de réagir trop rapidement elle renforçait sa capacité à réagir avec pondération, compassion et sagesse.

En étant consciente de mes réactions dans ma vie quotidienne à travers la pratique de la pleine conscience, je suis devenue bien plus consciente de mes émotions et de mes pensées. Depuis, soit je réagis avec plus de compassion et de sagesse, soit, si je ne peux pas m'empêcher de réagir immédiatement, je le fais en conscience.

Un enseignant spécialisé nous a fait part d'un sentiment similaire, à savoir que la pleine conscience l'aide à « tenir » face à une difficulté jusqu'à ce qu'il retrouve une plus grande sérénité.

Au fil des années, la pratique m'a beaucoup aidé dans des situations difficiles, sans que j'ignore pour autant la profondeur du problème ou de la situation. Avec le temps, j'ai appris à ralentir, à tenir face à une difficulté puis à réagir après avoir retrouvé mon calme, plutôt que de réagir vivement avec des émotions fortes telles que la colère, la peur, le déni, etc.

Les enseignants sont si souvent occupés à surmonter des difficultés, à régler des problèmes et à rectifier des erreurs qu'ils peuvent en oublier de faire une pause pour porter leur attention sur ce qui est agréable. Cela les empêche d'être pleinement présents lorsque de la joie, de l'amusement, de l'excitation et des sentiments d'amour et de bienveillance se manifestent autour d'eux. Les êtres humains ont tendance à porter leur attention sur ce qui pose problème et à considérer comme allant de soi ce qui est neutre ou agréable. On peut aussi être porté à se sentir égoïste ou à se dévaloriser lorsqu'on prend du bon temps, ou penser que cela va nous retomber dessus. Il est important de se détendre et de prendre le temps d'accueillir et cultiver des émotions positives, et d'éprouver de la gratitude pour ces émotions et les conditions qui ont contribué à les faire naître. Mariann Taigman, l'ergothérapeute que nous avons rencontrée dans les chapitres précédents, cultive le bonheur pour celle-ci et pour ses élèves en concentrant son attention sur les « moments précieux » et en se servant de « pense-bêtes positifs ».

L'année où j'ai été opérée, je me suis créé un journal de « moments précieux » avec l'intention d'écrire tous les jours une chose précieuse qui me serait arrivée, même si la journée avait été difficile. C'était il y a huit ans et je continue d'écrire chaque jour dans mon journal en mentionnant généralement de quatre à huit moments précieux. J'ai donné cette idée à des enfants et acheté pour ceux qui le souhaitaient un journal avec un beau dessin en couverture. Pour la présentation que je ferai bientôt dans le cadre d'une conférence à laquelle j'ai été invitée, j'ai prévu de mettre des pense-bêtes positifs (par exemple, « Savourez chaque instant » ou « Respirez, vous êtes vivant ! ») dans la salle, car j'adore cet aspect des retraites de Thây – les moines et les moniales vont jusqu'à afficher des pense-bêtes invitant à pratiquer la pleine conscience sur les portes des toilettes.

Savoir accueillir nos émotions nous aide
dans nos rapports avec autrui

Lorsque nous savons vivre avec nos propres émotions de manière plus efficace, nos rapports avec les autres peuvent se transformer. Cela réduit l'encombrement mental qui nous empêche parfois d'être pleinement présents, présence qui, comme nous le verrons au chapitre suivant, est le fondement de toutes les relations authentiques et bienveillantes. Coreen Morsink, de Grèce, en parle ainsi :

Je suis capable de porter toute mon attention sur l'élève à qui je m'adresse ou sur toute la classe sans éprouver d'émotion en plus ni avoir de pensées qui pourraient interférer.

Alan Brown, principal d'un lycée et enseignant dans la ville de New York, parvient à « contrôler [son] système nerveux » afin d'être présent pour les autres.

Ce n'est que lorsque j'ai pu prendre soin de moi que je peux être vraiment disponible pour les autres, que ce soient les élèves, des collègues, etc. En tant que responsable administratif, j'ai à mener de nombreuses conversations difficiles chaque semaine. La capacité de créer de l'espace pour l'autre, de l'écouter profondément en étant vraiment attentif à ce qu'il exprime est extrêmement précieuse. Le fait de m'arrêter, de prendre une respiration et de contrôler mon propre système nerveux tout en pratiquant l'amour bienveillant et la compassion lorsque l'autre personne est en colère permet souvent aux situations de se résoudre d'elles-mêmes.

Goyo Hidalgo Ruiz, qui enseigne auprès d'adolescents en Espagne, a le sentiment que « tout est plus simple » pour lui et ceux qu'il côtoie depuis qu'il a appris à se relier à ses émotions, en réduisant leur intensité et en développant un esprit positif.

Maintenant, tout est plus facile. J'ai moins de pensées et d'émotions, et d'une moindre intensité ; j'ai le sentiment que cela m'affecte moins. Mes émotions sont

363

moins négatives. J'observe les émotions et les pensées qui m'aident, contrairement à celles qui me font sombrer dans la dépression. Avant, j'étais quelqu'un de plutôt triste et il m'arrivait parfois de me mettre en colère. Ce n'est plus le cas. J'ai toujours des moments de tristesse, mais, dès que je les repère, je peux embrasser ma tristesse en pleine conscience et créer un espace de plus en plus libre en moi. J'ai aussi remarqué que je me mettais moins souvent en colère. Lorsqu'il arrive à mes élèves d'être au bord de la crise de nerfs, je ne réagis plus avec colère comme avant. Je suis moins réactif. J'essaie de me concentrer sur ma respiration avant que la colère ne se manifeste.

Les chants peuvent nous aider à mieux nous relier aux émotions car ils nous touchent directement et s'imprègnent en nous par la répétition. Matt Spence, enseignant dans un lycée et coach en Caroline du Nord, aux États-Unis, y a trouvé du réconfort. Il utilise le chant sur le bonheur du Village des Pruniers, qu'il a appris lors d'une retraite, qui reste toujours à sa disposition et soulage son anxiété.

En décembre dernier, je participais à une conférence de perfectionnement professionnel en Californie, à un moment inopportun pour moi. J'étais loin de mes élèves qui devaient passer leurs examens, je m'occupais de la mise en pages du journal des élèves, qui devait paraître sous peu, tout en rédigeant une proposition en vue d'une nouvelle formation. Par-dessus le marché, j'étais loin de ma famille, ce que je vis toujours difficilement. Un soir, alors que j'étais sorti pour marcher, je me suis retrouvé à faire des pas de plus en plus lents. Ma respiration est devenue plus lente et plus profonde et j'ai commencé à me sentir plus léger à l'intérieur. À ma grande surprise, je me suis aperçu que je fredonnais une chanson que j'avais apprise au monastère de Blue Cliff, « Le bonheur, c'est maintenant... ». J'ai commencé à la chanter à haute voix. Je l'ai chantée encore et encore, me sentant à chaque fois un peu plus heureux. Quand je suis rentré à l'hôtel, j'avais retrouvé le sourire et je me sentais libre et heureux.

Aider les élèves à faire face à leurs émotions

Betsy Rose, une compositrice et interprète de talent qui est aussi militante pour la paix et éducatrice à la paix, est souvent invitée pour travailler directement auprès des enfants dans des établissements scolaires. Elle nous explique comment elle apprend aux enfants à ressentir l'énergie d'une émotion forte en chantant une chanson. (Vous trouverez l'enregistrement de cette chanson ainsi que d'autres chants à la rubrique consacrée à Betsy dans la section « Pour aller plus loin », page 679.)

J'utilise une chanson qui a pour titre « When I Feel Mad... » (sur l'air de « The Wheels on the Bus »). C'est une chanson gaie et entraînante pour les tout-petits (de trois à sept ans) qui les invite à ressentir avec leur corps l'énergie d'émotions fortes telles que la colère, la peur, l'excitation, la tristesse, et à sentir l'apaisement qu'ils retrouvent dans un espace d'équilibre et de sécurité, à travers le mouvement et le chant.

Les émotions fortes peuvent nous emporter comme un orage, et effrayer les enfants qui vivent tellement dans leur corps, là où les émotions surviennent. Une chanson à laquelle on associe des mouvements prévisibles et réguliers apporte un contenant (de rythme, de rime et de répétition) et par conséquent un sentiment de sécurité, car ce contenant permet de réguler le corps et le système nerveux. Les enfants adorent exprimer leurs émotions de façon exagérée et ils trouvent une base solide dans la respiration et les mouvements des bras, puis dans un câlin. Chanter est un excellent moyen de passer à une nouvelle activité, en chantant les consignes !

Le rôle de la créativité et des chansons est examiné de façon plus détaillée dans le chapitre 10, qui porte sur la pleine conscience en classe.

Gloria Shepard et Richard Brady, tous deux anciens professeurs de mathématiques, nous racontent comment ils ont eu recours à la pleine conscience pour aider leurs élèves à faire face à l'anxiété que leur matière suscite parfois. Voici le témoignage de Gloria.

Lorsque je travaillais dans le primaire (en CE2 et CM1), je proposais souvent un moment de pleine conscience avant de passer aux mathématiques, car cette matière était considérée comme stressante par un grand nombre d'élèves. Nous avons travaillé ensemble tout au long de l'année pour observer les réactions physiques ou émotionnelles que les élèves pouvaient avoir face à certaines matières ou au « règlement de la classe », et nous avons utilisé la respiration, un mouvement ou même une simple reconnaissance du ressenti pour relâcher le stress, les soucis ou d'autres problèmes.

Richard Brady propose des méditations guidées avant de faire passer des contrôles.

Comme les contrôles de mathématiques étaient source de stress pour bon nombre d'élèves, j'ai commencé à proposer des méditations guidées avant chaque contrôle ou QCM. Je commence par demander aux élèves d'entrer en contact avec leurs émotions – excitation, nervosité ou même peur –, puis de simplement les observer sans se laisser emporter. Ensuite, je leur demande de visualiser un moment où ils se sont sentis bien parce qu'ils avaient réussi tous leurs calculs ou résolu un problème d'algèbre particulièrement difficile. Au bout de quelques minutes, ils sont prêts à reprendre le travail en étant concentrés et positifs[1].

Nous pouvons aider les élèves à gérer leurs émotions, même lorsque nous ne pouvons pas leur enseigner cette aptitude directement. Tineke Spruytenburg, enseignante spécialisée aux Pays-Bas, intervient dans un contexte qui ne lui permet pas d'enseigner la pleine conscience directement. Elle enseigne les compétences émotionnelles sans parler, en incarnant simplement la stabilité émotionnelle qu'elle souhaite transmettre.

Au travail, je ne peux pas parler de la pratique de manière explicite et je ne parle jamais des enseignements de Thây aux enfants. J'utilise ma respiration pour calmer mes émotions et je transmets la pratique de la parole et de l'écoute en pleine conscience sans faire de commentaires. Les enfants savent très bien reconnaître quand je suis stable et solide à l'intérieur. Je leur apprends à respirer par le ventre chaque fois que l'occasion se présente, par exemple lorsque deux enfants se chamaillent ou se bagarrent. Ou lorsqu'un enfant souffre, sur le plan psychique ou physique. Je transmets les enseignements de Thây en silence.

Murielle Dionnet, l'enseignante spécialisée en France que nous avons rencontrée précédemment, nous explique comment elle pratiquait la respiration avec des émotions fortes dans sa classe.

Lorsque des élèves avaient trop de souffrances en eux, je pratiquais la « méditation de l'étreinte » sans la nommer. Je respirais avec eux. On appelait ça une transfusion d'amour. Je leur disais : « Allez, on respire ensemble » jusqu'à l'apaisement.

Guérir les émotions difficiles
avec la pleine conscience

Faire face efficacement à des émotions difficiles peut être un défi intéressant à relever dans un établissement d'enseignement scolaire ou universitaire. Gift Tavedikul, directeur adjoint de l'American School of Bangkok, en Thaïlande, nous raconte une histoire émouvante au sujet d'une équipe de joueurs de basket qui utilisait la pratique de la pleine conscience pour gérer ses émotions fortes devant des

« succès » en compétition ou des « échecs », ce qui est tout aussi important. Cette pratique consiste à apprendre à reconnaître ses sentiments de tristesse de manière authentique, et à les utiliser pour transformer les difficultés plutôt que de se laisser dévaster.

En 2014, j'ai entrepris pour la première fois d'initier l'équipe de basket du lycée à la pleine conscience. Je me suis assis avec nos joueurs et je leur ai demandé : « Que voudriez-vous apprendre à faire pour devenir un meilleur joueur ? » Quelques-uns ont dit qu'ils voulaient apprendre à contrôler leurs émotions, en particulier lorsque la compétition était rude. D'autres voulaient arriver à se concentrer et se sentir calmes avant de tirer. Quand j'ai dit aux joueurs que je connaissais une technique pour tous les aider, plusieurs se sont levés pour gagner le terrain. « Non, leur ai-je dit, rasseyez-vous ; nous allons pratiquer la respiration. » J'ai bien vu quelques moues sceptiques, mais nous avons pratiqué la respiration en pleine conscience ensemble. C'était la première fois que je leur montrais comment se concentrer sur l'alignement de leur respiration avec leur corps et leur esprit, et il y a eu de nombreuses autres séances.

Notre équipe de basket a fait des progrès considérables et comptait parmi les favorites lors d'un tournoi organisé à Hong Kong. Je nourrissais de grands espoirs pour l'équipe, mais l'impensable s'est produit. Deux des jeunes censés jouer en premier étaient blessés, ce qui ne permettait pas d'assurer un roulement entre les joueurs. Après avoir joué cinq matchs difficiles en quarante-huit heures, ils étaient épuisés et se sentaient abattus. Nous nous sommes assis pour échanger, mais il n'y a eu qu'un grand silence. Nous nous sommes regardés, notre poitrine s'élevait et s'abaissait, et le regard des joueurs s'est animé : nous étions en train de pratiquer une séance de respiration en pleine conscience. À la fin, nous avons parlé de tout le travail réalisé ensemble, de l'excellente équipe que nous étions devenus, et nous en avons conclu que les revers essuyés en début de tournoi ne devaient pas nous décourager.

Le lendemain, nous devions gagner nos trois matchs pour avoir une chance de remporter le championnat. Notre équipe portait fièrement le maillot de l'American School of Bangkok lorsque nous avons commencé le premier match. Le capitaine de l'équipe n'a pas ménagé ses efforts, parcourant le terrain d'un bout à l'autre et, à moins de cinq secondes de la fin du match, le score était serré. Puis l'impensable s'est produit à nouveau. L'équipe adverse a réussi un panier miraculeux, juste au moment où l'arrêt de jeu venait d'être sifflé. Nous sommes rentrés au vestiaire avec les larmes aux yeux, comprenant que le championnat venait de nous échapper.

Sans hésitation, j'ai rassemblé l'équipe et nous sommes sortis du stade. Nous avons trouvé un endroit tranquille qui offrait une belle vue sur la mer et les montagnes. Une douce brise venait nous rafraîchir le visage. Nous avons très vite réalisé que la pleine conscience était un excellent outil, non seulement pour nous permettre de gagner, mais aussi pour guérir nos blessures. Nous nous sommes tous regardés, en respirant tranquillement ensemble, et je leur ai rappelé ce qui était le plus important : « Nous nous avons les uns les autres. » De légers sourires sont venus peu à peu sur nos visages tristes, car nous savions que nous étions vraiment devenus un seul et même esprit lors de ce voyage.

Travailler avec les émotions
de nos collègues

Meena Srinivasan, enseignante et responsable administrative mais aussi pratiquante chevronnée du Village des Pruniers, aide les directeurs d'établissement à mieux gérer leurs émotions fortes, un travail qu'elle considère comme porteur de transformation en ce sens qu'il leur a permis de développer leur compassion envers eux-mêmes et une forme de résilience.

Dans le cadre de mon travail auprès de directeurs d'établissement, l'accent était mis sur le renforcement de nos propres ressources intérieures et les moyens de cultiver la résilience afin de surmonter plus judicieusement les difficultés qui se présentent lorsqu'on dirige un établissement d'enseignement dans un quartier où les inégalités sont très marquées. Les pratiques que nous leur avons enseignées pour faire face aux émotions fortes les ont particulièrement aidés. En partageant avec eux les enseignements de Thây, qui nous expliquent que nous sommes à la fois le bébé qui pleure et la mère qui peut le réconforter, et que nous pouvons tous nous apporter à nous-mêmes de l'amour et de la bienveillance, bon nombre de directeurs d'établissement ont commencé à faire preuve de compassion envers eux-mêmes tout au long de la journée.

« Je sais que tu es là et j'en suis très heureux. »

Thich Nhat Hanh

8

Être ensemble

Dans ce chapitre, vous allez :
- Étudier différents moyens d'être plus présents pour les autres, en développant des compétences relationnelles comme communiquer vos pensées et vos émotions de façon ouverte, pratiquer l'écoute profonde et la parole aimante et vous réconcilier en cas de conflit – avec bienveillance, empathie, compréhension et compassion.
- Bénéficier d'instructions pas à pas et de conseils pratiques pour deux pratiques de base du Village des Pruniers : 1. le partage en cercle, avec l'écoute profonde et la parole aimante et 2. le nouveau départ (appliquer l'écoute profonde et la parole aimante dans ses relations, restaurer la communication et se réconcilier en cas de conflit).
- Réfléchir aux façons de communiquer en étant davantage en pleine conscience, de manière authentique et profonde, et afin d'aider nos

élèves à développer ces qualités dans leurs relations, à l'aide d'exemples et de suggestions d'enseignants pratiquants.

Note sur les termes utilisés : Si vous estimez que les termes utilisés dans ce chapitre ne sont pas adaptés, pour vous ou pour vos élèves, vous pouvez les remplacer par d'autres qui vous conviennent, par exemple :
- Pour « mère » ou « père », vous pourrez préférer parler de « parents » ou de « personnes qui s'occupent de vous ».
- Pour « famille », vous pourrez préférer parler de « personnes que vous aimez », d'« amis » ou des « personnes avec qui vous vivez ».
- Pour « amour » ou « compassion », vous pourrez parler d'« attention », de « bienveillance », d'« empathie » ou de « respect ».

L'écoute profonde
et la parole aimante

Thich Nhat Hanh

Apprendre à être ensemble, en étant pleinement présents aux autres, est en soi une pratique de pleine conscience. Nous développons l'amour, la compassion et la bienveillance envers nous-mêmes et envers les autres et nous comprenons plus pleinement le lien profond qui nous unit. Le plus beau cadeau que nous pouvons tous offrir aux autres est notre propre pratique de la pleine conscience. En développant notre capacité de nous établir dans la joie dans l'instant présent, la pratique de la pleine conscience nous permet d'être vraiment là pour nous-mêmes et pour les autres, avec la présence éveillée qui est le fondement de nos relations.

L'amour, c'est la capacité de prendre soin, de protéger et de nourrir. Si vous n'êtes pas capable de générer ce genre d'énergie envers vous-même, il est très difficile de prendre soin d'une autre personne.

Nous avons besoin de nous aimer nous-mêmes, d'être pleinement présents et en paix avec nous-mêmes. C'est pourquoi la pleine conscience commence toujours avec nous-mêmes, en tant qu'enseignants et élèves. Lorsque nous pratiquons de la sorte, notre sourire et notre respiration consciente contribuent à créer une communauté solide, calme et soucieuse des autres.

Pour aimer pleinement, nous devons nous efforcer de comprendre l'autre. L'observation ne suffit pas à elle seule à voir les autres pleinement tels qu'ils sont et à comprendre leur souffrance. Nous devons faire un avec l'objet de notre observation et reconnaître sa souffrance physique et psychique. Nous entrons en contact avec leur corps, les émotions et les formations mentales et nous voyons que leur souffrance et la nôtre ne sont pas séparées. Littéralement, compatir signifie « souffrir avec ou ensemble » ; c'est la qualité humaine qui consiste à comprendre la souffrance des autres, associée à la motivation de la soulager. Lorsqu'on écoute profondément l'autre personne et qu'on est en contact avec sa souffrance, la compassion naît.

Si nous savons comment utiliser la parole aimante, parler avec amour et compassion à l'autre personne, cette personne ouvrira son cœur et nous dira tout de sa souffrance et de ses difficultés. Si vous savez comment écouter avec compassion, vous pouvez restaurer la communication et contribuer à la réconciliation et à la guérison. Si vous êtes enseignant, vous pouvez commencer à mettre en œuvre cette pratique avec les membres de votre famille.

Lorsque vous aurez pratiqué avec les membres de votre famille, vous pourrez l'apporter dans votre établissement. Avec cette pratique, nous pouvons restaurer la communication avec nos collègues et nous réconcilier avec eux.

L'écoute profonde suppose que la compassion soit toujours présente dans notre cœur. Comme la compassion nous protège, nous pouvons écouter l'autre sans l'interrompre. Il se peut, lorsqu'elle vous parle, que l'autre personne soit en colère ou pleine de ressentiment. Ses paroles peuvent être emplies d'amertume et de perceptions erronées. Il se peut alors que cela touche les graines de colère et d'irritation présentes en vous, et que vous en perdiez votre capacité d'écoute. Mais si vous ramenez votre attention à votre respiration en pleine conscience, sans réagir et en étant plein de compassion, vous êtes protégé. En inspirant et en expirant, vous vous rappelez que vous écoutez l'autre dans un seul but : l'aider à soulager son cœur et à moins souffrir. Même s'il dit des choses inexactes, vous ne l'interrompez pas et ne cherchez pas à le corriger, parce que en faisant cela vous ne feriez qu'entrer dans la controverse et cela ruinerait tous vos efforts. Vous pourrez très bien, quelques jours plus tard, lui faire part de certaines informations pour l'aider à corriger ses perceptions, mais pas maintenant. Pour l'instant, vous ne faites qu'écouter. Si vous pouvez inspirer et expirer en demeurant dans cette conscience, vous êtes protégé par la compassion et pouvez écouter profondément cette autre personne, sans porter de jugement ni réagir. Cela aura un effet très apaisant pour cette autre personne, que ce soit votre partenaire, votre père ou votre mère ou tous ceux qui partagent votre vie. Le fait de restaurer la communication et de se réconcilier avec cette personne nous rend plus forts. Vous pourrez ensuite apporter la pratique dans votre établissement. La pratique de l'écoute profonde peut transformer nos relations, à la maison comme au travail.

Les élèves d'aujourd'hui souffrent beaucoup et, parce qu'ils souffrent, nous autres enseignants souffrons aussi. Certains viennent de familles brisées où ils n'ont jamais eu personne pour les comprendre ou même les écouter. Lorsqu'ils souffrent, nous souffrons aussi et perdons beaucoup d'énergie. Grâce à l'expérience de la pratique de la pleine conscience, l'enseignant peut s'apercevoir tout de suite qu'un élève est en souffrance.

Par exemple, lorsqu'un enfant est difficile à gérer, plein de violence, de peur et de colère, qu'il ne sait pas comment faire face à ces émotions. Comme l'enseignant a appris la pratique du regard profond, il peut voir que cet enfant vient d'une famille difficile. S'il grandissait dans une famille où le père et la mère étaient heureux et aimants, il ne serait pas ainsi. Il est victime d'une souffrance qui lui a été transmise par son père et sa mère. Lorsque nous rencontrons un enfant ayant ce genre de comportement – têtu, violent et en colère –, nous ne sommes plus en colère contre lui. Nous savons qu'il est victime de son environnement et de ce que lui ont transmis ses parents. L'enseignant ressent alors de la compassion et ne se met pas en colère. Au lieu de vouloir punir cet enfant, il est animé par la compréhension et la compassion ainsi que par l'intention de faire quelque chose pour l'aider à moins souffrir. Comme cet enseignant a pu comprendre sa propre souffrance et générer l'énergie de la compassion envers lui-même, il peut à son tour voir la souffrance de l'autre et générer de la compréhension et de la compassion pour lui.

Imaginons des enseignants et des élèves s'asseyant ensemble pour parler de ce qui les rend heureux et de la souffrance qu'ils ont traversée. Nous devons nous écouter pour nous comprendre mutuellement. Lorsque la compréhension est mutuelle, il n'y a plus besoin de se faire des reproches les uns aux autres ni de se chercher des problèmes ; nous pourrons reprendre plus aisément et rapidement les processus d'enseignement et d'apprentissage. Les enseignants peuvent dire aux élèves : « Je sais que tu as souffert. Je sais qu'il y a peut-être des difficultés dans ta famille », etc. « Si tu ne fais pas de progrès dans tes études, c'est à cause de ces difficultés. Alors raconte-moi, raconte-nous. » Toute la classe peut s'asseoir et écouter avec compassion. Une telle pratique va transformer les élèves, parce que tous peuvent connaître ce genre de souffrance. Si vous remarquez qu'un enfant semble très mal à l'aise en classe, vous voyez que son esprit n'est pas vraiment là et vous pouvez lui demander ce qui ne va pas. Peut-être vous répondra-t-il : « Ma mère a été hospitalisée ce matin et je ne sais pas si elle va survivre. » Avec ce genre d'émotion, comment cet élève pourrait-il apprendre quoi que ce soit ? Vous ne pouvez pas lui imposer votre volonté. Alors, l'enseignant pourra s'adresser à toute la classe : « Nous avons un élève dont la mère vient d'être hospitalisée et cela l'inquiète beaucoup. Ça vous dirait que nous pratiquions tous ensemble la respiration en pleine conscience ? Nous allons envoyer cette énergie de pleine conscience et de compassion à sa mère. » En utilisant l'énergie collective générée par la respiration, vous pouvez aider cet enfant inquiet à se calmer afin qu'il puisse suivre le cours. En tant qu'enseignants, c'est ce que nous pouvons faire avec nos élèves : nous écouter les uns les autres et comprendre la souffrance de chacun afin qu'ensemble nous parvenions à calmer nos émotions. Une telle pratique favorise la compréhension mutuelle et évite d'ajouter de la souffrance.

Lorsque ces enfants auront surmonté leurs difficultés et compris la souffrance de leurs parents, ils pourront les aider à leur tour. Nous avons organisé des retraites de pleine conscience destinées aux enfants et aux adolescents en Europe, dans les Amériques et en Asie, lors desquelles de nombreux jeunes ont vécu une expérience de transformation et de guérison. Une fois de retour chez eux, ils ont pu rétablir la communication avec leurs parents et certains ont même invité leurs parents à pratiquer avec eux. Les enseignants peuvent faire de même. Nous pouvons aider les élèves à moins souffrir et à comprendre comment moins souffrir, et l'élève peut rentrer chez lui et aider ses parents à moins souffrir eux aussi.

Un temps devrait être prévu pour que les enseignants puissent s'asseoir avec leurs élèves pour s'écouter les uns les autres. Si la communication est bonne, cela facilitera les processus d'enseignement et d'apprentissage. C'est pourquoi la pratique de la parole aimante en invitant l'autre personne à s'exprimer pour qu'elle souffre moins est une des meilleures choses que les enseignants puissent apprendre, pour eux-mêmes et pour leurs élèves. Ce qu'un enfant ou un adolescent n'a pas reçu de son père ou de sa mère, il peut le recevoir de son professeur. Avec la pratique, l'enseignant peut transformer sa classe en une véritable famille où la communication et l'amour sont présents.

Notes pour les enseignants

Être ensemble

Pourquoi cette pratique ?
- Pour nous aider à apprendre à parler de nos pensées et de nos émotions de façon plus ouverte et authentique.
- Pour développer la compétence de l'écoute profonde, qui nous aide à nous concentrer, à attendre notre tour pour parler, à prendre connaissance d'idées et d'expériences, à voir au-delà de nos perspectives limitées, à comprendre les autres et à ressentir plus de bienveillance, de compassion et d'empathie.
- Pour développer la compétence de la parole aimante, qui nous aide à apprendre à parler en pleine conscience de nos expériences, de nos joies, de nos difficultés, et à poser des questions en pleine conscience, dans un esprit d'ouverture, d'attention et de considération pour les émotions des autres.

- Pour nous aider à avoir le sentiment d'être vus, entendus, compris et appréciés, et à développer un sentiment de communauté.
- Pour renforcer le sentiment d'être relié aux autres et prendre conscience que nous ne sommes pas seuls à vivre telle ou telle expérience.

La plupart des enseignants comprennent l'importance de cultiver le sentiment d'être en lien et aspirent à développer des relations authentiques et bienveillantes entre eux et avec leurs élèves. Ils savent que de bonnes relations sont la base non seulement du bonheur et du bien-être personnels, mais aussi d'une école bien gérée dans laquelle les personnes enseignent et apprennent de façon efficace tout en s'épanouissant. Se sentir en sécurité, avoir un sentiment de fraternité avec vos camarades de classe, un groupe d'amis, au sein de l'école ou de l'université et dans la famille, sont des conditions nécessaires pour être prêt à enseigner, prêt à apprendre et pouvoir vraiment apprécier sa journée d'école.

Or, comme nous le savons bien, les relations avec les autres sont souvent difficiles. Les êtres humains s'efforcent de former des attachements riches de sens, de développer un sens social, de dépasser leurs perceptions autocentrées et erronées, d'avoir une véritable compréhension et un véritable souci des autres. Lorsque nous apprenons à mieux connaître le fonctionnement de notre esprit en pratiquant la pleine conscience, nous voyons que nous avons tous tendance à passer beaucoup de temps dans notre tête, que ce soit en formulant des opinions, en anticipant l'avenir ou en ressassant le passé, au point que nous en oublions de prêter attention à ceux qui nous entourent dans le moment présent.

Établir des rapports avec les autres semble devenir de plus en plus difficile dans le monde complexe et constamment sous pression que nous nous créons nous-mêmes. La solitude et l'isolement sont l'épidémie moderne, qui devient ironiquement plus aiguë sous l'effet de la « connectivité » apparente de l'ère numérique, où tout se fait sur des écrans. Les problèmes de santé mentale comme l'anxiété et la dépression sont de plus en plus répandus, chez les enfants et chez les adultes. Les familles sont fragmentées. Or, de tout temps, les êtres humains ont trouvé dans l'agressivité une réponse malvenue à tous les conflits, au plan mondial, local et dans la famille. Aujourd'hui, même si nous vivons dans un environnement paisible, des images violentes pénètrent dans notre foyer par l'intermédiaire des médias, un phénomène que les jeunes estiment de plus en plus préoccupant. Chez nous, dans notre maison, nous courons le risque permanent d'être distraits par le monde des réseaux sociaux, d'Internet et des connexions virtuelles qui fonctionnent vingt-quatre heures sur vingt-quatre, harcelés par des publicités qui visent à créer un sentiment d'insécurité et d'inadéquation personnelle et nous amènent à comparer notre vie avec celle des autres, généralement de façon défavorable.

Les écoles ne nous aident pas toujours à développer un sentiment de sécurité, de sérénité, d'attention au moment présent et d'amitié. Bon nombre d'établissements sont des environnements frénétiques et sous pression, dans lesquels on demande en permanence aux enseignants comme aux élèves de penser à l'avenir, de sans cesse franchir des obstacles vers la réussite dans une société de plus en plus matérialiste et compétitive. Dans les classes, dans les cours d'école et sur Internet, les moqueries et les intimidations sont fréquentes et se manifestent parfois d'une manière au mieux productrice de stress et au pire déstabilisante pour la santé mentale et le bien-être.

Ainsi que le suggère Thich Nhat Hanh, nos écoles et nos universités doivent inverser cette tendance. Elles doivent être au cœur des efforts déployés pour développer la bienveillance et aider les êtres humains à coopérer et à prendre soin les uns des autres. Toutes les pratiques décrites dans ce livre forment une base essentielle pour nous aider à comprendre notre propre esprit, nos motivations, nos pensées, nos émotions et nos réactions corporelles, et pour cultiver un sentiment de sérénité et d'espace à même de nous aider à établir des rapports authentiques et harmonieux avec les autres.

Ce chapitre développe cette base avec deux pratiques formelles : le « partage en cercle avec l'écoute profonde et la parole aimante » et le « nouveau départ », dont la première étape, l'« arrosage des fleurs », qui consiste à manifester notre appréciation, peut être enseignée de façon autonome ou comme point de départ des trois autres étapes : exprimer des regrets, guérir une blessure ou une souffrance et demander de l'aide. Ces pratiques visent expressément à nous aider à établir de façon plus efficace nos rapports avec les autres, en développant la capacité d'être plus présent, plus soucieux du bien-être d'autrui et plus compatissant, afin de surmonter les difficultés et de guérir les blessures. Il ne s'agit pas d'appliquer mécaniquement une recette simple pour améliorer les choses, mais d'utiliser un moyen permettant de créer les conditions pour que chacun se sente écouté profondément et apprécié, ce qui peut suffire à rétablir les choses.

Au début, ces pratiques formelles peuvent sembler quelque peu artificielles ou trop structurées. Il est important de leur donner une chance ; elles sont comme un échafaudage qui nous permet d'améliorer notre capacité à écouter profondément et à parler avec le cœur. Au fil du temps, les habitudes que ces pratiques cultivent en nous deviennent plus naturelles et nous constatons que nous pouvons nous passer de la structure complète. Mais tant que nous apprenons, ou que nos émotions sont très fortes, ces structures nous apporteront le soutien dont nous avons besoin pour nous exprimer et écouter avec bienveillance et compassion.

En fin de chapitre, nous prendrons connaissance de réflexions d'enseignants pratiquants sur la valeur des relations, les façons de vivre ensemble avec habileté et trois pratiques : le partage en cercle, l'écoute profonde et la parole aimante et le nouveau départ.

Pratique de base

Le partage en cercle avec l'écoute profonde et la parole aimante

Vous trouverez un résumé de cette pratique à l'annexe A, page 652.

PRÉPARATION ET MATÉRIEL

- Des chaises disposées en cercle.
- Une cloche et un inviteur (optionnel, mais recommandé).

Vous trouverez ci-après une méthode de base pour exprimer des pensées et des émotions. Commencez par l'essayer plusieurs fois vous-même avec un groupe d'amis et de collègues avant de la partager avec vos élèves.

1. S'INCLINER

Lors d'un partage en cercle, il faut déterminer de quelle façon les gens vont indiquer qu'ils souhaitent prendre la parole. La méthode traditionnelle utilisée au Village des Pruniers s'appelle « s'incliner » – lorsqu'une personne joint ses paumes, cela signifie qu'elle souhaite parler. En réponse, tous les autres joignent leurs paumes en « s'inclinant » pour reconnaître la personne qui s'apprête à prendre la parole. Une autre méthode, bien connue et qui comporte moins de connotations traditionnelles, consiste à utiliser un « objet de parole », comme une plume, un coquillage, un bâton ou un caillou, qui passera d'une personne à l'autre. La personne qui tient cet objet peut s'exprimer sans être interrompue.

La personne parle jusqu'à ce qu'elle ait terminé, puis joint de nouveau les mains et s'incline.

Les autres participants au cercle font de même pour indiquer qu'ils ont compris qu'elle a fini de parler.

Au bout d'un moment, quelqu'un d'autre peut indiquer qu'il souhaite prendre la parole.

> *Si la méthode qui consiste à « s'incliner » n'est pas adaptée à votre situation, vous pouvez utiliser un autre geste qui conviendra au groupe. Cependant, nous ne recommandons pas d'inviter les élèves à lever la main, ce geste ayant des connotations*

traditionnelles de compétition et de débat intellectuel.

Il peut y avoir des pauses assez longues entre deux prises de parole. Ce n'est pas un problème. Voyez-y une occasion de revenir à la respiration.

2. Préparer la salle et le groupe

Disposez-vous en cercle, assis sur des chaises ou sur le sol.

Assurez-vous que tout le monde est assis confortablement et peut se voir.

3. Expliquer le processus de base du partage

Expliquez que vous allez pratiquer une façon d'exprimer ses pensées et ses émotions.

Expliquez que vous allez vous écouter en pleine conscience, sans juger ni réagir et en ayant le cœur ouvert.

Expliquez comment le partage va se dérouler, par exemple par une inclination de la tête ou en utilisant un objet de parole.

La participation est volontaire : une personne peut « passer son tour » et se contenter d'écouter.

Veillez à ce que les explications pré-
alables soient aussi brèves que pos-
sible. Vous pourrez donner d'autres
détails par la suite, lorsque le groupe
sera familiarisé avec le processus.
Commencez par des thèmes sûrs et
expliquez d'autres règles de base à
mesure que vous proposez des thèmes
plus sensibles.

Expliquez que vous avez un rôle spé-
cial en tant que modérateur ou faci-
litateur. Vous veillerez à ce que tout
se passe bien pour tout le monde en
guidant le partage, du début à la fin,
en indiquant qui va parler s'il y a
beaucoup de demandes, et en deman-
dant gentiment à ceux qui parlent trop
longtemps de s'arrêter.

4. Autres règles de base
sur l'écoute profonde et la parole aimante

La personne qui parle pratique la **parole aimante**,
c'est-à-dire qu'elle parle en pleine conscience à
partir de son cœur, en s'appuyant sur son expérience
personnelle, sans blâmer ni juger, juste en décrivant
ce qu'elle ressent.

Pendant que la personne parle, nous essayons
de pratiquer **l'écoute profonde**, en nous efforçant
d'écouter sans jugement, sans anticiper ce que

nous allons dire ou nous perdre dans nos pensées, nos émotions et nos perceptions sur ce que l'on entend.

Nous répondons à ce que les autres ont exprimé **sans donner de conseils ou notre avis**. Si quelqu'un dit quelque chose qui nous inspire, nous pouvons poursuivre sur ce thème, mais en veillant à ce que nos paroles soient ancrées dans notre expérience, et non dans des idées ou des théories, et nous nous abstenons de donner des conseils.

> *À nouveau, ne donnez pas tous les détails au début. Expliquez au fur et à mesure, lorsque le processus de base sera établi dans l'esprit des élèves.*

Nous convenons que ce qui est dit restera **confidentiel**. Cela nous permet de nous sentir en sécurité lorsque nous parlons, en étant sûr que rien ne sera communiqué à d'autres personnes en dehors du cercle.

Si nous souhaitons par la suite parler à quelqu'un de ce qu'il a dit pendant le partage, nous lui demandons s'il est d'accord. Si tel n'est pas le cas, nous respectons son souhait.

5. Début :
RESPIRER ET ÉCOUTER LA CLOCHE

Invitez trois sons de cloche pour commencer, avec trois respirations conscientes entre chaque.

> *Invitez les élèves à ne parler que de ce qu'ils ont envie de partager en toute sécurité dans ce groupe. S'ils souhaitent parler de quelque chose qu'ils n'osent pas aborder devant le groupe, ils peuvent rester assis avec leurs émotions et vous en faire part plus tard.*

6. Partage en groupe

> *Pour commencer, choisissez un thème facile et léger au sujet duquel le groupe aura plaisir à échanger.*

Proposez un thème et invitez les participants à exprimer leurs pensées et leurs sentiments sur ce thème.

Voici quelques suggestions pour un partage avec des enfants :

- Quelque chose que j'apprécie là où je vis et suis des études (école, université, ville, village) ;

- Quelque chose qui m'a fait rire ou sourire cette semaine ;
- Quel genre d'animal j'aime le plus ou quel animal je voudrais être ;
- Ma « météo intérieure » (soleil, nuages, pluie, etc.).

7. FIN

Lorsque tout le monde a pu s'exprimer ou que le temps prévu pour cette activité est terminé, vous pouvez clore la discussion.

Invitez trois sons de cloche pour terminer, en faisant trois respirations conscientes entre chaque.

En tant que facilitateur du groupe, vous pouvez, si vous le souhaitez, ajouter quelques réflexions – pour résumer les pensées, les émotions et les questions qui ont été exprimées – avant d'inviter une dernière fois la cloche pour clore l'activité.

Lorsque le groupe se prépare à quitter la pièce, invitez tous les participants à respecter l'esprit de cette pratique, qui est de prendre soin des autres.

Rappelez aux participants lorsqu'ils quittent la pièce que tout ce qui a été dit demeure confidentiel. Évitez les commérages, les bavardages et les moqueries par la suite. Si une personne a dit quelque chose dans le cercle, elle n'a pas forcément envie d'en parler hors du cercle.

Vous pouvez chanter une chanson ensemble avant d'inviter la cloche.

Rappelez également au groupe que vous êtes disponible pour parler plus tard à ceux et celles qui le souhaiteraient.

VARIANTES DU PARTAGE EN CERCLE

Lorsque le groupe gagne en expérience et que le niveau de confiance augmente, des thèmes personnels ou propices à des débats plus vifs peuvent être progressivement abordés. Voici plusieurs thèmes d'intensité moyenne utilisés par des enseignants :

- Qu'est-ce qui fait un bon ami ou un bon collègue ?
- Comment montrons-nous que nous sommes soucieux du bien-être d'une autre personne ?
- Quelque chose qui m'a fait rire, qui m'a fait pleurer, qui m'a rendu dingue, qui m'a fait peur, qui m'a rendu vraiment heureux.
- Quelle a été ma pratique de la respiration consciente, de la marche en pleine conscience, des repas en pleine conscience, etc., au cours des dernières vingt-quatre heures ?

Procédez lentement, en approfondissant progressivement les sujets de discussion à mesure que les élèves se familiarisent avec la pratique et gagnent en confiance. N'encouragez pas les élèves à s'exprimer dans le groupe si vous pensez que cela pourrait les rendre trop vulnérables à des brimades. Maintenez un équilibre entre les sujets sérieux et les sujets plus légers et amusants. Les élèves pourront petit à petit proposer leurs propres sujets de discussion.

Utilisez le partage en cercle avec parcimonie au début, jusqu'à ce que le groupe s'y habitue, cela afin d'éviter que les élèves s'ennuient.

Le partage en cercle avec l'écoute profonde peut être utilisé de multiples manières, que ce soit pour passer un bon moment, exprimer des émotions, parler de certains événements ou planifier des projets et régler des problèmes. En tant que méthode pédagogique, il peut être utilisé pour enseigner tous types de sujets ou de matières.

Au fil du temps, le fait de s'asseoir ensemble, de se regarder les uns les autres et d'échanger avec respect permet de créer un sentiment de famille et de fraternité dans la classe.

Éléments de réflexion

Pour le partage en cercle
avec l'écoute profonde
et la parole aimante

Vous pouvez estimer que la pratique est suffisante en soi. Mais si vous souhaitez l'approfondir, nous vous suggérons les questions indiquées ci-après. Elles sont destinées aux enseignants, pour nourrir votre réflexion ou un partage en classe.

- Quels ont été les effets de cette pratique sur mon esprit, mon corps, ma respiration ? (Vous pouvez poser des questions concernant ce qui s'est passé pendant la pratique.)
- Comment est-ce que je me sens maintenant ? Où est mon esprit, mon corps, ma respiration ? (Ces questions peuvent être posées à tout moment pendant la pratique, en utilisant la cloche si vous le souhaitez.)
- Qu'ai-je ressenti en pratiquant la parole aimante ? Mon ressenti est-il différent de ce que je ressens

quand je parle normalement ? Est-ce que je me suis senti sincère ou forcé ?

- Qu'ai-je ressenti en pratiquant l'écoute profonde ? Le fait de ne pas réagir, de ne pas juger ni faire de remarques m'a-t-il semblé difficile ?
- Qu'ai-je ressenti en étant écouté par le groupe ?

Vous pouvez au besoin ajouter d'autres questions. Veillez à poser des questions simples, ouvertes, sans jugement et encourageantes. Acceptez tous types de réponses, y compris les réponses « négatives » comme « je me suis ennuyé » ou « je me sens en colère », sans réagir ni essayer de faire quelque chose lorsqu'un participant n'aime pas cette pratique.

Notes pour les enseignants

Le nouveau départ

Pourquoi pratiquer le « nouveau départ » ?
- Pour approfondir la pratique d'une communication authentique : l'écoute profonde et la parole aimante.
- Pour renforcer le sentiment d'être relié – à soi-même, aux autres, à la classe, à l'école ou à l'université, à notre entourage et à notre famille.
- Pour créer des environnements plus harmonieux et plus sûrs dans la classe, dans la salle des professeurs et dans notre famille.
- Pour apprendre à montrer aux autres qu'on les apprécie, exprimer des regrets et dire qu'on s'est senti blessé, et pour demander de l'aide.
- Pour apprendre une manière structurée de résoudre les difficultés et de régler les différends.

Être en conflit ou rencontrer des difficultés avec les autres fait partie de notre expérience quotidienne, inhérente à toute société humaine. Les enfants vivent de multiples conflits, petits et grands, avec leurs camarades, en classe, dans la cour de l'école, à la maison, dans leur entourage. Les blessures, les difficultés et les conflits sont des choses normales, et il est possible de les surmonter avec de la bonne volonté et les compétences requises. Nombre d'établissements scolaires et universitaires ont pris des mesures positives en la matière, dans le cadre des efforts qu'ils mènent en lien avec l'apprentissage psychosocial, la lutte contre le harcèlement et la stigmatisation, la prévention de la violence, le règlement des conflits, la réconciliation et la justice réparatrice.

Le « nouveau départ » peut s'inscrire utilement dans le cadre de ces efforts. C'est une façon d'aider les gens à résoudre et prévenir les conflits. Cette pratique peut intervenir a posteriori ou pour surmonter des difficultés qui perdurent, comme de la colère, du ressentiment ou une forme de harcèlement. L'objectif est d'empêcher que se développe le sentiment d'avoir été blessé ou malmené, de façon à ce que chacun se sente plus en sécurité – dans sa famille, le groupe, la classe et l'ensemble de l'établissement, scolaire ou universitaire.

Nous pouvons voir les difficultés comme quelque chose de positif – des occasions de progresser et d'approfondir notre sentiment d'être relié –, en y faisant face avec habileté, ouverture d'esprit, empathie et bienveillance.

Le nouveau départ peut être utilisé par les enseignants et par les élèves, dans le cadre d'un groupe ou en tête à tête. La version qui vous est présentée ici comporte quatre étapes.

NOTES POUR CHOISIR LE BON MOMENT POUR CETTE PRATIQUE

- Choisissez un moment pendant lequel tout le monde est calme et prêt à écouter. S'il s'est passé quelque chose de spécial et que des personnes sont toujours en colère ou énervées, une méditation assise ou marchée peut se révéler plus utile.
- La participation doit être volontaire et acceptée par tous.
- Assurez-vous que tous les participants pratiquent les différentes étapes du nouveau départ dans l'ordre pendant le partage : d'abord l'arrosage des fleurs, puis l'expression d'un regret, suivie de l'expression d'une blessure. Ces étapes aident à structurer le partage afin que la personne qui écoute soit mieux préparée à ce qui est dit.

Décidez à l'avance du déroulement des prises de parole. Vous pouvez utiliser les suggestions indiquées dans la pratique de base sur le partage en cercle pour déterminer par quelle action les participants montrent qu'ils souhaitent parler, par exemple en s'inclinant ou en utilisant un bâton de parole.

- Encouragez toujours le groupe à prendre tout le temps nécessaire pour la première étape du partage, à savoir arroser les fleurs et exprimer ce que vous aimez chez les autres. Cela peut prendre un certain temps avant d'en arriver à la résolution des difficultés, et cela suffit parfois. C'est une pratique qui fait du bien et permet de réparer les relations.
- Prenez tout votre temps. Surtout, ne vous pressez pas ; il n'est pas nécessaire que tous les participants s'expriment tout de suite tout au long des différentes étapes du nouveau départ.
- Il est préférable de laisser les participants indiquer eux-mêmes à quel moment ils souhaitent prendre la parole, plutôt que de choisir les personnes qui vous semblent prêtes à s'exprimer. Vous pouvez aussi, pendant l'arrosage des fleurs, faire un tour de cercle et inviter chaque élève à « arroser les fleurs » de son voisin, en laissant toujours la possibilité de passer son tour et de prendre la parole plus tard.
- Il est important de pratiquer dans la légèreté et de veiller à ce que tout le monde se sente à l'aise. Si les participants se sentent tendus ou menacés, il est peu probable qu'ils aient envie de s'exprimer.

Notes pour les enseignants

Les quatre parties de la pratique complète du nouveau départ

Vous trouverez ci-après quelques notes sur les différentes parties de la pratique du nouveau départ destinées à vous aider à la comprendre vous-même et à l'expliquer au groupe. Les consignes sur la façon de guider cette pratique se trouvent plus loin.

PREMIÈRE PARTIE : ARROSER LES FLEURS (MONTRER SON APPRÉCIATION)

Les fleurs ont besoin d'eau pour rester fraîches et nous commençons le partage en trouvant des choses « rafraîchissantes » à dire aux autres participants.

Pour filer la métaphore, nous disons que nous nourrissons les graines présentes dans l'autre personne, telles que la bienveillance, l'ouverture, la gentillesse, afin qu'elles puissent germer et pousser, en laissant les graines telles que la colère, la jalousie et la méfiance là où elles sont, dans la terre.

Cette pratique permet à tous les participants de se sentir bien et légers, et peut procurer une grande joie.

Vous pouvez dire, pour rassurer le groupe : « Ce que vous dites à propos de l'autre personne n'a pas besoin d'être quelque chose d'extraordinaire ; si nous regardons profondément, nous pouvons toujours trouver quelque chose que nous apprécions chez un autre être humain. » (Vous pouvez demander à un ou deux élèves de donner un exemple.) Il peut s'agir de qualités générales (« tu es drôle », « gentil », « bon en maths », « j'aime ton sourire », « tes chaussures sont super-cool », etc.), mais il est plus utile d'évoquer des choses concrètes ou un événement précis, comme « cela m'a fait plaisir que tu aies partagé ton sandwich avec moi la semaine dernière ! ».

Vous pouvez vous arrêter à la fin de cette étape si vous le souhaitez.

DEUXIÈME PARTIE : EXPRIMER DES REGRETS (ASSUMER SES RESPONSABILITÉS)

Pendant la seconde partie de notre partage, nous exprimons des regrets au sujet d'erreurs que nous avons pu faire, de nos faiblesses ou de nos maladresses. Sœur Chan Khong, du Village des Pruniers, explique pourquoi « nous exprimons des regrets » : « Lorsque vous vous excusez vraiment pour quelque chose que vous avez fait ou dit et que vous regrettez, le simple fait que vous vous excusiez peut suffire à dissiper complètement chez l'autre le sentiment d'avoir été blessé. Exprimer des regrets de votre propre initiative, avant même que l'autre personne vous ait dit qu'elle s'est sentie blessée, est un moyen très efficace pour rafraîchir votre relation. Même si vous ne vous excusez que pour une partie de la situation, si vos regrets sont sincères, l'autre personne le sentira et l'appréciera[1]. »

Vous pouvez vous arrêter à la fin de cette étape si vous le souhaitez.

Nous ne sommes pas parfaits et tout le monde a besoin de s'améliorer sur certains points. C'est le moment de reconnaître ce que nous avons pu penser, dire ou faire au cours des derniers jours, des dernières semaines ou des derniers mois, qui auraient pu blesser d'autres personnes, et de s'engager à s'efforcer de faire mieux.

TROISIÈME PARTIE :
EXPRIMER UNE BLESSURE
OU UNE SOUFFRANCE

Au cours de cette étape, nous exprimons une blessure ou une souffrance qu'une autre personne nous aurait causée.

Si les participants n'ont pas suffisamment d'expérience, il est préférable d'éviter ce sujet sensible en groupe pour l'aborder en duo, avec une troisième personne qui inspire à chacun respect et confiance et qui apportera son soutien en invitant la cloche et en facilitant l'échange. S'il y a de la cohésion dans le groupe et que les participants ont suffisamment d'expérience, il peut être intéressant de pratiquer collectivement.

- La personne qui s'exprime peut commencer par dire : « Je me sens blessé(e) parce qu'il me semble que tu as dit ou fait telle ou telle chose. »
- Expliquez que, lorsqu'on prend la parole, on se concentre sur ses propres émotions et perceptions et sur l'aide que l'on souhaite avoir. On ne fait pas de reproches ; on se contente de décrire sa perception de ce que les autres ont fait et les effets de cette perception sur nous. Il est effectivement fort probable que nos perceptions ne soient pas totalement justes.
- La personne qui écoute le fait avec calme et compréhension, avec la volonté d'aider l'autre à moins souffrir, et non de juger ou d'argumenter.
- Même si ce que dit l'autre ne nous semble pas vrai, nous continuons de pratiquer l'écoute profonde sans l'interrompre. Cela n'est pas toujours facile, et si cela nous peine ou nous contrarie, nous pouvons reconnaître ce sentiment et respirer avec lui. Nous aurons le temps de répondre plus tard avec notre propre perception de la situation, quand nous aurons retrouvé notre calme. Cela peut même être quelques jours plus

tard si nos émotions du moment sont très vives. Quand nous serons prêts pour répondre, nous commencerons par arroser les fleurs de l'autre personne et exprimer nos propres regrets.

En tant qu'enseignant facilitant le partage, gardez à l'esprit que l'expression de sentiments et d'émotions est toujours quelque chose de personnel, et que l'harmonie est toujours plus fragile en cas d'émotions fortes. Soyez attentif au ressenti des participants et sachez que vous pouvez à tout moment clore la pratique du nouveau départ et simplement inviter les participants à écouter la cloche.

• Lorsque arrive le moment d'écouter l'autre personne, notre principal objectif est de développer la compassion envers elle dans notre cœur. Si nous l'interrompons, nous risquons de la mettre en colère et cette séance de partage pourrait tourner au débat. Dans un débat, nous sommes sur la défensive, ce qui rend très improbable la transformation des sentiments ou des émotions difficiles – et, par conséquent, la résolution du conflit.
• Si nous pensons avoir besoin d'un suivi après l'expression d'une souffrance dans le groupe, nous pouvons demander une séance de nouveau départ seul à seul, qui pourra être facilitée par

l'enseignant s'il s'agit de deux élèves, ou par un collègue s'il s'agit de deux enseignants.

Demander un soutien ou de l'aide, ce n'est pas se plaindre des autres ou leur adresser des reproches. Poser un cadre qui exclura les plaintes peut aider les participants à clarifier leur ressenti – ils savent qu'ils ont besoin de l'aide du groupe et la demandent, et cela rend les choses plus faciles pour ceux qui écoutent. Ils se sentent moins sur la défensive et plus positifs lorsqu'il s'agit d'apporter leur aide.

QUATRIÈME PARTIE :
DEMANDER DE L'AIDE

Nous exprimons ici un besoin d'aide ou de soutien pour faire face à une difficulté (par exemple, « Mon cousin vient de mourir et cela m'a rendu triste. Je ne comprends pas pourquoi il est mort. Je voudrais vous demander votre soutien en ce moment », ou « J'aimerais ne plus me mettre en colère aussi facilement »).

On peut demander de l'aide à tout moment pendant la pratique du nouveau départ, et il n'est pas nécessaire de respecter l'ordre indiqué plus haut : arroser les fleurs, exprimer des regrets et exprimer une blessure ou une souffrance.

Pratique de base

Le nouveau départ

Vous trouvez un résumé de cette pratique à l'annexe A, page 657.

MATÉRIEL ET PRÉPARATION

- Un enseignant bien préparé à cette pratique, c'est-à-dire quelqu'un qui a déjà pratiqué à la maison ou avec des amis.
- Des chaises ou des tapis disposés par terre, en cercle.
- Un petit vase avec quelques fleurs, ou une jolie plante en pot (recommandé). Posez le vase ou la plante au centre du cercle.
- Une cloche et un inviteur (optionnel, mais recommandé).

1. Présenter la pratique au groupe

Commencez par vous asseoir en cercle. Invitez trois sons de cloche, en laissant le temps de trois respirations conscientes entre chaque.

> *Vous pouvez vous arrêter à tout moment. Souvenez-vous qu'il est préférable d'exprimer une souffrance seul à seul.*

Rappelez aux participants les bases du partage en cercle avec l'écoute profonde et la parole aimante (une seule personne s'exprime à la fois, sans être interrompue, on peut passer son tour si on le souhaite, etc.).

Expliquez clairement les étapes que vous suivrez pendant cette séance, afin que chacun en comprenne l'ordre et la nature. Par exemple, si vous avez prévu de pratiquer uniquement l'arrosage des fleurs, vous n'expliquerez que cette première étape. Il est toutefois essentiel, si vous pratiquez l'expression d'une blessure ou d'une souffrance, que les participants suivent l'ordre, c'est-à-dire d'abord l'arrosage des fleurs et l'expression d'un regret avant d'exprimer une souffrance.

> *Il est essentiel de réexpliquer le processus de l'écoute profonde et de la parole aimante s'il y a une nouvelle*

personne dans le groupe. Quels que soient vos efforts pour structurer les choses, les partages restent imprévisibles, notamment l'expression d'une blessure ou d'une souffrance. Les gens diront ce qu'ils voudront. En tant que facilitateur, vous devez veiller à rester calme, bienveillant et positif, en suivant votre respiration et en vous demandant : comment puis-je répondre de manière à faire le moins de mal possible aux personnes concernées ? En général, en agissant ainsi, vous saurez comment procéder. Utilisez la cloche si vous estimez le moment approprié et guidez les membres du groupe de façon à ce qu'ils parlent de leurs sentiments sans blâmer les autres.

2. COMMENCER LE PARTAGE

Si vous faites un tour de cercle, vous pouvez demander à un volontaire de commencer.

Invitez un son de cloche et faites trois respirations conscientes.

Si c'est la première fois pour un grand nombre de personnes dans le groupe, vous pouvez

commencer le premier partage, afin que les participants comprennent comment procéder pour la première, les deux premières ou les trois premières étapes, ou pour l'ensemble des quatre étapes.

Une personne indique qu'elle souhaite prendre la parole (en s'inclinant ou en utilisant la méthode que vous avez choisie).

Cette personne va chercher les fleurs ou la plante et les pose devant elle en se rasseyant pour se souvenir d'utiliser la parole aimante.

La personne qui parle commence par l'arrosage des fleurs, en exprimant deux ou trois choses qu'elle aime ou apprécie chez l'autre. Les autres se contentent d'écouter.

Elle peut ensuite s'arrêter, ou continuer en exprimant des regrets, en faisant part d'une blessure ou d'une souffrance et en demandant de l'aide, selon son ressenti ou son inspiration.

Lorsque la personne a fini de parler, elle **s'incline** pour l'indiquer et va replacer les fleurs au centre du cercle, ou elle les fait passer à son voisin.

C'est alors à **quelqu'un d'autre de prendre la parole**. Il peut y avoir une longue pause entre deux partages, et c'est probablement le signe que le groupe écoute avec la plus grande attention. Les participants peuvent suivre leur respiration en contemplant les fleurs.

3. Cloche et fin

En tant que facilitateur du groupe, vous pouvez formuler quelques réflexions finales, en parlant du fond du cœur.

Invitez trois sons de cloche, avec trois respirations conscientes entre chaque, pour clore le partage.

> *Selon le cas, par exemple avec des tout-petits, vous pouvez chanter ensemble une chanson gaie. Si les participants se sentent à l'aise, vous pouvez leur proposer de se donner la main et de respirer ensemble pendant une minute.*

VARIANTES DU NOUVEAU DÉPART

- Il est souvent utile de se contenter d'« arroser les fleurs », ou de simplement arroser les fleurs et exprimer un regret. Vous pouvez « arroser les fleurs » aussi souvent que vous le souhaitez, même en dehors de la pratique formelle du nouveau départ.
- Avec de plus jeunes enfants, vous pouvez pratiquer « l'arrosage des fleurs » à l'aide d'images, notamment si le groupe est important, afin que chaque enfant reçoive rapidement des affirmations positives. Par exemple, vous pouvez donner à chaque élève une carte

avec le dessin d'une tige et de la moitié d'une fleur sans pétales. Donnez à chaque participant quatre pétales d'une fleur avec le nom d'un de ses camarades de classe inscrit à l'arrière. Invitez les élèves à écrire quelque chose qu'ils apprécient chez la personne dont le nom est indiqué sur le pétale et à signer s'ils le souhaitent. Assurez-vous qu'ils écrivent des choses positives, que ce soit en faisant un tour derrière eux ou en ramassant les pétales avant de les distribuer. Pour terminer, les élèves reçoivent « leurs » quatre pétales et les collent sur leur carte pour faire une fleur.

Éléments de réflexion

Le nouveau départ

Cette pratique peut vous sembler suffisante en soi. Si vous souhaitez explorer ce processus plus avant, voici quelques questions destinées à nourrir la discussion ou que vous pourrez simplement garder à l'esprit.

- Comment est-ce que je me sens maintenant ? Où est mon esprit, mon corps, ma respiration ? (Ces questions peuvent être posées à tout moment pendant la pratique, à l'aide de la cloche.)
- Quels ont été les effets de cette pratique sur mon esprit, mon corps, ma respiration ?
- Qu'ai-je ressenti lorsque mes fleurs ont été arrosées ? (Acceptez toutes les réponses – les gens se sentent souvent gênés ou pensent que ce qu'ils vont dire n'a aucun intérêt.)
- Qu'ai-je ressenti en arrosant les fleurs de quelqu'un d'autre ? Ai-je eu le sentiment d'être sincère ou forcé ?

- Quelle partie m'a semblé la plus facile ?
- Quelle partie m'a semblé la plus difficile ?
- Y a-t-il d'autres moments en classe ou hors de la classe pendant lesquels nous pourrions effectuer la pratique du nouveau départ ?

Vous pouvez au besoin ajouter d'autres questions, tant qu'elles restent simples, ouvertes, sans jugement et encourageantes. Acceptez tous types de réponses, y compris les réponses « négatives » comme « je me sens en colère ou blessé : mal compris ». Veillez à ne pas réagir immédiatement et ne cherchez pas à « corriger » ces réponses.

ÊTRE ENSEMBLE
DANS NOTRE VIE QUOTIDIENNE
ET DANS NOTRE TRAVAIL D'ENSEIGNANTS

Être vraiment présents

Devenir plus conscients nous aide souvent à être plus présents pour les autres, comme nous l'explique Gloria Shepard, qui enseigne la pleine conscience aux États-Unis.

Ce que je fais de plus important, c'est d'être vraiment présente avec les personnes avec qui je travaille. Leur enseigner comment « faire » n'est pas ce qui compte le plus. Le plus important, c'est d'être vraiment présent avec elles.

Il se peut que beaucoup de nos élèves n'aient personne dans leur vie qui soit vraiment « là » pour eux, personne de pleinement présent, à l'écoute et soucieux de leur bien-être. Marcela Giordano, une bénévole uruguayenne qui a travaillé dans le cadre du programme pour les enfants du Village des Pruniers, nous rappelle qu'une présence attentive de l'enseignant peut aider les élèves à renforcer le sentiment d'être en lien, ce qui est extrêmement bénéfique pour leur bien-être et essentiel pour les aider à trouver la motivation d'apprendre.

> Le cadeau le plus merveilleux que vous puissiez faire à un enfant est votre présence : sentir qu'ils sont vus, qu'on leur fait confiance et qu'on les accepte.

Pour être présent, il faut être concentré, ce qui peut s'avérer difficile pour un enseignant dans une classe de trente élèves, avec un tas de choses qui se passent en même temps, un emploi du temps chargé et des cours toute la journée. L'enseignante française Murielle Dionnet nous livre ses réflexions sur l'intérêt d'apprendre en pratiquant la pleine conscience pour être pleinement présent avec les élèves dont on s'occupe, et non « fragmenté », à sans cesse penser en même temps aux autres élèves.

> J'ai été institutrice en maternelle et au CP, et je devais gérer quatre niveaux. Quand j'étais avec un groupe, je pensais souvent aux autres, à ce qu'ils faisaient. J'avais le sentiment que mon esprit était éclaté, un sentiment d'éparpillement. La pratique m'a aidée à me concentrer

sur les élèves avec qui je travaillais, à être vraiment avec eux et à accepter de « laisser » les autres pendant ce temps. Plus tard, en qualité d'enseignante spécialisée, j'ai été amenée à travailler avec douze élèves handicapés mentaux : douze élèves, douze niveaux. J'ai vraiment vu le bénéfice de la pratique qui m'a permis d'être vraiment avec chacun et de me consacrer entièrement à lui. Je me sentais plus réunifiée.

Le début de l'année est un moment clé pour partir du bon pied avec les élèves. Cela peut consister à faire en sorte que chacun se sente vu et connu, ce qui constitue le début d'une relation authentique. Goyo Hidalgo Ruiz, qui enseigne dans le secondaire, prend le temps de s'arrêter et de « contempler » ses élèves lorsqu'il les rencontre en début d'année scolaire, ce qui lui permet d'établir une véritable relation avec eux.

J'enseigne la langue et la littérature espagnoles dans un établissement d'enseignement secondaire public à Séville, en Espagne. Au début de l'année, je me présente, je fais l'appel et je présente le programme à mes élèves. Puis je prends le temps de m'approcher de chaque élève à son bureau, lui serrer la main, lui demander son nom et lui poser quelques questions. Pendant ces présentations, j'aime garder sa main dans la mienne.

Chaque fois que je vais dans une classe, je reste d'abord sur le seuil en silence, en souriant et en respirant en pleine conscience. Je regarde les élèves dans les yeux, je les contemple jusqu'à ce qu'ils se soient assis, sans porter de jugements ou donner de consignes.

Je les regarde en silence et en étant pleinement atten-tif. Avant cela, ils n'étaient que des noms, des élèves devant leur bureau. Maintenant, je les vois comme des êtres humains, des personnes ayant leurs propres peurs et désirs. On pourrait dire que cette pratique m'a permis de me rapprocher d'eux, et qu'ils sont de fait plus proches de moi.

Pilar Aguilera, formatrice d'enseignants depuis trois ans dans le cadre du programme Escuelas Despiertas (Wake Up Schools), à l'université de Barcelone, prend le temps de s'assurer qu'elle est elle-même pleinement présente, de façon à pouvoir être là pour les autres lorsqu'elle prépare son cours.

J'écoute la musique d'un CD du Village des Pruniers, *A Basket of Plums*, lorsque je prépare l'élément central de la séance. Cela me permet de me sentir comme à la maison et reliée aux belles graines qui rayonnent dans mon cœur. L'élément central est une métaphore de notre joie d'être ensemble et de notre aspiration profonde, le cœur de notre présence collective. Au début du cours, tout le monde apporte un objet qu'il aime et le place autour d'un vase de fleurs fraîches. Ces objets repré-sentent notre diligence et notre détermination à apporter de la pleine conscience et de la joie dans notre vie quo-tidienne. Ils nous apportent de la lumière et de l'amour en tant que communauté. Les fleurs fraîches inspirent la qualité de notre beauté véritable. Nous commençons par créer un sentiment de communauté et de lien dès le premier jour du stage. Ce sentiment d'inter-être se développe ensuite en spirale et s'amplifie d'une séance à l'autre par le biais d'une méthodologie fondée sur la présence.

Le sentiment de lien et d'engagement est une base pour aider nos élèves à se sentir motivés par l'apprentissage et, comme le fait remarquer Julie Berentsen, institutrice au Royaume-Uni, il repose sur l'écoute profonde.

> Prendre le temps d'écouter et de créer des relations de confiance est essentiel pour motiver les élèves. Pratiquer l'écoute profonde et parler avec le cœur m'ont montré comment maintenir un espace authentique et sûr pour les enfants avec qui je travaille. Je sais que tout ce dont j'ai besoin est avec moi maintenant, que chaque instant est une occasion merveilleuse de partager la pleine conscience et que tout ce qui se passe dans le groupe peut être considéré après coup comme une façon d'arroser les graines de bonheur en chacun de nous.

L'ÉCOUTE PROFONDE ET LA PAROLE AIMANTE

Le fait d'écouter profondément et de parler avec compassion aide nos élèves à être plus heureux, comme en témoigne Tony Silvestre, qui donne un cours sur les maladies infectieuses et la microbiologie et dirige le Center for Mindfulness and Consciousness Studies à l'université de Pittsburgh.

En touchant la souffrance de mes étudiants, je suis en mesure de leur donner l'occasion de « changer de station de radio », comme Thây nous le dit, et de ne plus être pris dans des pensées et des émotions qui nous font souffrir et nous empêchent d'accéder à la joie et au bonheur qui sont à notre portée dans l'instant présent. Le fait de pratiquer l'écoute profonde avec mes étudiants me permet de générer des paroles pleines de compassion qui peuvent les amener à se sentir heureux.

L'écoute profonde et la parole aimante nous aident à développer des sentiments d'amour, de compassion et d'empathie, et à rendre ces sentiments manifestes pour les autres. Ces pratiques ne sont pas réservées à un partage formel, elles peuvent être mises en œuvre tout au long de la journée. Alison Mayo, notre institutrice de maternelle au Royaume-Uni, nous fait part de ses réflexions.

Dans le cadre de mon travail d'institutrice en maternelle, les enseignements du Village des Pruniers m'ont donné plus de confiance pour être moi-même dans ma façon de travailler, mes principales priorités étant la bienveillance, la patience, et le bien-être et le bonheur de chacun. L'écoute profonde est un enseignement qui m'aide vraiment, en me permettant d'être en phase avec ce qui se passe pour chaque enfant et de lui accorder toute mon attention. Je consacre maintenant plus de temps à écouter mes collègues et à comprendre leurs besoins, que ce soit pendant les pauses ou après la journée d'école.

La tendance des enseignants à vouloir « régler les problèmes » n'est pas toujours judicieuse ; parfois, il suffit simplement d'écouter. Un enseignant spécialisé nous fait part de son expérience.

Avec les adultes et les enfants, créer un espace où on est entendu avec compassion, sans essayer de régler le problème, est très utile. Je suis reconnaissant quand on le fait pour moi et j'essaie de faire de même pour les autres.

L'écoute profonde et la parole aimante ont le pouvoir de transformer les relations dans l'ensemble de l'établissement, aussi bien avec les adultes qu'avec les enfants, comme le fait remarquer Christiane Terrier, ancienne professeure en lycée et formatrice de pleine conscience en France.

Les pratiques de l'écoute profonde et de la parole aimante m'ont beaucoup aidée pour mes relations avec les élèves, les collègues et l'administration. Mes rapports avec eux étaient déjà bons avant, mais cela m'a encore permis de les améliorer, en m'offrant un cadre là où j'improvisais autrefois de manière intuitive. Comme Thây, j'aime beaucoup mon métier d'enseignante et mes élèves. Pour moi, la pratique qui porte les plus beaux fruits, c'est « Regarde profondément pour mieux comprendre ; écoute profondément pour mieux aimer ».

Christiane raconte également que son établissement a mis en place un espace d'écoute pour les élèves appelé « Pose ton sac ». Ses effets ont profondément impressionné les élèves comme le personnel.

Nous voulions offrir aux élèves les bienfaits de l'écoute profonde, ceci afin d'être plus à l'écoute de leur souffrance. Nous avons eu alors l'idée d'un espace d'écoute – « Pose ton sac » – et nous avons créé une charte et un poster à cet effet. Des enseignants se sont rendus disponibles pour écouter les élèves. Ils écoutaient sans juger ni donner de conseils, sachant très bien que les jeunes ont la capacité de trouver eux-mêmes leurs propres solutions. L'élève « pose son sac » tandis que l'enseignant « enlève sa casquette de prof ».

Les élèves qui ont fréquenté cet espace d'écoute ont dit que cela leur avait beaucoup apporté. Ils arrivaient découragés, angoissés, stressés ou accablés par la pression scolaire ou familiale, et ressortaient soulagés, souriants et détendus. Cela crée une réelle relation de qualité entre les jeunes et les adultes. Les collègues ont aussi constaté l'impact de leur investissement sur les élèves de leur classe. Le fait d'écouter sans porter de jugement a même contribué à prévenir le décrochage de plusieurs élèves.

En plus de l'écoute, nous pouvons communiquer notre souci des autres dans notre façon de parler et dans ce que nous disons. Mary Lee Prescott-Griffin, professeure de pédagogie dans une université aux États-Unis, nous fait part de son expérience :

Lorsque j'enseigne, je fais des pauses et je prépare ce que je vais dire de façon à communiquer plus précisément et en faisant preuve d'attention et de compassion.

Nos collègues peuvent aussi bénéficier de meilleures compétences d'écoute. Lyndsay Lunan, maître de conférences en psychologie que nous avons déjà rencontrée, enseigne les compétences de l'écoute profonde à l'équipe de direction de son université. Elle décrit un exercice dans lequel elle demande à deux membres du personnel de pratiquer à tour de rôle une courte période d'écoute profonde, en pratiquant la pleine conscience entre deux prises de parole. D'après une de ses collègues, cette pause pour être plus conscient aide à se sentir « plus sincère et authentique ».

J'enseigne les pratiques de l'écoute en pleine conscience au personnel et à l'équipe de direction de notre université. Le groupe travaille en binômes et une personne est invitée à s'exprimer sur un sujet (par exemple, quelles sont les principales difficultés que vous rencontrez dans votre travail) pendant que l'autre personne écoute. Puis on inverse les rôles. Je guide ensuite une pratique de pleine conscience qui invite tous les participants à être conscients de leur corps et de leurs ressentis, et qui est axée sur l'appréciation mutuelle (le fait qu'ils fassent de leur mieux, qu'ils soient présents tous les jours pour faire ce travail difficile). Puis nous pratiquons une nouvelle fois l'exercice de l'écoute en binômes. Je les invite ensuite à indiquer s'ils ont constaté des différences entre la première et la deuxième séance d'écoute. Il arrive souvent que plusieurs trouvent qu'ils ont fait preuve de plus de sincérité ou d'authenticité pendant la deuxième séance, ils disent avoir été davantage à l'écoute. Nous explorons ensuite la pleine conscience elle-même comme synonyme d'écoute : comment le fait d'écouter ce qui se passe à l'intérieur de soi nous a donné plus d'espace pour pouvoir écouter les autres.

LE PARTAGE EN CERCLE

Le partage en cercle est une façon plus formelle de pratiquer l'écoute profonde et la parole aimante avec d'autres pour exprimer nos pensées et nos émotions. Frère Phap Lai, du Village des Pruniers, résume l'essence de la pratique du partage en cercle et nous explique qu'elle est particulièrement utile pour les enseignants qui participent à des retraites, car elle les aide à se sentir suffisamment en sécurité pour ouvrir leur cœur et commencer à guérir la souffrance qu'ils sont nombreux à ressentir.

Dans nos « familles de discussion », il peut y avoir vingt-cinq personnes qui ne se sont jamais rencontrées auparavant et qui sont assises en cercle pour échanger. Les participants retirent beaucoup de cette expérience, parce que nous organisons les choses en veillant à ce que tout le monde ait l'occasion de s'exprimer et d'être entendu, ce qui génère une énergie de concentration et d'écoute assez profondes. Nous n'entrons pas dans un dialogue et nous ne sommes pas interrompus. Personne ne vous donne de conseils et vous n'en donnez pas non plus. Chacun fait part de son expérience, qui peut entrer en résonance avec l'expérience de quelqu'un d'autre. Il y a alors un réel partage entre les participants. Les gens s'ouvrent, parlent avec leur cœur de ce qu'ils vivent : leur expérience, leurs difficultés, leurs réussites, ce qui les a aidés. Nous échangeons sur des expériences bénéfiques et nous pouvons déposer notre fardeau si nous rencontrons une difficulté. Cela permet de guérir beaucoup de choses et les participants éprouvent un sentiment de fraternité dans le cercle qui semble miraculeux.

Le partage en cercle est une méthode pédagogique d'une richesse infinie, dont nous allons découvrir plusieurs exemples ci-dessous. Bobbie et Boz, éducateurs dans le domaine de l'environnement aux États-Unis, utilisent le partage en cercle pour aider les enfants à exprimer de la gratitude.

[Nous avons] une pratique que les enfants appellent l'« alphabet de la gratitude » et qui consiste à associer à chaque lettre de l'alphabet quelque chose qui nous inspire de la gratitude. Cela peut se faire en cercle ou à la table du dîner en famille.

Yvonne Mazurek, professeure en lycée et à l'université en Italie, nous raconte de façon vivante et très humaine l'expérience d'un partage en cercle avec ses élèves pendant une période sombre de l'année. Cette pratique, pendant laquelle ils ont pu éprouver de la gratitude pour les bonnes choses qui peuvent ressortir d'expériences difficiles, les a enchantés.

J'ai souvent observé chez les élèves une baisse de moral en hiver. Cependant, ce mois de janvier, tout le monde au lycée a remarqué quelque chose de plus lourd que d'habitude. Les élèves se plaignaient beaucoup ;

ils se sentaient fatigués et manquaient de motivation. J'ai demandé la permission d'organiser un après-midi de pleine conscience. Mes collègues, jusque-là plutôt sceptiques, ont admis que cela ne pouvait pas faire de mal et un collègue s'est proposé de m'aider. C'est ainsi qu'un vendredi d'hiver, j'ai organisé avec ce collègue un après-midi de calme pour les élèves de première et de terminale, pendant lequel nous avons réalisé des activités créatives. Alors qu'ils « sortaient » d'une séance de relaxation profonde, j'ai invité les élèves à préserver le silence d'une grande richesse qui régnait et je leur ai parlé brièvement du partage en cercle et du thème de la gratitude.

Tous les élèves ont pris la parole spontanément et ont exprimé leur gratitude pour toutes sortes de choses qui semblent aller de soi : le fait d'avoir une famille, de vivre dans un pays en paix et de pouvoir aller à l'école. Cela a incité une fille à repenser comme elle avait détesté les longs trajets dans les transports en commun pour se rendre à l'école le matin et rentrer chez elle le soir. Une autre fille de la classe effectuait les mêmes trajets et toutes deux ne s'appréciaient pas du tout. Mais au fil du temps et des bus manqués, dans ces longues et froides soirées d'hiver, elles avaient appris à mieux se connaître. Elles avaient commencé à plaisanter et même à étudier ensemble. En parlant, elle s'est rendu compte que la fille assise juste à côté d'elle, qu'elle considérait auparavant comme son ennemie, était devenue son amie. Des élèves ont ri en écoutant cette histoire, car ils avaient assisté jusque-là aux hauts et aux bas de leur relation. Les élèves qui ont pris la parole par la suite ont expliqué comment leurs problèmes affectifs les avaient aidés à devenir plus forts et plus sages.

À la fin de notre temps de partage, tous les élèves ont naturellement eu envie de s'amender. Le lendemain, un groupe d'une vingtaine d'élèves traînait dans l'établissement et tous montraient qu'ils se souciaient vraiment les uns les autres.

Lyndsay utilise le partage en cercle pour faire avec ses étudiants un exercice d'écoute pratique en vue de les aider à prendre davantage conscience que les origines des préjugés et de la discrimination sont en nous. Elle se sert d'un « bâton d'écoute » pour les encourager à prendre la parole à tour de rôle.

Avec mes étudiants en psychologie, je me sers d'un « bâton d'écoute » dans les discussions de groupe, afin d'indiquer que seule la personne qui tient le bâton pourra s'exprimer. Nous étudions les préjugés de groupe en psychologie sociale et j'utilise ce bâton comme prétexte à une « expérience pédagogique » sur la façon dont les préjugés et la discrimination commencent dans l'esprit. Je propose au groupe un thème provocateur sur lequel ils doivent discuter en utilisant le bâton d'écoute. Puis, à intervalles réguliers, je fais tinter une petite cloche et leur demande de regarder ce qui se passe en eux (leur respiration, les tensions dans leur corps, leur état émotionnel et toutes les idées qui peuvent leur passer par la tête). Ils commencent alors à s'apercevoir que leur esprit génère des pensées du type « comme moi » et « pas comme moi », qui peuvent à leur tour se transformer en émotions fortes comme de la colère ou des reproches.

LE NOUVEAU DÉPART
ET L'ARROSAGE DES FLEURS

Comme nous l'avons vu dans ce chapitre, le nouveau départ est une méthode structurée pour exprimer des difficultés et même pour régler des différends.

La première étape, l'arrosage des fleurs, qui consiste à exprimer ce que nous apprécions chez l'autre, est souvent utilisée de façon autonome, car elle fait énormément de bien. Les élèves comme les enseignants sont très souvent jugés et il n'est pas fréquent que les autres nous fassent simplement savoir combien ils nous apprécient, ce qui a toujours pour effet de nous réchauffer le cœur.

Sarah Woolman, au Royaume-Uni, a constaté que ses élèves de maternelle aimaient tellement l'arrosage des fleurs qu'ils voulaient le pratiquer tous les jours. Elle a estimé que ce serait trop, tout en trouvant une façon d'intégrer autrement l'esprit de cette pratique d'appréciation des autres.

Les élèves de ma classe adorent arroser les fleurs ; c'est une activité précieuse qui nous fait vraiment du bien. Ils ont insisté pour que j'y participe afin de pouvoir eux aussi arroser ma fleur. Nous avons discuté de la manière de faire des remarques qui correspondent vraiment à chaque personne. Les élèves voulaient que l'on pratique l'arrosage des fleurs tous les jours, ce qui en dit long sur notre besoin d'être apprécié. Je me suis dit que cela n'aurait plus de sens si nous répétions cette pratique tous les jours et j'en ai proposé une adaptation qui consiste à faire un tour de classe pour dire à la personne qui se trouve juste à côté de nous combien on l'apprécie, ce qui est une autre façon de créer ce sentiment.

Pascale Dumont, en France, s'est aperçue qu'elle pouvait apaiser des enfants difficiles en pratiquant l'arrosage des fleurs et les aider à apprécier positivement ce qu'ils avaient en commun, à condition de pratiquer tout de suite et de ne pas en faire une théorie ennuyeuse !

Alors que je travaillais avec trois enfants de neuf à dix ans très perturbateurs, j'ai décidé d'introduire la pratique du renouveau : une pratique qui permet de renouveler, de rafraîchir et d'améliorer nos relations avec les autres. J'ai amené ce jour-là une petite plante avec une jolie fleur jaune que j'ai posée au centre du cercle. Très vite, je me suis rendu compte que mon « baratin » d'introduction à cette pratique les ennuyait profondément, et j'ai donc tout de suite commencé. J'ai pris la plante et je leur ai parlé de toutes les belles qualités de chacun d'entre eux. À partir de cet exemple, ils ont tout de suite compris le principe et ils ont continué. C'était vraiment touchant, et surtout inédit pour eux de trouver des points positifs en eux-mêmes ! J'ai aussi eu le bonheur de bénéficier de leur arrosage de mes fleurs et de m'entendre souhaiter une belle carrière dans l'Éducation nationale.

L'arrosage des fleurs est utile pour les enseignants comme pour les élèves. Bea Harley nous raconte l'expérience vécue par une équipe pédagogique dans une école primaire au Royaume-Uni.

La pratique de l'arrosage des fleurs est selon moi l'une des pratiques les plus merveilleuses que nos amis nous aient fait découvrir. Pendant des années, nous avons pratiqué avec les enfants un exercice que nous avons appelé le « soleil dans le centre ». Chaque enfant est assis au centre d'un cercle et ses camarades de classe et l'enseignant prennent la parole à tour de rôle pour dire ce qu'ils apprécient et aiment chez lui. En tant que membres du personnel, nous n'avions jamais envisagé de le faire pour nous-mêmes, mais nous avons constaté qu'il était important de prendre le temps de s'arrêter, de regarder profondément et d'exprimer les qualités que nous apprécions chez nos collègues, et de les en remercier. J'ai trouvé que c'était une belle expérience qui nous a tous fait du bien.

Les enseignants sont souvent épuisés et submergés de travail. Kaira Jewel Lingo témoigne que la pratique régulière de l'arrosage des fleurs lui fait le plus grand bien lorsqu'elle facilite sa pratique comme enseignante dans toutes sortes de contextes.

La capacité de l'arrosage des fleurs à restaurer ma fraîcheur et mon énergie ne cesse de me surprendre. Il m'est souvent arrivé de me sentir fatiguée et sans énergie après avoir beaucoup enseigné sans avoir pu me reposer suffisamment. Lorsque arrive le moment de s'asseoir pour la pratique de l'arrosage des fleurs, que ce soit dans un monastère ou quand j'enseigne la pleine conscience dans un établissement scolaire, je me sens parfois si fatiguée que je me demande si j'aurai assez d'énergie. Inévitablement, alors que les personnes présentes commencent à s'exprimer dans un esprit d'ouverture pour dire tout ce qu'elles apprécient chez les autres, avec leur rire et leurs larmes, ma fatigue disparaît. Mon cœur est touché et cela m'inspire, ce qui m'apporte toujours de l'énergie. Je me retrouve en train de sourire, chaque goutte d'eau rafraîchissante offerte aux autres m'étant offerte à moi aussi, même si la personne qui s'exprime ne s'adresse pas à moi directement. Lorsqu'une personne manifeste son appréciation, j'ai toujours l'image d'un dispositif d'arrosage qui balaie tout le jardin sans discrimination. Même lorsque personne ne parle de nous, nous profitons des mots gentils qui sont prononcés. C'est inspirant pour tout le monde et, par cette pratique, tout le monde autour de nous se sent plus heureux. On se sent plein d'énergie et revivifié.

DEUXIÈME PARTIE

Pour résumer

« Pour s'en sortir, il faut d'abord
rentrer chez soi. »

Thich Nhat Hanh

9

Cultiver la pleine conscience
en nous-mêmes

Dans ce chapitre, vous allez :
• Bénéficier d'autres conseils sur les moyens
  concrets qui nous permettent de commencer, de
  renforcer, d'approfondir et de poursuivre notre
  pratique de la pleine conscience et de l'intégrer
  dans notre vie.
• Prendre connaissance d'exemples et de réflexions
  d'enseignants sur la façon dont l'approche du
  Village des Pruniers a façonné leur vie de manière
  positive et découvrir ce qui les a aidés à cultiver
  leur propre pratique de la pleine conscience.

La pleine conscience commence
en soi-même

Le message principal de ce livre est que la pleine conscience commence en soi-même. Pour Thich Nhat Hanh, il ne fait aucun doute que « revenir en soi » est toujours la « première étape ».

Il y a une énergie d'habitude en chacun de nous. Habituellement, les gens n'aiment pas revenir en eux-mêmes et entrer en contact avec la souffrance présente en eux. Ils essaient de fuir et de dissimuler cette souffrance, leur solitude, leur peur, leur colère et leur désespoir. Pour les enseignants, la première chose à faire est de revenir à soi-même. Pour s'en sortir, il faut commencer par rentrer chez soi. Revenir à soi-même et prendre soin de soi. Apprendre à générer un sentiment de joie, apprendre à générer un sentiment de bonheur, apprendre à faire face à un sentiment douloureux ou à une émotion pénible. Écouter la souffrance, faire naître la compréhension et la compassion, et souffrir moins. C'est par là qu'il faut commencer[1].

Les enseignants sont souvent attentifs aux besoins des autres et ont tendance à négliger les leurs. Nous pouvons être si engagés dans notre travail et investis dans notre rôle d'enseignants que nous en oublions que nous sommes avant tout des êtres humains. Michael Schwammberger, enseignant expérimenté du Village des Pruniers, a été frappé par la sagesse d'un participant dans un groupe qu'il animait lors d'une retraite au Village des Pruniers.

> Une personne dans mon groupe a dit : « Ce n'est pas seulement l'enseignant que nous essayons de guérir ; c'est l'être humain, la personne. » Cet enseignant a peut-être une femme, des enfants, et bien d'autres relations. La question est donc de savoir comment nous pouvons vraiment l'aider, non seulement en tant qu'enseignant, mais avant tout en tant qu'être humain.

Nous avons tous le besoin et le droit de prendre du temps pour nous-mêmes, de guérir notre souffrance et de cultiver notre bonheur et notre bien-être. Frère Phap Luu, l'un des leaders des Wake Up Schools, a organisé de nombreuses retraites destinées aux enseignants. Il s'est aperçu que ceux-ci sont souvent surpris à l'idée de commencer par eux-mêmes, alors qu'ils venaient en pensant et probablement en espérant qu'on leur fournirait un programme pour enseigner la pleine conscience à leurs élèves. Mais dès lors qu'ils ont accepté l'idée, ils se rendent compte que l'attention personnelle que leur offre la retraite est une expérience puissante et porteuse de transformations.

Certains enseignants viennent à nos retraites dans l'intention d'apprendre un programme et des techniques, mais, en définitive, nous leur apprenons comment se transformer eux-mêmes et apporter du bonheur dans leur propre vie. C'est beaucoup plus puissant qu'un programme ou une technique. Après avoir passé quatre ou cinq jours à baigner dans l'énergie collective de paix, de calme, de pleine conscience et de détente, sans avoir un projet sur lequel travailler ou une réunion à laquelle participer, à simplement revenir à leur respiration et être conscients de leur corps et de leurs émotions, je pense qu'ils se sentent très touchés que l'on se préoccupe autant de leur bien-être. Prendre soin de l'enseignant sera toujours un aspect essentiel des Wake Up Schools[2].

QUELS BIENFAITS LES ENSEIGNANTS PEUVENT-ILS TIRER DE LA PRATIQUE DE LA PLEINE CONSCIENCE ?

Nous avons reçu de nombreux témoignages d'enseignants au sujet des changements apportés par la pratique de la pleine conscience dans leur vie, leur façon d'enseigner et leurs relations avec leurs élèves. Nous verrons dans ce chapitre quels sont ces changements et ces transformations dont ils nous ont fait part.

En tant qu'enseignants, nous sommes souvent tenus d'atteindre des objectifs. Ces objectifs peuvent nous être imposés par des environnements stressants, une forme de pression et un contrôle externe. Nous pouvons aussi nous les imposer nous-mêmes lorsque, avec de bonnes intentions, nous voulons aider les autres et « régler leurs problèmes ». La pleine conscience peut nous apporter à cet égard un profond soulagement. Elle nous aide à considérer notre expérience autrement, ce qui nous donne du temps et de l'espace pour être simplement présents – le seul moment pendant lequel il est vraiment possible de changer les choses – plutôt que de toujours nous projeter dans l'avenir.

Thich Nhat Hanh nous met en garde contre le danger qui consiste à faire de la pleine conscience un instrument ou un outil. Il nous invite à ne pas utiliser la pleine conscience pour atteindre quelque chose dans le futur, mais simplement pour arriver ici, maintenant.

Nous parlons de « pleine conscience juste ». Cela implique qu'il existe aussi une pleine conscience erronée, et nous devons tous apprendre à distinguer les deux.

Avant tout, la pleine conscience juste n'est ni un outil ni un instrument, mais un chemin. La pleine conscience juste n'est pas un moyen pour parvenir à une fin. Un outil peut toujours être utilisé de différentes manières, comme un couteau. Un couteau peut par exemple aussi bien servir à couper des légumes qu'à tuer ou à voler. La pleine conscience n'est pas comme un couteau dont on pourrait faire un bon ou un mauvais usage. Or nous sommes nombreux à parler de la pleine conscience comme d'un outil. Nous disons qu'avec la pleine conscience, nous pouvons guérir, nous réconcilier, gagner plus d'argent, éliminer un ennemi plus efficacement (même l'armée le dit maintenant).

La véritable pleine conscience n'est pas seulement un chemin qui mène au bonheur, c'est le chemin du bonheur. Lorsque vous pratiquez la respiration en pleine conscience, votre inspiration n'est pas un moyen pour atteindre une fin. Si vous savez que vous respirez, alors vous trouverez de la joie, de la paix et de la guérison tout de suite, en respirant. Si vous souffrez lorsque vous respirez – si vous avez tendance à penser « Je souffre maintenant, alors je vivrai quelque chose de mieux plus tard », il ne s'agit pas de pleine conscience juste. Avec la pleine conscience juste, chaque pas est un chemin en soi. Nous devons nous rappeler en permanence que pratiquer de la sorte nous permettra d'éprouver un sentiment de paix, de calme et de joie immédiatement. Lorsque vous êtes assis, en train de marcher, de respirer, de faire à manger ou de passer le balai, la pleine conscience rend ces activités agréables et vous procure joie, paix et vision profonde – dans votre corps, votre esprit et votre situation. – Retraite de vingt et un jours, 2014.

Se sentir bien dans l'ici et maintenant, ne pas sans cesse s'occuper de planifier, cela parle à de nombreux enseignants. Cette compréhension nous aide à ralentir et à lâcher prise, ce qui nous permet de continuer à faire notre travail d'enseignants et de profiter de la vie en ayant confiance dans le fait que ce qui doit arriver arrivera.

Une chose que j'ai apprise, ou plutôt un point de vue que j'essaie d'adopter dans le cadre de mon travail, c'est de ne pas vouloir absolument atteindre tel ou tel objectif. En fait, il suffit de faire son travail, et les choses se dérouleront comme elles auront besoin de le faire. – Michael Bready, enseignant de pleine conscience, Royaume-Uni.

Réagir habilement face à nos difficultés et à notre souffrance

Nous avons vu au chapitre 7 que la pleine conscience peut nous aider à embrasser nos émotions difficiles et transformer notre expérience de la souffrance. Elle peut nous aider à faire face aux difficultés que nous rencontrons inévitablement dans notre vie avec davantage de calme et d'équanimité, comme l'illustrent les récits suivants.

Alison Mayo souligne que porter son attention sur ce qui semble être de « petites choses » permet de retrouver la paix, le calme et la résilience intérieure.

L'impact sur ma vie personnelle a été considérable et les enseignements m'ont aidée à garder le cap lors de périodes stressantes et très chargées. Les deux aspects que j'ai trouvés les plus utiles sont l'accent mis sur la pratique de cultiver la joie, la détente et le bonheur, et les conseils pour intégrer la respiration consciente et la pleine conscience dans ses activités quotidiennes. Je fais maintenant une méditation marchée sur la colline près de chez moi tous les soirs, ce qui me permet d'avoir l'esprit plus clair et de faire un peu d'exercice au grand air en étant proche de la nature.

L'effet régénérant de la présence attentive peut être ressenti tout au long de la journée dans les détails du quotidien. Gloria Shepard, qui enseigne la pleine conscience aux États-Unis, confirme que pour elle, le simple fait de pratiquer une plus grande présence dans les petites choses – comme la promenade quotidienne du chien – lui permet de faire des réserves pour faire face à des moments plus difficiles.

Je pense que ce qui m'a le plus aidée, c'est une parole de Thây – « c'est ainsi » –, car elle nous rappelle d'être présents à la vie telle qu'elle est, avec nos enfants et nos parents tels qu'ils sont, notre propre famille, la situation, etc. Cela crée beaucoup plus d'espace en nous. Je m'assois souvent en ayant cette parole en tête. Cela m'a beaucoup aidée lorsque je traversais des moments très difficiles, quand mes enfants étaient en colère et me criaient dessus. Grâce à une présence attentive, je sens ma résistance et peux ensuite me souvenir que « c'est ainsi », et accueillir le moment tel qu'il est, en pratiquant l'écoute profonde et en accueillant ma souffrance ou ma réaction. Je pratique ainsi pendant de courts moments. Lorsque ma chienne était encore en vie et que j'allais la promener le soir, j'étais parfois pressée qu'elle fasse ses besoins pour pouvoir rentrer chez moi et me mettre au lit. Mais après avoir participé à une retraite pour les enseignants avec Thây, lorsque je me suis mise à faire de ce « c'est ainsi » une pratique formelle et informelle, j'ai commencé à me dire : « C'est vraiment ainsi ! » Je regardais les étoiles ou les nuages, je sentais l'air – froid, chaud, pluvieux, etc. –, et je respirais en savourant l'instant, même le moment où je ramassais les crottes de ma chienne. Pour moi, cette pratique pendant de courts instants m'a aidée à être présente lors de moments plus difficiles.

La pleine conscience peut aussi être convoquée lorsque nous devons affronter des difficultés plus graves comme, dans le cas de Mariann Taigman, la maladie et le décès d'un être cher.

Les enseignements de Thây m'ont vraiment aidée à « être présente à chaque instant » avec mon père, dans les derniers jours avant sa disparition, ce qui a rendu cette expérience beaucoup plus riche que je ne le pensais, même si cela a été difficile de le regarder souffrir. Je lui caressais le front, le nourrissais et l'aidais avec le cathéter et son fauteuil roulant (je suis ergothérapeute de métier). Je l'aidais à rire et je lui chantais des chansons apprises lors de retraites. Bien qu'elle ait été très dure à vivre, cela a été l'expérience la plus profonde et la plus merveilleuse (la plus triste aussi) de ma vie.

La pleine conscience peut nous soutenir tout au long des moments de vie douloureux. Jenna Joya Blondel, qui enseigne dans un lycée aux États-Unis, le sait bien, car elle a subi un profond traumatisme dans son enfance, des douleurs physiques et une rupture avec les personnes qui comptaient le plus pour elle. Les enseignements l'ont aidée à « faire de sa vie une pratique » et à pouvoir, en dépit de toutes les difficultés, mener une vie paisible pleine de bonheur et de compassion.

Avec la pratique de la pleine conscience, j'ai appris à incarner la paix, à rencontrer le monde et ses souffrances avec un cœur ouvert pour faire de ma vie – marcher, manger, parler, écouter, respirer – ma pratique. Je souffre de stress post-traumatique (j'ai été victime de violences verbales et psychiques dans ma famille et avec mon premier mari, puis j'ai été séparée de mes trois enfants après mon divorce). Les enseignements de Thây m'ont aidée à faire face au syndrome de stress post-traumatique par la pratique de la pleine conscience, en étant présente dans l'ici et maintenant, sans ressasser des souvenirs douloureux ni avoir peur de l'avenir. Je souffre de douleurs chroniques (dues à une fibromyalgie) et la pleine conscience de ma respiration m'aide à affronter la douleur. Je me suis remariée, et les enseignements de Thây sur la communication et l'amour véritable nous ont aidés, moi et mon mari, à créer une relation de cœur à cœur, heureuse et paisible. Les enseignements de Thây m'ont aidée à guérir et à m'épanouir. J'en suis très reconnaissante et j'essaie de transmettre à d'autres ces enseignements qui m'ont tant aidée.

Nous pouvons nous retrouver pris au piège de nos opinions, que nous considérons comme allant de soi, tout comme de nos idées, d'habitudes et de comportements qui n'ont plus de raison d'être. Thich Nhat Hanh nous fait part de ses réflexions sur la liberté que la pleine conscience, la concentration et la vision profonde nous apportent, et qui modifient la façon dont nous considérons nos pensées, ce qui nous donne un plus grand choix dans nos actions.

Tout évolue selon le principe de l'interdépendance, mais le libre arbitre et la possibilité de transformer les choses existent. Le libre arbitre est la pleine conscience. Lorsque la pleine conscience intervient, nous sommes conscients de ce qui se passe. Si nous aimons nos actions, nous les laissons continuer ; si nous n'aimons pas nos actions, il existe des méthodes pour les changer, en utilisant la concentration et la vision profonde. Nous ne voulons pas prendre un chemin qui mène au mal-être ; nous voulons prendre un chemin qui mène à la cessation du mal-être, au bien-être. Le libre arbitre est possible parce que nous savons que nous pouvons gérer nos pensées, nos paroles et nos actions. Nous sommes responsables de nos actes et il est possible d'assurer une bonne continuation. La liberté commence par la pleine conscience, la concentration et la vision profonde. Avec la vision profonde, avec la vue juste, nous pouvons pratiquer la pensée juste. Nous pouvons nous transformer, nous pouvons transformer le monde. Tout est le fruit de nos actions[3].

Les enseignants qui pratiquent la pleine conscience la considèrent comme utile pour réfléchir sur leurs habitudes et leurs jugements, repérer ces jugements et acquérir souplesse et ouverture face au changement. L'expérience de Ranjani Shankar, professeure en lycée en Inde, en est un bon exemple.

J'ai été quelqu'un de très critique toute ma vie et j'avais trop tendance à porter des jugements, mais maintenant, le pardon me vient assez facilement. Depuis, je suis moins malheureuse dans ma vie et les autres peuvent voir le changement qui s'est opéré en moi.

Valerie Brown, pédagogue chevronnée qui dirige un programme de leadership en pleine conscience aux États-Unis, nous explique comment la pleine conscience l'aide à reconnaître sa propre étroitesse d'esprit, la rend plus capable de faire des pauses suffisamment longues pour être consciente de ses réactions habituelles, dépasser les chemins bien connus qu'emprunte son esprit et à voir les situations plus clairement pour ce qu'elles sont. Cela lui donne et donne à ses élèves la liberté de faire des choix plus judicieux.

La clarté est générée par la capacité d'observer ce qui se passe dans l'instant présent, d'être conscient de ce que vous ressentez, tant sur le plan psychique que physique, et de faire des pauses assez longues pour choisir comment répondre, plutôt que réagir à partir de schémas inconscients ou habituels. Dès lors que vous voyez la situation clairement, et non ce que vous voulez ou espérez voir, vous savez comment réagir au mieux et faire des choix avisés. Agir de façon judicieuse en s'appuyant sur la vision profonde va dans le sens de la sagesse. L'une des participantes au programme que je dirige, une directrice enseignante d'un établissement privé quaker dans le Midwest des États-Unis, fait des pauses en pleine conscience pour ne plus réagir si souvent en pilote automatique. Pour elle, ces moments de pause en pleine conscience sont vraiment des « moments pour faire des choix ».

DEVENIR PLUS CONSCIENTS NOUS-MÊMES : LES PREMIERS PAS

Comment faire en sorte que la pleine conscience devienne une réalité dans notre vie quotidienne ? Comment faut-il procéder et quelles étapes faut-il suivre ? Comment les enseignants font-ils pour commencer à cultiver leur propre pleine conscience ? Et comment font-ils pour continuer ?

Il existe bien entendu de nombreuses voies susceptibles de nous inspirer. S'il n'y a pas une seule et unique voie, il existe bel et bien des indications utiles.

Entendre parler de la pleine conscience,
dans un livre ou lors d'une conférence

Pour bon nombre de personnes, le simple fait d'entendre parler des principes de la pleine conscience vient réveiller une « cloche de pleine conscience » en eux. Cela peut suffire pour qu'on se lance dans cette voie. À l'inverse, si aucun écho ne résonne, il y a peu de chances pour que nous nous engagions dans cette voie.

Les enseignants qui apprécient la tradition du Village des Pruniers nous ont souvent raconté que leur premier contact avait été l'un des nombreux livres de Thich Nhat Hanh, à l'instar de Mack Paul, enseignant dans l'Oklahoma, aux États-Unis.

Lorsque j'ai commencé à enseigner, je n'avais pas vraiment confiance dans ma capacité d'exercer ce travail. Mon angoisse et ma colère étaient si fortes que je souffrais de fréquents épisodes de stress. J'essayais de méditer et j'y parvenais pendant quelques minutes, mais, dès que je me relevais, j'étais à nouveau aussi stressé. Un ami m'a offert le livre *Le Miracle de la pleine conscience* et j'ai commencé à apprendre à m'établir dans la pleine conscience. Cela m'a permis de vraiment prendre plaisir à enseigner toutes ces années. J'ai pris ma retraite après trente-deux ans d'enseignement à temps plein et travaille maintenant comme assistant d'un enseignant spécialisé. Cela a fait de moi un meilleur mari et un meilleur père.

Pour Valerie, que nous avons déjà rencontrée, le point de départ a été une conférence inspirante qui lui a permis de faire le lien entre la vision de Thich Nhat Hanh et sa propre vie.

Pratiquement tout ce que Thây a dit pendant cette conférence était à l'opposé de la façon dont je vivais ma vie. Il a parlé de cultiver le bonheur en soi et de le partager avec autrui. Il a parlé de s'arrêter et de calmer le corps et l'esprit. J'étais intriguée et perplexe, car je passais l'essentiel de ma vie à courir. J'ai décidé de commencer à pratiquer la pleine conscience dans mon travail et dans ma vie quotidienne.

Si vous souhaitez en savoir plus sur la pleine conscience, vous trouverez en fin d'ouvrage une liste de ressources, parmi lesquelles des livres et des liens sur Internet, notamment des enseignements, dans la section « Pour aller plus loin ».

Commencer à pratiquer
la pleine conscience après une expérience
personnelle de souffrance

Il est inutile de vouloir échapper à la souffrance : sous quelque forme que ce soit, elle vient de toute façon frapper à votre porte. Les personnes qui s'engagent dans la voie de la pleine conscience le font parfois après une expérience personnelle difficile – de graves problèmes de santé, des événements lors desquels la vie est menacée et des crises familiales – qui a ébranlé leur capacité à faire face.

Le récit à la fois humble et surprenant de Michele Chaban, professeure d'université, nous montre comment la pleine conscience l'a aidée, non seulement à affronter les conséquences d'un événement catastrophique, mais aussi à en faire une expérience enrichissante.

Un jour, un conducteur ivre m'est rentré dedans et j'ai perdu mes jambes et mes bras. Pendant les années qui ont suivi, j'ai également perdu ma capacité de parler et de marcher. Face à ce genre de souffrance, vous avez le choix entre rester en vie, devenir folle ou en faire autre chose. J'ai décidé alors d'explorer la souffrance. Je peux donc dire que la pratique de la méditation de pleine conscience m'est arrivée par l'intermédiaire d'un conducteur ivre. Et je lui suis très reconnaissante pour tout ce qu'il a fait pour moi.

À travers cet exemple extraordinaire et inspirant du principe selon lequel sans boue, il n'y a pas de lotus, on voit que la pleine conscience peut parfois nous aider à intégrer les expériences les plus douloureuses que nous sommes amenés à vivre et à en tirer de la force.

Trouver un professeur
de pleine conscience

Si nous voulons approfondir et maintenir notre pratique de la pleine conscience, il peut être utile de trouver un professeur près de chez soi pour continuer à guider et inspirer notre chemin.

Une enseignante spécialisée aux États-Unis nous explique comment le fait de pratiquer au sein d'une communauté l'aide constamment, que ce soit lorsqu'elle pratique avec une sangha (ou un groupe) ou lorsqu'elle est seule.

Le fait d'avoir pratiqué avec un enseignant du Dharma, Eileen Keira, pendant vingt-trois ans, ainsi qu'avec une sangha, m'a apporté du bonheur, de la compréhension et un grand soulagement. Mon mari, ma sœur et mes amis m'ont fait part des changements positifs qu'ils avaient constatés chez moi au fil des années. Lorsque je pratique la marche dans la nature en silence, lorsque je pratique au volant de ma voiture sur le chemin du travail, lorsque je marque une pause avant de réagir afin de mieux comprendre, lorsque je sais reconnaître mon besoin d'un moment de calme, lorsque je fais face aux difficultés en pratiquant l'assise et en laissant venir ce qui vient, toutes ces pratiques continuent de me soutenir.

Nous pouvons trouver des professeurs de pleine conscience partout dans le monde, parmi lesquels un grand nombre pratiquent selon les enseignements de Thich Nhat Hanh et du Village des Pruniers. Vous pourrez trouver leurs coordonnées en ligne ou en contactant le Village des Pruniers ou les autres centres de retraite de la communauté. Vous trouverez également en fin d'ouvrage une liste succincte d'enseignants du Village des Pruniers dans la section « Pour aller plus loin ».

Comme nous l'avons vu précédemment, le travail sur la pleine conscience, la compassion, les approches contemplatives, la psychologie positive et l'apprentissage psychosocial ont proliféré dans le monde entier dans de nombreux contextes. La somme de travail effectuée – travaux de recherche, bourses, théorie, centres, enseignants, stages, formations d'enseignants, initiatives individuelles et ressources pédagogiques – ne cesse de croître, et de façon exponentielle.

Les enseignements de Thich Nhat Hanh et l'approche du Village des Pruniers contribuent dans une large mesure à cette fertilité et sont une source d'inspiration pour bon nombre de personnes. Nous nous sommes efforcés tout au long de ce livre de montrer ce que la voix distincte du Village des Pruniers et de Thich Nhat Hanh apporte à ce champ en plein développement, sans perdre de vue que les enseignements offerts par Thich Nhat Hanh et sa communauté ne sont pas un dogme et ne prétendent pas à l'exclusivité. Les enseignants du Village des Pruniers sont bien intégrés dans le monde et s'appuient sur leur expérience de terrain pour soutenir leur théorie et leurs pratiques, tout en appréciant la solidité que leur apportent ces enseignements fondateurs.

De nombreux enseignants associent avec succès l'approche du Village des Pruniers et d'autres programmes solides et facilement accessibles, comme le Programme de réduction du stress basé sur la pleine conscience (en anglais, *Mindfulness-Based Stress Reduction*, MBSR) ou l'un des nombreux programmes scolaires et universitaires basés sur la pleine conscience. Par exemple, Michael Bready a mis au point son propre programme, Youth Mindfulness, au Royaume-Uni, en associant l'approche du Village des Pruniers à d'autres courants ; selon ses propres mots, une « démarche associant la pratique du Village des Pruniers, le programme MBSR et la psychologie positive ».

D'autres ont habilement intégré l'approche du Village des Pruniers à des démarches ancrées dans la culture locale. C'est le cas de Norma Ines Barreiro, enseignante et travailleuse sociale au Mexique, où les aspects bienveillants de la culture maya sont inextricablement liés aux enseignements de la pleine conscience.

Le fait qu'il existe dans les anciennes cultures mayas beaucoup de points communs avec notre tradition nous aide beaucoup, cela permet aux enfants de se l'approprier plus facilement. Par exemple, dans deux des langues mayas dans lesquelles nous travaillons (le tzeltal et le tzotzil), un des éléments de base est le *tik*, qui signifie « nous ». Personne n'existe en dehors de la communauté. Autre point commun : nous faisons un avec la Terre mère. Le poids des ancêtres dans la vie quotidienne et la présence concomitante des individus et des communautés est un autre aspect qui facilite l'intégration des pratiques de pleine conscience dans la tradition du Village des Pruniers.

Notre souhait est de pouvoir vous aider à choisir votre propre voie, sans vous surcharger d'informations ni vous désorienter, de façon à vous permettre d'intégrer les idées du Village des Pruniers à des approches que vous estimez compatibles sur le plan de l'éthique et des valeurs, qui sont facilement accessibles, adaptées à votre culture et à votre contexte, d'une utilité pratique et parlantes pour votre cœur et votre esprit.

Pratiquez, pratiquez, pratiquez

Bon nombre de personnes acceptent la pleine conscience en théorie et pratiquent plus ou moins de temps à autre, mais trouvent difficile de pratiquer dans la durée, alors que c'est précisément cela qui rend possibles des changements positifs. Si voulons vivre en pleine conscience, et pas juste savoir ce qu'est la pleine conscience ou la recommander à d'autres, nous devons avoir une pratique régulière. Cela exige de l'engagement, du temps et des efforts. C'est la raison pour laquelle, après la phase initiale d'inspiration, le vrai travail commence – souvent dans la joie, mais aussi en faisant preuve de diligence et de discipline.

Michael Schwammberger, dont nous retrouvons tout au long de ce livre les conseils avisés tirés d'une longue expérience, transmet un message simple aux personnes à qui il enseigne : « Il vous suffit de pratiquer. »

Les enseignants ont des idées au sujet de ce qu'ils voudraient faire en classe avec les élèves ou alors ils aiment régler, arranger ou améliorer les choses. Nous devons souvent passer par un processus pour les aider à lâcher prise de ces idées, car elles peuvent devenir un obstacle qui les empêche de vraiment expérimenter la pratique. C'est pourquoi nous ne cessons de leur rappeler l'importance de pratiquer, juste pratiquer. Expérimenter la pratique. Revenir en soi. Revenir à sa respiration. Ralentir. Lâcher prise. Prendre plaisir à pratiquer. Revenir d'abord à la pratique de base de la pleine conscience – faire votre propre expérience.

Les êtres humains aiment les habitudes. Comme lorsque nous nous lançons dans un programme d'exercices physiques au long cours, il ne s'agit pas d'aller courir pendant quelques cours au début de la nouvelle année, mais d'établir une routine quotidienne pour développer le « muscle de la pleine conscience ». Il est conseillé, surtout au début, d'identifier une petite pratique simple que nous pouvons accomplir tous les jours au même endroit et à la même heure. Nous essayons ensuite de nous y tenir du mieux que nous le pouvons, en reconnaissant que la pleine conscience, c'est être avec ce qui est, et non un robinet à ouvrir dans un moment d'extase. Nous continuons de pratiquer, quelle que soit la façon dont se passe notre journée.

Nous pouvons avoir d'autres pratiques que la méditation assise. Vous trouverez dans la première partie de ce livre de nombreuses options et points de départ sous forme de pratiques de base, comme manger, faire des mouvements et marcher en pleine conscience. Valerie nous a raconté précédemment comment une conférence de Thich Nhat Hanh lui a donné l'inspiration pour commencer à pratiquer. Voici son témoignage à propos de ses débuts dans la pratique.

> J'ai commencé par de toutes petites choses, avec de petits moments d'attention : manger un morceau de sandwich avec autant d'attention que je le pouvais, observer mes pieds sur le sol, prendre conscience de mon cœur qui s'emballe et me calmer moi-même. Petit à petit, ma journée de travail s'est retrouvée remplie de ces moments de pleine conscience, ce qui a changé ma façon de penser, de parler et d'agir.

L'endroit où nous décidons de pratiquer peut être aussi important que le moment. C'est pourquoi choisir un espace et y pratiquer régulièrement aide à établir une routine. Nous pouvons créer un « espace de respiration » ou une « salle de respiration », comme l'appelle Thich Nhat Hanh, où nous réfugier. Cela peut être tout simplement une chaise ou un coussin posé au sol, éventuellement près d'une plante ou d'une fenêtre. Cet espace peut être aussi simple ou perfectionné que nous le souhaitons ou que nous pouvons nous le permettre. Peut-être aurons-nous la chance de pouvoir transformer un coin de notre pièce, ou même de nous asseoir près d'une calligraphie inspirante. Si nous vivons en famille ou dans un groupe, nous pouvons également créer un espace commun où tout le monde pourra venir pratiquer ou se retirer pour bénéficier d'un refuge au calme en cas de situation difficile.

APPROFONDIR NOTRE PRATIQUE :
PARTICIPER À UNE RETRAITE

Participer à une retraite implique de passer un temps loin de la vie quotidienne et des distractions habituelles en suivant un programme structuré de pratiques et de consignes. Bon nombre de personnes considèrent que les retraites font partie intégrante de la pratique de la pleine conscience. Elles aident à cultiver la pleine conscience ainsi que la réflexion et la contemplation, en bénéficiant du soutien offert par un cadre de vie communautaire dans un environnement paisible et revivifiant. On peut y passer quelques jours ou de plus longues périodes.

Certaines retraites se déroulent en silence, ce qui représente pour certaines personnes un changement régénérant par rapport à un quotidien bruyant où les interactions sont incessantes. Les retraites organisées dans la tradition du Village des Pruniers ne se déroulent pas en silence, bien qu'elles offrent de courts moments de silence et prévoient du temps pour écouter, échanger et réfléchir. Elles nécessitent de s'engager dans les pratiques de base décrites dans ce livre et de passer du temps chaque jour pour échanger et réfléchir avec les autres, par petits groupes de « familles ». Vous trouverez une liste de centres de retraite dans la section « Pour aller plus loin » en fin d'ouvrage.

Il est toujours utile de participer à des retraites, quel que soit notre avancement dans la pratique. Cela peut nous inspirer quand nous débutons et nous aider à mettre en œuvre les consignes de base pour établir une pratique solide. Pour les plus avancés, les retraites peuvent renouveler, consolider et approfondir nos aptitudes et notre expérience. Nous retrouvons alors notre vie de tous les jours en nous sentant régénérés, mieux compris, mieux reliés aux autres, avec des intentions et une aptitude à vivre en pleine conscience renforcées. De nombreux pratiquants dans la tradition du Village des Pruniers confient que c'est une retraite qui a constitué pour eux l'inspiration initiale et, par la suite, l'occasion d'approfondir leur engagement.

Certains enseignants aiment participer à des retraites destinées aux professionnels de l'éducation car ils trouvent important de se sentir en sécurité et d'être entendus et compris par d'autres enseignants qui font face à des situations similaires.

La retraite a permis aux enseignants d'exprimer claire-ment certaines questions, dans un espace de compréhen-sion propice. C'est important, parce que les enseignants prennent beaucoup sur eux. Où peuvent-ils se déchar-ger ? Là où il y a de la compréhension – comme dans les discussions sur le Dharma ou les espaces de silence qui sont si importants pendant une retraite. La question n'est pas seulement : comment pouvons-nous apporter la pleine conscience dans les écoles ? Elle est plus précise : comment pouvons-nous soulager les enseignants ? C'est assez touchant de voir comment ça se passe… et chacun peut s'en rendre compte. – Michael Schwammberger, enseignant de pleine conscience et animateur de retraites, Espagne et Royaume-Uni.

Les retraites sont souvent porteuses de transformations, à la fois sur le plan personnel et professionnel. Elles peuvent nous apporter des solutions auxquelles nous n'avions pas pensé en nous aidant à voir le problème différemment, à comprendre que celui-ci est en nous et pas à l'extérieur, et parfois même nous conduire dans des endroits où nous ne nous savions pas que nous devions aller. Sara J. Kein, qui enseigne aujourd'hui la psychologie dans un lycée navajo dans le sud-ouest des États-Unis, nous fait part de ses réflexions dans un article qu'elle a écrit pour le magazine *The Mindfulness Bell*.

Lorsque je suis arrivée à la retraite en novembre dernier, j'avais une pensée récurrente : je veux apprendre à me connecter avec les élèves. Il n'a pas fallu bien longtemps pour que la conscience collective du monastère de Deer Park me ramène à ma réalité. Le problème, ce n'était pas de se connecter avec les élèves. S'il y avait une connexion manquante, c'était avec moi-même[4].

Julie Berentsen, institutrice au Royaume-Uni, nous raconte une expérience vécue lors d'une retraite qui illustre bien le chemin parcouru par de nombreux enseignants. Au début de la retraite, elle a pris conscience qu'elle s'était éloignée des intentions qui l'animaient à ses débuts dans l'enseignement, puis elle a compris qu'elle devait prendre soin de son propre bien-être et trouver une nouvelle inspiration pour aborder sa façon d'enseigner avec une nouvelle perspective et en mettant davantage l'accent sur la joie, la bienveillance et la compassion.

J'étais attirée par la profession d'enseignant parce que j'espérais pouvoir améliorer la vie des enfants. Je voulais créer une classe dans laquelle les enfants puissent s'épanouir et réaliser tout leur potentiel dans la vie. Mais les pressions et les contraintes de la profession, ainsi que mon propre désir d'être « la meilleure » et de donner tout ce que j'avais, ont eu pour effet que j'en ai oublié de prendre soin de moi.

J'ai vu et expérimenté pour la première fois comment vivre en pleine conscience – vivre ma vie en pleine conscience et pas seulement pratiquer de façon formelle pendant une certaine durée chaque jour. Cela a fait son chemin dans ma vie quotidienne, en ce sens que je me souviens de m'arrêter et de respirer, de revenir chez moi…, ce qui m'a permis d'approfondir mes relations avec moi-même et avec mon entourage. Les aspects de la pleine conscience qui consistent à prendre soin de soi et des autres, et qui font partie des pratiques du Village des Pruniers, m'ont aidée à approfondir la communication avec mes amis et ma famille. Les retraites pour les enseignants organisées par le Village des Pruniers m'ont appris à écouter profondément et avec le cœur, à m'améliorer et à arroser les graines de la compassion qui sont en moi. En ralentissant, j'ai pu voir clairement ce dont mes élèves avaient besoin et répondre à leurs besoins dans la joie, avec bienveillance et en ouvrant pleinement mon cœur. Je comprends mieux maintenant comment prendre soin de moi-même et des autres : en étant dans la joie.

BÂTIR UNE COMMUNAUTÉ LOCALE

Pour soutenir notre pratique, nous avons besoin de nous relier à d'autres. Thich Nhat Hanh a expliqué clairement l'importance cruciale de trouver ou de créer un groupe ou une communauté de pleine conscience (qu'on appelle parfois une sangha). S'appuyant de façon pragmatique sur l'expérience de sa longue vie consacrée à enseigner la pleine conscience de par le monde, il n'a cessé d'affirmer qu'en l'absence d'un groupe pour nous soutenir, il y a de très fortes chances pour que nous abandonnions la pratique.

Bâtir une sangha est une pratique fondamentale. Si vous avez une aspiration, une aspiration profonde, si vous avez un rêve à réaliser, vous ne pourrez pas y parvenir sans une communauté. C'est pourquoi il est très important de bâtir une communauté.

Là où vous vivez, vous pouvez créer un groupe de pratiquants pour pratiquer ensemble. Tous les week-ends, vous vous retrouvez pour prendre plaisir à marcher ensemble, vous asseoir ensemble, prendre un thé ensemble et partager la pratique. Ce serait merveilleux, parce que grâce à cette communauté, vous pourrez continuer la pratique pendant longtemps. Sinon, vous serez entraîné par le courant et vous abandonnerez la pratique au bout de quelques semaines[5].

Les considérations de Thich Nhat Hanh quant à l'importance cruciale de pratiquer dans un groupe ou une sangha se retrouvent dans l'expérience dont nous ont fait part de nombreux enseignants.

Ma sangha m'aide beaucoup dans ma pratique. J'ai remarqué que Thây attachait une grande importance à la sangha, et je comprends parfaitement que sans elle, tout serait beaucoup plus difficile. – Goyo Hidalgo Ruiz, professeur dans le secondaire, Espagne.

Les gens nous demandent souvent des conseils au sujet de leurs difficultés lors des retraites mensuelles de la sangha des enseignants de Barcelone. Je réponds toujours la même chose : la communauté de pratique vous offre un refuge, car nous sommes tous là pour nous nourrir et nous régénérer. – Olga Julián Segura, formatrice en développement professionnel, Espagne.

S'il n'existe pas de groupe de pleine conscience là où vous vivez, vous pouvez en créer un dans votre ville ou dans votre quartier, comme l'a fait Giorgia Rossato qui enseigne en France et en Italie.

Comme je n'ai pas l'occasion de partager les pratiques avec d'autres enseignants ou parents, j'ai décidé de mettre en place un groupe Wake Up à Bordeaux. Cela

a pris un certain temps, mais j'y ai mis toute mon énergie. Pour commencer, je me suis inspirée du livre *Semer
les graines du bonheur dans le cœur des enfants* et nous
avons pratiqué la méditation assise, puis la méditation
marchée, suivies d'un court partage.

Pour commencer, il vous faut simplement trouver
une autre personne qui vit près de chez vous – dans
votre école, votre université, votre famille ou votre
quartier –, qui éprouve le même intérêt que vous
pour la pleine conscience. Vous vous apporterez un
soutien mutuel et pourrez partager des promenades,
un stage ou une retraite, une lecture et, bien entendu,
pratiquer et réfléchir ensemble.

Il existe des sanghas (groupes) du Village des
Pruniers dans tous les pays du monde. La section
« Pour aller plus loin » en fin d'ouvrage vous aidera
à les trouver. Pour Mariann Taigman, ergothérapeute
aux États-Unis que nous avons déjà rencontrée, le
groupe local représente un soutien tant sur le plan
professionnel que sur le plan personnel ; d'autres
participants sont prêts à l'aider concrètement à diffuser la pleine conscience dans les écoles.

Faire partie d'une sangha locale fondée sur les
enseignements de Thây vient compléter mes journées.
Plusieurs sœurs dans ma sangha désirent m'aider à développer des pratiques de pleine conscience dans les écoles
et dans le quartier, et je suis ravie de pouvoir partager
ma vision avec d'autres.

Vous trouverez dans le dernier chapitre de plus amples détails sur la façon de collaborer avec vos collègues pour soutenir la pratique de la pleine conscience à l'échelle de votre établissement.

CULTIVER LA PLEINE CONSCIENCE DANS NOTRE VIE QUOTIDIENNE

Notre pratique de la pleine conscience devient vivante lorsque nous vivons dans l'instant présent et à travers des actes concrets. Nous avons exploré dans les chapitres de la première partie les multiples façons pour les enseignants d'intégrer les pratiques de base dans leur vie quotidienne et leur travail. Il n'est pas nécessaire d'établir un programme rigide autour de ces pratiques. Dès lors que vous pratiquez tous les jours, que vous trouvez des soutiens dans votre entourage et le temps de participer à des retraites, vous trouverez progressivement votre propre façon d'étendre la pleine conscience à de plus en plus d'aspects de votre vie.

Pilar Aguilera, qui enseigne dans le cadre des Escuelas Despiertas un cursus d'études sur la pleine conscience dans la tradition du Village des Pruniers, à l'université de Barcelone, est consciente de l'impact de ses petits choix quotidiens sur ce qu'elle laisse entrer dans son esprit et dans son corps.

Je suis consciente que le fait d'avoir une pratique authentique tous les jours, un régime sain et une pratique de la compassion, et de regarder profondément

462

comment les impressions sensorielles exercent une influence sur ma vie quotidienne est un élément essentiel.

On peut inclure dans la pratique toutes sortes de petits actes quotidiens, par exemple faire la vaisselle. Bien en évidence devant de nombreux éviers, les réflexions de Thich Nhat Hanh sur « laver la vaisselle pour laver la vaisselle » rappellent de porter toute son attention sur l'eau et la mousse de savon.

Lorsque nous faisons la vaisselle, si nous pensons uniquement à ce qui nous attend – une tasse de thé par exemple –, nous voudrons nous débarrasser de la vaisselle au plus vite. Elle devient une véritable corvée, un moment franchement déplaisant. Ce n'est pas « laver la vaisselle pour laver la vaisselle ». De plus, pendant tout ce temps, nous ne sommes pas vraiment vivants, car nous oublions totalement que le fait d'être debout devant l'évier est un authentique miracle de la vie ! Le problème est le suivant : si nous ne savons pas faire la vaisselle en pleine conscience, il y a fort à parier que nous ne saurons pas non plus apprécier notre tasse de thé. Quand nous la boirons, nous penserons à des tas de choses en remarquant à peine la tasse que nous tenons. Nous sommes constamment aspirés par le futur, totalement incapables de vivre vraiment la moindre minute de notre vie[6].

Les débutants dans la pratique de la pleine conscience craignent souvent de manquer de temps pour cela. Pour bon nombre d'entre nous, comme Christine Petaccia, ergothérapeute aux États-Unis, c'est le contraire qui se produit : à mesure que nous cultivons la pleine conscience dans nos activités quotidiennes, nous renforçons notre énergie et augmentons notre efficacité, ce qui entraîne un gain plutôt qu'une perte de temps.

Lorsque je me rends à l'école, je pratique la méditation marchée et j'ai une énergie et une patience infinies. J'ai très peu de temps, mais je peux prendre quelques respirations. Au moins une fois par heure, et quand je marche, j'essaie de pratiquer la marche méditative. Je me sens vraiment en paix et cela me donne beaucoup d'énergie. De plus, il est beaucoup plus facile de régler les problèmes avec les élèves et les enseignants, parce que personne n'est débordé. J'ai du mal à exprimer l'effet profond que cette pratique a eu sur ma façon d'enseigner.

Laissez les choses se faire

Comme nous l'avons indiqué précédemment, la pleine conscience est un chemin, non une destination. En parcourant ce chemin de manière constante et dans la joie, sans être pressés d'arriver quelque part, nous pouvons juste laisser les choses se faire. Le récit de Chelsea True illustre ce qui peut se passer en l'espace de dix ans en mettant simplement et tranquillement un pied devant l'autre. Lorsqu'elle a commencé à pratiquer, elle faisait face à des difficultés personnelles que la pleine conscience l'a aidée à transformer et maintenant, elle a créé une association pour diffuser la pleine conscience dans les écoles.

Il y a environ un an, j'ai eu une maladie liée au stress qui m'a contrainte à m'arrêter de travailler. C'est à ce moment-là que je suis tombée sur le livre de Thây, *Toucher la Terre*. Ses enseignements ont été un remède apaisant. Je me suis mise à la méditation assise tous les jours. J'ai changé de régime alimentaire et j'ai commencé à prendre au moins un repas en pleine conscience chaque jour. J'ai passé plus de temps dans la nature. Je voyais dans chacune de mes activités quotidiennes une occasion de pratiquer la pleine conscience. Lorsque j'ai commencé à ressentir les fruits de la pratique, le soleil m'a paru plus éclatant. Le ciel est devenu plus vaste. J'ai réalisé que ces rayons de soleil et cet espace étaient en moi aussi.

J'ai commencé à partager la pleine conscience avec ma fille, alors âgée de trois ans. Au fil des années, des amis et des familles m'ont demandé de la leur faire découvrir aussi. L'an dernier, mon association à but non lucratif a vu le jour en Californie. Avec le Joyful Mind Project, nous apportons aujourd'hui la pleine conscience dans des écoles et des familles de tout le nord de la baie de San Francisco.

En 2014, je suis allée avec ma fille faire une retraite au Village des Pruniers. J'ai eu l'impression de faire un pèlerinage à la maison. Vivre à une époque où ces enseignements sont accessibles, pratiquer en tant que communauté, faire en sorte que les yeux de nos enfants continuent de s'émerveiller sont de véritables trésors. Comme Thây nous l'a enseigné, le simple fait d'être en vie est un miracle.

Avec le temps, pour certains, la pratique de la pleine conscience devient une façon d'être dans le monde en modelant nos points de vue, nos valeurs fondamentales et notre sentiment profond d'intention et de sens. La pratique peut porter sur tous les aspects de notre vie.

Valerie Brown, dont nous avons déjà rapporté plusieurs fois le témoignage dans ce chapitre, observe le changement de valeurs qui s'est opéré lentement en elle et nous raconte comment la pleine conscience occupe désormais le centre de sa vie.

Cela a modifié ma façon de me voir moi-même, et mes valeurs et mes priorités ont changé lentement, passant d'une carrière performante à un désir profond d'aider les autres.

Quand j'ai commencé à étudier et à pratiquer sérieusement la pleine conscience, je cherchais des moyens de me guérir moi-même et j'ai participé à des retraites aux États-Unis et au Village des Pruniers. Je suis allée à toutes les retraites que je pouvais avec Thich Nhat Hanh de 1995 à 2014… J'ai aidé à organiser de nombreuses retraites pour les personnes de couleur, les avocats et les enseignants au monastère de Blue Cliff et ailleurs. Avant que je comprenne vraiment comment la pratique de la pleine conscience fonctionnait pour moi, j'ai cocréé en 1998 la sangha « Old Path » dans mon petit village de New Hope, en Pennsylvanie, aux États-Unis. Cette sangha continue de se réunir aujourd'hui et a donné naissance à d'autres sanghas locales. En 2003, j'ai été ordonnée par Thây dans l'Ordre de l'Inter-Être.

Valerie est aujourd'hui consultante dans le domaine de l'éducation, coach en leadership, écrivain et animatrice de retraites[7]. Il s'agit de son histoire et nous ne suggérons en aucun cas qu'elle devrait servir de chemin, but ou plan à suivre. Bon nombre d'enseignants commencent à pratiquer la pleine conscience comme un outil pour les aider à gérer le stress, améliorer le climat scolaire et leurs rapports avec élèves et collègues. Certains n'en attendent pas plus. D'autres ont constaté que leur progression dans la pratique renforçait d'autres aspects de leur vie et constituait une fin agréable en soi. Ceux d'entre nous qui pensent qu'ils sont loin du dévouement et des réalisations de Valerie (certainement la plupart d'entre nous) peuvent être rassurés de savoir que, pour elle, « manger une glace et faire un tour de manège sont essentiels pour faire de ce monde un monde meilleur ».

« Les enseignants sont désespérés.
Nous avons tout essayé avec nos gamins.
Et nous avons constaté
que la pleine conscience fonctionne.
Ça marche, tout simplement.
C'est pour cela que les enseignants
l'aiment, ainsi que les enfants. »

Derek Heffernan,
professeur en lycée, Canada

10

Cultiver la pleine conscience
auprès de nos élèves et en classe

Dans ce chapitre, vous allez :
- Explorer comment nous pouvons cultiver la pleine conscience auprès de nos élèves.
- Réfléchir à la façon dont l'approche non dualiste de la pleine conscience peut nous aider à réagir plus habilement au comportement des élèves.
- Résumer un certain nombre de principes généraux qui soutiennent l'enseignement de la pleine conscience en classe.

- Voir en quoi la pleine conscience est liée à un apprentissage efficace.
- Réfléchir sur les moments, les lieux et la manière d'enseigner la pleine conscience, ainsi que sur les méthodes et les approches que nous pourrions utiliser.
- Explorer comment la pleine conscience et l'éthique appliquée peuvent être enseignées dans des cadres plus vastes, tels que l'apprentissage psychosocial, le bien-être, le bonheur et la prévention de la violence.
- Découvrir des façons de faire face aux difficultés et à la résistance que nous pouvons être amenés à rencontrer lorsque nous enseignons la pleine conscience.

Cultiver la pleine conscience auprès de nos élèves

Nous avons déjà vu différentes façons de cultiver la pleine conscience chez nos élèves, en leur enseignant les pratiques de base et en les intégrant dans nos classes. Cela suppose que nous incarnions nous-mêmes la pleine conscience en tant qu'enseignants, en particulier en étant authentiquement présents avec nos élèves. C'est le fondement même de tout ce qui suit dans ce chapitre, dans lequel nous examinerons également d'autres domaines qui s'appuient sur cette base.

RÉAGIR AVEC HABILETÉ AU COMPORTEMENT DES ÉLÈVES

Les comportements vécus comme dérangeants représentent une cause majeure de stress et d'interruptions, aussi bien pour les enseignants que pour les élèves, et c'est pourquoi on doit apprendre à y réagir efficacement. Pour bon nombre, la pleine conscience apporte des moyens d'y parvenir.

La notion de « conscience du tréfonds » développée au chapitre 7 fournit une alternative à la pensée dualiste qui peut nous enfermer dans des oppositions simplistes du genre bien/mal, récompense/punition ou auteur de violences/victime. À regarder profondément en soi-même, on découvre plus de continuité que de différences et de polarités, et on prend conscience du fait que c'est un fonctionnement général. On découvre qu'on a tous le même potentiel, ce qui signifie, pour reprendre la métaphore utilisée au Village des Pruniers, qu'on a tous de « bonnes » graines et de « mauvaises » graines qu'on peut choisir d'« arroser » ou non. Nous pouvons ressentir que nous avons la capacité de transformer les choses et de prendre un nouveau départ en toutes circonstances, notamment lorsque nous nous sentons compris, aimés, soutenus et pardonnés. En regardant le comportement des élèves à la lumière de ce non-dualisme, nous pouvons changer radicalement notre façon de l'aborder.

Frère Phap Dung, un moine qui a aidé à animer le mouvement des Wake Up Schools, nous décrit son expérience d'une approche non dualiste face au comportement des enfants. Il nous parle de la façon de voir les choses autrement, en développant des compétences plutôt qu'en punissant. Il nous explique également que sa façon d'éviter la confrontation en cas d'incident surprend les enfants dont il s'occupe pendant les retraites.

Nous enseignons aux enfants qu'il est possible de faire preuve d'habileté au lieu de chercher à savoir qui a tort ou raison. Notre façon d'aborder l'éthique ne consiste pas à savoir si nous avons raison ou tort, mais elle se rapporte aux graines que nous arrosons. Il y a des conditions qui font qu'un enfant est plus difficile, colérique ou violent.

Nous devons enseigner aux enfants une façon plus prévenante et équilibrée de régler les différends. Si un enfant en frappe un autre, tout le monde s'attend à ce que j'intervienne pour leur crier dessus. Mais je leur demande : « Que pensez-vous de ce qui vient de se passer ? » Ils me regardent, l'air choqué, parce que je ne suis pas en colère et que je ne vais pas les punir. Je ne punis vraiment pas. La plupart du temps, je demande pourquoi les choses se sont mal passées. Je leur propose de s'asseoir et d'en discuter. J'ai toujours agi de la sorte : m'occuper des enfants sans leur dire ce qu'ils doivent faire, sans leur donner de punitions.

Bea Harley, dont nous avons apprécié la sagesse tout au long de ce livre, a dirigé avant son départ à la retraite une petite école élémentaire au Royaume-Uni qui s'appuie expressément sur les principes de la pleine conscience. Elle décrit concrètement une approche non dualiste dans la façon d'aborder la conduite des élèves à l'échelle de l'établissement.

L'approche de l'établissement en matière de conduite et de discipline repose sur l'idée que tous les membres de la communauté scolaire contribuent aux conditions d'apprentissage et les soutiennent. Un comportement difficile est considéré comme « maladroit » et nous souhaitons permettre aux enfants de comprendre les conséquences de leur comportement sur eux-mêmes et sur les autres. À travers la pratique de la pleine conscience et de la réflexion personnelle, notre objectif est de nourrir des qualités de respect, de bienveillance et de considération envers soi-même et autrui, et de favoriser la transformation positive et durable de comportements maladroits.

Cette approche non dualiste est, pour le moins en théorie, l'objectif visé par de nombreux établissements. Les réponses modernes au comportement des élèves, qui se fondent sur des données scientifiques, se sont dans une large mesure éloignées des approches punitives, comportementalistes et simplistes qui ont longtemps prévalu[1]. Ces approches modernes considèrent l'enfant dans sa globalité ; elles s'attachent à ses caractéristiques positives et encouragent les enseignants à comprendre les significations sous-jacentes d'un comportement difficile plutôt qu'à prendre les difficultés de l'enfant personnellement. Elles reconnaissent qu'un comportement difficile peut être dû à des causes jusque-là inconnues, comme des besoins non satisfaits en matière de santé mentale, des problèmes de harcèlement ou des problèmes relationnels, des problèmes à la maison ou des difficultés d'apprentissage ou d'ordre médical – autant de causes pour lesquelles il existe des solutions. Les comportements difficiles et les incidents problématiques peuvent être considérés comme des occasions en or d'enseigner des compétences aux élèves et de les aider à choisir de meilleures alternatives, avec des adultes qui donnent l'exemple. Cela ne signifie pas laisser faire ni qu'un comportement difficile reste sans conséquences mais permet d'apporter, lorsqu'elles sont nécessaires, des réponses proportionnées et adaptées à l'élève, et de faire en sorte que les élèves assument les conséquences logiques de leurs actes tout en étant soutenus avec chaleur et bienveillance. Une telle démarche leur permet d'apprendre et de pratiquer des compétences positives qui les aident à réparer les choses et à se réconcilier, sans passer par des humiliations ou des punitions.

Appliquer cette théorie est plus facile à dire qu'à faire, mais la pratique de la pleine conscience peut nous apporter le soutien nécessaire. Devant des enfants perturbés et difficiles, on peut être conscient des émotions humaines naturelles – comme la frustration, la colère, la peur, la confusion et le désespoir – qui accompagnent souvent ces difficultés. Sans cette conscience, nous serons tentés de nous fâcher, d'élever la voix, de juger négativement un élève, de le punir ou de lui faire des reproches.

La pratique de la pleine conscience nous offre un moyen de montrer le bon exemple. Elle peut être la clé manquante pour appliquer nos nobles aspirations à une gestion positive des comportements. La pleine conscience nous offre la possibilité d'acquérir des compétences qui nous permettront de rester solides, détendus, ouverts d'esprit, calmes et réfléchis, afin de ne pas prendre les difficultés personnellement et de mieux gérer notre propre stress émotionnel. Notre stabilité peut aider un enfant à se calmer, à prendre du recul et à réfléchir au sens de son comportement, ce qui lui permet de faire des choix plus positifs à l'avenir. Si nos élèves apprennent eux aussi la pleine conscience et que tout le monde partage les mêmes pratiques et gère son propre comportement en pleine conscience, la tâche devient plus facile. Il faut également savoir que, même lorsque ces conditions ne sont pas réunies, la pleine conscience aide l'enseignant à rester solide.

Christiane Terrier insiste sur l'importance de ne pas prendre personnellement le comportement d'un élève que l'on trouve difficile, mais de se concentrer sur ses besoins, ce qui est beaucoup plus productif. Elle considère que la pleine conscience est très utile pour nous aider à rester solides.

Lorsqu'un élève se montre agressif avec le professeur, plutôt que de réagir et de répondre tout de suite ou de lui infliger une sanction, on pratique l'arrêt, on respire en essayant de ne pas prendre personnellement ce qu'on vient d'entendre. En dialoguant avec lui, d'être humain à être humain, en pratiquant l'écoute profonde pour comprendre ce qui se passe en lui, on arrive à la conclusion que sa remarque désagréable n'était pas dirigée contre nous, mais qu'il est en grande souffrance.

Une présence calme est parfois la seule chose dont un enfant ait besoin. Michael Schwammberger souligne l'importance d'être simplement là avec les enfants lorsque leur comportement nous paraît difficile, en étant présent avec l'esprit, le corps et la respiration, ce qui permet d'apaiser les émotions à l'origine de ce comportement.

Vous voyez que cet enfant souffre. Soit il ne dit rien, soit il s'exprime beaucoup en se montrant très réactif. Si son comportement pose un réel problème, la seule chose à faire est bien souvent de simplement le prendre dans ses bras ou de lui toucher l'épaule. D'être simplement assis à ses côtés et de le regarder dans les yeux en lui disant : « Bon, dis-moi, qu'est-ce qui se passe ? Que ressens-tu ? » Ou d'être simplement présent sans penser qu'on doit dire ou faire quelque chose ; juste être là. J'ai remarqué qu'il se passe alors quelque chose pour cet enfant, à un niveau inconscient. C'est comme s'il commençait à se dire qu'il a le droit de ressentir ce qu'il ressent et qu'il n'y a aucune raison d'en avoir peur.

SE PRÉPARER À ENSEIGNER
LA PLEINE CONSCIENCE À NOS ÉLÈVES

Est-ce le bon moment ?

De nombreux enseignants qui se sont enthousiasmés pour la pratique de la pleine conscience dans leur vie souhaitent naturellement intégrer des routines fondées sur cette pratique dans leur classe et les enseigner. Comme toujours, le message est : pas besoin de se presser. Nous pouvons prendre le temps de mener une réflexion réaliste sur nous-mêmes, nos motivations, nos aptitudes et le niveau de défi que nous sommes en mesure de relever sans difficulté. Nous pouvons mieux évaluer si le contexte s'y prête et nous assurer que les élèves ne se détournent pas si le moment est mal choisi pour ces pratiques.

Chris Willard enseigne la pleine conscience à des enfants dans un établissement de santé, mais ses remarques sincères et pleines d'humour peuvent aussi bien s'appliquer dans un cadre scolaire ou universitaire. Il s'est servi de sa propre pratique de la pleine conscience pour ralentir et appréhender ses habitudes mentales inconscientes, ce qui lui a permis de s'apercevoir qu'il avait besoin de lâcher prise de son envie d'enseigner la pleine conscience tout de suite, envie inspirée par ses fantasmes héroïques sur la merveilleuse manière dont cela se passerait. Il nous conseille de réfléchir de façon approfondie pour savoir si nos élèves sont réellement prêts à se familiariser avec la pleine conscience ou à la découvrir de la façon dont nous pensons qu'ils devraient le faire.

Je me suis souvent rendu compte qu'il était plus difficile de me faire face à moi-même ainsi qu'à mes propres attentes qu'à certains enfants parmi les plus difficiles. Cela faisait déjà des années que je travaillais avec des enfants perturbés lorsque j'ai commencé à avoir des attentes élevées au sujet du pouvoir de la pleine conscience : j'imaginais que la classe agitée dans laquelle j'enseignais allait se transformer soudain en une oasis de paix, rivalisant avec celle des monastères. Dans mon fantasme, non seulement les enfants – guéris de leurs troubles psychiques et comportementaux – se mettaient d'eux-mêmes à pratiquer la pleine conscience, mais les autres enseignants et le reste du personnel faisaient appel à ma sagesse en matière de gestion de la classe et de théories cliniques. Cela ne s'est pas vraiment passé ainsi, mais à partir du moment où j'ai cessé de m'imposer cette lutte, j'en suis venu à apprécier les moments de paix plus fréquents qui résultaient de ma patience et de ma pratique.

Il est essentiel de s'interroger régulièrement sur nous-mêmes et sur nos intentions, ainsi que sur nos attentes pour les enfants. Demandez-vous : quels sont mes objectifs ? Sont-ils raisonnables à l'égard de cet enfant ? Suis-je trop attaché à l'idée que cet enfant devrait changer ou apprendre à méditer ? Suis-je trop attaché à mon rôle d'enseignant ? Quelle que soit l'importance que la méditation ou la pratique de la pleine conscience revêt pour vous, ce n'est peut-être pas le bon moment pour l'enfant à qui vous souhaitez l'enseigner[2].

Avec une sincérité bienfaisante, Morrakot « Chompoo » Raweewan nous livre son expérience. Celle-ci suggère que nous pouvons faire face à tout ce qui a l'apparence d'un échec pour nous connecter à nos étudiants avec réalisme, équanimité et compassion envers nous-mêmes, simplement en retournant à notre propre pratique pendant un moment pour régénérer le sentiment vital de présence joyeuse auprès de nos élèves.

Je travaille avec des étudiants de premier cycle et de deuxième cycle. À ces âges-là, les étudiants ont leur propre façon de penser et il m'était difficile de les familiariser avec la pleine conscience sans les forcer. Plus j'essayais, plus je me sentais mal à l'aise. Lors d'une retraite de vingt et un jours, en 2012, Thây a dit que si nous voulons enseigner, nous devons le faire en partant de nous-mêmes – notre façon de parler, d'écouter et de mener notre vie. Si nous vivons notre vie en pleine conscience, cela se voit. Son conseil est une réponse. Alors je continue ma pratique et il arrive parfois que des étudiants me demandent comment je me sens quand j'enseigne, pourquoi je ne suis pas en colère, comment je gère ma colère et comment je pratique. Les étudiants qui ont besoin d'aide, que ce soit dans le cadre de leurs études ou de leur vie personnelle, ont le courage de venir me voir. Il y a une bien meilleure atmosphère dans mes cours. Maintenant, c'est facile de leur donner des conseils et ils m'écoutent vraiment. Je suis désormais une enseignante heureuse. Comme l'a dit Thây : « Les enseignants heureux vont changer le monde. »

Nous en revenons toujours au fait que notre principale ressource pédagogique, c'est nous, l'enseignant, et que notre pratique de la pleine conscience est le principal cadeau que nous pouvons offrir à nos élèves, à nos collègues et à nous-mêmes. Nous pouvons parfois penser qu'il serait plus judicieux d'attendre un peu avant d'enseigner la pleine conscience : cette pause laisse le temps dont nous avons besoin pour nous centrer sur notre propre pratique et nous assurer ainsi qu'elle constitue une base solide pour tout ce que nous entreprenons et souhaitons entreprendre à l'avenir.

Nos propres compétences
en matière de gestion de la classe
sont-elles suffisamment développées ?

Comme nous l'avons vu tout au long de ce livre, nous devons développer notre propre pratique de la pleine conscience avant de l'enseigner. Mais pour enseigner la pleine conscience dans un cadre scolaire ou universitaire, il faut aussi posséder des aptitudes en matière de gestion de la classe. Un enseignant expérimenté comprendra intuitivement la différence d'approche nécessaire entre apprendre la pleine conscience pour soi-même, en tant qu'adulte extrêmement motivé, et l'enseigner à des élèves ou à des étudiants en classe. Nos élèves n'ont pas choisi d'apprendre la pleine conscience, ils n'ont pas demandé à le faire, ils ne peuvent pas quitter la classe quand ils veulent et ils sont en plein milieu d'une journée d'école ou de cours, avec toutes les attentes et habitudes que cela suppose.

Nous ne pouvons pas nous fonder sur la façon dont nous avons appris la pleine conscience en tant qu'adultes et supposer que nos élèves seront aussi fascinés que nous par ces pratiques qui nous inspirent. Il faut faire en sorte de les inviter et de les motiver. La panoplie de compétences dont dispose un enseignant chevronné (ses méthodes et ses ressources variées et vivantes, sa capacité à partir de là où en sont les élèves et à faire en sorte que son enseignement corresponde à leurs besoins et préoccupations, la clarté de ses objectifs et les structures solides qu'il apporte, les relations chaleureuses et pleines d'humour, néanmoins professionnelles, qu'il tisse avec ses élèves et une bonne capacité à gérer avec calme le tohu-bohu qui peut régner dans une classe de trente élèves) sera nécessaire pour enseigner la pleine conscience en classe.

Si vous venez de commencer à enseigner, vous disposez probablement d'un éventail de méthodes et de techniques, mais de compétences encore rudimentaires en matière de gestion de la classe. Vous devez bien évidemment pratiquer la pleine conscience vous-même lorsque vous êtes avec vos élèves ; cela vous aidera beaucoup, mais ne soyez pas trop pressé de l'enseigner. Procédez lentement et commencez par améliorer vos compétences en matière de gestion de la classe. Si vous n'êtes pas enseignant, mais que vous intervenez comme formateur de pleine conscience dans un établissement scolaire ou universitaire, il est recommandé de respecter les règles de l'art en ce qui concerne la gestion de la classe – ce n'est pas aussi facile qu'il y paraît. Pensez à vous faire accompagner par un enseignant expérimenté. Si vous êtes invité à enseigner la pleine conscience, veillez à ce qu'un enseignant qui connaît bien la classe reste avec vous, ceci afin de s'assurer que tout se passera bien.

Si c'est le bon moment, si nous sommes prêts et nos élèves également, si notre intention d'enseigner la pleine conscience se fonde sur les besoins des élèves et non sur nos rêves et si nous avons une pratique solide de la pleine conscience et des compétences en matière de gestion de la classe, nous pouvons commencer à réfléchir aux moyens d'enseigner la pleine conscience en classe.

MÉTHODES ET APPROCHES POUR ENSEIGNER LA PLEINE CONSCIENCE

Des méthodes variées, vivantes et ludiques

De nombreuses méthodes, approches et ressources pédagogiques sont à la disposition des enseignants expérimentés pour enseigner la pleine conscience. Nous pouvons les utiliser en faisant preuve d'imagination et de souplesse en vue de maintenir l'intérêt de nos élèves et de répondre à leurs besoins qui évoluent. Comme les enfants ont un esprit plus vif et plus de mal à se concentrer que les adultes, nous devons veiller à ce que nos méthodes soient vivantes et ludiques. Michael Bready, qui a mis au point des programmes de pleine conscience au Royaume-Uni, nous donne quelques conseils.

Je me sers de toutes sortes de méthodes et d'approches. J'aime utiliser des activités kinesthésiques quand c'est possible. J'aime aussi utiliser des vidéos pour illustrer certaines notions et idées, comme la gratitude et la bienveillance. Je propose également des activités qui passent par l'écrit, comme écrire trois choses pour lesquelles on se sent reconnaissant ou écrire une lettre de gratitude, ainsi que des jeux, comme observer où va notre attention lorsqu'elle n'est plus centrée sur notre respiration.

Les mouvements sont très utiles pour aider les enfants à équilibrer leur énergie – s'ils sont trop excités, cela les aide à canaliser leur énergie et s'ils sont trop fatigués, cela peut les réveiller.

Nous proposons des séances simples, immédiates et répétitives pour les plus jeunes, ainsi que le suggère Niki Smith, assistante d'éducation au Royaume-Uni.

J'ai continué d'appliquer les nombreuses pratiques que nous ont offertes nos amis du Village des Pruniers. Je dirais que celles qui me semblent les mieux comprises et les plus appréciées des enfants de cinq à sept ans sont les pratiques les plus simples et les plus immédiates : inviter la cloche et chanter.

Il est essentiel de savoir à quel moment en faire moins, c'est en faire plus. Chris encourage les enseignants à nourrir des espoirs et des intentions réalistes pour eux-mêmes et pour leurs élèves.

Montrez-vous patients, mettez-vous à l'épreuve, vous-mêmes et ceux avec qui vous travaillez, mais n'en faites pas trop. L'expérience (comme les connaissances issues de la recherche) suggère que les enfants profitent davantage de courtes activités méditatives pratiquées plus souvent. Thich Nhat Hanh suggère de laisser les enfants marcher en pleine conscience pendant cinq ou dix pas, puis de les laisser faire ce qu'ils veulent pendant un moment avant de réessayer[3].

En plus de leur enseigner des pratiques formelles comme respirer, marcher ou manger en pleine conscience, et de leur apprendre à être conscients de leur corps, nous devons aussi aider nos élèves à parler de la façon dont ils ont vécu ces pratiques et ces méditations en organisant des moments d'échanges guidés. Ces moments de discussion libre et de réflexion les aident à découvrir les détails et les nuances de leur expérience et à les replacer dans le contexte de l'expérience vécue par d'autres. Ainsi, ils s'aperçoivent qu'ils ne sont pas seuls à rencontrer des difficultés et ils sont encouragés à les surmonter. Ils se rendent compte qu'il n'y a pas une seule et unique façon d'être, et que la pleine conscience, c'est simplement être là avec ce qui advient, ici et maintenant. Les adolescents peuvent se montrer méfiants face à l'enthousiasme des adultes. Ils veulent avoir une raison de faire ce qu'ils font, ce que la discussion leur permet d'exprimer en partant de leur expérience et en étant guidés par leurs pairs.

Dans la première partie de ce livre où sont décrites les différentes pratiques de base, nous avons suggéré des éléments de réflexion dont les enseignants peuvent s'inspirer pour guider la discussion. Nous avons souligné l'importance de poser ces questions d'une manière délicate, le ton employé étant un reflet de notre pleine conscience. Ces questions doivent être simples, ouvertes, sans jugement, encourageantes et vous devez accepter tous types de réponses, y compris des réponses « négatives » ou les « je ne sais pas ». Veillez à ramener le partage sur le ressenti des participants. Avec douceur, nous faisons en sorte de recentrer l'échange sur le ressenti des participants pour les aider à se détacher de leur vision des choses et de leurs jugements et les ramener au moment présent.

Dzung X. Vo, le médecin pédiatre spécialiste de l'adolescence que nous avons mentionné tout au long de ce livre, insiste sur la nécessité d'utiliser ce style ouvert de questionnement dans son témoignage sur la phase d'« analyse » avec des adolescents.

Pendant la phase d'analyse de notre pratique, je me suis également rendu compte que les adolescents apprenaient les uns des autres et que leurs pairs étaient parfois leurs meilleurs professeurs. Au début de chaque séance, nous commençons par faire une méditation guidée formelle de dix à vingt minutes (en général, sous forme de méditation assise ou de balayage corporel). Puis nous faisons un tour de cercle pour savoir comment s'est passée la pratique que nous venons d'effectuer. Le facilitateur guide le partage en posant des questions comme : « Qu'avez-vous observé pendant cette expérience ? En quoi cette expérience est-elle différente de votre façon d'être habituelle ? Quel est le rapport, selon vous, entre ce que nous venons de faire et la santé, le stress, la dépression, l'anxiété, la douleur, la capacité d'adaptation, etc. ? »

Puis nous avons un échange sur la pratique de la semaine précédente. Par exemple, je peux ouvrir la discussion en disant : « La semaine dernière, nous avons parlé de la pratique de la pleine conscience en dehors de nos séances. Pour la pratique à faire chez soi, je vous avais proposé de réaliser en pleine conscience un geste que vous faites tous les jours, comme lacer vos chaussures ou marcher jusqu'à l'arrêt de bus. Est-ce que l'un ou l'une d'entre vous a essayé ? Si oui, pouvez-vous nous dire ce que vous avez observé ? »

Les enfants et les adolescents apprennent
les uns des autres

Nous pouvons utiliser la discussion pour aider nos élèves à appliquer leur pratique de la pleine conscience dans le monde réel. Les adolescents en particulier aiment pouvoir relier leur pratique à leurs activités quotidiennes ou à des difficultés récurrentes. Ils apprennent beaucoup de leurs pairs, ce qui, comme l'indique David Viafora ci-après, permet de renforcer la confiance, la foi et l'inspiration.

Mon expérience avec les enfants, et encore plus les adolescents, c'est qu'ils sont souvent de meilleurs professeurs les uns pour les autres que si c'était moi, mon cofacilitateur ou d'autres adultes qui leur enseignions une pratique. Dans nos groupes de pleine conscience destinés aux enfants et aux adolescents, il nous arrive souvent d'encourager ceux qui viennent depuis un moment à expliquer des pratiques aux nouveaux participants ou à partager leurs observations sur leur façon de vivre ces pratiques, et ce dès le début. Cela suscite une autre forme d'authenticité et de confiance dans le groupe lorsque la personne qui livre son expérience est un pair auquel ils peuvent naturellement se relier, car ils sont au même stade de développement et ne le considèrent pas comme une personne en position d'autorité. Cela permet aux nouveaux enfants ou adolescents de se joindre au groupe en étant respectueux de ce que leurs pairs ont déjà appris, tout en renforçant leur confiance et leur inspiration : eux aussi peuvent apprendre et progresser dans la pratique, comme les autres.

Nous pouvons enseigner la pleine conscience partout où il y a des élèves, et pas seulement en classe mais dans toutes sortes d'occasions en dehors du programme de la journée à respecter. C'est notamment le cas pendant les pauses repas et dans le cadre des activités périscolaires, moments lors desquels la pratique peut être à la fois plus profonde et plus détendue que dans le cadre du programme imposé. L'atmosphère du groupe permet souvent aux élèves vulnérables de se sentir plus en sécurité pour exprimer leurs besoins affectifs.

PLEINE CONSCIENCE ET APPRENTISSAGE

La pleine conscience aide les élèves
à se concentrer et à être prêts à apprendre

Tous les enseignants souhaitent que leurs élèves soient capables de se concentrer, de prêter attention : c'est la base pour tous les apprentissages. Aider des enfants pleins de vie et impulsifs à rester concentrés n'a jamais été une tâche facile, mais les enseignants sont bien placés pour savoir que c'est devenu encore plus difficile dans ce monde numérique qui est le nôtre, où nous sommes sans cesse sollicités par des distractions multiples et encouragés à passer d'une tâche à l'autre. Comme nous l'avons vu dans la préface, des études scientifiques ont démontré clairement que la pleine conscience favorise les processus d'apprentissage, aide les élèves à se poser, à se concentrer et à observer le fonctionnement interne de leur esprit et de leur corps. La pratique régulière de la pleine conscience peut apporter progressivement un état de calme, de paix et de détente, ce qui est agréable en soi et permet également à l'esprit de travailler avec une plus grande clarté.

Imaginez un enfant à l'école : par combien d'émotions et d'états d'esprit passe-t-il au cours d'une journée ? Il peut se sentir tour à tour confus, excité, rejeté, considéré, perdu, fier, etc., ces états se succédant parfois rapidement. Si on enseignait la méditation aux enfants, s'ils avaient les moyens d'observer ces différents états d'esprit et savoir qu'ils « ne sont pas moi ni à moi », cela pourrait leur épargner beaucoup de souffrance et ils auraient plus d'attention disponible pour apprendre. – John Bell, consultant et formateur en pleine conscience, États-Unis.

Lorsque les enfants arrivent dans ma classe, ils sont très dispersés et encore excités par ce qui s'est passé dans le cours précédent. Au lieu de leur demander de se calmer, ce qui entraîne souvent l'effet inverse, j'essaie d'être dans l'écoute profonde : « Pouvez-vous me dire ce qui se passe pour vous ? » Je peux alors les écouter en faisant preuve de compréhension et de compassion et leur offrir quelques minutes pour se détendre. On perdrait bien plus de temps si je leur imposais de se mettre au travail tout de suite ! Lorsqu'ils se sentent compris et reconnus dans ce qu'ils ressentent, ils sont beaucoup plus ouverts aux apprentissages. – Christiane Terrier, professeure de lycée à la retraite et formatrice en pleine conscience, France

*La pleine conscience aide les élèves
à regarder les choses en profondeur*

La pleine conscience peut arroser les graines de concentration et de vision profonde, c'est-à-dire de compréhension profonde, présentes en chacun de nous et qui se renforcent à mesure que nous concentrons notre attention sur ce que nous sommes en train de contempler – la respiration, le pas suivant, les pensées, les impressions sensorielles ou ce que l'on vient d'entendre ou de lire. La pleine conscience peut nous aider à dépasser les habitudes et les schémas de pensée que nous considérons comme allant de soi et à faire l'expérience du monde différemment. Elle peut nous aider à développer la capacité de réfléchir, de contempler, de faire preuve de discernement et de regarder les choses au-delà des apparences pour voir qu'elles sont liées et que la vérité est plus profonde. Toutes sortes de pratiques de pleine conscience peuvent nous aider à renforcer la capacité de regarder les choses de manière plus approfondie et d'expérimenter plus directement la nature subtile et complexe du monde physique et social. Notre esprit est alors plus ouvert et plus centré, nos réactions corporelles mieux ajustées à nos interactions, nos rencontres et nos discussions. Nous apprenons à apprécier les besoins, les émotions et les idées plus directement. Nous pouvons même aborder nos études avec un esprit plus aiguisé et une plus grande sagesse. Richard Brady, qui enseigne la pleine conscience depuis des dizaines d'années, nous livre ses réflexions sur ce processus.

> Mon but principal lorsque j'enseigne – que ce soit la méditation ou les mathématiques – est toujours le même : offrir à mes élèves des occasions d'être conscients de leur esprit, de leur respiration, des mathématiques et des problèmes de maths, des autres élèves, ainsi que de leur propre façon d'apprendre. Lorsque je crée des occasions de pleine conscience, les élèves découvrent le sens et la valeur de leurs expériences pour eux-mêmes.

La pleine conscience peut nous aider à prendre du recul et à réfléchir au processus même de la pensée. Cette aptitude, qu'on appelle la métacognition[4], est de plus en plus reconnue dans l'enseignement ordinaire comme une compétence qui favorise tous types d'apprentissages.

L'écoute active et l'importance du silence

Les écoles et les universités sont généralement des endroits agités où l'on peut entendre toutes sortes

de bruits et de conversations, pas tous pertinents ou
bénéfiques. Apprendre à écouter de manière profonde et active est non seulement utile pour communiquer avec autrui, mais aussi essentiel pour tous les
apprentissages. Sara Messire, professeure des écoles
dans une école primaire en France, a pratiqué cette
compétence clé de la pleine conscience dans le cadre
de ses cours ordinaires.

Cette année-là, mes élèves avaient particulièrement
besoin d'apprendre à écouter. La seule chose qui les
intéressait, c'était ce que l'enseignant allait dire et non
ce que pourraient dire les autres élèves. Je voulais qu'ils
soient capables d'analyser leur propre travail et celui des
autres afin de réfléchir de manière plus efficace. J'ai mis
en place un rituel visant à promouvoir l'écoute active :
lorsqu'un enfant se rend compte que les bavardages
continuent, il dit : « Écoutez-moi, s'il vous plaît. » Et tout
le monde répond : « J'écoute », en plaçant ses mains
grandes ouvertes derrière ses oreilles. Ce geste les aide
à écouter pleinement, avec tout leur corps, pour recevoir
les paroles d'un autre élève. Depuis que nous avons mis
ce rituel en place, ils coopèrent plus efficacement.

Lorsqu'on appelle des enfants au calme, ils associent souvent cela à une forme de discipline ou de
coercition. La pratique de la pleine conscience
aidera les enseignants comme les élèves à réappré-
cier la valeur positive du calme, de la quiétude et du
silence en offrant un espace pour la contemplation
et le regard profond. Cela peut les aider à voir dans

toute invitation à rester en silence un cadeau qu'ils sont heureux d'accepter.

Didde et Nikolaj Flor Rotne, les auteurs danois du livre sur l'éducation en pleine conscience *Everybody Present*, enseignent que « le pouvoir du silence est l'un des cadeaux les plus précieux que nous puissions offrir aux autres et à nous-mêmes dans notre monde agité ». Ils ont identifié quatre étapes de silence de plus en plus profond dans nos vies, qu'ils enseignent à leurs élèves pour les aider à créer un « sanctuaire intérieur de paix[5] ».

Certains enseignants peuvent être perturbés par le silence. Julie Berentsen, du Royaume-Uni, conclut qu'elle est heureuse quand le silence règne dans la classe et que c'est le cadeau le plus précieux que la pleine conscience lui ait apporté. Elle nous raconte cependant ici avoir été préoccupée par le silence d'une élève qui, en fait, venait de comprendre des vérités profondes.

Juste avant Noël, j'ai demandé aux élèves ce qu'ils pensaient des séances. Ils ont répondu des choses comme « on s'amuse bien », « c'est intéressant » et « on passe un bon moment ». Bien sûr, ces remarques m'ont fait plaisir, mais je me demandais aussi ce qu'ils avaient appris de la pratique, si tant est qu'ils aient appris quelque chose. Une fille était restée très silencieuse et je me demandais ce qu'elle avait retenu de ces moments que nous avions passés ensemble. Elle nous a dit que la pleine conscience l'avait aidée à mieux se connaître, à comprendre qu'elle éprouvait toutes sortes d'émotions et que ce n'était pas un problème en soi. Elle a terminé

492

en disant qu'elle avait appris à être plus bienveillante envers elle-même.

D'après mes observations au fil des séances, les enfants sont heureux d'avoir de l'espace pour se relier à eux-mêmes sur le plan physique et émotionnel, et d'avoir un adulte qui les écoute profondément. Ce qui ressort le plus, c'est l'importance de l'espace et du silence : la joie d'être assis ensemble sans ressentir le besoin de remplir le temps de l'effervescence de la vie scolaire.

INTÉGRER LA PLEINE CONSCIENCE DANS UN PROGRAMME D'ÉTUDES ÉTHIQUE ET PSYCHOSOCIAL

Les enseignants cherchent souvent dans quel cadre, quelle partie du programme ils peuvent enseigner la pleine conscience. Cette dernière peut évidemment faire l'objet d'un cours spécial, et c'est souvent un bon point de départ pour un établissement. La pratique de la pleine conscience a plus d'impact et de crédibilité à long terme lorsqu'elle est intégrée plus largement dans le cadre de l'organisation des processus d'enseignement et d'apprentissage dans les établissements scolaires et universitaires.

Étant donné le caractère général et fondamental de la pleine conscience et des différents types d'organisation des programmes existant au sein des établissements scolaires et universitaires de par le monde, il n'existe pas une seule et unique façon de procéder : la pleine conscience peut être enseignée de multiples manières. Nous nous contenterons ici d'explorer les plus évidentes, en particulier celles qui ont été mises en pratique par des enseignants inspirés par l'approche de la pleine conscience suivie par le Village des Pruniers.

Comme nous l'avons vu précédemment, les écoles et les universités s'intéressent de plus en plus au développement d'un ensemble de qualités éthiques, psychiques et sociales chez leurs élèves et leurs étudiants et utilisent des termes tels que *personnalité*, *valeurs*, *sens moral*, *principes éthiques* et *apprentissage psychosocial*. Nous commencerons par étudier différentes manières d'enseigner la pleine conscience dans les milieux scolaires et universitaires sous divers intitulés, puis nous verrons comment l'intégrer dans le cadre des matières enseignées. Il n'existe pas de formule unique. Nous pouvons juste utiliser les termes et les occasions qui fonctionnent dans notre contexte et nous en tenir aux principes qui orientent notre pratique.

Commençons par examiner le cadre et la terminologie employés par le Village des Pruniers, qui ont trait à l'éthique et aux entraînements à la pleine conscience.

L'éthique appliquée

On pourrait dire que les différentes pratiques de base explorées jusqu'ici forment un programme pour enseigner la pleine conscience. Toutefois, si nous voulons les examiner comme un tout cohérent et de manière approfondie, il est utile de les intégrer dans un ensemble de principes plus larges, qu'on

494

appelle « l'éthique appliquée » dans les milieux éducatifs. Comme nous l'avons indiqué dans la préface, la pleine conscience n'est qu'une partie d'une tradition qui a vu le jour il y a deux mille cinq cents ans et s'intéresse à la façon de mener une vie saine. La pleine conscience n'est pas seulement un outil ou un moyen de gagner en sérénité dans notre vie ; elle s'inscrit dans la vie lorsqu'elle est appliquée dans nos relations et nos actes, dans notre vie quotidienne dans le monde.

L'approche du Village des Pruniers fournit un cadre éthique pour nous aider à faire face à nos difficultés quotidiennes. L'ensemble d'entraînements le plus simple, les Deux Promesses, est destiné aux enfants les plus jeunes.

- Je fais le vœu de développer ma compréhension afin de vivre en paix avec les humains, les animaux, les plantes et les minéraux.
- Je fais le vœu de développer ma compassion afin de protéger la vie des personnes, des animaux, des plantes et des minéraux.

De nombreux adolescents et adultes considèrent également que ces deux formulations très simples leur ont été utiles.

LES CINQ ENTRAÎNEMENTS À LA PLEINE CONSCIENCE

Le cadre le plus souvent utilisé pour les enfants et les adolescents est celui des Cinq Entraînements à la pleine conscience, dont le texte complet est reproduit à l'annexe B. Les entraînements portent sur cinq domaines : *le respect de la vie*, *le bonheur véritable*, *l'amour véritable*, *la parole aimante et l'écoute profonde*, *la transformation et la guérison*. Le 10 mai 2014, lors d'une retraite destinée aux enseignants organisée à Barcelone, en Espagne, Thich Nhat Hanh a dit :

> Les Cinq Entraînements à la pleine conscience sont l'expression très concrète de la pratique de la pleine conscience. Si nous vivons conformément aux Cinq Entraînements à la pleine conscience et si les jeunes font de même, alors le bonheur, la compassion et la gué-rison seront possibles. Les enseignants devraient incarner ce genre de vie en pleine conscience, de compassion et de compréhension. Ils pourront alors apporter une aide considérable aux jeunes dans leur transformation et dans leur guérison.

Les enseignants peuvent craindre que la pleine conscience, en particulier lorsqu'il est question d'éthique, soit trop proche de la religion. Frère Phap Kham, un moine de l'Asian Institute of Applied Buddhism, à Hong Kong, explique clairement que l'éthique appliquée n'est ni une religion ni un dogme ; ce sont des sentiments et des principes humains universels.

> Les entraînements sont laïques, non religieux et fondés sur les principes universels simples que sont la compassion et la compréhension. Ils peuvent être considérés comme

un ensemble d'invitations, d'engagements volontaires, de déclarations d'intentions et d'aspirations. Les enseignants qui les utilisent sont heureux de pouvoir disposer d'un cadre éthique solide commun et explicite pour guider leur conduite et conseiller leurs élèves. Ils disent que les Cinq Entraînements les ont aidés à trouver une direction dans leur vie et à donner de bons conseils aux enfants.

Les jeunes sont également réticents quand on leur parle d'« éthique », assimilant celle-ci une leçon de morale ou à des jugements. À l'inverse, frère Minh Tam, qui intervient auprès d'adolescents et de jeunes adultes au monastère de Deer Park, centre de pratique du Village des Pruniers situé dans le sud de la Californie, aux États-Unis, considère que les Cinq Entraînements à la pleine conscience sont les amis les plus tolérants qu'il ait jamais eus, qui l'aiment d'un amour inconditionnel et sans jugement.

Je considère les Cinq Entraînements à la pleine conscience comme cinq amis très chers. Ils sont toujours là et nous aident à nous rappeler nos intentions, à clarifier notre confusion et à revenir dans notre moi véritable et dans notre cœur. Jamais ils ne nous quitteront ni ne nous abandonneront, quelles que soient les complications ou les frustrations que nous pouvons rencontrer sur notre chemin. Ils sont exactement le genre d'amour inconditionnel que nous aspirons à nous offrir à nous-mêmes et à offrir au monde. C'est envers nous-mêmes que nous nous engageons à les pratiquer, non auprès d'une autorité ou d'un juge. Notre maître ne se préoccupe pas de savoir si nous n'en pratiquons qu'un

seul ou plusieurs. Il a constaté clairement que la présence
d'un seul véritable ami spirituel à ses côtés permet de
pratiquer l'ensemble des entraînements.

L'ÉTHIQUE EN CLASSE

Certains enseignants utilisent la notion d'éthique
et les entraînements à la pleine conscience directement dans leurs cours. Ces termes et cette approche
sont particulièrement adaptés dans des contextes
où l'éthique fait déjà partie des notions enseignées,
comme c'est le cas dans la formation des étudiants
en médecine.

Neha Kaul, qui enseigne l'éthique médicale à des
étudiants en médecine aux États-Unis, en exami-
nant profondément ce qui se passait en elle, s'est
aperçue qu'elle était mal à l'aise face à la tournure
polémique que commençaient à prendre les séances
d'enseignement. Elle s'est rendu compte qu'elle
devait être consciente de sa rigidité d'esprit, faire
preuve de plus d'ouverture en se défaisant de l'idée
d'avoir tort ou raison, et laisser ses étudiants penser
par eux-mêmes. Elle a également pris conscience
par la suite que cette ouverture et ce lâcher-prise
étaient en fait essentiels pour donner à ses étudiants les moyens de gérer les nombreux dilemmes
éthiques auxquels ils allaient être confrontés dans
leur pratique médicale.

Au début, je voyais bien que j'étais très tendue au
début de chaque séance et il m'est arrivé bien souvent,

498

pendant les discussions, de me retrouver en train de polémiquer, de vouloir que les étudiants pensent de telle ou telle manière ; je m'efforçais souvent de diriger voire de dominer les discussions. Je devais me servir des yeux de la pratique pour regarder en profondeur ce qui se passait en moi pour provoquer autant de fatigue et d'épuisement. J'ai pris conscience de ma rigidité devant certains points de vue qui, selon moi, étaient justes ou erronés. Je faisais preuve d'une certaine inflexibilité et craignais que les étudiants prennent des décisions contraires à l'éthique.

L'éthique médicale consiste notamment à réfléchir sur un dilemme éthique ou une situation médicale difficile, en recourant à diverses démarches et en trouvant les moyens de résoudre la tension entre plusieurs principes éthiques applicables. Je me suis rendu compte que j'attendais de mes étudiants qu'ils réussissent à le faire dans la vraie vie, lorsqu'ils allaient être confrontés à leur pratique médicale, mais je devais aussi inculquer une approche plus détendue de ce processus ici et maintenant, pendant mes cours. Je devais accepter de ne pas pouvoir contrôler leur façon de penser. En revanche, je pouvais faciliter leur compréhension des concepts et les encourager à remettre en question les idées, en recourant au processus de raisonnement éthique.

L'apprentissage psychosocial

Comme nous l'avons vu dans la préface, les termes d'*apprentissage psychosocial* (en anglais, *Social and Emotional Learning*, SEL) sont largement utilisés pour décrire tout ce champ de l'éducation.

L'apprentissage psychosocial vise à nous permettre de mieux nous comprendre et d'entretenir des rapports plus efficaces avec les autres, en développant des compétences telles que la conscience de soi et la gestion de ses émotions, la motivation, la résilience, des compétences sociales et l'empathie. L'apprentissage psychosocial est de plus en plus accepté, enseigné et parfois même intégré au programme dans des établissements scolaires et universitaires. L'apprentissage psychosocial et la pleine conscience ont une synergie puissante et, dans les établissements qui pratiquent déjà l'apprentissage psychosocial, le personnel le considère comme un cadre agréable et chaleureux pour enseigner la pleine conscience.

Dans la préface, nous avons vu ce que la pleine conscience apporte à l'apprentissage psychosocial et les raisons pour lesquelles la pleine conscience est souvent décrite par ceux qui travaillent dans ce domaine comme la « pièce manquante ». Pour Constance Chua Mey-Ing, qui enseigne dans le primaire à Singapour, la pleine conscience, « qui part de l'intérieur », est bien le « lien manquant » dans l'enseignement de ce qu'elle appelle des compétences psychosociales, qui « partent de l'extérieur ».

Depuis 2004, le ministère de l'Éducation de Singapour a décidé que les compétences psychosociales seraient enseignées dans les écoles. La pleine conscience est le lien qui manquait dans l'enseignement des compétences psychosociales, et la solution parfaite est donc l'« apprentissage psychosocial basé sur la pleine conscience ».

La pleine conscience fonctionne de l'intérieur, en améliorant la conscience de soi, en dirigeant son attention sur le corps, l'instant, le présent, tandis que l'apprentissage psychosocial est l'apprentissage de compétences pour gérer ses émotions à partir de l'extérieur. Pour les enfants, la pleine conscience est nécessaire, mais pas suffisante, car ils n'ont pas encore les compétences pour gérer leurs émotions lorsqu'elles apparaissent.

La pleine conscience s'inscrit dans le cadre des nombreuses évolutions du domaine de l'éducation qui visent à aider les élèves à développer des valeurs, des normes d'éthique et un ensemble de compétences psychosociales, sous différentes appellations. Par exemple, Dzung estime que la notion d'inter-être du Village des Pruniers recoupe clairement celle de « sentiment d'être relié » que l'on retrouve dans la promotion de la psychologie positive et de la résilience dans l'éducation des enfants.

La littérature sur le développement harmonieux des enfants et le développement de la résilience par l'éducation nous montre qu'un sentiment positif de lien avec ses pairs, avec l'école et avec des adultes soucieux de leur bien-être est un facteur de protection extrêmement puissant pour les enfants. Selon moi, cela va tout à fait dans le sens de l'esprit de l'inter-être et peut être enseigné de façon non religieuse.

N'hésitons pas à employer tous les termes utilisés dans le cadre de notre travail pour établir des liens avec les nombreux domaines avec lesquels s'articule la pleine conscience.

LA PRÉVENTION
DES COMPORTEMENTS AGRESSIFS,
DU HARCÈLEMENT ET DE LA VIOLENCE

Le premier entraînement à la pleine conscience porte sur la protection de la vie et la prévention de la violence, des comportements agressifs, de l'hostilité et de l'intolérance.

Les Wake Up Schools sont nées de la volonté de lutter contre la violence et les comportements agressifs dans la société française, et le premier entraînement à la pleine conscience traite directement de cette question. Dans bon nombre d'établissements et d'organisations, des interventions sont menées sur ces thèmes – ayant pour but, par exemple, de prévenir le harcèlement et la violence, d'aider les élèves à gérer leur colère, d'étudier les origines des comportements agressifs et de la violence dans les sociétés humaines, de lutter contre les préjugés et l'intolérance et d'enseigner des compétences pour savoir résoudre les conflits, se réconcilier et surmonter les difficultés. Ce cadre d'intervention représente une occasion précieuse d'enseigner la pleine conscience et l'éthique.

Les enfants et les adolescents s'interrogent souvent sur les émotions fortes qu'il leur arrive d'éprouver, notamment la haine et la violence. Beaucoup, même parmi ceux qui semblent avoir eu des vies relativement faciles, ont été victimes d'une forme d'abus ou de souffrance. C'est ce qu'a découvert Tony Silvestre, professeur d'université aux États-Unis, lorsqu'il a abordé le thème de la « différence » avec ses étudiants, qu'il voyait même comme ayant grandi dans un groupe social assez favorisé.

Cela a commencé lorsque j'ai ajouté un exercice sur la « différence » dans mon cours sur la santé publique et la diversité humaine. J'ai commencé le cours en demandant à mes étudiants de se mettre par deux et de parler de la première situation où ils ont eu le sentiment d'être différents. Au bout de vingt minutes, je leur ai demandé de se remettre en groupe et leur ai proposé d'avoir un échange sur leurs réactions. Cela fait maintenant quinze ans que je donne ce cours et, à chaque discussion, je suis ému aux larmes lorsque les étudiants décrivent la douleur de s'être senti différent, d'avoir grandi en tant qu'enfant transgenre, d'avoir vécu avec une mère alcoolique, d'être juif dans une ville chrétienne conservatrice, d'être d'origine biraciale et rejeté par les enfants noirs comme par les blancs, d'être bipolaire, « trop maigre », etc. Leurs récits ont bouleversé la vision que j'avais d'eux, c'est-à-dire des récipients au visage angélique qui n'attendaient qu'une chose : que je les remplisse avec mes idées de ce qui est important. Mon expérience m'a appris à écouter attentivement, voir et toucher la personne qui est face à moi. J'ai pris conscience du fait que les jeunes adultes connaissaient aussi la souffrance, au-delà des idées que je pouvais m'en faire.

Si la souffrance était présente chez les étudiants de Tony, alors qu'ils avaient pu faire preuve de résilience et bénéficié du soutien nécessaire pour entrer à l'université, on peut imaginer les conséquences toxiques que peuvent entraîner des comportements agressifs, d'abus et de violence à même de déstabiliser complètement certains de nos jeunes moins favorisés. On peut réfléchir à la façon dont la pleine conscience pourrait les aider.

John Bell dirige le programme YouthBuild en appliquant l'approche du Village des Pruniers pour travailler avec des enfants et des adolescents en rupture de la société et qui ont été soumis à des conditions difficiles extrêmes, lesquelles les ont conduits à la marginalisation et, bien souvent, à la délinquance, la toxicomanie et la prison. Au lieu de leur infliger une punition ou de leur donner le genre de conseils bien intentionnés auxquels les enfants et les jeunes sont tellement habitués, ce programme commence par créer les conditions dans lesquelles ils auront plus de chances de guérir et de s'épanouir, en leur offrant un « sanctuaire de sécurité et d'attention ».

Le programme YouthBuild s'adresse à des jeunes de seize à vingt-quatre ans à faible revenu et en rupture avec la société. Ils sont scolarisés à plein temps et bénéficient également d'une formation à l'emploi dans le cadre de laquelle ils construisent dans leurs quartiers des logements abordables pour les personnes à faible revenu et les sans-abri. Ils suivent en parallèle une formation en vue d'obtenir leur diplôme de fin d'études secondaires et acquièrent une expérience et une formation en tant que leaders communautaires.

D'une certaine manière, YouthBuild est une sorte de mini-monastère. Les jeunes admis dans ce programme souffrent de pauvreté, du racisme ou de différentes formes de violence. Quelquefois, ils ont même dû esquiver des balles et échapper à la police. Ils peuvent avoir été victimes de violences sexuelles ou familiales. Ils ont peut-être déjà fait de la prison. Que trouvent-ils ? Un sanctuaire de sécurité et d'attention. Au début, ils n'y croient pas. « Personne ne s'est jamais occupé de moi avant », disent-ils. Pour certains jeunes, c'est la première fois qu'ils se sentent vraiment aimés. Comme l'a indiqué un conseiller psychosocial de YouthBuild, « ils ne s'intéressent à ce que vous pouvez leur apprendre qu'à partir du moment où ils savent que vous vous souciez réellement d'eux ». Ils peuvent ensuite tirer profit des possibilités d'apprentissage, de développement de compétences et se former en tant que leaders communautaires. Au fur et à mesure que le processus de transformation avance, on constate chez ces jeunes un changement progressif de leur identité.

Thich Nhat Hanh, mon maître, utilise l'image des fleurs qui se referment à la nuit tombée. Le matin, le soleil revient et envoie ses photons sur toutes les choses sans discrimination. Les fleurs répondent à ces photons et s'ouvrent progressivement pour révéler toute leur beauté. La fleur s'ouvre au soleil, c'est sa nature. Les jeunes qui croisent YouthBuild sur leur route sont comme ces fleurs fermées. Si les personnes qui s'occupent d'eux continuent de leur envoyer de l'amour et les respectent, alors petit à petit, avec le temps, avec des hauts et des bas, ils finissent par s'ouvrir. C'est leur nature d'aller vers ce qui favorise leur santé et leur bien-être. Il n'est pas facile de modifier des énergies d'habitude ancrées culturellement depuis fort longtemps. Mais c'est possible. Un jeune qui participait à ce programme a dit : « Avant, je pensais que je n'étais pas quelqu'un de bien. Les personnes qui travaillent ici m'ont aidé à trouver mon vrai moi. Aujourd'hui, je ne souhaite qu'une chose : appartenir à un grand mouvement de respect envers les autres. »

Reconnaître que nous avons tous notre part d'ombre et encourager le pardon et la compassion envers tout le monde est une entreprise courageuse qui peut être parfois difficile à comprendre pour les autres. Cara Harzheim, qui enseigne la philosophie auprès d'adolescents en Allemagne, n'hésite pas à parler des principes de protection de la vie, de non-attachement aux idées et de croyance dans le pardon et la guérison. Elle a estimé important que ses élèves écoutent le témoignage d'une mère qui avait fait preuve d'une ouverture remarquable en pardonnant à la personne qui avait tué son fils. Elle a invité cette mère dans sa classe, en dépit de l'opinion défavorable des autres enseignants de son établissement.

En cours de philosophie, nous avons parlé de la peine de mort en vigueur dans certains pays. C'est le premier entraînement à la pleine conscience : ne pas tuer. Il se trouve que le chef d'établissement m'avait demandé si je voulais bien accueillir dans mes cours une femme américaine dont le fils avait été assassiné dans la rue, elle avait pardonné au meurtrier de son fils et ne voulait pas qu'il soit condamné à mort. Dans le cadre de sa tournée en Europe, pour expliquer la situation et son point de vue, elle est venue rencontrer nos élèves. Nous avons tous été bouleversés par son témoignage. Il y avait cinquante élèves dans ma classe, parce que les autres enseignants avaient refusé d'accueillir cette femme dans leurs cours. Mais j'ai dit : « Je veux qu'elle vienne, parce que c'est très important. »

Enseigner le bien-être et le bonheur

Le deuxième entraînement à la pleine conscience explique comment cultiver le bonheur véritable (vous trouverez le texte complet à l'annexe B). Comme nous l'avons vu dans la préface, le bonheur et le bien-être sont de plus en plus considérés comme susceptibles d'être introduits dans les classes en tant que thèmes de recherche en soi, notamment grâce aux données scientifiques de plus en plus nombreuses qui attestent leur importance et leurs liens avec les processus d'apprentissage. Nous présentons dans cette section des exemples forts et inspirants sur différentes manières pour les enseignants d'utiliser l'approche du Village des Pruniers et l'esprit du deuxième entraînement à la pleine conscience pour inviter des élèves de tous âges à réfléchir à l'influence de leurs habitudes et de leurs choix sur leur bonheur.

Les adultes ont souvent peur que les jeunes recherchent le bonheur de façon peu judicieuse, qu'ils soient trop matérialistes, utilisent les médias, la technologie, et souvent des drogues pour fuir leurs émotions. Lorsqu'on parle avec des jeunes, il apparaît toutefois clairement, pour le moins en théorie, que ce genre de choses ne les rendent pas heureux. Alors qu'il étudiait la question du bonheur avec sa classe d'adolescents, Mike Bell a découvert qu'ils n'avaient aucune difficulté à élaborer un ensemble de règles détaillées visant à promouvoir une société heureuse.

Les élèves sont venus avec une liste de ce qu'ils ont appelé des « Règles pour une société heureuse », qui comprenait différents points, notamment : 1. Prise en considération des autres – pas de discrimination sur la base de l'âge, du sexe, de la religion ou du handicap. 2. Ne pas voler. 3. Ne pas frapper, ne pas commettre d'infractions et ne pas tuer. 4. Protection des religions et des cultures. 5. Accepter un niveau de risque raisonnable – ne pas chercher à faire des reproches. 6. Accueillir les demandeurs d'asile, mais expulser les migrants illégaux. 7. Mettre à disposition des installations pour les personnes de tous âges. 8. Limiter l'utilisation des drogues qui créent des dépendances.

J'ai essayé le même exercice avec des enfants de douze ans. J'ai présenté la pratique en parlant de « science du bonheur », en leur demandant de ne pas croire ce que je leur disais, mais simplement d'examiner les faits. Un jour, sans que je les aie incités à le faire, ils ont regroupé leurs différents sujets de préoccupation en cinq domaines, les mêmes que ceux que l'on trouve dans les préceptes : la violence, le vol, la parole, les conduites sexuelles inappropriées et la consommation.

Sur la base de mon expérience, j'ai estimé qu'il fallait ajouter une seconde question, comme : « Quelles sont, parmi les choses que vous mangez, achetez ou consommez, celles qui peuvent vous rendre malheureux, vous ou les autres ? » Très vite, ils ont évoqué le fait de trop manger, de se soûler et de prendre des drogues.

Dans un autre exemple d'enseignement pratique, Mike s'est servi d'une simple pierre et d'une plante pour déclencher une réflexion profonde sur les besoins complexes du vivant, en aidant ses élèves à reconnaître les conditions du bonheur présentes autour d'eux, qui comprennent nécessairement nos relations.

Cette année, j'avais prévu d'enseigner à des élèves de onze ans les caractéristiques du vivant. J'ai demandé au technicien de m'apporter une plante verte et une grosse pierre. J'ai montré ces éléments aux élèves en leur demandant ce qui se passerait si je mettais cette pierre dans une armoire et que je venais la rechercher un an plus tard. Ils n'ont eu aucune difficulté à me répondre que la pierre allait être quasiment la même qu'avant, qu'il y aurait peut-être un peu de poussière dessus ou même de moisissure, mais qu'elle serait essentiellement la même. Lorsque je leur ai demandé ce qui se passerait pour la plante dans les mêmes conditions, ils se sont tous accordés à dire qu'elle serait morte, toute pourrie ou noircie.

Puis je leur ai demandé ce qui se passerait si je laissais les élèves dans une armoire pendant un an, en précisant bien que je n'en avais nullement l'intention ! Ils ont très

509

vite conclu qu'ils seraient morts et sentiraient mauvais. Je leur ai ensuite demandé de quoi ils auraient eu besoin pour rester en vie. Ils ont d'abord pensé à la nourriture, l'eau, l'air, avant d'ajouter rapidement des amis, une famille et une maison. Ils étaient prêts à reconnaître qu'il n'est pas possible de vivre uniquement par soi-même. Je leur ai ensuite demandé de quoi ils avaient besoin pour être heureux et, une fois de plus, ils n'ont eu aucun mal à dresser la liste des choses qui pourraient les aider à être heureux[6].

Lyndsay Lunan, qui travaille au Royaume-Uni, a recours à une méthode centrée sur les étudiants pour aborder la question du bonheur. Elle leur demande de repérer leurs réactions sur le plan émotionnel à différents moments de la journée et d'y réfléchir. Ils sont ainsi devenus plus conscients de ce qui nourrit leur bonheur ou de ce qui l'affecte, de façon indirecte et naturelle.

Je leur ai demandé de dessiner une carte de leur journée type et d'évaluer le temps, au quotidien, pendant lequel ils ressentaient des émotions positives, neutres ou négatives. Ils se sont rendu compte que leurs émotions négatives et leur sentiment d'ennui provenaient dans une large mesure de choses qu'ils faisaient par habitude, comme aller sur Facebook ou regarder la télévision, ce qui a donné lieu à des discussions très intéressantes sur ce qui nous nourrit vraiment. Les expériences sources de bonheur qu'ils ont mentionnées étaient presque toujours liées à quelque chose fait avec des personnes qu'ils aimaient ou en extérieur. Cela nous a fourni une base pour apprendre à générer une émotion positive. Au lieu de leur suggérer des choses qui seraient des « conditions du bonheur » et ne leur parleraient pas forcément, ils ont choisi quelque chose qui avait émergé pendant cet exercice et leur avait permis d'ancrer ces expériences dans leur esprit, en utilisant les techniques de respiration que nous avions pratiquées et en nous concentrant sur le ressenti de ces expériences au niveau du cœur. Cela a été un moyen très accessible pour eux – et c'est presque systématiquement la pratique qui a le plus d'effet pour ces enfants.

Angelika Hoberg, qui a travaillé comme institutrice en Allemagne, a mis en place un travail d'équipe formidable avec ses élèves de CE2, qui consistait à utiliser des carnets de pleine conscience pour noter toutes les fois où ils arrosaient leurs bonnes graines. Grâce à leurs propres réflexions et à son accompagnement en classe, ils sont parvenus à développer leurs propres compétences pour ressentir plus de bonheur et de compassion, et à voir naturellement que les conditions du bonheur sont déjà là, ici et maintenant. Cet exercice très concret a eu pour effet d'inciter les élèves, et leur institutrice, à réfléchir et à agir, mais aussi de susciter l'intérêt de parents d'élèves.

J'ai invité les élèves de ma classe de CE2 à créer un cahier de pleine conscience. J'ai fait un grand dessin représentant l'esprit et la conscience du tréfonds et ils ont réfléchi ensemble au genre de graines qu'ils avaient envie d'arroser. J'ai inscrit toutes leurs suggestions sur une feuille que j'ai accrochée à côté du dessin. Les enfants ont refait le dessin dans leurs cahiers de pleine conscience et écrit le nom des graines qu'ils avaient choisies dans la liste dressée ensemble. L'exercice consistait à arroser ces graines pendant une semaine et à raconter par écrit à côté du dessin dans quelle situation ils l'avaient fait. Un jour, un élève en a spontanément complimenté un autre pour ce qu'il venait de réussir à faire et je lui ai demandé comment il se sentait maintenant. « Bien », m'a-t-il répondu. « N'est-ce pas merveilleux de se sentir heureux juste parce qu'on vient d'aider quelqu'un et de lui faire un compliment ? » ai-je remarqué. L'enfant n'a pas cessé d'aider d'autres élèves jusqu'à la fin du cours. Il faut dire que cela n'avait jamais été son point fort jusque-là. Se comporter ainsi a été une découverte étonnante pour lui.

Même pour moi, il y a tant à découvrir. J'ai mon propre cahier de pleine conscience. Dire à un enfant, en criant sous le coup de la colère, qu'il doit se calmer, ou bien lui demander : « Quelle graine es-tu en train d'arroser maintenant ? » sont deux choses bien différentes. L'enfant énervé cesse de réagir et écoute ce qu'il ressent, et les autres enfants l'aident à y réfléchir. « La graine de la colère ? » « Quelle graine as-tu choisie pour cette semaine ? » « Le bonheur. » Sourire. Il n'y a rien à ajouter. Dans ce genre de situation, les enfants apprennent qu'ils ont la capacité de choisir comment ils voient les choses, d'influer sur leur attitude. Ils ne sont pas seulement victimes de conditions extérieures. Lors d'une soirée de rencontre avec les parents, je leur ai parlé de nos cahiers de pleine conscience. Je les ai autorisés à y jeter un coup d'œil, à condition qu'ils promettent de n'émettre aucune critique devant les éventuelles fautes de grammaire ou d'orthographe. J'avais bien évidemment sollicité la permission des enfants auparavant. Les parents n'ont fait aucun commentaire, mais il y avait une atmosphère contemplative et respectueuse dans la pièce.

LA PLEINE CONSCIENCE ET LE PROGRAMME SCOLAIRE AXÉ SUR L'ENSEIGNEMENT DE MATIÈRES

Nous avons exploré l'enseignement de la pleine conscience en classe, en soi et dans le cadre d'un cours sur l'éthique ou toute autre variante d'un programme psychosocial. Il existe un autre niveau d'intégration potentielle. Ce n'est qu'à partir du moment où la pleine conscience est intégrée tout au long de la journée scolaire ou universitaire et qu'elle commence à faire partie du programme scolaire axé sur l'enseignement de différentes matières qu'elle a le plus de chances d'être considérée comme vraiment importante et crédible par les élèves et les étudiants, les collègues, les parents et la direction, et qu'elle peut produire des changements à plus long terme sur le plan des attitudes et des façons d'être des élèves et des étudiants.

Comme nous l'avons vu précédemment dans ce chapitre, les compétences que la pleine conscience permet d'acquérir favorisent les apprentissages académiques et peuvent être intégrées dans le programme d'études et dans le calendrier scolaire. Par ailleurs, la pleine conscience et les compétences de métacognition (réfléchir sur ses pensées) associées peuvent aider nos élèves à se frayer un chemin dans les différentes méthodes d'acquisition des connaissances représentées par différentes matières. Avec la pleine conscience, les élèves peuvent prendre du recul par rapport aux faits visibles en surface et examiner en détail les hypothèses et les processus sous-jacents, en considérant les différentes matières enseignées comme différents paradigmes ou discours comportant différentes vérités et procédures.

Michael Schwammberger, enseignant de pleine conscience et animateur de retraites, nous fait part de ses réflexions sur les moyens d'enseigner la pleine conscience en tenant compte des forces et des compétences thématiques.

> Chaque enseignant a des compétences différentes. Certains peuvent être très habiles, d'autres très joueurs et d'autres encore utiliser la matière enseignée comme outil pour communiquer la pratique. Comme le professeur de philosophie, il est merveilleux ! Il pratique depuis longtemps et utilise la philosophie. C'est ce qu'il enseigne pour ouvrir des espaces de conscience, pour éveiller les enfants à la réalité, ouvrir leur curiosité, leur intérêt, leur attention, leur présence.

Richard Brady fait remarquer que la pleine conscience façonne petit à petit ce qu'il appelle des « pédagogies » au cœur même de notre façon d'enseigner, en « respectant les vérités de différentes matières ».

Avec le soutien de notre pratique, nous pouvons enseigner en pleine conscience, ce que nos élèves apprécient beaucoup. Nous pouvons également avoir recours à des pédagogies qui favorisent l'apprentissage en pleine conscience, ce qui nous permet de créer de façon plus efficace des espaces qui respectent les vérités des différentes matières et des élèves. Se familiariser avec certaines de ces pédagogies nous est aussi utile en tant qu'enseignants de pleine conscience. Ces pédagogies sont aussi simples qu'effacer le tableau blanc en pleine conscience et aussi complexes qu'aider les élèves à établir un consensus pour prendre des décisions en pleine conscience. Certaines sont d'ordre spatial, comme disposer les bureaux en cercle ou en groupes de quatre. D'autres sont d'ordre temporel, comme prévoir de temps à autre un temps de réflexion ou d'écriture libre. Avec notre pleine conscience, nous pouvons utiliser des pédagogies attentives aux besoins des enfants pour enseigner différentes matières à toutes sortes d'élèves.

Évoquant quelques moyens mis en place par des enseignants réputés pour aider les élèves à utiliser la pleine conscience au cours des enseignements, il explique :

S'appuyant sur leur propre pratique, des enseignants développent de plus en plus des façons d'inviter leurs élèves à aborder en pleine conscience le contenu du cours. À trois reprises au cours de l'automne, les élèves de CE2 et de CM1 de Denise Aldridge se sont assis pendant quarante minutes dans le jardin de leur école pour observer et dessiner ce qu'ils voyaient. Ils ont appris à regarder quelque chose et à observer les détails et le changement.

Hope Blosser, professeure d'anglais auprès d'élèves âgés de douze à treize ans, s'est inspirée du livre de Sandra Cisneros, *The House on Mango Street*, pour apprendre à ses élèves à s'engager dans la contemplation et la réflexion sur soi-même dans le cadre du processus d'écriture de leur propre microfiction. Professeur en sciences de l'information, David Levy incite les élèves de son cours intitulé « Information et contemplation » à noter leurs pensées et leurs expériences dans un journal lorsqu'ils utilisent l'une ou l'autre technologie de l'information. Les élèves qui suivent le cours sur la consommation et la poursuite du bonheur donné par le professeur d'économie Daniel Barbezat découvrent les effets de la pratique d'une méditation de bienveillance sur leur générosité.

Nous allons voir maintenant comment la pleine conscience peut être enseignée dans le cadre de certaines matières du programme scolaire ordinaire, et contribuer à ces enseignements grâce aux exemples de disciplines avec lesquelles des enseignants du Village des Pruniers ont établi des liens concrets à ce jour. Dans cette section relativement brève, nous ne pouvons qu'illustrer différentes façons d'intégrer la pratique de la pleine conscience dans les matières inscrites au programme et non en rendre compte de manière exhaustive. Nous espérons que cela vous donnera l'inspiration pour appliquer la pleine conscience dans votre propre enseignement, notamment dans la discipline que vous enseignez.

La créativité, alliée naturelle de la pleine conscience, occupe une place centrale dans l'approche du Village des Pruniers. Les retraites pour les enfants et les adolescents sont pleines de chansons, pièces de théâtre, travaux manuels et artistiques, préparations de repas et de goûters, petites cérémonies et occasions de créer et de partager. Frère Phap Dung, qui travaille avec enthousiasme avec les enfants lors de retraites organisées au Village des Pruniers et ailleurs dans le monde, raconte quels sentiments de chaleur, de solidarité et de famille engendre le sentiment « d'aller au-delà ».

Si l'on veut que la classe se sente comme une communauté, comme une famille, c'est une compétence qu'il faut développer. Il faut créer des occasions qui vont au-delà de l'objectif, faire preuve de créativité pour créer d'autres façons de communiquer. Nous proposons de la musique, des jeux, des danses et des partages de cœur à cœur... Si à chaque fois que vous vous réunissez, les mêmes discussions reviennent toujours, cela devient ennuyeux, tandis que se rassembler pour partager un repas, faire un barbecue, aller à la plage ensemble crée cette nouveauté, ce sentiment d'aller au-delà. C'est pourquoi il faut beaucoup de créativité pour créer une communauté.

Les chapitres précédents contiennent de nombreux exemples en lien avec les pratiques de base sur les moyens créatifs d'enseigner la pleine conscience. Pilar Aguilera, qui enseigne dans le cadre des Escuelas Despiertas et donne un cours avancé destiné aux enseignants sur l'approche de la pleine conscience appliquée par le Village des Pruniers à l'université de Barcelone, décrit la chaleur et la créativité qui règnent en fin de travail.

Pendant la dernière séance du cours, nous célébrons le fait d'être tous ensemble pour parler de notre beau jardin qui a fleuri pendant tout ce cours. Les enseignants apportent à cette occasion leurs capacités à faire des choses avec le cœur : des créations inspirées par les Wake Up Schools, des chansons, des gâteaux, des activités en pleine conscience, tout ce qu'ils ont envie d'offrir au groupe. Nous avons tous terminé ce cours avec plein de cadeaux dans nos mains et le cœur empli de bienveillance et de gratitude.

Le témoignage de Chelsea True montre que, de multiples manières, les enseignants, notamment dans le primaire, trouvent facile d'intégrer le travail sur la créativité et la pleine conscience dans la routine quotidienne, afin d'aider les élèves, pour reprendre ses mots, « à être vraiment vivants ».

Lorsque nous utilisons la porte de l'imagination pour faire découvrir la pratique de la pleine conscience, les enfants deviennent vraiment vivants. Raconter des histoires, pratiquer des activités artistiques et lire de la poésie sont autant de façons de faire honneur à leur vie intérieure et de créer des images qu'ils peuvent ressentir et s'approprier. J'ai écrit et raconté des histoires qui accompagnent de nombreuses pratiques en ayant recours à des images ludiques pour aider les enfants à découvrir la pratique par la porte de l'imagination. Je propose aussi des activités artisanales, artistiques et contemplatives aux enfants pour nous aider à approfondir notre compréhension et intégrer les enseignements. Nous prenons un temps pour partager un repas en pleine conscience dans chaque classe et récitons à chaque fois un poème spécial qui parle de notre inter-être et des rayons de soleil dans ce que nous mangeons.

La créativité, comme la pleine conscience, nous aide à appréhender le monde de façon novatrice et à nous défaire de nos schémas d'habitudes. Bea Harley nous explique en quoi, selon elle, la créativité est plus ou moins synonyme de pleine conscience – une façon immédiate et concrète d'expérimenter le monde. Elle a pris conscience que son expérience personnelle de formation à l'art recouvrait un aspect contemplatif et porteur de transformations, ce qui lui a permis de se sentir plus profondément reliée et de voir le cœur des choses, une capacité qu'elle a plaisir à partager avec les enfants dont elle s'occupe.

Quand j'étudiais aux Beaux-Arts, après une séance particulièrement longue pendant laquelle j'avais passé trente-six heures à dessiner et redessiner la même plante, il est arrivé un moment où j'ai réalisé que j'étais la plante et que la plante était moi, et qu'il n'y avait plus de frontières. Avec cette vision profonde de l'interdépendance, j'ai vu un monde de possibles et d'émerveillement qui a changé à jamais le cours de ma vie.

Depuis, j'ai toujours pensé qu'il existe une relation forte entre la pratique de la pleine conscience et le processus de créativité. Lorsque j'enseigne l'art, j'encourage les élèves à mettre leurs jugements et leurs attentes de côté, et à maintenir au lieu de cela une concentration toute particulière, afin d'essayer de voir au-delà de ce qui se trouve en face de nous et de vraiment comprendre la nature de ce que nous voyons, d'en saisir l'essence. Je me suis parfois demandé si ce sont justement ces moments d'inspiration saisis dans une œuvre d'art, la musique ou la littérature, qui nous émeuvent, comme si, lorsque nous percevons les symboles, nous reconnaissions inconsciemment notre propre universalité. Ce sont ces moments de vision pénétrante apportés par la pratique de la pleine conscience qui peuvent nous lancer dans un monde de possibilités infinies. Dès lors que nous comprenons notre esprit et parvenons à maîtriser nos propres projections (la pratique d'une vie, je le crains) afin de nous libérer de nos angoisses, nous pouvons, grâce à un saut périlleux au niveau des pensées et un saut quantique au niveau des perceptions, faire en sorte que nos rêves deviennent réalité et créer un monde où il y aurait plus d'amour et de paix.

La créativité peut aider les jeunes à exprimer directement ce qu'il y a dans leur cœur et à se relier à leur expérience du monde. Sœur Hai Nghiem, qui s'est occupée des adolescents lors d'une retraite au Village des Pruniers, nous livre ses réflexions sur la façon dont les jeunes utilisent des méthodes créatives comme les chansons et les saynètes pour aborder les enseignements de manière directe plutôt que de manière cérébrale, chose que les adultes ont tendance à préférer. Elle estime qu'inviter les adolescents à écrire une chanson de rap sur les « horreurs du monde » vaut bien mieux qu'étudier un texte. Il est apparu lors de ce processus que c'était une excellente manière de permettre aux jeunes d'exprimer au mieux ce qu'ils ressentent.

Cette année-là, nous avons organisé un atelier sur les Cinq Entraînements à la pleine conscience (l'éthique) sans présenter le texte, et cela a été très amusant. Nous avons écrit un texte de rap. Les jeunes étaient assis ensemble et nous avons écrit sur le tableau toutes les horreurs qui existent dans ce monde et que nous souhaiterions voir changer. D'après vous, quelles sont les solutions ? Leurs propositions montraient qu'ils avaient profondément compris cette souffrance, personnellement et à l'échelle de la planète. Cette séance de remue-méninges s'est transformée en chanson, et même en spectacle puisqu'ils ont pu la chanter à la fin de la semaine, lors de la dernière réunion en groupe.

Lors de la représentation, nous avons vu à quel point ils avaient compris les enseignements du Dharma. Ils ont repris une chanson qu'ils appréciaient et, en changeant les paroles, ont montré qu'ils avaient bien compris l'enseignement. D'autres adolescents ont interprété un sketch représentant ce qui nous attend si nous prenons la mauvaise voie et n'écoutons pas les enseignements. Ils avaient vraiment tout compris et c'était très émouvant. Ils l'expriment différemment des adultes qui préfèrent se réunir en groupe pour faire part aux autres de leurs pensées et de leurs ressentis. Les adolescents sont intelligents et pleins d'esprit, et leur façon d'exprimer ce qu'ils ont appris parle tout autant aux adultes.

ART

Bea nous rappelle que l'art a la capacité de nous amener à voir les choses différemment, en étant reliés directement à notre expérience émotionnelle. Exprimer une émotion difficile à travers l'art peut nous aider à l'embrasser en toute sécurité et nous apaiser, comme Barbara Calgaro l'a expérimenté dans sa classe.

Nous avons créé ensemble un arc-en-ciel en 3D. Chaque enfant a peint au doigt les bandes de l'arc-en-ciel et collé les bandes de couleur sur du carton. Puis nous avons parlé des liens entre les couleurs et les émotions, et de l'importance de chaque émotion. Nous avons discuté de la façon dont toutes ces couleurs se sont réunies pour former un arc-en-ciel, tout comme toutes nos émotions ont besoin de se réunir à l'intérieur de chacun de nous.

Nous avons accroché notre arc-en-ciel dans un coin de la salle. C'est devenu l'endroit où nous pouvons reconnaître nos émotions ou simplement avoir de l'espace pour nous-mêmes. Si des enfants se bagarrent, ils savent qu'ils peuvent aller dans cet espace pour accueillir les émotions qui s'emparent d'eux ou rencontrer la personne avec laquelle ils se sont disputés – que ce soit un enfant ou un adulte – pour parler de leurs émotions fortes.

Elli Weisbaum, qui enseigne la pleine conscience au Canada, a recours à une activité artistique pour aider les élèves à exprimer leur état émotionnel ou leur « météo ».

Activité artistique : quelle est ma météo ?

Au début du partage en cercle dans la tradition du Village des Pruniers, nous faisons parfois un tour de parole pour exprimer ce que nous ressentons, en décrivant nos émotions sous la forme d'une météo. On peut être « soleil avec possibilités d'averses », ou « plein d'orages ». Lorsque je propose cette activité en classe, je la présente souvent comme une activité artistique. J'ai constaté que ça marchait vraiment bien avec des élèves du primaire et du secondaire, et aussi avec les étudiants et les adultes. Nous commençons par nous réunir et expliquer l'activité, qui est de décrire nos émotions sous forme de météo. Les plus jeunes aiment bien savoir quelles sont les différentes options et quelles émotions elles peuvent représenter. Puis j'invite les participants à revenir à leur table ou à leur bureau. Nous écoutons le son de la cloche et prenons un moment pour voir en nous ce que nous ressentons. Puis les élèves dessinent leur météo du jour. Lorsqu'ils ont fini leur dessin, et si nous en avons le temps, ils sont invités à dire quelle est leur météo. Ce partage a pour effet de renforcer le sentiment de communauté, de compréhension et de compassion dans la classe, tous les élèves et les enseignants présents prenant conscience des différentes émotions existant dans cet espace. Des enseignants ont continué de faire chaque jour un journal météo avec leurs élèves. Cette activité permet aux élèves de mieux comprendre leur météo intérieure, et pour l'enseignant, s'il y est autorisé, de mieux comprendre ce qui se passe émotionnellement pour ses élèves.

Pour Elli, cette activité a été très précieuse, car elle a permis de révéler la présence d'émotions difficiles chez un élève, dont son institutrice n'avait pas eu conscience.

Dans la classe de CE2 dans laquelle j'intervenais, l'institutrice avait un élève qui souriait tout le temps, mais qui tenait des propos très durs envers d'autres enfants et ne cessait de les distraire. L'institutrice a commencé à se sentir irritée par le comportement de cet élève, qui ne lui ressemblait pas. Au cours de la semaine précédente, elle avait commencé à tenir un journal météo. Elle a demandé à cet élève la permission de regarder son journal, ce qu'il a accepté. Elle a alors eu la surprise de découvrir que le journal de cet élève était plein d'orages et d'éclairs pendant la semaine passée. Elle lui a demandé les causes de ces orages et l'élève a répondu que son père était parti en voyage d'affaires et qu'il était très fâché. Cela a permis à l'institutrice d'avoir de la compréhension et de la compassion à l'égard de ce qu'il vivait. Sans le journal, elle n'aurait pas su ce qui était présent en lui pendant qu'il continuait à projeter à l'extérieur des rayons de soleil.

Dans la section « Pour aller plus loin », vous trouverez une liste de livres pour enfants et pour adolescents dans la tradition du Village des Pruniers, ainsi qu'une brève description de leur contenu.

HISTOIRES ET POÉSIE

Une histoire ou un poème bien conçus, qu'on lit ou qu'on raconte, peut transmettre des vérités essentielles d'une manière directe et vivante. *Anh's Anger*, le livre illustré de Gail Silver, inspiré par la façon de prendre soin de sa colère en pleine conscience au Village des Pruniers, est un favori dans les classes du primaire. C'est également un livre qu'Adriana, mentor en pleine conscience en Italie, a lu à son petit-fils, lequel a demandé ensuite qu'on le lise dans sa classe.

Il y a quelques années, j'ai lu le livre *Anh's Anger*, qui parle de la façon de transformer la colère, à mon petit-fils Ariele, alors âgé de cinq ans et demi. Cela lui a fait un tel effet que quelques jours plus tard, alors que nous étions réunis avec des amis à la maison autour de la cheminée et que deux petits garçons venaient de se disputer, il m'a chuchoté à l'oreille : « Et si on leur lisait le livre ? » C'est ce que j'ai fait, et le miracle de la réconciliation s'est produit presque instantanément. En fait, ils voulaient tous

525

que je relise ce livre, encore et encore. Le lendemain, Ariele m'a demandé de l'accompagner dans sa classe, où les enfants avaient entre quatre et six ans, pour le lire à tous. Nous avons dû attendre plusieurs semaines l'autorisation du directeur. Enfin, un après-midi, je me suis retrouvée dans une classe de vingt-cinq enfants avec leur instituteur, à raconter cette histoire sur les moyens de transformer la colère. Je leur ai fait écouter la petite cloche et nous avons respiré et chanté des chants de pratique. Leur présence était vraiment impressionnante et leur participation, très joyeuse !

Richard décrit une méthode créative qu'il a conçue dans le cadre d'une formation destinée aux enseignants pour étudier un poème de Thich Nhat Hanh. Il a eu recours à la communication en pleine conscience et a constitué des paires composées d'un participant qui pensait avoir compris le poème et d'un autre participant qui pensait ne pas l'avoir compris.

Inspiré par Parker Palmer, j'aime me servir de poèmes pour enseigner le regard profond. J'avais prévu d'utiliser le poème « Appelle-moi par mes vrais noms ». Puis je me suis dit que cela allait poser un problème au vu du nombre d'enseignants qui venaient tout juste de se familiariser avec la pratique et ne connaissaient pas encore bien la notion d'inter-être. Ce jour-là, je n'ai pas suivi ma procédure habituelle. Les participants ont lu le poème et sont restés assis avec pendant trois bonnes minutes, après quoi je leur ai demandé de se lever et de former une ligne à travers la salle, en restant silencieux. Ceux qui pensaient n'avoir rien ou quasiment rien compris au poème devaient se placer à une extrémité de la ligne, tandis que ceux qui pensaient en avoir compris le sens se plaçaient à l'autre extrémité. La ligne a été constituée rapidement. Puis j'ai demandé aux participants de se mettre par deux dans l'ordre suivant : les deux personnes se trouvant aux extrémités de la ligne devaient former une paire, puis les deux suivantes, etc. Après avoir trouvé un partenaire et s'être assis l'un en face de l'autre, la personne la moins sûre d'avoir compris le sens du poème était invitée à s'exprimer d'abord. Il m'a semblé que cela s'était très bien passé. Par la suite, une personne qui connaissait déjà très bien le poème m'a dit qu'elle avait beaucoup appris en écoutant son partenaire qui en avait eu une tout autre compréhension.

MUSIQUE ET CHANTS

Si vous passez du temps au Village des Pruniers à l'occasion d'une retraite, vous verrez que la musique et les chants y sont très présents, que ce soit des chants sur le bonheur ou l'amour, des chants de célébration et de contemplation ou des chants de paix. Cet immense répertoire est très apprécié des enseignants qui utilisent les chants pour inspirer leur propre vie et les font découvrir à leurs élèves. Au chapitre 7, portant sur les moyens de gérer nos émotions, nous avons vu que ces chants sont très puissants et peuvent transformer des émotions.

En 2012, lors d'une séance de questions-réponses pendant une retraite organisée au Royaume-Uni, Thich Nhat Hanh a parlé de la musique et des chants qui peuvent toucher les gens directement. Ils nous permettent ainsi de nous passer d'enseignements explicites sur la pleine conscience et de faire directement l'expérience de la paix, ce qui nous aide à harmoniser les nombreux éléments qui forment notre être complexe.

Nous n'avons pas besoin d'enseigner tous les chants qui figurent dans le livre de chants. Pour commencer, nous ne prenons qu'un petit nombre d'éléments qu'ils peuvent comprendre. Si nous voulons nous comprendre nous-mêmes, nous devons revenir en nous-mêmes pour observer notre corps, nos émotions, nos perceptions, notre état mental et notre conscience, ce qui nous aidera à vraiment comprendre comment ils fonctionnent et à les aider à mieux fonctionner ensemble et en paix. Par exemple, lorsque vous pratiquez la respiration consciente, vous pouvez pratiquer un chant. Vous utilisez la musique. Et lorsque vous chantez ce chant en vous-même tout en inspirant et en expirant, vous réunissez ces cinq éléments et créez de l'harmonie entre ces cinq éléments. Il n'y a pas d'opposition entre eux, il n'y a plus de lutte entre ces cinq éléments. La musique que vous produisez les réunit, et il y a de la paix et de l'harmonie en vous pendant ce moment où vous respirez ou pratiquez la méditation marchée[7].

Pour l'animatrice de retraites Nhu-Mai Nguyen, les chants présentent de nombreux intérêts : nous rappeler les éléments essentiels d'une pratique, élever les esprits, créer ou modifier un état d'esprit, provoquer une réflexion et rassembler des personnes.

Les chants sont des outils pédagogiques très efficaces, principalement parce qu'ils jouent le rôle d'aide-mémoire, influent sur l'état d'esprit et favorisent une concentration collective. Par exemple, « J'inspire, j'expire » est une forme de méditation des cailloux mise en chanson. Un grand nombre de personnes ont indiqué qu'après une retraite de cinq jours, elles ne se souvenaient de presque rien de ce qu'elles avaient entendu pendant les enseignements sur le Dharma, mais qu'elles se rappelaient toujours les chansons qu'elles avaient apprises.

Les chants peuvent être utilisés pour élever notre esprit ou calmer des émotions. « I Like the Roses » est une chanson qui permet de transformer ses émotions de façon positive. « J'inspire, j'expire » est aussi très efficace pour calmer des émotions fortes. Des enfants ont même dit qu'ils chantent cette chanson chaque fois qu'ils éprouvent de l'angoisse ou du désespoir et que cela les aide dans leur vie à faire face à des situations difficiles.

Tout le monde peut être invité à chanter en groupe au début d'une séance de pratique afin de favoriser la concentration collective, et les chants peuvent aussi être utilisés pour clore une séance. La personne qui anime le groupe peut être tranquille, car elle sait que le but n'est pas de bien chanter et que les chants de pratique nous permettent de toucher le sens des mots.

Elia Ferrer Garcia travaille comme institutrice dans le primaire dans un quartier défavorisé de la banlieue de Barcelone, où de nombreuses familles sont confrontées au chômage et aux difficultés qui en découlent. Comme de nombreux enseignants, elle propose régulièrement de chanter dans sa classe, pour l'harmonie que cela apporte dans le groupe et le calme que cela favorise tout au long de la journée.

Je trouve ça très beau et très apaisant quand les enfants arrivent à l'école et qu'on commence la journée en chantant « Mes chers amis ». Nous chantons en cercle, en nous souvenant que chacun est important, que nous formons un groupe, une équipe. À ce moment-là, nous sommes tous pareils – il n'y a pas de différences sociales. Cela nous donne un sentiment d'unité et d'appartenance. La journée semble se dérouler de façon plus fluide et plus calme, de même pour ce qui est de nos relations avec nos collègues enseignants.

Les enfants et les adolescents aiment composer leurs propres chansons. Joe Reilly, compositeur et éducateur dans le domaine de l'environnement, relate sa façon de composer des chansons avec les enfants dans un article détaillé du magazine *The Mindfulness Bell* qui mérite d'être lu dans son intégralité.

Lorsque je propose aux enfants une activité de composition de chansons, je comprends que c'est pour moi un moyen de partager ma pratique de la pleine conscience avec eux. Dans ma vie, ces formes artistiques inter-sont. J'ai constaté qu'elles pouvaient aider à arroser les graines de pleine conscience, d'espoir et de créativité chez les enfants tout en arrosant ces graines en moi-même[8].

Les chansons, qui sont intimement associées à la respiration, peuvent atteindre des endroits du corps et de l'esprit inaccessibles aux approches plus cérébrales, de même qu'elles ont des effets directs et souvent rapides sur notre état d'esprit. L'enseignante spécialisée Tineke Spruytenburg est intervenue auprès d'un enfant dont l'angoisse à l'idée de nager a été calmée grâce au chant du Village des Pruniers, « J'inspire, j'expire ».

Il y a quelques années, je m'occupais d'un garçon de CE2 extrêmement actif et facilement distrait. Sa vie n'était pas simple en raison de sa situation familiale et il était peu motivé à apprendre. Il manquait de confiance en lui et par conséquent de motivation. Mais il voulait montrer de quoi il était capable pendant les cours de natation, pour lesquels il aspirait au moins à faire partie des meilleurs élèves.

Un jour, j'ai appris aux élèves la chanson « J'inspire, j'expire ». Ils ont beaucoup aimé, et ce garçon en particulier a trouvé en lui un certain calme en la chantant. Nous l'avons chantée en faisant les gestes et je leur ai expliqué comment le fait de respirer calmement et en conscience pouvait les aider à calmer « l'orage ». Quelques jours plus tard, notre classe avait un cours de natation. Je regardais nager les élèves tout en bavardant avec le professeur de natation lorsque ce garçon a couru vers moi. Il était très énervé ; son cœur battait si vite qu'on le voyait battre dans sa poitrine. « Maîtresse, s'il te plaît, tu peux me chanter la chanson sur la respiration ? m'a-t-il demandé en bredouillant. Sinon, je ne pourrai plus nager. » Je me suis agenouillée et je lui ai chanté doucement la chanson.

Son visage s'est illuminé et, avec un grand sourire, il est retourné à son activité.

Vous trouverez une liste de sites Internet avec des vidéos de chants du Village des Pruniers ou en lien avec ces chants dans la section consacrée aux ressources « Pour aller plus loin ».

ÉDUCATION PHYSIQUE

La pleine conscience est désormais largement utilisée dans le monde du sport, souvent en vue d'aider les athlètes à assurer la performance dont ils sont capables lorsqu'ils ont lâché prise sur leurs soucis et leurs pensées et sont pleinement présents et concentrés dans l'instant présent, un état parfois désigné en anglais par le terme « *flow* ».

Julian Goetz, instructeur sportif aux États-Unis, travaille avec ses élèves sur les capacités motrices et sensorielles qu'ils peuvent avoir à mobiliser au cours d'une balade à vélo. Son enseignement s'appuie sur la pratique de la pleine conscience et il souligne l'importance de « moments de calme ».

Je travaille à New York comme instructeur de cyclisme depuis trois ans et j'ai intégré la pleine conscience dans tous mes cours. Introduire la pratique de la pleine conscience dans le cours d'éducation physique présente de nombreux avantages – on demande déjà aux participants d'être conscients de leur corps. Lorsqu'on fait du vélo, les risques sont clairs. Nous nous déplaçons dans les rues de Manhattan, de Brooklyn ou d'ailleurs et s'ils perdent leur concentration ou prêtent attention aux mauvais détails, ils risquent de se retrouver dans une situation difficile. Ils l'ont compris parce que je le leur ai fait comprendre clairement, mais je pense que cela vaut également pour toute activité physique ou sportive. Je leur parle généralement de la pratique au moment où j'explique le système de freinage. La plupart des gens pensent que serrer le frein gauche est toujours dangereux, ou que serrer uniquement le frein droit est idéal. C'est faux dans les deux cas, ce qui est facile à expliquer. Mais c'est une autre histoire de faire en sorte que les participants – en particulier les enfants et les adolescents – parviennent dans un moment de crise à serrer les deux freins en douceur en exerçant une pression uniforme. La pleine conscience a été pour cela d'une très grande aide.

Quand leurs deux mains sont posées sur les freins, qu'ils serrent souvent tout en se penchant vers l'avant et vers l'arrière, je les encourage à fermer les yeux pendant une minute, pour ressentir ce que cela fait d'être assis sur un vélo, en toute sécurité, dans le calme et concentré. Je les invite à prendre quelques respirations, à ressentir le souffle qui entre et sort de leur corps, en rappelant parfois que la respiration est liée à l'activité musculaire, et à garder en mémoire cette sensation de calme, en respirant et en serrant doucement les freins, pour faire face à une éventuelle situation de crise. Il se passe toujours quelque chose lorsque vous faites du vélo. Pour vous y préparer, vous pouvez vous servir des moments de calme qui vous seront utiles dans les moments de crise.

C'est ce que je leur enseigne. Avant de commencer notre balade à vélo, ou avant d'arriver à des intersections dangereuses, je leur fais faire une pause et répéter l'exercice, pimentant ainsi les cours de pauses de pleine conscience. Je pense que c'est une clé pour enseigner la pleine conscience aux enfants, en particulier dans le cadre d'activités sportives.

SCIENCES

La pleine conscience peut nous aider à regarder les choses en profondeur, au-delà des apparences, à percevoir des vérités plus profondes et voir l'inter-être, sans les distractions que sont nos impressions sensorielles, nos habitudes mentales et nos préjugés. Ce processus favorise directement l'objectivité, la clarté et l'impartialité que les élèves vont acquérir lorsqu'ils se familiarisent avec les sciences, leurs processus et leurs méthodes, du moins l'espérons-nous.

Lors des retraites destinées aux familles, Thich Nhat Hanh aide les enfants à contempler la nature de la réalité en prenant des exemples d'objets apparemment définis dans le monde naturel, mais qui changent de forme et peuvent par conséquent sembler disparaître – comme une fleur, une flamme, de l'eau, la mer, la pluie et les nuages –, alors qu'ils ne font que se transformer. L'exemple le plus connu et le plus emblématique qu'il utilise dans ses enseignements consiste à donner à chaque enfant une graine de tournesol et à l'inviter, comme un devoir à faire, à la mettre en terre une fois rentré chez lui. Pour les préparer, il les invite auparavant à contempler une fleur de tournesol et à réfléchir à ce qui est arrivé à cette graine.

La graine de tournesol n'est pas morte. Elle n'a plus la forme d'une graine, mais la graine est toujours là. Si vous regardez profondément la fleur de tournesol, vous verrez que la graine y est partout. À l'origine, la graine était petite et jaune et la voilà grande, verte et fleurie. Mais si vous faites preuve d'intelligence, lorsque vous regardez cette fleur de tournesol, vous voyez la graine qui est toujours là. Vous pouvez lui dire : « Bonjour, ma petite graine. Je sais que tu n'es pas morte. Je peux te voir dans cette fleur de tournesol[9] ! »

Marianne Claveau, chargée de cours à l'université et formatrice de pleine conscience, met à profit son cours de biologie pour aider ses étudiants encore adolescents à explorer ce territoire fascinant, par la contemplation et l'expérience directe de la nature des phénomènes – qui sont à la fois complexes et constamment changeants –, ainsi que de notre propre interdépendance, et ce à l'aide d'un simple verre d'eau.

J'enseigne la biologie et le développement durable. La pratique m'a aidée à faire mieux comprendre aux élèves la complexité et l'interdépendance et à développer une vision systémique de chaque situation. Je commence en leur proposant de boire un verre d'eau. Voici comment je procède. Je leur dis : « Je vous invite à regarder profondément ce verre d'eau. Qui a fabriqué ce verre ? Qui a eu l'idée un jour de prendre du sable et du feu pour le fabriquer ? Qui a pris pour la première fois un récipient pour y verser de l'eau ? Pouvez-vous regarder ce verre et y voir les aptitudes, l'ingéniosité, les connaissances et l'intelligence de l'ensemble de l'humanité ? Pouvez-vous regarder ce verre et être en contact avec tous les êtres humains qui ont réfléchi à la manière de fabriquer un verre et ont perpétué cet art de telle sorte que ce verre se retrouve devant vous aujourd'hui ? Nous nous pensions peut-être indépendants, mais quand nous regardons un verre, ne voyons-nous pas comme nous sommes reliés à tant de personnes ?

« Je vous propose maintenant de regarder profondément l'eau à l'intérieur du verre. Où était-elle hier, le mois dernier, l'année dernière ? Où était cette eau il y a cent millions d'années ? Était-elle un nuage, un océan, un oiseau, un dinosaure ? Où sera-t-elle dans quelques heures ? Pouvez-vous imaginer tout le voyage effectué par chaque goutte d'eau avant d'arriver dans ce verre, et bientôt de faire partie de votre corps ? Notre corps est composé d'eau à 75 %. En regardant cette eau présente dans chacune de vos cellules, pouvez-vous réfléchir à ce qu'est le corps, cette forme que vous appelez "vous", ce dont vous êtes fait ? »

J'invite ensuite les élèves à boire leur verre d'eau en pleine conscience et à entrer en contact avec leurs sensations, la fraîcheur de l'eau, et à la savourer comme si c'était la première fois qu'ils en buvaient. Je les invite à boire cette eau en étant conscients qu'elle a été un nuage.

La façon dont les élèves sont touchés par cette pratique m'a toujours surprise. La plupart d'entre eux comprennent soudainement qu'ils font partie d'un tout, non pas de façon conceptuelle, mais sur la base de sensations physiques.

Les sciences de la terre fournissent de nombreuses occasions d'étudier l'interdépendance. Bobbie Cleave et Gordon « Boz » Bosworth, les éducateurs dans le domaine de l'environnement que nous avons rencontrés précédemment, s'appuient sur la pratique des repas en pleine conscience et sur les Cinq Entraînements à la pleine conscience pour aider leurs élèves à étendre la notion de consommation en pleine conscience à des domaines plus vastes tels que les énergies durables et la réduction de la pollution.

Nous évoquons les changements climatiques à l'échelle de la planète pendant notre prière quotidienne dans les centres de pratique. La première étape, c'est de faire en sorte que les adolescents et tous les enfants apprennent à manger en pleine conscience, dans le silence, en centrant leur attention sur la nourriture. Nous avons aussi commencé à proposer cette pratique à des élèves scolarisés dans des écoles publiques et privées, dans un premier temps avec un grain de raisin. Les différentes étapes consistent à regarder le grain de raisin ou tout autre aliment en essayant de percevoir toutes les causes et conditions qui lui ont permis d'arriver dans notre assiette – les camions, les personnes, l'usine, les exploitations agricoles, la terre, le soleil, la pluie, les vers de terre, etc. Cela peut facilement déboucher sur une discussion à propos des modes de culture les moins nocifs, les moins violents ou comportant le moins d'effets délétères. Sans entrer dans les détails des nombreuses données dont nous disposons sur le sujet, on peut considérer la production de viande non seulement du point de vue de ses conséquences sur le réchauffement de la planète (plus que la pollution causée par les voitures), mais aussi en termes de violences et de souffrances, souvent terribles. C'est en fait une question de sensibilisation à ces questions.

Nous faisons aussi venir les enfants au monastère de Deer Park, où nous leur montrons les panneaux solaires. Cela nous permet de parler de l'énergie solaire, des sources de pollution, notamment la pollution sonore, ainsi que des pratiques quotidiennes chez eux. Nous faisons en sorte qu'il y ait un lien avec leur vie, en leur posant des questions comme : « Dans quelle mesure ce que tu fais a-t-il des effets sur la planète et tous ceux qui y vivent ? » Les Cinq Entraînements à la pleine conscience sont notre guide ; ils nous montrent comment manger, cultiver les aliments, nous amuser et voyager. Tous ces actes ont un impact profond sur notre planète Terre et sur nous-mêmes.

L'ÉDUCATION À LA SEXUALITÉ ET AUX RELATIONS

Dans bon nombre de sociétés, l'éducation à la sexualité et aux relations est enseignée dans les établissements scolaires, ce qui peut sembler une tâche difficile. Dans les pays industrialisés pour le moins, les jeunes considèrent la sexualité comme relevant de la vie privée et accueillent généralement avec méfiance la parole ou les leçons des adultes à ce sujet, car ils préfèrent découvrir les choses par eux-mêmes. La pleine conscience peut nous aider à mieux tenir compte des besoins et des préoccupations des jeunes en ce qui concerne la sexualité, ce qui nous aide à les écouter de façon plus ouverte et sans porter de jugements, avec bienveillance, compassion et empathie. Nous les encourageons également à examiner leurs valeurs sur ce sujet et à s'écouter profondément, eux-mêmes et entre eux.

On peut craindre de se contenter de laisser faire plutôt que de dispenser de bons conseils à nos élèves sur la façon de prendre soin de soi et des autres. Mais en abordant la question de façon ouverte, en adoptant une méthode exploratoire, on découvrira très probablement que les jeunes sont déjà conscients de la nécessité d'un comportement responsable envers autrui, ainsi que de la valeur de l'amour et de l'engagement dans des relations satisfaisantes. Lorsqu'elle écoute profondément ses élèves, Fiona Cheong, professeure d'écriture créative aux États-Unis, retrouve aussi bien chez les filles que chez les garçons le désir d'avoir une relation romantique et la nécessité pour eux de l'amour, et pas seulement du sexe, pour entretenir une relation satisfaisante.

Nos responsabilités envers les personnes que nous aimons et notre désir de les protéger des problèmes et de la souffrance ont une énergie qui est toujours présente, même en classe. Ajoutez à cela les angoisses et les peurs, fréquentes en particulier chez les jeunes. Par exemple, auront-ils un rendez-vous le week-end prochain ? Et dans ce cas, cela va-t-il bien se passer ? Est-ce que la fille ou le garçon qu'ils vont rencontrer les trouvera trop gros ? Vont-ils dire quelque chose de stupide ? Est-ce qu'il y aura des attentes sexuelles ? Plus important, vont-ils trouver quelqu'un (en dehors des membres de leur famille) qu'ils pourront aimer de tout leur cœur ? Cette personne les aimera-t-elle en retour ?

Norma Ines Barreiro, qui vit au Mexique, intervient auprès d'adolescents. Son but est de leur donner les moyens de prendre soin de leur sexualité et de leur santé, en recourant à une variété de méthodes sollicitant la créativité et l'imagination et destinées à les aider à se traiter eux-mêmes et à traiter leur corps avec respect.

Je travaille avec des adolescents de dix à dix-neuf ans, dans un établissement d'enseignement primaire et secondaire. Les thèmes abordés sont le renforcement des compétences de vie, la prise de décision, la prévention des grossesses chez les adolescentes et les moyens de prendre soin de sa santé sexuelle et de la reproduction. Nous utilisons la pratique de la pleine conscience et l'art pour permettre aux jeunes d'exprimer leurs points de vue et leurs désirs les plus profonds.

Nous invitons les jeunes à considérer leur corps comme sacré, à apprendre à prendre soin de leur corps et de leur cœur. Nous avons mené une campagne éducative pour réfléchir aux grossesses imprévues et non désirées. Nous soutenons des projets artistiques réalisés par des adolescents des deux sexes. À travers le théâtre, la radio et la vidéo, les jeunes explorent les moyens de prendre soin de leur corps et de leur énergie sexuelle. Tout au long de ce processus, nous cherchons à apprendre à prendre de meilleures décisions et à vivre de façon plus responsable en étant plus heureux.

ÉDUCATION AUX MÉDIAS

Chau Li Huay, qui travaille dans le domaine de l'éducation aux médias à Singapour, utilise le cinquième entraînement à la pleine conscience pour aider les lycéens à faire des choix plus conscients lorsqu'ils consomment des médias. Chau les aide notamment à prendre conscience de l'impact des films à sensations fortes et montrant une violence gratuite sur notre état intérieur et nos points de vue.

Je donnais un cours sur l'éducation aux médias visant à permettre aux élèves de prendre conscience des messages relayés par les médias. La violence est un thème que l'on retrouve souvent dans les vidéos et dans les films, un facteur très excitant. En fait, les élèves rient beaucoup et sont très excités quand les personnages sont jetés dans un ravin, ou meurent d'une façon tragique ou comique, par exemple en se frappant la tête contre un mur. La plupart des élèves sont contents de voir les personnages se faire tuer. Dans le cadre de ce cours, en plus de repérer le message véhiculé dans un film ou sa signification (par exemple, dans un thriller, tout le monde meurt sauf le héros), nous nous posons la question de savoir s'il est vraiment nécessaire de tuer. Est-ce que la cupidité, la jalousie, la quête du pouvoir, la loyauté, la fierté nationale ou des idéaux tels que sauver le monde peuvent justifier l'acte de tuer ? Est-ce que le même résultat peut être atteint sans tuer ? Est-ce que le fait de tuer peut mettre fin à une chose ou un événement ?

Faire le lien avec le cinquième entraînement à la pleine conscience, c'est leur montrer que le simple fait d'entrer en contact avec les médias est déjà une forme de consommation. S'ils comprennent vraiment les messages relayés et les reconnaissent comme néfastes, alors ils sauront s'il faut les consommer ou non.

À travers l'éducation aux médias, Chau a également exploré les conditions du bonheur, en faisant en sorte de susciter l'intérêt d'adolescents sceptiques et exigeants, en les aidant à voir par eux-mêmes comment les publicitaires utilisent l'idée du bonheur pour vendre leurs produits.

Le deuxième entraînement à la pleine conscience nous enseigne que le bonheur ne dépend pas de conditions externes, mais il est très difficile de le dire comme ça, avec ces mots, à des jeunes. Ce que j'ai essayé de faire (pour faire le lien avec le deuxième entraînement à la pleine conscience), c'est de leur apprendre à discerner les messages véhiculés par les médias et à réfléchir à différentes questions. Je leur pose pour ma part les questions suivantes : « Peut-on dire que le bonheur, c'est seulement quand vous pouvez acheter tel produit ou tel service, comme les médias l'affirment, ou est-ce seulement un message artificiel ? » ; « Les publicitaires peuvent-ils utiliser le bonheur comme appât, sachant que, dans les médias, il est souvent représenté par la jeunesse, des vêtements de luxe, des voitures voyantes et la popularité ? » ou encore « Quelle est exactement cette chose qu'on appelle le bonheur ? ».

Il n'est pas nécessaire d'utiliser uniquement des exemples contemporains. Yvonne Mazurek, qui enseigne à de jeunes adultes en Italie, se sert de l'histoire de l'art pour renforcer les aptitudes critiques et la réflexion de ses étudiants à l'égard des images corporelles qui les entourent et souvent les oppressent.

J'ai commencé à mener une réflexion avec mes élèves pour les aider à reconnaître les images malsaines véhiculées dans la culture pop. J'ai décidé de travailler sur le thème de l'image du corps, plusieurs adolescentes m'ayant parlé ces dernières années de leur sentiment d'insécurité à ce sujet. Pendant un mois, nous avons consacré un cours par semaine à étudier la représentation du corps à travers les siècles. Nous avons comparé les corps idéalisés du passé – comme une statue d'un athlète grec héroïque ou un portrait de la Renaissance – et des publicités contemporaines, principalement à partir d'images que j'avais apportées. Lorsque nous nous sommes penchés sur les médias contemporains, les élèves ont commencé à repérer dans bon nombre d'images ce qui mettait en valeur la richesse individuelle, le pouvoir, le contrôle et la gratification immédiate. En comparant les publicités actuelles aux images de différentes époques et régions du monde, ils ont compris qu'il existe toutes sortes de beautés et de nombreux systèmes de valeurs. Après cette prise de conscience, ils ont parlé des différents choix qui s'offrent à eux et de la façon dont ils peuvent devenir acteurs d'un changement sociétal. Ils ont commencé à voir les limites du consumérisme matériel et l'impact profond que les médias peuvent avoir sur notre psyché, sur le plan individuel et collectif. À partir du moment où les élèves se rendent compte qu'une image vaut mille mots, ils se découvrent une aptitude à entendre et discerner les messages sous-jacents qui leur échappaient avant.

LORSQUE LA PLEINE CONSCIENCE SE RÉVÈLE DIFFICILE À ENSEIGNER

Il n'est pas toujours possible d'enseigner la pleine conscience comme on l'avait envisagé. Au lieu de se décourager, on peut considérer que c'est souvent dans ces cas-là qu'on en apprend le plus. Des enseignants ont accepté de nous raconter leur expérience.

Lorsque nous nous créons nous-mêmes
des difficultés – la tyrannie
du « comment les choses devraient se passer »

Un examen attentif de nos propres réactions et perceptions permettra souvent d'arriver à la conclusion que les difficultés que nous rencontrons trouvent leur origine dans nos propres habitudes mentales. En tant qu'enseignants, nous avons souvent tendance à émettre des jugements sur ce qui devrait se passer, selon nous, et à penser savoir ce qui est mieux pour les autres. Ce besoin d'être le sauveur, en réglant les choses pour les élèves et en attendant d'eux qu'ils réagissent comme nous l'avions pensé, crée de la souffrance. Il est difficile de changer cette habitude et d'être simplement présent dans la façon dont les choses se passent maintenant, en donnant de l'espace aux élèves pour qu'ils trouvent les solutions accordées à leurs besoins.

Richard nous livre son expérience en tant que professeur de mathématiques dans un établissement d'enseignement secondaire. Il nous explique comment il s'est efforcé de montrer aux élèves comment changer leur perception des difficultés. Son but était de les aider à apprendre à accueillir les obstacles, à « y voir des cadeaux pour mieux comprendre les choses » plutôt que d'essayer de les surmonter ou de les éviter.

> Lorsque mes élèves rencontrent des obstacles, leur première impulsion est généralement extrême : soit ils essaient de les surmonter, soit ils renoncent. La démarche consistant à accueillir les obstacles, à s'asseoir avec eux et à y voir des cadeaux pour mieux comprendre les choses leur était totalement étrangère, alors qu'elle pouvait leur être très utile dans la vie. Je me suis demandé ce que je pourrais faire pour leur inculquer cette façon d'aborder les difficultés en classe. Je me suis rendu compte que je pouvais commencer par freiner mon propre réflexe d'établir un diagnostic et de proposer des solutions à leurs problèmes, pour apprendre à juste être là avec eux et leurs problèmes[10].

Gloria Shepard, qui enseigne la pleine conscience aux parents aux États-Unis, est parvenue à des conclusions similaires quant à ses propres tendances inutiles à s'empresser d'apporter des réponses à ses élèves lorsqu'ils rencontrent une difficulté.

Je pense que les enseignements du Village des Pruniers s'accompagnent souvent d'un sourire et de beaucoup d'espace et de sérénité. Cette expérience m'a aidée à regarder au-delà de ce qui semble être une difficulté (quelqu'un qui n'écoute pas ou distrait les autres) et de sourire à ce qui se présente. Cela m'a aussi aidée à réagir plus lentement, en laissant une question reposer avant d'y répondre, en laissant aux autres le temps de décrire ce qu'ils vivent.

S'en tenir à ce qu'on a prévu ou changer ?

Les choses ne se passent pas toujours comme nous l'espérons lorsque nous enseignons la pleine conscience. Nous devons alors exercer notre discernement et avoir l'esprit serein, pour savoir dans quelles circonstances il est préférable de s'en tenir à notre programme pendant un temps, ou s'il vaut mieux l'adapter.

Comme Julie Berentsen le rappelle, la première option s'avère parfois préférable, quand cela permet aux participants de s'adapter à une pratique nouvelle en plaçant leur confiance dans nos aptitudes à enseigner. Pour Julie, cela consistait à fournir une structure claire, écouter profondément ses élèves et établir un dialogue authentique avec eux.

Depuis quelques années, je fais découvrir la pratique de la pleine conscience à de petits groupes d'enfants dans un établissement situé au centre de Londres. Cela n'a pourtant pas été facile d'en arriver là. Il m'a fallu du temps pour renforcer la confiance et la compréhension. Je devais faire comprendre aux enfants que ce n'était pas un cours dans lequel on attendait de bonnes réponses ou certains résultats. Ils ont trouvé difficile de s'asseoir et d'observer leur respiration. En ayant une structure claire pour ces séances et en écoutant profondément les besoins des enfants, j'ai utilisé différents aspects de la pratique pour leur offrir un soutien. Par exemple, s'ils me disent en début de séance qu'ils se sont couchés tard la veille, je les guide avec une relaxation totale, après laquelle ils disent souvent avoir pris conscience de leur état de fatigue en arrivant en classe.

Il est arrivé que le comportement des groupes soit difficile à gérer et, dans un de ces cas, j'ai pris le temps la semaine suivante de reparler avec sincérité de ce qui s'était produit. Je leur ai dit qu'ils étaient dans mes pensées, que je les respectais, que je voulais les comprendre et qu'ils m'aideraient en exprimant ce qu'ils avaient pensé et ressenti dans cette situation. Ils ont beaucoup apprécié cette conversation et moi aussi.

Lorsque ses élèves sont « distraits ou pris d'un fou rire », Sarah Woolman a également constaté qu'il suffisait de s'en tenir à la pratique « sans avoir peur ».

Les élèves avaient du mal à prendre au sérieux la méditation des cailloux et je me suis dit que c'était un moment difficile à passer, avec des élèves distraits ou pris de fou rire. J'ai fait en sorte de garder une voix neutre et de respirer avec chaque caillou, même si toute la classe n'était pas avec moi. À la fin de la méditation, une des filles s'est approchée et m'a dit : « La montagne et l'espace nous apportent un peu de calme, ce qui est plutôt rare quand nous sommes entassés les uns sur les autres dans la classe. » Cela m'a fait comprendre que je pouvais continuer sans avoir peur, même si cela n'avait pas l'air de marcher, parce qu'on ne sait jamais ce que les enfants en retirent.

Dans certains cas, se montrer souple et s'adapter au groupe sera plus intéressant, comme l'a fait Michael Bready lorsqu'il s'est rendu compte que le fait de parler directement des moyens de cultiver le bonheur et la bienveillance à de jeunes délinquants ne fonctionnait pas vraiment.

Lorsque j'interviens auprès de jeunes délinquants, je mets davantage l'accent sur les fondements de la pleine conscience que sur les moyens de cultiver le bonheur et la bienveillance. Lorsque j'ai tenté de leur faire découvrir ces pratiques, ils ont montré une certaine résistance, alors je me suis efforcé d'intégrer ces éléments de manière indirecte.

Tineke a également modifié le programme des journées de pleine conscience, pour remplacer la méditation marchée par une méditation du travail, simplement parce que les familles n'aimaient pas cette pratique.

Lors de nos journées de pleine conscience, nous ne pratiquons plus la méditation marchée. Une vingtaine d'adultes et une vingtaine d'enfants âgés de quatre à douze ans participent à ces journées et, quelles que soient les formes proposées, les familles n'aimaient pas vraiment pratiquer la méditation marchée. Les parents étaient souvent gênés par les cris des enfants, ce qui générait beaucoup d'irritation. Comme notre objectif est que les familles pratiquent la pleine conscience dans les situations de la vie courante, nous avons remplacé la méditation marchée par une activité de travail en pleine conscience. Chaque famille fait simplement du jardinage ensemble, en désherbant les trottoirs. Les tâches, comme rentrer la brouette dans l'abri, sont adaptées à chaque membre de la famille, y compris les plus petits.

Nous rendons hommage une fois de plus au pragmatisme et à l'adaptabilité de ces enseignants expérimentés.

Tout cela peut sembler très complexe. Mais n'oublions pas que ce sont parfois les impulsions les plus simples et les plus spontanées qui donnent lieu aux moments les plus intéressants et les plus joyeux, comme l'a vécu Elia Ferrer Garcia, en Espagne.

Les enfants aiment bien quand j'attrape l'arrosoir et fais semblant de leur donner une douche. Je leur dis qu'ils sont des fleurs et que, si nous voulons que les plantes de notre jardin poussent bien, il faut arroser toutes les fleurs. Un jour, pour leur faire une surprise, j'ai mis des paillettes dans l'arrosoir et je leur ai dit qu'ils brillaient encore plus. Ils ont adoré !

« Je suis chez moi, je suis arrivé. »

Thich Nhat Hanh

11

Cultiver la pleine conscience
dans le milieu scolaire et universitaire

Dans ce chapitre, vous allez :
* Réfléchir à des moyens de présenter la pleine conscience à nos collègues, au personnel administratif, à la direction, aux familles des élèves, ainsi qu'à des moyens de l'intégrer dans la structure, les valeurs et l'éthique de l'ensemble de la communauté scolaire ou universitaire.
* Bénéficier d'exemples et de réflexions inspirants partagés par ceux qui ont commencé à parler de la pleine conscience à leurs collègues et aux parents et, dans certains cas, à l'échelle de l'établissement afin de développer la pleine conscience dans leur école ou leur université.

Cultiver le sentiment
d'être une famille

En utilisant fréquemment le mot « famille », Thich Nhat Hanh présente une vision du genre d'écoles, d'universités, de foyers, de collectivités – et de monde – que nous pouvons souhaiter cultiver. Pour lui, la famille est un lieu chaleureux, où il y a de l'acceptation et de l'attention et où tous les membres sont profondément liés. Lors d'une retraite pour les enseignants organisée au Village des Pruniers en 2012, il a dit :

C'est très apaisant et régénérant d'être avec votre classe, avec votre communauté, avec vos élèves ou vos étudiants et avec vos amis. Je me sens moi-même joyeux, nourri et réconforté de mener ce genre de vie. C'est une deuxième occasion pour l'enfant, car il n'a peut-être pas eu d'amour et de bonheur dans sa famille. Peut-être que ses parents se disputent et souffrent beaucoup ; qu'ils n'ont pas eu la chance d'apprendre à aimer, à avoir une vie de famille heureuse. En tant qu'enseignants, nous avons une occasion de leur donner une seconde chance, en faisant de notre communauté une famille, ce qui permet d'établir de bonnes relations entre l'enseignant et les élèves[1].

Cette vision chaleureuse comprend naturellement les familles en tant que telles, comme le souligne Shantum Seth, qui travaille en Inde et enseigne de longue date dans la tradition du Village des Pruniers.

Ce que nous essayons de faire, c'est de créer l'école comme une famille, la classe comme une famille, sachant que tous ces éléments – les enseignants, les enfants, les parents – forment un tout.

Frère Phap Dung nous parle de sa vision de l'école (et, partant, de l'université) en tant que famille. Pour lui, nous devons nous centrer sur la joie et le bonheur dans le moment présent, ne plus être toujours tournés vers l'avenir, faire que dans ces lieux les enfants, les jeunes et leurs professeurs prennent du plaisir à être là et à apprendre, maintenant.

Nous faisons en sorte que l'école devienne une deuxième famille où les enseignants, les élèves et l'ensemble des personnels de l'établissement – ainsi que les parents – voient un effort commun visant à créer un endroit où la question centrale n'est pas l'avenir, votre carrière, votre travail, votre position ou votre argent, mais un lieu où vous pouvez vraiment être là et prendre plaisir à apprendre et à explorer[2].

Nous verrons dans ce chapitre comment développer peu à peu la pratique de la pleine conscience et nous examinerons l'idée de famille comme source de chaleur et de réconfort, ainsi que l'idée de bonheur ici et maintenant. Nous nous appuierons sur notre pratique de la pleine conscience dans notre vie et dans notre classe pour l'introduire dans la vie de nos collègues, dans les foyers et les familles de nos élèves et à l'échelle de notre école ou de notre université.

FAIRE CONNAÎTRE LA PLEINE CONSCIENCE À NOS COLLÈGUES

Plus besoin de se presser

À présent, j'ai tout mon temps
Le bonheur, c'est maintenant.
J'ai laissé tous mes soucis.
Nulle part où aller, plus rien à faire ;
à présent, j'ai tout mon temps.
Le bonheur, c'est maintenant.
J'ai laissé tous mes soucis.
Quelque part où aller, quelque chose à faire,
mais plus besoin de me presser.

« Le bonheur, c'est maintenant »,
livre de chants du Village des Pruniers

Si l'on prend plaisir à la pratique de la pleine conscience, on est souvent tenté de penser qu'il serait bon de la faire découvrir à nos collègues, pour les aider à gérer leur stress et dans l'optique d'une collaboration en vue de développer la pleine conscience auprès des élèves. C'est peut-être le cas, mais nul besoin de se presser. Parlez avec enthousiasme de la pleine conscience à des collègues qui ne sont aucunement intéressés risque de les démotiver. La pleine conscience, au sens de pratiques méditatives de base, n'est pas pour tout le monde, et si elle l'est, chacun doit y venir quand et comme il lui convient.

Il se peut que nos collègues ne soient pas dans les bonnes dispositions pour en entendre parler ou qu'ils se montrent même réfractaires, comme les collègues enseignants de Goyo, en Espagne.

> J'aimerais qu'il y ait plus d'enseignants qui pratiquent la pleine conscience. J'ai l'impression d'être un *rara avis* (un oiseau rare) parmi mes pairs. Mes collègues sont assez soupçonneux à l'égard de pratiques comme la pleine conscience.

Parfois, l'excès de stress nous détourne de l'idée que la pleine conscience pourrait apporter un soulagement, comme l'a constaté Matt Spence, qui enseigne dans un lycée aux États-Unis.

> Bon nombre de mes collègues semblent sceptiques vis-à-vis de la pratique de la pleine conscience et sont réfractaires à l'idée de rester assis en silence sans bouger pendant quelques minutes. Je ne pense pas qu'ils comprennent qu'ils contribuent à leur propre stress et à celui de leurs élèves.

Certains collègues peuvent même rencontrer un succès apparent en intimidant plutôt qu'en motivant les élèves qui manquent de motivation et sont même considérés comme problématiques, comme nous le raconte Pascale Dumont, qui a travaillé comme professeure des écoles en France.

Cette année-là, l'une des maîtresses débutantes était particulièrement émotive, fragile et nerveuse. Elle avait trois élèves très perturbateurs dans sa classe. J'ai proposé de prendre en charge ces trois enfants de neuf à dix ans tous les après-midi, après la récréation. Nous avons pratiqué différents exercices de pleine conscience ensemble : des méditations guidées et en silence, dans la position assise ; nous avons fait des exercices de relaxation profonde ; nous nous sommes entraînés à écouter de façon ouverte et attentive et nous avons appris à nous exprimer avec douceur et compréhension.

L'enseignante est venue me voir, l'air visiblement agacé : « Mais qu'est-ce que tu fais avec ces enfants ? Fabien m'a encore fait une crise dans la classe aujourd'hui ! Il a pris une chaise. Il était prêt à la balancer à travers la classe et, tout à coup, il s'est arrêté. Il a dit : "Oh, oh ! Il faut qu'j'vais méditer !" avant de partir s'asseoir au fond de la classe, les jambes en tailleur. Il faisait un truc du genre yoga ! Toute la classe a éclaté de rire ! Il m'a dit qu'il faisait ça avec toi ! C'est vraiment insupportable. »

Si de telles réactions sont parfois difficiles à vivre, nous pouvons essayer de ne pas nous décourager, nous inquiéter ou nous mettre sur la défensive à cause d'elles. En affrontant ces difficultés avec calme et en ayant l'esprit ouvert, nous pouvons trouver refuge dans notre pratique de la pleine conscience, en continuant de pratiquer dans notre vie, de l'enseigner dans notre classe, si nous sommes aptes, et de considérer avec bienveillance nos collègues stressés. Notre pleine conscience est une base solide sur laquelle nous appuyer pour tout ce que nous entreprenons ou envisageons d'entreprendre à l'avenir.

Nous avons la satisfaction de savoir, comme Maggie Chau, enseignante à l'université à Hong Kong, que nous pouvons sans attendre créer un meilleur climat scolaire ou universitaire grâce à notre pratique, en générant des relations plus chaleureuses et empreintes d'empathie.

Maintenant, je comprends mieux les sentiments et les limites de mes collègues, ce qui me permet de travailler avec eux en en tenant compte.

Commencer à enseigner la pleine conscience à nos collègues

On rapporte souvent qu'à mesure que nous pratiquons, les effets de la pleine conscience sur nous se voient, ce qui va souvent intéresser ou intriguer certains collègues.

Je peux simplement dire que mon enthousiasme pour la pratique et la joie découlant de la pratique que je décris ont suscité l'intérêt de mon entourage. – Paul Bready,

556

étudiant en sciences de l'éducation et enseignant en cours de formation, Royaume-Uni.

Alors que j'étais vice-doyenne, notre département a tenu une réunion au sujet d'une question qui avait suscité un vif débat entre plusieurs personnes. Plutôt que de réagir immédiatement, j'ai respiré en conscience pendant quelques minutes avant de répondre calmement. L'un de mes collègues a été très impressionné. – Gail Williams O'Brien, professeure d'université et professeure de yoga, États-Unis.

Je me suis rendu compte également que j'étais plus réceptive et que j'avais moins tendance à porter des jugements dans mes relations professionnelles, que ce soit avec mes collègues ou les responsables administratifs, et que je ne perdais plus d'énergie à m'inquiéter pour des choses qui me stressaient par le passé, comme les délais, les directives en matière de programmes, les réunions, etc. Je suis maintenant capable de respirer et de lâcher prise, ce qui me donne le sentiment de passer la journée de façon beaucoup plus paisible. Plusieurs collègues et d'autres personnes ont aussi remarqué cette sérénité en moi et je pense que je peux dire que cela a eu un impact positif autour de moi. – Elizabeth Kriynovich, professeure en lycée, États-Unis.

Lorsque des collègues commencent à manifester un intérêt, c'est souvent le bon moment pour commencer à leur parler de notre pratique. Goyo, qui a témoigné précédemment de la « suspicion » de ses collègues lorsqu'il évoque le thème de la pleine conscience, a trouvé une façon de procéder aussi habile que délicate.

> Si les circonstances s'y prêtent, j'évoque ma pratique avec mes collègues et amis, mais je n'aime pas trop en parler, parce que j'ai l'impression de faire du prosélytisme. Je leur en parle si cela se justifie ou s'ils me posent des questions. Sinon, je n'en parle pas. Il est vrai que certains collègues disent avoir remarqué que j'ai changé. Je leur dis alors que c'est en raison de ma pratique de la pleine conscience.

Alors que l'intérêt pour la pleine conscience et ses applications dans le domaine de l'éducation ne cesse de croître dans la société et les milieux éducatifs, il se peut qu'on nous demande d'enseigner la pleine conscience à nos collègues. En espérant que cela se passe aussi bien que pour Jana K. Schwann, professeure agrégée en sciences infirmières au Canada :

> On m'avait proposé d'organiser une série d'ateliers de pleine conscience pour le personnel de l'école de commerce et j'ai eu des retours positifs des participants. Ils ont notamment fait remarquer : « J'ai moins d'angoisses et j'ai compris que je ne pouvais pas contrôler toutes les situations. » « Je prends moins de décisions à la hâte et je ne réagis plus aussi souvent immédiatement. » « J'ai pris un tel plaisir à manger en pleine conscience que j'ai à peine pu terminer mon assiette. » Les participants ont indiqué qu'ils souhaitaient poursuivre ces pratiques en créant leur propre groupe de pleine conscience.

Il se peut même, comme pour l'ergothérapeute Mariann Taigman, qu'à partir du moment où l'étincelle est allumée, le feu prenne très rapidement, au point d'animer de nombreuses activités.

Je mets actuellement en place des ateliers pour le personnel de l'établissement et pour mes collègues du service de physiothérapie et d'ergothérapie, afin de leur enseigner la pratique de la pleine conscience et de leur montrer comment l'enseigner aux enfants, en m'appuyant sur les enseignements et les livres de Thây. Les enseignements de Thây m'ont permis d'être plus consciente de mes relations avec les différents personnels de l'établissement et les élèves avec lesquels je travaille. J'essaie d'aider les autres à voir les miracles dans chaque activité quotidienne (prendre une douche, manger, faire la vaisselle, etc.) et à apprécier chaque instant, en laissant une grande place à l'humour, comme le fait Thây dans ses enseignements. Il m'arrive pratiquement tous les jours de recommander des livres sur la pleine conscience.

Cela prend généralement du temps. Il a fallu deux ans pour que les collègues de Grace Bruneel, dans un institut de formation des maîtres à Hong Kong, quittent leur position réfractaire et s'ouvrent à de nouvelles idées.

Notre idée n'a pas été totalement soutenue par la direction de l'établissement, sans parler de la résistance qu'ont manifestée des enseignants hyperstressés qui trouvaient que c'était une bonne chose à apprendre pour les étudiants, mais qu'eux-mêmes étaient trop occupés pour consacrer du temps à la pleine conscience. Notre volonté est restée forte et nous avons continué, sans rien attendre. Le mois dernier, lors de la session de formation des enseignants, nous avons finalement vu éclore les graines que nous avions semées au cours des deux dernières années. Après s'être montrés plutôt réfractaires, après avoir émis des doutes et eu le sentiment d'être contraints, les futurs enseignants que nous formons ont commencé enfin à vraiment ressentir les bienfaits des pratiques de pleine conscience. L'un après l'autre, ils nous ont fait part de ce que cela leur avait permis de comprendre, ce que cela avait révélé, et nous ont expliqué à quel point cela les avait rendus heureux. Notre session s'est terminée dans la réconciliation, la compréhension et le partage. C'était très beau.

Faire en sorte que la pleine conscience
reste une proposition

Quel que soit notre enthousiasme, et même si on nous invite à partager notre pratique, il est essentiel de continuer à offrir la pleine conscience à nos collègues comme un cadeau et une invitation, et de ne pas en faire quelque chose d'obligatoire. Autrement, comme l'a vécu Tineke Spruytenburg, amenée à enseigner la pleine conscience à des collègues dont la présence à la séance était obligatoire, nous risquons de braquer, voire de dégoûter des personnes qui ne sont peut-être pas prêtes et risquent de ne jamais l'être.

Lorsque j'interviens dans une école avec ma collègue pour enseigner la pleine conscience, nous ne travaillons qu'avec les personnes qui manifestent un intérêt pour les pratiques de pleine conscience. On nous a demandé un jour d'organiser un atelier d'initiation pour l'ensemble de l'équipe. La plupart des vingt-cinq participants étaient partants, quelques-uns plutôt réfractaires, mais leur participation était obligatoire.

Nous leur avons proposé des pratiques de base comme la méditation marchée, la méditation assise et manger en pleine conscience, en nous abstenant de donner des explications ou de proposer une forme quelconque de rituel. Nous avons demandé aux participants de réfléchir à ce qui se passe en eux lorsqu'ils pratiquent et ils ont été assez nombreux à répondre.

La résistance dont avait fait preuve la minorité d'enseignants qui n'était pas intéressée par l'atelier s'est ressentie pendant la pause café. Six ou sept personnes ont quitté la pièce en emportant leur téléphone portable. Elles ne sont pas revenues à la fin de la pause et le reste du groupe a dû attendre plus de quinze minutes avant de reprendre l'atelier. Nous avons tiré les leçons de cette expérience et nous nous employons à convaincre la direction de l'école que les pratiques de pleine conscience ne doivent pas être imposées aux enseignants. La pleine conscience ne peut être pratiquée que si l'esprit et le cœur sont ouverts à ces expériences.

Lorsque des enseignants sont dans une grande souffrance, il est parfois beaucoup plus utile d'être seuls avec eux qu'en groupe, comme l'a constaté Valerie Brown, qui anime des retraites de pleine conscience pour des directeurs d'établissement stressés.

Pour bien diriger un établissement, il faut de la concentration, de la clarté, de la créativité, de la compassion et un sentiment de communauté – si l'on veut être disponible dans son travail et dans sa vie, vraiment présent. Mais le stress, l'attention fragmentée et le fait d'être toujours débordé finissent par mettre à mal la capacité de directeurs à bien diriger leur établissement. Sonia avait un emploi du temps si chargé qu'elle faisait régulièrement des attaques de panique, qu'elle traitait en prenant des médicaments. Elle était dans l'incapacité de se concentrer dans son travail. Son attention était constamment happée par une « nouvelle urgence ». J'ai commencé à travailler avec Sonia pour mettre en place des pratiques de pleine conscience. Nous avons commencé très lentement et très simplement, avec des mini-pauses de trente secondes plusieurs fois par jour pour qu'elle puisse respirer en pleine conscience et sentir ses pieds en contact avec le sol. Sonia a également commencé à prendre de brefs instants de pleine conscience de deux à trois minutes par jour en faisant une marche hors de l'enceinte de l'établissement pour regarder le ciel et respirer. Petit à petit, ces pratiques et d'autres exercices de pleine conscience ont aidé Sonia à s'accorder du temps et à prendre soin d'elle. Elle a commencé à se sentir mieux avec elle-même et plus à l'aise avec ses collègues. Sa capacité de concentration s'est améliorée, car elle a appris à fixer plus clairement des limites.

Saisir l'occasion

Un événement inspirant qui a lieu dans notre localité peut représenter une bonne occasion. Nos efforts sont parfois récompensés quand, comme Alison Mayo, nous invitons un enseignant extérieur ou un expert à proposer une initiation ou séance de pratique dans notre établissement.

Nous avons eu beaucoup de chance, car la communauté du Village des Pruniers est venue offrir des journées de pleine conscience à l'intention du personnel, des parents et de tous ceux qui souhaitaient y participer, et il existe maintenant un groupe qui se réunit régulièrement à l'école.

Une retraite de pleine conscience organisée au niveau local peut avoir pour effet de catalyser l'enthousiasme des participants, sur lequel nous pourrons nous appuyer.

Après une retraite locale, deux membres de notre sangha d'enseignants sont arrivés avec plein d'idées sur ce qu'ils voudraient faire dans leur classe partagée. Ils ont fait connaître les pratiques à leurs élèves de manière progressive. Les élèves de CM2 étaient si heureux de pratiquer qu'ils ont décidé de remplacer leur spectacle de fin d'année par une matinée de pleine conscience pour eux et leurs familles. Ce sont les élèves eux-mêmes qui ont guidé les participants, en proposant une méditation guidée, une méditation marchée, une relaxation, une lecture et un goûter en pleine conscience. Les élèves, les parents et les enseignants ont tous été très heureux de consacrer ce moment spécial de l'année à leur bien-être mutuel. – Rosa Marina De Vecchi, assistante sociale, Italie.

Nous avons offert deux retraites pour les enseignants, une de trois jours à Delhi, et une autre de quatre jours à la Doon School, un établissement d'enseignement situé à Dehradun. À cette occasion, plusieurs enseignants et directeurs d'établissement sont venus nous demander d'animer des retraites dans leur établissement afin de permettre à tout le personnel enseignant d'y participer. Bon nombre d'entre eux ont indiqué souhaiter avoir plus de formations à la pleine conscience et à une plus grande échelle. Ils ont demandé que l'on organise d'autres ateliers dans chacun des seize arrondissements de Dehradun. Les participants ont manifesté un réel intérêt et leurs retours ont été, de manière générale, très positifs. Des articles très positifs ont également été publiés dans la presse. – Shantum Seth, enseignant, guide de pèlerinages et interprète culturel, Inde.

Créer un groupe de pleine conscience
pour les enseignants

Thich Nhat Hanh nous encourage vivement à nous entourer d'un groupe de pratique, ou sangha. Au fil du temps, nous pourrons, comme Christiane Terrier, créer un groupe de pleine conscience dans notre école ou notre université et en faire un lieu bienveillant qui apporte beaucoup de joie.

L'équipe d'adultes qui s'est constituée a décidé de se rencontrer régulièrement en tant que sangha, une fois par mois, pour échanger et pratiquer ensemble. L'existence d'un groupe de pratique est essentielle pour garder les relations vivantes. Ces rencontres constituent des moments privilégiés, pendant lesquels les enseignants peuvent partager les instants de qualité vécus en classe, mais aussi exprimer leurs difficultés professionnelles. Cela nous permet de rompre notre solitude, de nous soutenir mutuellement et de trouver ensemble des solutions créatives. Un tel lieu d'échange bienveillant et d'écoute profonde est précieux et très rare. Mes collègues se sont rendu compte très vite que cette écoute profonde soulageait déjà beaucoup leurs souffrances. Il est souvent arrivé, par exemple en fin de trimestre, qu'ils arrivent totalement épuisés et découragés et repartent pleins d'énergie ! « Ça m'a drôlement aidé », « Ça me donne envie de continuer », « Je repars en cours détendu », etc., disent-ils. Ces espaces bienveillants où règnent la confiance, la parole aimante et la solidarité sont très rares dans les établissements d'enseignement. Ils offrent pourtant un cadre rassurant et vraiment indispensable. Mes collègues témoignent comme moi qu'ils sont devenus des professeurs heureux et ont de meilleures relations avec leurs élèves, lesquels sont à leur tour plus heureux, ce qui favorise les apprentissages !

Kenley Neufeld, qui travaille dans un établissement d'enseignement supérieur local, aux États-Unis, a entrepris de bâtir une communauté avec un groupe de méditation composé de membres du personnel qui se réunissait chaque semaine. Dix ans plus tard, ce groupe s'est développé et Kenley a été invitée à parler de « la pleine conscience au travail » dans l'ensemble de l'établissement.

Au cours de ces dix dernières années, j'ai travaillé comme enseignante dans un établissement d'enseignement supérieur local aux États-Unis et j'ai eu de nombreuses occasions de faire découvrir la pratique de la pleine conscience aux étudiants, au personnel, à l'administration et à la faculté. Cette pratique a commencé à susciter de l'intérêt lorsque nous avons constitué un groupe de méditation qui se réunissait chaque semaine dans la bibliothèque du campus. Ce groupe nous offrait un espace pour nous asseoir en silence pendant une demi-heure chaque semaine – il n'y avait pas de lectures, pas de forme et rien en quoi croire. Tous les six mois, j'envoyais un courriel à tout le campus pour présenter le groupe de méditation et inviter toutes les personnes qui souhaiteraient se joindre à nous. Nous n'avons rien fait d'autre que d'envoyer cette lettre et coller quelques affiches dans le campus. C'était très simple et très concret. Dix ans plus tard, notre groupe continue de se réunir.

Juste à partir de ce groupe de méditation, de plus en plus de gens ont entendu parler de ma pratique de la méditation et j'ai été invitée à intervenir dans des cours, dans des départements et auprès de responsables. Lors de mes interventions auprès de départements et de responsables, j'ai axé mes propos sur la pratique de la méditation dans le monde du travail et expliqué en quoi cette pratique pourrait être importante et bénéfique pour la culture de notre campus. Mon exposé est simple : je parle surtout de la conscience de la respiration et donne des exemples quant à la manière de créer les conditions de la pratique de la pleine conscience dans le cadre professionnel, que ce soit en classe, avec des élèves, ou dans un bureau.

Un groupe d'enseignants – Dunia Aparicio, Karina Grau, Carme Morist, Toni Pujades, Montserrat Ramírez Sáez, Rosa Rodrigo – qui travaillent dans un collège en Espagne se réunit chaque semaine pour prendre un petit-déjeuner en pleine conscience, boire un café et faire une courte pratique de méditation assise et un partage. Le premier témoignage est celui de l'enseignante qui organise ces réunions et prépare l'espace ainsi que son esprit et son corps pour accueillir le groupe.

Pour moi, le mercredi est très spécial ; c'est le jour où les enseignants se rencontrent pour le petit-déjeuner en pleine conscience et méditent quelques instants, un moment qui nous permet de ressentir les liens qui nous unissent. Dans la matinée, avant le début des cours, je me rends dans notre petite salle de pratique et dépose un thermos de café sur une petite table. Puis, en y mettant toute mon attention, mon enthousiasme et ma gratitude, je prépare le lieu : j'installe les tapis, les coussins et quelques chaises en cercle. Je pose de chaque côté de ce cercle un joli tissu avec une reproduction d'une calligraphie de Thây et une photo des participants à la formation des Wake Up Schools. Ensuite, sans me presser, j'ajoute quelques éléments ramassés dans la nature, comme des cailloux, des coquillages ou des feuilles ainsi qu'une bougie au centre. C'est ma pratique de pleine conscience avant de commencer les cours. Puis je prends cinq minutes pour renforcer ma présence, suivre ma respiration et visualiser les élèves que nous aurons en cours ce jour-là. Je souhaite ensuite une bonne journée à ces élèves, ainsi qu'à mes collègues et à moi-même.

Ses collègues parlent également avec enthousiasme du sentiment d'ancrage, de calme et de camaraderie qu'éveille en eux cette petite oasis au début de la journée.

Les mercredis, je me réveille dans un état d'esprit différent, en ressentant une joie spéciale. La première chose qui me vient à l'esprit, ce sont mes collègues avec qui j'ai rendez-vous pour prendre un petit-déjeuner en pleine conscience. Quand le moment arrive, je me dirige vers la salle de pleine conscience de notre institut en me sentant reconnaissante de pouvoir me consacrer ce temps bienfaisant qui m'aide à donner le meilleur de moi-même à mes élèves. Au moment d'entrer dans la pièce, je peux sentir l'amour avec lequel mon amie a préparé le lieu. Je m'assois et me connecte à ma respiration, puis d'autres collègues viennent nous rejoindre et nous nous nourrissons mutuellement en silence.

Il est rare que je manque nos réunions du mercredi. C'est un moment pour s'arrêter, pour revenir à soi-même, pour reconstruire son être intérieur avant une grosse journée de cours. C'est un moment pour ressentir les liens silencieux que nous partageons avec des personnes qui suivent d'autres approches. Un moment que j'aime vraiment.

Après ces réunions, nos cours ont une autre qualité. Ils sont nourris par notre pratique de la pleine conscience et par notre énergie revivifiée.

INFORMER ET ASSOCIER
LES FAMILLES DES ÉLÈVES

Les parents et les familles sont au cœur de la tradition du Village des Pruniers. De nombreuses familles viennent participer à une « retraite pour passer un bon moment dans la joie, se régénérer ou mieux communiquer ». Thich Nhat Hanh parle souvent des parents et de la famille dans ses discours et dans ses écrits. Il souligne la nécessité d'utiliser notre pratique de la pleine conscience dans le moment présent pour réparer et guérir les problèmes relationnels et de communication qui apparaissent souvent dans les familles. Lors des retraites, il conseille souvent aux participants de téléphoner chez eux le soir même pour se réconcilier et de pratiquer le nouveau départ avec les personnes avec lesquelles ils rencontrent des difficultés ou qu'ils n'ont pas vues depuis longtemps. C'est ce que font de nombreux participants, et leurs efforts sont souvent couronnés de succès. Nous reproduisons ci-après une histoire que Thây a racontée lors d'un enseignement offert en 2013, pendant une retraite destinée aux enseignants. Celle-ci peut sembler extraordinaire, et pourtant de tels événements ne sont pas rares pendant ses retraites.

Nous utiliserons aussi dans cette section le terme de *parents* comme un raccourci, tout en sachant qu'il existe toutes sortes de familles et de parents, que nos élèves viennent de milieux variés et qu'un grand nombre de personnes s'occupent d'eux. Ce terme comprend par conséquent les nombreux parents d'adoption, beaux-parents, parents d'accueil, responsables des enfants ainsi que les familles recomposées qui s'occupent des élèves. Nous tenons compte également des relations informelles nouées avec des membres de la famille, des frères et sœurs et des amis qui s'occupent souvent de nos élèves à titre temporaire ou permanent. Nos attitudes et nos pratiques prennent en compte toutes ces situations, avec compassion, sans jugement ni discrimination.

Il y a toujours un miracle de la réconciliation qui se produit pendant nos retraites, que ce soit en Asie, en Amérique du Nord, en Europe ou ailleurs. Lorsque vous arrivez à une retraite, différentes pratiques vous sont offertes pour relâcher vos tensions, toucher les merveilles de la vie, faire face à des émotions fortes et regarder la souffrance qui est à l'intérieur de nous afin de comprendre la souffrance qui est à l'extérieur. Le cinquième ou le sixième jour, les pratiquants sont invités à faire un exercice qui consiste à se réconcilier avec quelqu'un. Ce jour-là, nous leur disons : « Mesdames et messieurs, vous avez jusqu'à minuit pour pratiquer. Si l'autre personne n'est pas là, vous pouvez lui téléphoner. »

Je me souviens que lors d'une retraite que nous avions organisée dans le nord de l'Allemagne, quatre messieurs allemands sont venus me dire que la nuit précédente, ils avaient pris leur téléphone et avaient pu se réconcilier avec leur père. L'un d'entre eux m'a dit : « Cher Thây, je n'en reviens pas d'avoir pu parler à mon père ainsi. J'étais tellement en colère contre lui. Je n'aurais jamais cru que je pourrais lui parler gentiment comme ça. Mais la nuit dernière, je l'ai fait ! J'ai eu un petit doute au moment de composer le numéro. Mais quand j'ai entendu sa voix, je me suis mis soudain et naturellement à lui parler gentiment. » Le père ignorait que les bonnes graines qui sont en lui avaient été arrosées pendant les cinq premiers jours de la retraite, et qu'il avait pu voir la souffrance de son père en étant en contact avec sa propre souffrance. C'est la raison pour laquelle, lorsqu'il a entendu la voix de son père, ce participant a pu naturellement utiliser la parole aimante. Ces quatre hommes ont pu se réconcilier avec leur père en deux ou trois heures. C'est un miracle. Nous pouvons tous accomplir ce miracle et il nous faut pour cela maîtriser les techniques de l'écoute profonde et de la parole aimante[3].

Michael Schwammberger, qui nous a fait part à de nombreuses reprises dans ce livre de son expérience en tant qu'animateur de retraites, a observé que les familles qu'il rencontre ont énormément besoin d'être aidées, qu'elles se sentent rarement soutenues et comprises et que cela leur fait le plus grand bien quand elles le sont.

Je suis intervenu pendant des années dans une retraite destinée aux familles, au Royaume-Uni, parce que cela me semblait essentiel. J'ai observé que les familles ont vraiment besoin d'un soutien et que peu de gens s'en rendent compte. Mais lorsque vous participez à une retraite de cinq jours, vous voyez la réalité des besoins des parents et des enfants, ainsi que les possibilités de faire en sorte d'aller mieux. Vous savez juste qu'il faut créer de l'espace. La plus belle pratique que j'ai vécue avec les familles, c'est celle du « nouveau départ ». Je suis aussi très impressionné par les effets de la pratique qui consiste juste à arroser les fleurs et parfois à exprimer des regrets. Elle est très puissante. C'est quelque chose qu'ils n'auraient jamais fait s'ils n'avaient pas eu ce genre d'espace. Ils n'en avaient pas l'occasion.

Bea Harley nous parle de la relation entre l'école et la maison que la pleine conscience aide à cultiver dans la petite école primaire où elle travaille. C'est un modèle inspirant.

Selon mon expérience, c'est souvent les changements que les parents voient dans leurs enfants qui les rendent plus curieux de la pratique de la pleine conscience. Une fois par semaine, l'ensemble de la communauté scolaire se réunit. À cette occasion, nous ne nous contentons pas de célébrer les enfants et leur travail, nous chantons, nous respirons ensemble et racontons des histoires qui mettent en avant des qualités telles que la compassion, la sagesse et la bienveillance.

Il est essentiel d'informer les parents dès le début et de bénéficier de leur soutien et de leur compréhension. Au fil des années, nous avons donné des cours de parentalité et des cours de méditation dans le cadre des activités périscolaires. Depuis que les moines et moniales sont venus nous rendre visite, un groupe sur l'éducation des enfants en pleine conscience a été mis en place. Ce groupe se réunit à l'école une fois par mois. Les parents s'apportent également un soutien mutuel sur les réseaux sociaux.

Bea a la chance de travailler dans une petite école indépendante qui s'appuie sur les principes de la pleine conscience. Dans bon nombre d'établissements, on est loin de cette vision d'un partenariat entre la maison et l'école, basé sur la pleine conscience. Quelles sont les différentes étapes à franchir pour y parvenir ?

Agir en pleine conscience
dans le cadre de nos rapports quotidiens
avec les membres de la famille

Le point de départ pour sensibiliser les familles à la pleine conscience est de s'assurer, lorsqu'une occasion d'interaction se présente, que les parents et les autres membres de la famille nous voient mener cet échange avec bienveillance, compassion et empathie et incarner l'écoute profonde et la parole aimante.

Agir en pleine conscience et avec compassion peut être aisé lorsqu'un parent se montre calme et aimable, mais les rencontres les plus significatives sont bien souvent à l'opposé, avec des parents qui se plaignent, qui sont énervés ou en colère. Comme le savent tous les enseignants, les parents avec lesquels nous souhaitons communiquer sont généralement ceux que nous voyons le moins. Cela tient souvent à leur propre expérience négative de l'éducation, qui leur fait craindre les établissements d'enseignement et éviter les contacts. Lorsqu'ils viennent à une rencontre avec les enseignants à l'école ou à l'université, ils sont souvent pleins de tensions et sur la défensive. Notre pleine conscience peut nous aider à rester solides et stables, de façon à pouvoir saisir des occasions en or d'écouter et d'apaiser la relation, en comprenant, avec compassion, que les parents sont eux-mêmes en souffrance.

Bea nous rappelle l'importance de l'écoute dans nos rapports avec les parents, car elle nous aide à ne pas être sur la défensive face à un parent ayant des difficultés à s'exprimer. Elle constate que la pratique de la pleine conscience peut nous rendre plus ouverts et compatissants, ce qui facilite la communication.

La pratique de l'écoute profonde a toujours été pour moi une leçon d'humilité. Il est parfois difficile, en face d'un parent inquiet ou angoissé, de ne pas être sur la défensive, en particulier si on parle d'un aspect de notre pratique pédagogique ou de notre façon de gérer la classe. Mettre son jugement de côté et écouter l'autre en profondeur peut vous donner une occasion de vous relier véritablement à un être humain. Parfois, le fait de réaliser que certaines de ces inquiétudes proviennent de la souffrance de cette personne ou des expériences qu'elle a vécues par le passé peut nous aider à communiquer et à agir avec plus de compassion et d'amour.

C'est en pratiquant la respiration consciente que Murielle Dionnet est parvenue à écouter en pleine conscience un parent qu'elle trouvait très difficile.

J'ai eu à gérer des relations très difficiles dans ma vie professionnelle. Il y avait une maman d'élève handicapée qui avait des tendances très paranoïaques. Parfois, c'était très dur de l'écouter, alors je pratiquais la respiration consciente. Je pouvais l'accepter telle qu'elle était et comprendre qu'elle faisait de son mieux. Du coup, cela m'a permis de rester en lien avec elle tout en prenant soin de moi. Cette posture a été importante pour le bien de son fils. Un collègue m'a dit : « Ah oui, tu fais semblant », mais non, je l'écoutais vraiment, j'écoutais ce qu'elle était.

Judith Toy, qui travaille comme mentor de pleine conscience aux États-Unis, a mis au point un programme de renforcement des compétences pour des familles qui vivent dans des conditions difficiles et sont marquées par la pauvreté, la violence intergénérationnelle, la violence et l'injustice. Elle considère que sa pratique de la pleine conscience est indispensable pour garder son empathie et sa stabilité avec les parents et les enfants dont elle s'occupe.

La pleine conscience m'a aidée à me mettre dans les chaussures de l'enfant. Comment vous sentiriez-vous si vous n'aviez plus de père, si vous aviez perdu votre mère et aviez été abusé par votre grand-mère ? Grâce à la pleine conscience, j'ai pu être un modèle d'autorité faisant preuve de calme et de patience pour sa mère qui venait tout juste d'arrêter de boire[4].

Il arrive même qu'on fasse appel à notre pratique de la pleine conscience pour faciliter la communication entre nos élèves et leurs parents.

Lorsque les élèves ont un problème dans leurs études et ne savent pas comment en parler aux parents, ils invitent parfois leurs parents dans mon bureau. J'écoute les deux parties et je les aide avec la pratique du nouveau départ. – Morrakot « Chompoo » Raweewan, professeure d'université, Thaïlande.

Lorsque les élèves rapportent
chez eux la pratique
de la pleine conscience

Nos élèves sont nos principaux émissaires dans nos efforts pour sensibiliser les familles. L'une des étapes les plus satisfaisantes du chemin vers une école plus consciente, c'est lorsque les enfants et les familles nous disent que la pleine conscience est entrée dans la maison, qu'elle facilite la communication au sein de la famille, et a ainsi des effets positifs sur la vie de tous. Voici quelques récits du genre d'effets que les parents constatent et desquels ils tirent des enseignements, ce sont bien souvent des histoires de réparation et de guérison.

Les parents ont souvent des histoires à raconter au sujet de la façon dont leurs enfants ont rapporté cette technique chez eux. Par exemple, un élève se disputait avec ses sœurs à propos d'un jouet et le ton commençait à monter lorsqu'il a dit : « Je pense que nous devrions tous prendre une respiration. » Une mère m'a confié que lorsqu'elle se disputait avec son mari, sa fille venait leur dire qu'ils avaient besoin de prendre une respiration. – Christine Petaccia, ergothérapeute, États-Unis.

J'ai vu les fruits de la pratique apparaître un jour, lors de notre réunion hebdomadaire, lorsqu'un adolescent nous a raconté cette histoire : « Un jour que je rentrais de l'école, je suis arrivé à la maison très stressé. J'en avais ras le bol de tout. Puis mon père m'a dit quelque chose qui m'a encore plus énervé. Mais au lieu de me mettre à crier, je me suis concentré sur ma respiration et je suis allé dans ma chambre pour méditer. Voyant cela, mon père m'a suivi et s'est assis à côté de moi pour méditer. Après quoi on s'est sentis beaucoup mieux tous les deux et on a même passé une bonne soirée ensemble. » – Dzung X. Vo, pédiatre, Canada.

Une maman m'a appelée au téléphone. Elle m'a expliqué comment elle accompagnait son fils, engagé dans des compétitions avec une équipe d'escrime junior au niveau national, en le conduisant plusieurs fois par semaine à un entraînement de trois heures. Pendant les longs trajets, son fils était habituellement rivé à ses appareils numériques. Mais un jour, pendant le trajet, il l'a surprise parce qu'il a éteint son iPhone et son iPad. Elle était enchantée lorsqu'il lui a proposé de simplement passer un moment ensemble en pleine conscience pour regarder le paysage, les nuages et le ciel. – Betsy Blake Arizu, professeure en lycée à la retraite et conseillère d'éducation, États-Unis.

Les enfants ont un rôle important à jouer pour nous enseigner à nous autres, adultes, y compris les parents, comment pratiquer, si nous avons l'humilité de le reconnaître. Annie Mahon, qui enseigne la pleine conscience aux États-Unis, nous raconte une expérience touchante et amusante lors de laquelle elle a découvert, alors qu'elle se voyait comme une pratiquante de pleine conscience engagée participant à une retraite, que c'était son fils de neuf ans qui lui enseignait comment vraiment savourer un repas en pleine conscience – en manifestant une réelle délectation, et non comme elle le faisait, de façon « très sérieuse ».

J'ai compris ce que signifie « être en contact avec la nourriture » grâce à mon fils de neuf ans, Louie. En fait, il n'a fait que me le rappeler… Je participais à une retraite de méditation avec mes quatre enfants et nous déjeunions en silence dans un immense réfectoire. Alors que je m'efforçais de manger en pleine conscience, en posant ma fourchette entre chaque bouchée, le silence a soudain été rompu. À l'autre bout de la salle, on pouvait entendre le gloussement très bruyant de mon fils, Louie,

en train de savourer une part de tarte aux myrtilles :
« Mumm. Mumm. Mumm ! » Louie était totalement
absorbé dans l'instant, à déguster sa part de tarte, igno-
rant les six cents paires d'yeux qui le regardaient. Certains
participants avaient l'air agacés, d'autres roulaient des
yeux et d'autres encore souriaient. Bon nombre d'entre
eux auraient souhaité pouvoir savourer leur nourriture
avec la même intensité et le même plaisir que celui
exprimé par Louie… Regarder Louie manger avec une
pleine conscience et une joie si naturelles m'a inspirée et
donné l'espoir de pouvoir un jour redécouvrir ce sentiment en moi. Depuis, j'ai un nouveau mantra : je fais le
vœu de manger avec la même joie que celle d'un enfant
de neuf ans qui mange une part de tarte aux myrtilles.

Enseigner la pleine conscience aux parents et aux familles

Dès lors qu'une relation chaleureuse s'est ins-
taurée entre l'école et la maison et que nos élèves
ou nos étudiants franchissent régulièrement la pas-
serelle entre la maison et l'école ou l'université,
nous avons l'occasion de partager plus directement
la pleine conscience avec les parents et les familles.

On peut commencer à proposer aux familles
de participer à des activités en pleine conscience,
comme des pique-niques. Comme nous l'avons vu
au chapitre 6, Chelsea True, enseignante aux États-
Unis, propose à ses élèves de partager un goûter,
et d'autres pratiques de pleine conscience dans
le cadre des activités périscolaires, en y conviant
les familles. On peut aussi offrir des formations

de pleine conscience qui s'adressent à la fois aux parents et aux enfants. Cela convient surtout pour les enfants – les adolescents n'étant généralement pas très fans de la présence de leurs parents pendant une formation. Tineke nous raconte comment les parents et les enfants participent régulièrement à des journées de pleine conscience pour pratiquer la relaxation totale et se libérer du stress.

Nous invitons les parents et les enfants à s'allonger par terre par paires (un papa et son fils ou sa fille, une maman et son fils ou sa fille) ou par trois, pour qu'ils puissent ressentir la présence de l'autre. Les plus petits aiment souvent s'allonger sur le ventre d'un parent.

Une personne de l'école les guide en lisant la version pour les enfants de la relaxation totale et en utilisant une cloche. S'il y a un petit mouvement ici ou là pendant la pratique, nous invitons les parents à bouger avec l'enfant et à ne pas chercher à aller contre. Une mère a enregistré sa voix lisant le texte de la relaxation sur son téléphone portable, ce qui aide son fils à s'endormir plus facilement. Le garçon a expliqué que son corps et son esprit étaient de plus en plus détendus lorsqu'il écoutait la voix de sa mère et qu'il s'endormait la plupart du temps avant la fin de la relaxation.

Richard Brady nous décrit de manière détaillée la mise en place d'ateliers de pleine conscience pour les parents à la Sidwell Friends School, à Washington. Après avoir enseigné la pleine conscience pour la réduction du stress à des élèves de troisième pendant plusieurs années, il a pensé que ce serait bénéfique pour tout le monde si les parents pouvaient faire l'expérience de la pratique de la pleine conscience. Pendant plusieurs années, il a proposé un atelier de réduction de stress pour les parents semblable à celui qu'il organisait pour les élèves, mais le résultat a été décevant. Les parents avaient-ils un emploi du temps surchargé ? Étaient-ils mal à l'aise à l'idée de révéler leur besoin d'aide ? Peut-être, pour les faire venir, fallait-il mettre l'accent sur les possibilités de mieux soutenir leurs enfants avec ces pratiques ? C'est ainsi qu'a été créé l'atelier décrit ci-dessous qui a rencontré un réel succès.

Atelier pour les parents : la joie de l'art d'être parent en pleine conscience

La présence est l'ingrédient clé de l'art d'être parent en pleine conscience, en étant pleinement présent pour soi-même et pour ses enfants. Dans le cadre de ces ateliers, les participants se voient proposer des exercices contemplatifs qui permettent d'être plus conscients de nos pensées et de nos émotions, d'affiner notre conscience sensorielle et de faciliter la parole consciente et l'écoute profonde. Ces capacités sont des bases importantes pour de bonnes relations, tant avec les enfants qu'avec les adultes.

Mes ateliers destinés aux parents ont évolué et on m'a proposé un jour de les présenter dans d'autres établissements. Ces ateliers sont axés principalement sur la communication et les pratiques permettant de surmonter les émotions négatives. Le point de départ, c'était d'être présent à tout ce qui se passe dans l'instant présent, avec une conscience dénuée de jugement. Pour ce faire, nous restons quatre minutes les yeux fermés pour simplement observer ce qui se passe dans notre esprit, que ce soit une impression sensorielle, une sensation corporelle, une pensée ou une émotion. Puis nous dirigeons notre pleine conscience sur une autre personne. Nous savons tous qu'être pleinement présents à l'autre, l'écouter avec toute notre attention est un merveilleux cadeau à lui faire. Je leur explique que l'écoute profonde ou « écouter comme une vache », comme le dit Mary Rose O'Reilley, c'est consacrer cent pour cent de notre attention à la personne qui parle, sans poser de questions, sans réagir, sans comparer ce qu'elle dit avec nos propres façons de voir les choses, sans penser. Les parents forment des binômes avec quelqu'un qu'ils ne connaissaient pas, ils lisent trois citations inspirantes et en choisissent une qui leur parle tout particulièrement, puis ils prennent chacun trois minutes pour s'exprimer pendant que l'autre l'écoute profondément.

Je termine chaque atelier en parlant des émotions difficiles que les comportements de nos enfants peuvent parfois susciter en nous. Ces émotions sont parfaitement naturelles ; il n'y a rien de mal à les éprouver. C'est ce que l'on fait en réaction qui importe. Pour faire face à ces comportements de manière saine, les parents doivent être conscients de leur présence et ne pas réagir de façon inconsciente. Cela nous ramène à l'exercice de départ qui consiste à être conscient de ce qui se passe en nous et à l'extérieur de nous dans l'instant présent. Nous pouvons voir nos émotions comme une partie de nous qui souffre et nécessite notre attention, un peu comme un enfant qui pleure. Dès lors, nous devrions pouvoir rediriger notre attention depuis notre enfant vers notre émotion et l'accueillir avec pleine conscience et bienveillance. J'inspire, je suis conscient de ma colère ou de toute autre émotion. J'expire, je la prends dans mes bras pour la bercer tendrement. J'invite les parents à se souvenir d'une expérience récente de souffrance (comme une méchanceté qu'on leur a dite ou qu'ils ont dite à quelqu'un) et à pratiquer ainsi avec l'émotion qu'ils ont ressentie.

Pour terminer, j'invite les parents à faire ces pratiques régulièrement afin d'y accéder facilement lorsqu'ils en auront besoin, en particulier lors de moments difficiles qu'ils pourront être amenés à vivre avec leurs enfants.

La nécessité de partir de ce que les gens sont, et non de ce que nos idées préconçues nous disent qu'ils « devraient » être, est essentielle dès lors qu'on partage la pleine conscience avec d'autres personnes.

UNE DÉMARCHE GLOBALE À L'ÉCHELLE DE L'ÉTABLISSEMENT

Nous avons vu dans la préface que de plus en plus d'établissements scolaires ou universitaires reconnaissent l'importance d'appliquer une démarche à l'échelle de tout l'établissement. L'idée devient familière dans les milieux éducatifs, car les études ont largement démontré qu'une synergie efficace découle de démarches menées de façon claire et cohérente.

Le témoignage du psychologue Chris Willard nous montre ce à quoi pourrait ressembler une démarche globale à l'échelle d'un établissement si elle était appliquée à la pleine conscience.

Nous plantons des graines dans un enfant pour qu'il s'épanouisse dans la collectivité et nous devons nous occuper de tout notre jardin. Si vous êtes parent, pratiquez en famille et recommandez la mise en place d'un programme de pleine conscience à l'école ou dans votre lieu de culte. S'il n'existe aucun programme, portez-vous volontaire pour guider une séance de méditation. Associez-vous à d'autres personnes pour créer une communauté scolaire qui pratique la pleine conscience, dans laquelle les enseignants comme les élèves peuvent renforcer mutuellement leur pratique contemplative. Demandez que le professeur d'éducation physique propose des exercices de yoga et de tai-chi dans ses cours. Si vous êtes thérapeute ou médecin, faites en sorte que toute votre équipe pratique ensemble – les études scientifiques montrent que les enfants s'épanouissent à l'école lorsque les parents participent. Il en est de même pour la médecine et la psychothérapie. Plus les lieux où les enfants sont invités à être conscients se multiplieront, plus il y aura d'occasions de nourrir et faire s'épanouir les graines que vous avez plantées[5].

Vers une démarche à l'échelle de l'établissement : quatre exemples

La pleine conscience est désormais enseignée en classe dans des établissements scolaires et universitaires dans plusieurs régions du monde. Quant à la pratique à l'échelle d'un établissement, elle commence à prendre une certaine réalité, notamment en lien avec l'approche du Village des Pruniers. Voici quatre exemples susceptibles de vous inspirer.

Créer une culture

Carmelo Blázquez Jiménez, enseignant en Espagne, décrit les effets profonds que la pratique de l'écoute profonde et de la parole aimante a pu avoir sur l'ensemble de l'équipe éducative, au point que même le directeur régional de l'institution en visite dans l'établissement s'en est rendu compte.

Il n'y a pas très longtemps, le directeur régional d'Aldeas Infantiles SOS Cataluña est venu nous rendre visite. Il m'a dit : « Chaque fois que je vois des enfants qui participent au programme Barlovento, je vois comme ils sont joyeux et heureux, et cela tient d'une certaine façon à votre équipe et aux bonnes relations que vous avez entre vous. » En fait, l'équipe éducative chargée de ce programme travaille ensemble depuis neuf ans ; c'est l'équipe la plus stable, avec le moins de rotation du personnel au sein de toute l'organisation Aldeas Infantiles SOS Cataluña. Le niveau de conflit quotidien entre les enfants, ainsi qu'entre les enseignants, a diminué considérablement. Ils se comprennent mieux et prennent davantage soin les uns des autres avec bienveillance.

Miles Dunmore, qui enseigne la littérature anglaise et anime des retraites au Royaume-Uni, a formé avec ses collègues un petit groupe qui s'est développé lentement au fil des années, pour devenir aujourd'hui un catalyseur pour les programmes d'études dans leur lycée international. Il nous livre ses réflexions sur les changements qu'ils souhaiteraient apporter ultérieurement, à l'échelle du lycée.

Selon mon expérience, il y a toujours des collègues intéressés ou ouverts d'esprit qui sont intéressés par la pratique. Et parfois des personnes dont nous n'aurions jamais soupçonné qu'elles puissent l'être.

Dans mon lycée, à Londres, après une retraite avec Thây et le Village des Pruniers en 2012, plusieurs d'entre nous ont commencé à se réunir tous les lundis pour s'asseoir ensemble pendant quinze minutes avant le début des cours. Quelques mois plus tard, nous avons ajouté une rencontre de trente minutes tous les vendredis après-midi. Nous avons alors proposé à d'autres collègues de se joindre à nous. Ils sont venus, et ces rencontres duraient souvent plus longtemps que prévu.

Comme il y avait de plus en plus de collègues intéressés, nous avons mis en place une séance d'assise quotidienne avant le début des cours, dans un premier temps dans un coin de la bibliothèque, toujours de quinze minutes. Tout le monde ne pouvait pas venir tous les jours, mais il y avait toujours des participants à ces séances d'assise. Elles nous apportaient de nombreux bienfaits, comme commencer la journée de cours en étant plus sereins et plus stables ou nous soutenir mutuellement afin d'aborder notre façon d'enseigner avec davantage de pleine conscience. Une année, nous avons commencé à nous réunir dans une salle de classe avec des fenêtres ouvrant sur un couloir. D'autres collègues et les élèves ont commencé à voir ce que nous faisions. Quelque chose était en train de se passer. Les élèves ont été invités à venir pratiquer avec nous dans cette salle et à s'y rendre à d'autres moments, lorsqu'ils avaient besoin de se retrouver au calme.

Nous continuons d'approfondir notre pratique ensemble et de sensibiliser notre entourage, tout en réfléchissant aux moyens adéquats d'intégrer la pleine conscience dans nos établissements, de choisir et de mettre au point des programmes, de trouver des ressources et de suivre des formations, et de soumettre des propositions aux directeurs d'établissement et aux responsables des programmes. Le soutien mutuel que nous nous offrons nous permet d'agir de manière réfléchie et mesurée, et nous rappelle que nous ne sommes pas seuls. Cela permet de faire connaître plus facilement la pleine conscience dans un établissement.

Une démarche globale :
deux exemples

Lyndsay Lunan nous fait part des progrès impressionnants qu'elle a constatés dans l'établissement d'enseignement supérieur où elle travaille, à Glasgow en Écosse, où elle a mis en place une démarche globale. Après avoir enseigné la pleine conscience à ses étudiants, elle a commencé à former ses collègues et a mis au point un programme pour les étudiants de tout l'établissement, en y associant les parents et les familles. Un environnement d'apprentissage en ligne vient appuyer ce processus, avec des pratiques de pleine conscience pour tous à télécharger, notamment pour « les mamans et les mamies stressées ». Elle nous explique l'intérêt de recueillir et de publier des données pendant les phases de conception et d'évaluation de ces initiatives, ce qui lui a donné une certaine crédibilité vis-à-vis de ses collègues.

J'ai commencé à enseigner la pleine conscience au personnel, c'est-à-dire à l'ensemble des collaborateurs de l'établissement, pendant les pauses repas et en fin de journée. Comme il me semblait très utile d'en mesurer l'impact, j'ai décidé dans un premier temps de tenir un journal en indiquant combien de collègues venaient à ces séances et lesquels continuaient. Puis j'ai élaboré des questionnaires afin de recueillir des informations, notamment sur l'impact éventuel de ces séances sur le stress et leur efficacité au travail. C'est sur la base de ces données que les ressources humaines ont ensuite pu obtenir des financements pour aider à la mise en place d'un programme de pleine conscience à l'intention du personnel, que je continue de mesurer et qui fonctionne maintenant depuis cinq ans.

Au cours de l'année suivante, au vu du succès des séances organisées pour le personnel, j'ai proposé d'en offrir aux étudiants et nous avons élaboré une étude pilote avec eux. Si mon programme pour les étudiants a remporté un prix, c'est principalement parce que j'en ai mesuré l'impact ; tous les étudiants ont rempli des questionnaires comprenant des échelles de mesure de l'anxiété et du bien-être au début et à la fin de ce cours qui s'étalait sur douze semaines. Les résultats ont été si positifs et ont provoqué un tel enthousiasme qu'ils ont donné lieu à la pérennisation d'un programme de pleine conscience pour les étudiants.

Aussi bien pour le personnel que pour les étudiants, j'ai créé des environnements d'apprentissage en ligne, avec notamment des fichiers MP3 de toutes les pratiques guidées que nous avons partagées dans le groupe. Mes collègues et les étudiants peuvent les télécharger sur leur téléphone ou leur tablette et continuer de pratiquer en dehors de l'établissement. Plusieurs étudiants ont partagé ces ressources avec leur famille et j'ai appris que des mamans et des mamies stressées utilisaient les pratiques guidées, et que cela avait vraiment aidé les étudiants dans leur famille. Deux ans après le début du programme destiné au personnel, j'ai pu créer un programme de formation pour inviter ceux parmi mes collègues qui avaient une pratique établie de la pleine conscience à apprendre à partager leur pratique avec leurs étudiants.

J'ai commencé à organiser des ateliers de pleine conscience pour l'équipe de direction, en espérant réellement que cette présence d'écoute bienveillante contribuera à façonner la culture et les valeurs de notre établissement et que nous pourrons, en définitive, collaborer en tant que communauté qui vit et travaille en pleine conscience.

Le dernier exemple est un récit conjoint fascinant de Gift Tavedikul, directeur adjoint de l'American School of Bangkok (ASB), et Peggy et Larry Rowe Ward, deux consultants en pleine conscience qui y ont travaillé. Ils nous racontent les progrès considérables qu'ils ont accomplis au cours des quinze dernières années en vue de mettre en place une démarche globale à l'échelle de l'établissement, à laquelle sont désormais associés les élèves, le personnel et les parents. Leur témoignage nous montre l'importance de procéder lentement, en ayant une perspective à long terme, en faisant intervenir un spécialiste et en associant la direction dès le début du processus. Voici d'abord le récit de Gift, responsable administratif principal en Thaïlande :

Il y a quinze ans, j'ai partagé ma passion pour la méditation avec les membres du personnel, en commençant par un cercle de quatre personnes. Il y avait toujours de la joie dans notre petite sangha. Nous avons poursuivi notre pratique en tant que groupe et, en dix ans, nous sommes passés progressivement de quatre à soixante-dix personnes. Les responsables administratifs ont commencé à rejoindre notre sangha les uns après les autres, jusqu'à ce que tous les membres du personnel soient favorables à l'idée d'appliquer la pleine conscience à l'échelle de l'école. L'une des choses les plus merveilleuses qui soient arrivées dans ma vie a été de rencontrer Larry Ward et Peggy Rowe Ward à Saraburi, en Thaïlande. Leurs compétences en tant qu'enseignants du Dharma et dans les milieux des entreprises, de la psychologie, de l'éducation et de la spiritualité ont permis de poser les bases de divers enseignements de la pleine conscience dans notre établissement. C'est sur leur recommandation que j'ai participé à une retraite pour enseignants au Village des Pruniers.

Il nous a fallu quinze ans pour poser des bases solides de compréhension avant que le programme ne prenne vraiment pied dans notre communauté. C'est en sensibilisant les diverses parties prenantes aux bienfaits de la pleine conscience, notamment l'amélioration des performances cognitives et le développement de la compassion, que nous sommes parvenus à surmonter les obstacles, et les résistances initiales. Notre établissement accueille actuellement 850 élèves, 120 enseignants et 200 personnels de soutien technique et administratif, qui ont tous été sensibilisés aux théories et pratiques relatives à la pleine conscience.

Peggy et Larry se réjouissent doublement de bénéficier du soutien du directeur et du propriétaire de l'établissement.

Nous avons donné notre premier cours de pleine conscience à la faculté dans le cadre de la formation continue. La première heure de cette formation portait sur les neurosciences et la pleine conscience. Nous souhaitions commencer en présentant les études existantes sur les effets de la pleine conscience sur le cerveau des enfants et sur toute leur personne. À la fin de cette première formation, plus de la moitié des enseignants ont demandé à poursuivre l'expérience. Pour notre seconde formation, nous avons réparti les enseignants en trois groupes, et Gift, Larry et moi-même avons animé trois

séances de pleine conscience : l'une sur les mouvements en pleine conscience, une autre sur la respiration
consciente et une troisième toujours sur le thème des
neurosciences. À la fin de cette session, près de 80 %
des enseignants ont demandé à bénéficier de nouvelles
formations.

Nous avons aussi offert des séances pour les parents
dans les deux campus. Celles-ci s'inscrivaient dans le
cadre de notre plan sur cinq ans pour intégrer la pleine
conscience à l'ASB, avec également des pratiques de
respiration consciente. Nous avons tourné des clips vidéo
montrant plusieurs classes en train de pratiquer la pleine
conscience. Ces séances étaient proposées en anglais,
en thaï, en japonais et en coréen. Nous avons pratiqué
un jeu que nous avons appelé « *Take Five* » (voir le chapitre « La respiration », page 77) avec les parents et
avons répondu à leurs questions. Ils étaient pleinement
associés. La première année, nous avons créé un programme pour les enfants jusqu'à douze ans, et il y a
eu cinq séances par an. Nous avons passé de très bons
moments ensemble.

**Peggy partage ici de précieux conseils sur l'inté-
gration de la pleine conscience à l'échelle de l'école.**

Chaque environnement est bien entendu unique. Voici
en tout cas les quelques conseils que je pourrais donner :

- Commencez petit ; soyez patient et ayez un plan. Les enseignants
  ont la réputation de se montrer critiques et souvent réfractaires face
  à de nouveaux apprentissages. Pour commencer, nous voulions offrir
  quelque chose qui n'exige pas trop de temps ou d'entraînement et

à quoi il serait difficile de s'opposer, à savoir le jeu *Take Five*. Les gémissements que l'on a pu entendre ici ou là ne nous ont pas troublés. Nous avions un plan sur cinq ans et nous avions expliqué à la direction que le changement culturel demandait du temps, de la patience et de la pratique.

• Mobilisez les enseignants dès le début. Les enseignants aiment savoir ce qu'il se passe et pouvoir se former. Fournissez-leur une liste de ressources et associez-les au projet, sans jamais rien imposer. La première formation était obligatoire et les séances, les journées de pratique de la pleine conscience et les retraites étaient facultatives.

• On trouve dans chaque organisation des personnes favorables à un nouveau projet et d'autres à qui il ne plaira jamais. Concentrez votre attention sur les premières, mobilisez-les aussi rapidement que possible et ne perdez pas votre énergie à convaincre ceux qui ne seront jamais pour. Lors de la toute première formation, plusieurs enseignants sont venus nous voir et l'un d'eux nous a dit : « Je veux faire ce que vous faites. » Ces enseignants sont devenus nos premiers spécialistes de la pleine conscience.

• Le tiercé gagnant, c'est d'avoir les élèves, les enseignants et les parents qui prennent part à la mise en place d'une culture de la pleine conscience à l'école. Veillez à ce qu'ils aient tous les trois une place dans votre plan sur cinq ans.

• Pour enseigner la pleine conscience, il faut avoir une pratique personnelle. Les études scientifiques sont très claires sur ce point, et c'est également notre expérience. Nous devons tous pratiquer ensemble. Cela permet de nourrir le sol de notre nouvelle culture. Notre pratique nous rend humbles et nous renforce en même temps. Ensemble, nous faisons de notre mieux pour éveiller et créer une culture empreinte de compassion, de sagesse et de bienveillance, où les personnes se traitent avec respect et dignité.

• Quelle que soit l'activité que vous proposez, continuez de pratiquer et de partager avec vos élèves et vos collègues ce que vous aimez. Nous avons une telle chance d'avoir trouvé un si beau chemin.

UN PROF HEUREUX
PEUT CHANGER LE MONDE

Richard Brady, un ami et mentor qui nous a fait part de ses réflexions tout au long de ce livre, nous raconte une dernière histoire porteuse d'espoir. Il nous rappelle que nous pourrions bien être surpris, dans quelques années, en constatant les effets profonds de notre travail sur la génération suivante.

Ceux d'entre nous qui enseignent la pleine conscience aux enfants se demandent souvent : « À la fin de la journée, est-ce que cela a eu un impact ? » Nous pensons que tel est le cas, mais, en dehors des études scientifiques contrôlées, qu'en savons-nous vraiment ? Il y a quatre ans, dans mon établissement, lors de la rencontre annuelle des anciens élèves organisée juste avant les vacances, j'ai eu une conversation mémorable avec Tom, un ancien élève que j'avais eu en cours jusqu'à la fin de ses études secondaires, en 1989. Tom m'a parlé de son parcours professionnel et de son travail actuel en tant que juriste chargé de la conformité à la Banque mondiale. Lorsqu'il m'a demandé où j'en étais dans mon parcours, je lui ai remis ma carte professionnelle Minding Your Life, sur laquelle on pouvait lire « Éducation à la pleine conscience ». « C'est comme l'histoire que vous nous aviez lue sur l'art de laver la vaisselle » (il se référait à l'histoire que Thây raconte sur la façon de laver la vaisselle dans son livre *Le Miracle de la pleine conscience*). J'ai été surpris que Tom se souvienne de cette histoire dix-huit ans plus tard. Il se trouve qu'entre-temps, il avait aussi lu plusieurs livres sur la pleine conscience[6].

En faisant preuve de patience, nous voyons que nous pouvons changer le monde – un élève à la fois. Nous terminons là où nous avons commencé, avec un rappel plein de sagesse de Thich Nhat Hanh nous invitant à revenir à nous-mêmes et à notre pratique solide, qui sont les fondements des changements que nous voulons voir opérer.

En tant qu'enseignants et en tant qu'êtres humains, nous voulons aider notre partenaire et les autres membres de notre famille à moins souffrir. De même, nous voulons aider nos collègues à l'école et nos élèves, et même leurs familles, à moins souffrir. Nous avons tendance à essayer de faire quelque chose : « Je veux faire quelque chose pour améliorer la situation. C'est ce que je veux. »

Mais, selon la pratique, nous ne devrions pas être trop impatients de faire quelque chose tout de suite. La première chose à faire est de revenir en soi. Lorsque vous avez assez de paix, de joie et de compassion, que vous souffrez moins, vous pouvez aller voir votre partenaire – la personne qui vous est le plus proche – pour l'aider à faire de même. Si vous ne vous êtes pas transformé vous-même, il vous sera très difficile d'aider l'autre à changer. Bien entendu, votre partenaire, votre bien-aimé, doit faire comme vous. Vous l'aidez à revenir en lui ou en elle pour prendre soin de la situation à l'intérieur. Vous lui montrez comment relâcher les tensions dans le corps, comment générer un sentiment de joie et de bonheur, comment écouter et comprendre la souffrance intérieure.

Lorsque nous avons aidé des membres de notre famille, nous disposons d'une base plus solide à la maison – nous devenons des copratiquants. Nous partageons les mêmes valeurs ainsi que la même pratique spirituelle. Et comme nous savons que, chaque jour, la situation s'améliore, il y a plus de paix, moins de souffrance, plus de joie et plus de bonheur.

Avec cette base, nous pouvons commencer à aider les personnes que nous rencontrons sur notre lieu de travail, nos collègues et nos élèves. Le principe est essentiellement le même : les aider à revenir en eux et à prendre soin d'eux. Au sein de l'école, vous avez votre classe et vous pouvez transformer vos élèves. Il y a plus de bonheur dans votre classe. Votre classe devient une sorte de famille. Enfin, avec notre famille, nos collègues, nos élèves et toute l'école derrière nous, nous sommes plus forts. Ensemble, nous pouvons passer à l'étape suivante et aider encore plus de gens. La transformation commence à avoir des effets sur les familles de nos élèves et sur nos collègues, qui vont de plus en plus loin. Il y a cependant un principe à ne jamais oublier : pour s'en sortir, il faut commencer par rentrer chez soi.

Thich Nhat Hanh, enseignement du Dharma
du 12 août 2013,
retraite pour les enseignants à Toronto, Canada

Annexe A

Résumés des pratiques de base

Ces aide-mémoire sont uniquement destinés à vos activités en classe. Ils ne doivent pas être utilisés seuls ni être distribués. Vous trouverez les versions complètes des pratiques de base dans les chapitres concernés. Veillez à vous familiariser suffisamment avec ces pratiques, à en connaître tous les détails et à lire les notes pour les professeurs avant de les enseigner.

1. Entrer en contact avec notre respiration
2. Inviter et écouter la cloche
3. S'asseoir en pleine conscience
4. Marcher en pleine conscience
5. La conscience du corps et de la respiration
6. Les Dix Mouvements en pleine conscience
7. La relaxation profonde
8. Manger en pleine conscience (la méditation de la mandarine)

Résumé de la pratique

Entrer en contact avec notre respiration

Dans quel but ?

*Voir la respiration comme un « ami », un refuge
– qui est là pour nous, maintenant.*

Cultiver la concentration et l'attention.

*Ancrer le corps et l'esprit pour mieux gérer
les émotions difficiles.*

Se détendre, relâcher le stress et les tensions.

*Unir le corps et l'esprit, entrer en contact
avec les merveilles de la vie.*

*Être plus présents à nos sensations, à nous-mêmes
et aux autres.*

Préparation et matériel

*Un enseignant familiarisé avec les pratiques
de la respiration, de la cloche et de l'assise.*

Une cloche et un inviteur (optionnel).

ÉTAPES

PRÉPARATION

- Une position d'assise stable, détendue et confortable – comme une montagne.
- Des chaises, des coussins, des tapis – confortables.
- Cloche (optionnel).

OBSERVER QUE VOUS RESPIREZ

- Fermez les yeux ou abaissez votre regard.
- Prenez directement conscience de la respiration.
- Rien à changer.

SUIVRE LA RESPIRATION

- Porter son attention sur les sensations physiques.
- Suivre toute la longueur de l'inspiration et de l'expiration.
- Sentez l'air qui entre par votre nez ou votre bouche et descend ensuite dans votre gorge et vos poumons.
- Si votre esprit s'égare, ramenez-le à la respiration.

RESPIRER DANS L'ABDOMEN (OPTIONNEL)

- Posez les mains sur l'abdomen et observez comme il se soulève et s'abaisse.

- Observez la longueur de la respiration et le passage de l'inspiration à l'expiration.

Fin

- Cloche (optionnel).
- Trois respirations.
- Ouvrir doucement les yeux (s'ils sont fermés).

ÉLÉMENTS DE RÉFLEXION

- Comment est-ce que je me sens maintenant dans mon esprit, ma respiration, mon corps ?
- Que s'est-il passé pour moi ? Comment ai-je vécu cette pratique ? Cela a-t-il changé quelque chose ?
- Porter mon attention sur ma respiration m'a-t-il semblé facile ? Est-ce que mon esprit a eu tendance à s'égarer ?

Notes pour les enseignants

Il n'y a rien à modifier, à forcer ou à contrôler.
Il faut simplement être présent et attentif et observer.

Mots pour vous guider

J'inspire, je sais que j'inspire.

J'expire, je sais que j'expire.

J'inspire, je suis calme.

J'expire, je souris.

VARIANTES

- Vous pouvez pratiquer allongé ou debout. Que ressentez-vous ?
- Respirer en utilisant les doigts – posez l'index d'une main à la base du pouce de l'autre main et faites-le glisser d'avant en arrière en suivant votre inspiration et votre expiration.
- Placez un doigt sous le nez et sentez l'air qui entre et sort, les changements de température, etc.
- Dans quelle partie du corps sentez-vous votre respiration en ce moment même ?
- Observez la longueur de vos inspirations et de vos expirations et observez si elles s'allongent.
- Associez un sourire à la respiration.
- Comptez les respirations, de 1 à 10, puis recommencez. Observez si votre esprit se disperse.
- Pratique ludique : observez les effets de la respiration sur divers objets, comme des plumes, du papier, de la glace, des ballons, etc.
- Récitez les mots-clés qui figurent à la page précédente pour vous guider.

Résumé de la pratique

Inviter et écouter la cloche

Dans quel but ?

Créer et savourer un moment en pleine conscience.
S'arrêter et observer notre respiration et nos ressentis.

Calmer et détendre le corps et l'esprit.
Améliorer le climat scolaire – plus de bonheur,
de paix, de détente et de concentration.

Se relier à soi-même et aux autres.

Préparation et matériel

Une cloche (choisie en fonction du contexte)
et un inviteur (bâtonnet).

Un enseignant maîtrisant bien cette pratique.

Vers pour écouter la cloche

J'écoute, j'écoute (sur l'inspiration).

Ce son merveilleux me ramène à ma vraie demeure
(sur l'expiration).

Invitez la cloche – un son clair et complet.

ÉTAPES

Préparation du groupe
et présentation de la pratique

- Installez-vous et concentrez-vous, assis le dos droit et détendu.
- Expliquez brièvement le déroulé de la pratique.

Réveiller la cloche avec un demi-son
pour indiquer qu'un son complet va suivre

- Tenez la cloche dans la paume de votre main au niveau des yeux, ou au bout de vos doigts.
- Deux respirations.
- Mettez l'inviteur en contact avec la cloche et laissez-le reposer sur le bord afin d'amortir le son.

Optionnel : récitez intérieurement les vers qui figurent plus bas avant d'inviter le demi-son.

Son complet

- Inspirez et expirez une première fois en pleine conscience.

- Récitez (en silence ou à haute voix) les vers pour l'écoute de la cloche (optionnel).

Écouter le son complet
- Portez votre attention uniquement sur votre inspiration et votre expiration et laissez le son pénétrer en vous.
- Respirez en pleine conscience trois fois pour calmer l'esprit et le corps.
- Écoutez ou récitez en silence avec chaque respiration les vers qui figurent dans l'encadré sur l'écoute (optionnel).

ÉLÉMENTS DE RÉFLEXION

- Comment est-ce que je me sens maintenant dans mon esprit, mon corps et ma respiration ?

- Comment ai-je vécu cette expérience ?
- Ai-je pu toucher mon centre ? Suis-je calme et ancré ? Suis-je irrité, angoissé ou distrait ?
- Ai-je pu ramener mon esprit sur la cloche ou sur ma respiration lorsque des pensées sont arrivées ?
- Cela m'a-t-il semblé difficile ou facile de rester concentré sur le son de la cloche ?

Notes pour les enseignants

Invitez la cloche avec tout le soin nécessaire, dans une attitude consciente : détendue, concentrée et en souriant.

Traitez la cloche avec soin et encouragez vos élèves à faire de même.

Ne vous en servez pas comme d'un instrument de discipline. Pratiquez avec fraîcheur et authenticité, et n'en faites pas trop.

Vers pour inviter la cloche

Corps, parole et esprit en parfaite harmonie,

je vous envoie mon cœur par le son de cette cloche.

Que tous ceux qui nous entendent sortent de l'oubli et transcendent toute douleur et anxiété.

VARIANTES

- Observez les pensées qui apparaissent – laissez-les passer.
- Souriez.
- Laissez le son pénétrer chaque cellule de votre corps.
- Utilisez le son de la cloche pour entrer en contact avec votre centre, votre île intérieure.
- Comptez les respirations avec la cloche.
- Les participants se déplacent dans la pièce, puis ils s'arrêtent et respirent lorsqu'ils entendent la cloche.

Résumé de la pratique

S'asseoir en pleine conscience

Dans quel but ?

Renforcer notre capacité à nous poser,
à retrouver notre calme
et à détendre l'esprit et le corps.

Ramener l'esprit dans le corps.

Pratiquer et cultiver la conscience d'être vivant.

Développer notre conscience des pensées,
des émotions et du corps.

Accroître le sentiment d'être relié aux autres.

Préparation et matériel

Un enseignant ayant l'expérience
de la méditation assise.

Des chaises, des coussins, des tapis
(quelque chose pour s'asseoir).

Une cloche et un inviteur (optionnel).

ÉTAPES

- Trouvez une position d'assise confortable, dans laquelle vous vous sentirez à l'aise.
- Asseyez-vous, le dos droit mais détendu – stable et solide comme une montagne.
- Votre tête repose confortablement sur votre colonne vertébrale, le menton légèrement rentré.
- Vous pouvez vous asseoir sur une chaise, un coussin, un tapis ou sur le sol.
- Fermez les yeux ou fixez un point devant vous.
- Détendez le visage et la mâchoire.

Contact

- Si vous êtes assis sur une chaise, sentez le contact entre vos pieds et le sol.
- Si vous êtes assis sur un coussin ou sur un tapis, établissez trois points de contact avec le sol (les fesses et les deux genoux). Soutenez vos genoux avec des coussins s'ils ne touchent pas le sol.
- Reposez votre corps et sentez comme vous êtes soutenu.

Assise

- Un son de cloche pour commencer la pratique.
- Prenez conscience de votre inspiration et de votre expiration.

- J'inspire, ma respiration devient plus profonde ; j'expire, elle devient plus lente.
- J'inspire, je suis calme ; j'expire, je suis bien.
- J'inspire, je souris ; j'expire, je relâche.
- J'inspire, moment présent ; j'expire, moment merveilleux.

Fin

- Trois respirations ; revenir à la conscience du contact avec le sol, le coussin ou la chaise.
- Invitez un son de cloche pour terminer.
- Étirez-vous doucement, ouvrez les yeux, souriez et respirez.

ÉLÉMENTS DE RÉFLEXION

- Comment est-ce que je me sens maintenant, au niveau du corps, de l'esprit, et de ma respiration ?
- Comment ai-je vécu cette pratique d'assise ? Y a-t-il eu des changements pendant la pratique ?
- Où était mon esprit aujourd'hui ? Me suis-je senti stressé, calme, distrait ?
- Où était mon corps ? Ai-je pu rester assis sans bouger ? Si j'ai dû changer de position, l'ai-je fait en pleine conscience ?
- Lorsque mon esprit a commencé à se disperser, ai-je pu le ramener au moment présent ?

Notes pour les enseignants

*Pratiquez en silence (excepté pour guider le groupe)
pour faciliter la concentration.*

*Trouvez une position d'assise bien droite,
mais détendue.*

Ressentez le calme et le contact avec la terre.

*Soyez conscient de votre respiration sans chercher
à la modifier.*

Aidez les participants à ajuster leur posture (optionnel).

VARIANTES

- S'asseoir pendant plus longtemps.
- Proposez d'autres images pour trouver une position d'assise solide : 1. l'arbre sous la tempête et 2. un rocher dans une rivière au cours rapide.
- Proposez d'autres images pour lâcher prise des pensées et des émotions : 1. des voitures qui passent tandis que vous êtes assis au bord de la route ou des « autocars de pensées » qui vont et viennent ; 2. une rivière qui s'écoule et que vous regardez depuis la berge ; 3. des personnages qui vont et viennent sur une scène ou dans un film.
- Soyez conscients des sons. Observez la hauteur, le volume, le rythme, etc.
- Terminez la pratique par une réflexion finale.

Résumé de la pratique

Marcher en pleine conscience

Dans quel but ?

Ramener l'esprit vers le corps
dans l'instant présent.

Prendre plaisir à ralentir, à ne pas se presser.

Cultiver la conscience du corps à travers
le mouvement.

Devenir plus conscient du lien entre la respiration,
les émotions et le mouvement.

Cultiver l'attention et le calme
et réduire le stress et l'anxiété,
en laissant défiler les pensées
sans s'y attacher.

Revenir à soi et prendre conscience des merveilles
de la vie.

Préparation par l'enseignant et matériel

*Un enseignant familiarisé
avec la marche en pleine conscience.*

*Choisissez un parcours. La première fois,
commencez par un petit cercle.*

*Entraînez-vous sur ce parcours à donner
des consignes.*

Une cloche et un inviteur (optionnel).

ÉTAPES

PRÉPARATION DU GROUPE
ET PRÉSENTATION DE LA PRATIQUE
(AUSSI BRÈVE QUE POSSIBLE)

- Proposez de chanter pour rassembler l'énergie collective (optionnel).
- Montrez comment marcher, en portant son attention sur la respiration et les pas.
- Ramenez l'esprit vers la respiration et les pas si vous vous perdez dans vos pensées. (Utilisez les vers qui figurent plus loin.)
- Indiquez aux participants s'ils vont vous suivre ou marcher lentement en cercle.
- Rappelez-leur de savourer chaque instant.

SE TENIR DEBOUT EN PLEINE CONSCIENCE

- Cloche : conscience de la respiration, du corps et du moment présent.
- Conscience des pieds en contact avec le sol ou la terre. Conscience d'être debout, le dos bien droit. Ancrer le corps et l'esprit.

MARCHER

- Commencez à marcher avec aisance et liberté.
- Portez votre attention sur le point de contact entre le sol et la plante de vos pieds.
- Faites un pas à la fois, en arrivant pleinement à chaque pas.
- Si des pensées apparaissent, observez que des pensées apparaissent et ramenez en douceur votre esprit sur vos pas et votre respiration.
- Coordonnez votre respiration et vos pas (par exemple, deux à chaque inspiration et trois à chaque expiration).

PAUSE OU FIN

- Tenez-vous debout en pleine conscience, en portant votre attention sur votre respiration et votre corps.
- Cloche (optionnel).
- Observez votre ressenti dans cette position ou restez debout sans bouger. Observez l'intention de bouger.

ÉLÉMENTS DE RÉFLEXION

- Où sont mon esprit, mon corps et ma respiration en ce moment ?
- Qu'ai-je observé – en moi, au niveau des émotions, du corps, de la respiration, et autour de moi ?
- Est-ce différent par rapport à ma façon de marcher habituelle ? En quoi ?
- Cette pratique m'a-t-elle semblé facile, difficile, ennuyeuse, apaisante, compliquée ?
- Comment ai-je vécu le silence ? Comment ai-je trouvé le fait de marcher en compagnie d'autres personnes ?
- Me suis-je perdu dans mes pensées ? Ai-je pu revenir à la conscience de ma respiration et de mes pas ?

Notes pour les enseignants

Nous marchons en silence pour faciliter la concentration.

Conscients de la respiration et de vos pas, ramenez votre esprit distrait au moment présent.

Observez comment la respiration et les pas sont liés – il n'est pas nécessaire de forcer pour qu'ils s'harmonisent.

Veillez à garder un rythme naturel et détendu.

Restez ensemble et marchez comme un tout.

Détendez-vous et savourez les sons, la vue, les odeurs.

Vers pour la marche en pleine conscience

Je suis chez moi, je suis arrivé.

Il n'y a qu'ici et maintenant.

Bien solide, vraiment libre.

Je prends refuge en moi-même.

VARIANTES

- Mettez-vous en ligne avant de commencer à marcher puis faites une pause et changez de sens.
- Récitez les vers indiqués ci-dessus pour coordonner vos pas avec la respiration.
- Soyez conscient de tout ce qui se passe dans votre corps, en observant les sensations créées par la marche.
- Changez de vitesse – plus lente ou plus rapide. Observez les effets de ce changement sur l'esprit et le corps.
- Marchez en imaginant d'autres situations, ou marchez comme un personnage ou un animal, etc. ; par exemple, marchez comme sur une plage de sable, comme un éléphant. Observez comment chacun de ces types de marche influe sur le mouvement, le corps et l'esprit.
- Faites une plus longue marche en groupe, guidée par l'enseignant, ponctuée de pauses pour formuler des observations ou réciter des poèmes.

Résumé de la pratique

La conscience du corps et de la respiration

Dans quel but ?

Réunir l'esprit et le corps.

*Diriger son attention sur ce qui se passe ici
et maintenant, au niveau de la respiration
et dans le corps et l'esprit.*

La respiration comme pont entre le corps et l'esprit.

*Apprendre à faire face à des sentiments
et des émotions difficiles.*

*Réduire le stress ; développer le calme, la détente
et le bonheur.*

Préparation et matériel

Un enseignant expérimenté dans cette pratique.

*Des participants et un enseignant ayant déjà expérimenté les pratiques de la cloche,
de la respiration et de l'assise.*

Des chaises ou des tapis.

Une cloche et un inviteur (optionnel).

Notes pour les enseignants

*Le fait de s'arrêter nous permet de relâcher
les tensions dans le corps et de nous détendre.*

*Tout notre corps devient l'objet
de notre pleine conscience.*

*Touchez le fait d'être vivant et la qualité
de tout ce qu'il y a en nous et autour de nous.*

ÉTAPES

Début

- Les participants sont allongés ou assis confortablement.
- Bien ancrés, stables, conscients des points de contact.
- Cloche.

Conscience de la respiration
et suivre la respiration

Lisez lentement le script suivant à haute voix, en encourageant les participants à accorder leurs inspirations et expirations au rythme des mots :

J'inspire, je sais que j'inspire.
J'expire, je sais que j'expire.
J'inspire, je suis mon inspiration du début à la fin.
J'expire, je suis mon expiration du début à la fin.

CONSCIENCE DU CORPS

J'inspire, je suis conscient que j'ai un corps.
J'expire, je sais que mon corps est là.
J'inspire, je suis conscient de tout mon corps.
J'expire, je souris à tout mon corps.

CALMER ET RELÂCHER LES TENSIONS

J'inspire, je suis conscient de mon corps.
J'expire, je calme mon corps.
J'inspire, je détends mon corps.
J'expire, je relâche les tensions dans mon corps.

FIN

• Cloche.

RÉFLEXION

• Comment est-ce que je me sens maintenant ?
• Cette pratique m'a-t-elle semblé facile ou difficile ?
• Mon esprit était-il dispersé ou distrait ? Ai-je pu le ramener à mon corps ?
• Ai-je ressenti beaucoup de tension dans certaines parties de mon corps ?

Résumé de la pratique

Les Dix Mouvements en pleine conscience

Dans quel but ?

Renforcer la connexion entre l'esprit et le corps.

*Cultiver l'attention et la concentration
ici et maintenant, à travers le mouvement.*

Diminuer le stress et l'anxiété.

Renforcer le calme, la détente et le bonheur.

Préparation et matériel nécessaire

*Un enseignant ayant l'expérience des mouvements
en pleine conscience.*

*Une salle suffisamment grande
pour pouvoir étirer les bras
et faire des cercles avec les jambes
(si ce n'est pas possible, adaptez les mouvements).*

Notes pour les enseignants

*Le but est d'améliorer la capacité d'attention,
l'équilibre et la souplesse.
Ce n'est pas un entraînement intensif.*

*Adaptez la pratique à l'âge, à l'humeur
et aux capacités des participants,
ainsi qu'à l'espace disponible.*

ÉTAPES

DÉBUT

- Expliquez – la pratique doit être lente, facile et détendue.
- Assurez-vous qu'il y a suffisamment d'espace entre deux personnes.
- Tenez-vous fermement sur le sol, en écartant les pieds de la largeur des épaules.
- Les genoux sont légèrement fléchis, les épaules relâchées, le dos droit et détendu.
- Conscience de l'inspiration et de l'expiration (optionnel : les mains sur l'abdomen).
- Conscience du contact des pieds avec la terre.
- Coordonner la respiration avec chaque mouvement.

MOUVEMENTS

1. LEVER LES BRAS

- Commencez avec le dos droit, les bras le long du corps, en portant votre attention sur la respiration.
- En inspirant, levez lentement les bras devant vous jusqu'au niveau des épaules.
- En expirant, ramenez-les le long du corps.
- Recommencez deux ou trois fois.

2. ÉTIRER LES BRAS, TOUCHER LE CIEL

- Commencez avec le dos droit, les bras le long du corps, en portant votre attention sur la respiration.
- En inspirant, levez les bras jusqu'à toucher le ciel.
- En expirant, ramenez-les le long du corps.
- Recommencez deux ou trois fois.

3. OUVRIR LES BRAS (LA FLEUR QUI ÉCLOT)

- Commencez avec les doigts qui touchent les épaules, les bras repliés.
- En inspirant, ouvrez les bras de chaque côté, les paumes tournées vers le haut.
- En expirant, repliez les bras pour toucher à nouveau les épaules.
- Recommencez deux ou trois fois.

4. FAIRE UN CERCLE AVEC LES BRAS

- Commencez avec les bras le long du corps puis joignez les paumes.
- En inspirant, levez les bras pour former un arc au-dessus de votre tête.
- En expirant, faites un cercle avec les bras vers l'arrière puis revenez vers l'avant et joignez à nouveau les paumes devant vous.
- Recommencez deux ou trois fois, puis changez de sens.

5. FAIRE UN CERCLE
AU NIVEAU DE LA TAILLE

- Les mains sur les hanches, les jambes droites, mais pas tendues, penchez-vous vers l'avant.
- En inspirant, faites un cercle avec la tête vers la droite et vers l'arrière.
- En expirant, bouclez le cercle devant vous.
- Recommencez deux ou trois fois, puis changez de sens.

6. ÉTIRER TOUT LE CORPS

- Penchez-vous pour toucher le sol, la nuque relâchée.
- En inspirant, redressez-vous en étirant les bras jusqu'au ciel.

- En expirant, penchez-vous vers l'avant pour toucher la terre.
- Recommencez deux ou trois fois.

7. SE POSER SUR LES TALONS (COMME UNE GRENOUILLE !)

- Les mains sur les hanches, les talons joints en forme de « V ».
- En inspirant, hissez-vous sur les orteils, en gardant les talons joints.
- En expirant, restez debout sur les orteils et descendez en pliant les genoux, avec le dos bien droit.
- Recommencez deux ou trois fois.

8. ÉTIRER LES JAMBES

- Les mains sur les hanches, faites basculer le poids de votre corps sur le pied gauche.
- En inspirant, levez la cuisse droite, pliez le genou, les orteils pointés vers le sol.
- En expirant, étirez la jambe droite devant vous, les orteils pointés vers l'avant.
- En inspirant, repliez le genou, les orteils pointés vers le sol.
- En expirant, étirez la jambe à nouveau.
- Recommencez deux ou trois fois, puis reposez votre pied droit sur le sol. Changez de jambe et recommencez la séquence.

*Pour ce mouvement et le prochain, qui nécessitent
de rester en équilibre :*

*– posez votre regard sur un point sur le sol
à environ un mètre devant vous, ou*

*– appuyez une main contre le mur
ou sur le dossier d'une chaise.*

9. FAIRE UN CERCLE AVEC LES JAMBES

- Les mains sur les hanches, déplacez le poids de votre corps sur le pied gauche.
- En inspirant, levez la jambe droite vers l'avant, bien tendue, et faites un cercle sur le côté.
- En expirant, décrivez un cercle avec votre pied, vers l'arrière, puis sur le côté, puis vers l'avant.
- Faites encore deux ou trois cercles avec la jambe droite, puis dans l'autre sens. Changez de jambe et recommencez la séquence.

10. MOUVEMENTS SUR LE CÔTÉ EN ÉTIRANT LES BRAS

- Les mains sur les hanches, le pied droit à 90 degrés par rapport au gauche.
- En inspirant, pliez le genou droit et déplacez tout votre poids sur le pied droit, tout en tendant la main droite vers le haut et sur votre gauche. Regardez votre main levée.
- En expirant, redressez le genou et ramenez votre main droite sur le côté.

- Recommencez deux ou trois fois, puis changez de jambe et recommencez la séquence.

Fin

- Restez debout sans bouger, les pieds parallèles, écartés de la largeur des épaules.
- Cloche et trois respirations.
- Sentez comme votre corps est détendu (optionnel : les mains posées sur l'abdomen).
- Remerciez tout le monde en souriant ou en vous inclinant.

ÉLÉMENTS DE RÉFLEXION

- Comment est-ce que je me sens maintenant ?
- Cette pratique m'a-t-elle semblé facile ou difficile ?
- Mon esprit a-t-il été dispersé ou distrait ? Ai-je pu le ramener à mon corps ?
- Ai-je ressenti beaucoup de tensions dans certaines parties de mon corps ?

VARIANTES

- Faites en pleine conscience les exercices d'étirement auxquels vous êtes habitués (yoga, échauffements), en portant toute votre attention sur les mouvements et la respiration.
- Les participants peuvent créer leur propre séquence de mouvements.

Résumé de la pratique
La relaxation profonde

Dans quel but ?

Réduire les tensions, détendre le corps et l'esprit.

Développer la connexion corps-esprit.

*Être concentré et porter son attention
sur ce qui se passe ici et maintenant.*

*Réduire le stress et l'anxiété. Renforcer le calme,
la gratitude, l'acceptation et le bonheur.*

Préparation et matériel

*Un enseignant ayant l'expérience
de la relaxation profonde.*

*Un sol propre, des tapis, des couvertures,
des vêtements confortables, une pièce bien chauffée.*

Une cloche et un inviteur.

Des chants.

*Un mot poli du style « Ne pas déranger »
affiché sur la porte.*

ÉTAPES

INSTALLATION

- Invitez les participants à s'allonger sur le dos.
- Laissez-leur le temps de s'installer, en fermant les yeux s'ils le souhaitent.
- Asseyez-vous à un endroit d'où vous pourrez voir tout le monde clairement.
- Trois sons de cloche.

LA PRATIQUE

- Commencez par inviter les participants à porter leur attention sur leur respiration et à détendre leur corps.
- Passez en revue toutes les zones du corps, une par une.
- Ordre suggéré : tout le corps, l'abdomen (qui se soulève et s'abaisse), les yeux, la bouche, les épaules, les bras, le cœur, l'abdomen, les hanches, les jambes, les pieds, les orteils, tout le corps.
- Processus de base de la relaxation : inspirez et expirez en portant votre attention sur cette partie du corps ; détendez et relâchez les

tensions qu'elle renferme et envoyez-lui de la tendresse et de la gratitude.

- Si votre esprit se disperse, observez que votre esprit se disperse et redirigez votre attention vers le corps.
- Revenez de temps à autre à la conscience de votre inspiration et de votre expiration.
- Laissez suffisamment de temps entre deux phrases, au moins une respiration complète.

MUSIQUE ET CHANT (OPTIONNEL)

- Vous pouvez chanter des chansons douces pour clore la pratique.
- Laissez un temps de calme et de repos entre deux chansons.

SE PRÉPARER À TERMINER

- Portez à nouveau votre attention sur votre respiration et sur votre abdomen qui se soulève et s'abaisse.
- Portez votre attention sur les bras et les jambes.
- Faites savoir aux participants que la cloche va être invitée : un demi-son.
- Invitez un son de cloche.

FIN DE LA PRATIQUE (LENTEMENT)

- Invitez les participants à commencer à bouger, en remuant les orteils et les doigts, puis à ouvrir les yeux.

- Invitez-les à rouler sur le côté droit, à s'étirer en prenant tout leur temps puis à s'asseoir.

ÉLÉMENTS DE RÉFLEXION

- Comment est-ce que je me sens maintenant ?
- Cette pratique m'a-t-elle semblé facile ou difficile ?
- Mon esprit était-il dispersé ou distrait ? Ai-je pu le ramener à mon corps ?
- Ai-je ressenti beaucoup de tensions dans certaines parties de mon corps ?

VARIANTES

- Ajoutez d'autres parties du corps sur lesquelles porter votre attention.
- Ajoutez d'autres détails lorsque vous portez votre attention sur chaque partie du corps.
- Changez l'ordre dans lequel vous passez en revue les différentes parties du corps.
- Portez votre attention sur une partie du corps qui est malade ou vous fait souffrir, envoyez-lui de l'amour et laissez cette zone se reposer et se détendre.
- Pratiquez à l'extérieur, en pleine nature.
- Utilisez des images, comme un petit nuage de pluie, une cascade de lumière ou un rayon laser qui balaie tout le corps.

Notes pour les enseignants

*La conscience de chaque partie du corps commence
par la conscience de la respiration.*

*Détendez ensuite chaque partie du corps et relâchez
toutes les tensions qu'elle renferme.*

*Souriez à chacune de ces parties, en lui envoyant
de l'amour et de la gratitude.*

*Prenez en compte tout problème
d'ordre physique rencontré
par les participants.*

*Les personnes qui ne souhaitent pas s'allonger
peuvent pratiquer assises.*

Résumé de la pratique

Manger en pleine conscience
(la méditation de la mandarine)

Dans quel but ?

Prendre conscience de ce que nous mangeons
et de comment nous le mangeons.

Prendre conscience des énergies d'habitude autour
de la nourriture, des repas et de la consommation.

Développer un sentiment de gratitude
en étant conscient d'où vient la nourriture.

Préparation et matériel

Une mandarine par personne.
Une cloche (recommandé).

Des serviettes en papier et des lingettes humides
pour se laver les mains avant de manger et après.

ÉTAPES

PRÉPARATION

Des mandarines (ou tout autre chose).

PRÉSENTATION DE LA PRATIQUE

- Expliquez aux élèves que nous allons tous manger ensemble et que nous commencerons quand tout le monde sera servi.
- Invitez-les à vivre pleinement cette activité en silence.

SE CONNECTER À LA RESPIRATION

- Invitez la cloche pour leur permettre de passer un moment calme, assis et en contact avec leur respiration.

FAIRE PASSER LES MANDARINES

- Distribuez les mandarines en continuant de porter votre attention sur la respiration.
- Invitez les participants à tenir la mandarine dans la paume de leur main.

CONTEMPLER

- Lisez les deux premiers vers des Cinq Contemplations de la nourriture : « Cette mandarine est le cadeau de tout l'univers : la terre, le ciel, la pluie et le soleil. Nous remercions tous ceux qui ont fait venir cette mandarine jusqu'à nous, surtout les maraîchers et les commerçants sur le marché. »

- Réfléchissez aux éléments non-mandarine de la mandarine : les fleurs de mandarinier, l'arbre, le soleil, la pluie, la terre, le compost, et toutes les choses et les personnes qui ont fait en sorte que ce fruit se retrouve entre vos mains.

REGARDER PROFONDÉMENT

- Observez comme si vous n'aviez jamais vu de mandarine auparavant.
- Observez la couleur, la texture, la forme, les reflets, etc.
- Observez d'éventuelles différences entre un côté et l'autre.
- Soyez attentif aux réactions dans votre corps (anticipation, salivation, aversion).

SENTIR

- Sentez son parfum et observez à quel endroit vous le sentez : les narines, le palais, la gorge ?

TOUCHER ET PELER LA MANDARINE

- Examinez la peau. Observez ce que vous ressentez en la touchant.

- Pelez-la près de votre oreille de façon à entendre le son de la peau qui se détache.
- Prenez un quartier.

METTRE EN BOUCHE ET MANGER

- Placez un quartier sur votre langue ; essayez de ne pas le mâcher ou l'avaler tout de suite.
- Observez les réactions de votre bouche : salivation, envie pressante de mâcher.
- Faites tourner le quartier dans votre bouche. Observez sa texture puis croquez un morceau. Observez la saveur, mâchez puis avalez. Soyez pleinement présent à chaque étape.

APRÈS AVOIR MANGÉ

- Restez assis et respirez. Observez le goût qui subsiste dans la bouche et l'impulsion de prendre tout de suite un nouveau quartier.

FIN

- Mangez le reste de la mandarine.
- Restez assis sans bouger, en contact avec la respiration, avec gratitude.

Notes pour les enseignants

Disposez les aliments en pleine conscience.

*Intention d'être présent pendant toute l'activité,
au niveau de l'esprit, du corps et des sens.*

Avoir un œil sur tout le groupe ; sourire et s'incliner.

*Contempler la nourriture en profondeur :
voir la pluie, le soleil, la terre, l'air et l'amour
dans ce que nous mangeons.*

*Voir, sentir, mâcher, savourer et avaler en pleine
conscience
tout ce que nous mettons en bouche.*

*Des habitudes et des émotions peuvent être
liées à notre façon de manger ; soyez attentifs
à d'éventuelles émotions fortes qui pourraient
se manifester et soyez prêts à apporter votre soutien.*

ÉLÉMENTS DE RÉFLEXION

- Qu'ai-je ressenti – dans mon esprit et dans mon corps – à différents moments de cette pratique de pleine conscience ?
- Était-ce différent de ma façon de manger habituelle ?
- Comment ai-je vécu le fait qu'on nous invite à contempler d'où provient la nourriture ? Ai-je ressenti de la gratitude ou éprouvé un sentiment de communauté ?
- Comment ai-je vécu l'expérience de manger en silence ?

- Comment ai-je vécu l'expérience de manger ainsi en compagnie d'autres personnes ?

VARIANTES

- Mangez autre chose, de petite taille, en pleine conscience.
- Mangez un fruit normalement et un deuxième en pleine conscience ; observez les différences.

Prenez une ou plusieurs bouchées d'un goûter ou d'un repas normal en pleine conscience.

Pour une description complète de ces pratiques de base, voir le chapitre « Manger en pleine conscience ».

Résumé de la pratique

Utiliser notre respiration pour entrer en contact
avec nos émotions

Dans quel but ?

Calmer et détendre le corps et l'esprit.

Entrer en contact avec la respiration dans l'abdomen,
en ramenant l'esprit au corps et au moment présent.

Réconnaître les sentiments et les émotions
dans l'esprit et le corps.

Cultiver la paix, la joie et le bonheur.

Prendre conscience de nos émotions difficiles
et les embrasser.

Préparation et matériel

Un enseignant et des élèves ayant déjà une expérience
des pratiques de la respiration, de la cloche,
de l'assise et des pratiques corporelles.

Une cloche et un inviteur.

ÉTAPES

PRÉPARATION DU GROUPE

- Position : à l'aise, détendu et stable (assis ou allongé).

CLOCHE

- Invitez un son de cloche pour commencer.

OBSERVEZ QUE VOUS RESPIREZ

- Prenez conscience de votre respiration.
- Il n'y a rien à changer, juste à observer.

SENTIR LA RESPIRATION DANS L'ABDOMEN

- Les mains sur l'abdomen, observez comment il se soulève et s'abaisse.
- Observez la longueur de vos respirations ainsi que les pauses entre deux respirations.

UTILISER NOTRE RESPIRATION
POUR CALMER L'ESPRIT ET LE CORPS

- Prenez conscience de ce qui se passe dans votre esprit et dans votre corps. Observez quelle est votre humeur, ce que vous ressentez, si vous avez des tensions.

- Il n'y a rien à changer, seulement être avec ce qui est.
- En inspirant et en expirant, relâchez les tensions.

J'inspire, je calme mon esprit.
J'expire, je calme mes sentiments et mes émotions
Optionnel : Fin ici – Cloche.

RESSENTIR LA JOIE ET LE BONHEUR

- Suivez votre inspiration et votre expiration.
- Prenez conscience des endroits dans votre corps qui vont bien. Savourez cette sensation, en suivant votre respiration.
- Prenez conscience du sentiment de bonheur. Savourez-le, en suivant votre respiration.

J'inspire, je ressens la joie d'avoir deux yeux.
J'expire, je souris à la joie en moi.
J'inspire, je ressens le bonheur d'être assis en paix.
J'expire, je souris au sentiment de bonheur en moi.
Optionnel : Fin ici – Cloche.

ÊTRE AVEC DES SENSATIONS
OU DES SENTIMENTS PÉNIBLES

- Prenez conscience des sensations ou des sentiments pénibles ou difficiles dans l'esprit ou le corps (colère, tristesse, inquiétude).
- Calmez le sentiment ou la sensation pénible.

J'inspire, je suis conscient d'une sensation ou d'un sentiment pénible.

J'expire, je calme ma sensation ou mon sentiment pénible.

- Respirez avec ce sentiment, dites-lui bonjour et embrassez-le.

Coucou, toi, mon sentiment.
Tu t'appelles (x).
Je te connais.
Je vais prendre bien soin de toi.

CLOCHE ET FIN

- Terminez en respirant et en écoutant un son de cloche.

Notes pour les enseignants

Le bonheur et la souffrance inter-sont – ni boue ni lotus.

La pleine conscience arrose les bonnes graines (le bonheur, la joie, la compassion) dans notre conscience du tréfonds.

Cinq étapes pour prendre soin de nos émotions fortes : les reconnaître, les accepter, les embrasser, les regarder profondément et exercer la vision profonde.

Procédez lentement ; vous pouvez au besoin étaler cette pratique sur plusieurs séances.

Commencez par la joie et le bonheur avant de passer aux sentiments ou aux sensations pénibles.

ÉLÉMENTS DE RÉFLEXION

- Comment est-ce que je me sens maintenant, dans mon esprit, dans mon corps et au niveau de ma respiration ?
- Quels ont été les effets de la pratique sur mon esprit, mon corps, ma respiration ?
- Cette pratique m'a-t-elle semblé facile ou difficile ?
- Comment pourrais-je l'utiliser dans ma vie quotidienne ?

Résumé de la pratique
L'arbre sous la tempête

Dans quel but ?

Revenir au moment présent à travers la respiration.

*Développer un centre stable pour rester calme
face à des situations difficiles.*

Calmer et détendre le corps et l'esprit.

Accroître le sentiment de stabilité et de sécurité.

Préparation et matériel

*Un enseignant et des élèves ayant déjà pratiqué
la respiration abdominale et appris à « être en contact
avec les émotions ».*

Des tapis si vous souhaitez vous allonger.

Une cloche et un inviteur (recommandé).

ÉTAPES

Début

- Trouvez une position assise ou allongée stable, détendue et confortable.
- Invitez un son de cloche.

Observez que vous respirez

- Prenez conscience de votre inspiration et de votre expiration.
- Il n'est pas nécessaire de changer la respiration, juste de l'observer.

Respiration abdominale

- Posez les mains sur votre abdomen et observez comme il se soulève et s'abaisse.
- Observez la longueur de chaque respiration.

Conscience des sensations ou des sentiments pénibles

- Prenez conscience des sensations ou des sentiments pénibles dans l'esprit ou le corps, par exemple des douleurs physiques, de la colère ou de la tristesse.
- Respirez avec ces sensations ou ces sentiments, dites-leur bonjour et embrassez-les.

L'ARBRE

- Vous êtes un arbre – votre abdomen est le tronc, vos bras sont les branches.
- Vos émotions fortes sont comme l'orage qui secoue vos branches.
- Portez votre attention sur votre abdomen, là où vous êtes stable et en sécurité.
- Revenez à votre respiration et sentez votre abdomen qui se soulève et s'abaisse :

J'inspire, je calme cette émotion forte.
J'expire, je peux même sourire à cette émotion forte.

- Tant que des émotions sont présentes, continuez de porter votre attention sur votre respiration.
- L'orage sera bientôt passé.

CLOCHE ET FIN

- Invitez un son de cloche.
- Continuez de respirer en pleine conscience.

ÉLÉMENTS DE RÉFLEXION

- Comment est-ce que je me sens maintenant ?
- Quels effets ai-je constatés sur mon esprit, mon corps, ma respiration ?
- Cette pratique m'a-t-elle semblé facile ou difficile ?

• Comment et dans quelles occasions pourrais-je utiliser cette pratique pour prendre soin de mes émotions dans ma vie quotidienne ?

Notes pour les enseignants

L'image de l'arbre peut aider : son tronc reste solide et stable pendant que ses branches sont secouées par des émotions.

Fonctionne bien avec les tout-petits.

Peut-être pratiqué aussi bien lors de moments calmes que de moments plus difficiles.

Offrez l'espace nécessaire pour faire face à des émotions fortes.

Se concentrer sur une seule émotion à la fois.

Résumé de la pratique

La méditation des cailloux

Dans quel but ?

*Toucher la fraîcheur, la solidité,
le calme et la liberté en soi.*

*Prendre conscience des conditions du bonheur
qui sont déjà là.*

*Cultiver la stabilité comme base pour prendre
soin de nos émotions fortes.*

Calmer et détendre le corps et l'esprit.

Préparation et matériel

*Un espace dans la classe pour s'asseoir en cercle
(chaises, coussins, tables, bureaux).*

Quatre cailloux par personne.

Une cloche (recommandé).

ÉTAPES

- Présentez la pratique.
- Invitez les participants à choisir quatre cailloux : un pour la montagne, un pour la fleur, un pour l'eau calme et un pour l'espace.
- Invitez-les à poser les cailloux sur leur gauche.
- Invitez un son de cloche.

Premier caillou : fleur

- Prenez le caillou « fleur » et posez-le dans la paume de votre main.

J'inspire, je me vois comme une fleur.
J'expire, je me sens fraîche.
Fleur – Fraîche

- Invitez un son de cloche et inspirez et expirez trois fois en vous disant intérieurement :

J'inspire : fleur
J'expire : fraîche

- Posez le caillou par terre sur votre droite.

Deuxième caillou : montagne

- Prenez le caillou « montagne » et posez-le dans la paume de votre main.

J'inspire, je me vois comme une montagne.
J'expire, je me sens solide.
Montagne – Solide

- Invitez un son de cloche et inspirez et expirez trois fois en vous disant intérieurement :

J'inspire : montagne
J'expire : solide

- Posez le caillou par terre sur votre droite.

TROISIÈME CAILLOU : EAU TRANQUILLE

- Prenez le caillou « eau tranquille » et posez-le dans la paume de votre main.

J'inspire, je me vois comme l'eau tranquille.
J'expire, je reflète les choses telles qu'elles sont.
Eau tranquille – Reflète.

- Invitez un son de cloche et respirez trois fois en vous disant intérieurement :

J'inspire : eau tranquille
J'expire : reflète

- Posez le caillou par terre sur votre droite.

QUATRIÈME CAILLOU : ESPACE

- Prenez le caillou « espace » et posez-le dans la paume de votre main.

J'inspire, je me vois comme l'espace.
J'expire, je suis libre.
Espace – Libre

- Invitez un son de cloche et respirez trois fois en vous disant intérieurement :

J'inspire : espace
J'expire : libre

- Posez le caillou par terre sur votre droite.

FIN

- Invitez un son de cloche pour terminer.
- Reprenez les cailloux ou donnez-les aux participants.

ÉLÉMENTS DE RÉFLEXION

- Comment est-ce que je me sens maintenant ? Quels effets ai-je pu constater sur mon esprit, mon corps, ma respiration ?
- Cette pratique m'a-t-elle semblé facile ou difficile ?
- À quels moments et dans quelles circonstances pourrais-je mettre en pratique cette méditation dans ma vie quotidienne ?

VARIANTES

- Fabriquez un sac pour y mettre vos cailloux (et décorez-le).
- Mettez ces cailloux dans votre poche pour vous souvenir de cultiver ces qualités.

Notes pour les enseignants

Cultiver les qualités pour le bonheur : fleur – fraîcheur, montagne – solidité, eau – calme, espace – liberté.

*Fonctionne avec tous les groupes d'âge,
en particulier les plus jeunes.*

*Vous pouvez chanter le chant « J'inspire, j'expire »
pour introduire la pratique.*

*Peut être enseignée progressivement,
sur plusieurs séances.*

Résumé de la pratique

Le partage en cercle

Dans quel but ?

Apprendre à parler de nos pensées et de nos émotions de façon ouverte et authentique.

Développer l'écoute profonde pour bénéficier des idées et de l'expérience des autres.

Développer la parole aimante pour faire part d'expériences, de joies et de difficultés et pour poser des questions.

Nous aider à avoir le sentiment d'être vus, entendus, compris, appréciés et d'appartenir à un groupe.

Renforcer le sentiment d'être connecté à soi-même et aux autres et s'apercevoir que d'autres que nous rencontrent les mêmes difficultés.

Préparation et matériel

Rassemblez des chaises ou des coussins et des tapis en cercle de manière à ce que tout le monde puisse se voir.

Une cloche et un inviteur (optionnel, mais recommandé).

ÉTAPES

EXPLIQUER LE PROCESSUS DE BASE
DU PARTAGE

- Expliquez la méthode du partage (s'incliner, utiliser un bâton de parole, etc.).
- La personne qui vient de s'incliner ou tient le bâton de parole ne doit pas être interrompue.
- Il est possible de passer son tour et de seulement écouter.
- Respect du rôle de l'enseignant en tant que facilitateur.
- Règles de base : pratiquer l'écoute profonde et la parole aimante (voir plus haut), ne pas donner de conseils, respecter la confidentialité (ce qui est dit reste là).

DÉBUT

- Trois sons de cloche, avec trois respirations conscientes entre chaque.

- Proposez un thème (léger et facile au début) pour ouvrir le partage.
- Invitez le groupe à commencer le partage.
- De temps à autre, invitez un son de cloche afin que tout le monde puisse respirer ensemble.
- Vous pouvez laisser s'installer un moment de silence, mais s'il dure trop longtemps, posez une question ou proposez un nouveau sujet pour stimuler le partage.

Fin

- Chantez une chanson pour clore la séance.
- Le facilitateur dit quelques mots sur le partage et exprime sa gratitude.
- Invitez trois sons de cloche et faites trois respirations conscientes entre chaque.
- Rappelez aux participants avant qu'ils ne partent de respecter la confidentialité et d'être bienveillants. Rappelez-leur également qu'ils peuvent venir voir l'enseignant pour lui parler en privé.

ÉLÉMENTS DE RÉFLEXION

- Quels ont été les effets de la pratique sur mon esprit, mon corps, ma respiration ?
- Comment est-ce que je me sens maintenant ?
- Comment me suis-je senti en utilisant la parole aimante ? Était-ce différent par rapport à ma façon habituelle de parler ?

- Comment ai-je vécu la pratique de l'écoute profonde ?
- Comment me suis-je senti en étant écouté par le groupe ?

VARIANTES

- Au fil du temps, vous pourrez aborder des sujets plus difficiles, plus personnels ou plus importants.
- Exemples de thèmes d'intensité moyenne : ma pratique au cours des dernières vingt-quatre heures ; qu'est-ce qui fait un bon collègue ou un bon ami ; comment montrons-nous que nous sommes soucieux du bien-être d'autrui ; quelque chose qui m'a fait pleurer, qui m'a rendu dingue, qui m'a fait peur ou qui m'a rendu très heureux.

Notes pour les enseignants

L'enseignant décide de la méthode qui sera employée pendant le partage : s'incliner, utiliser un bâton de parole, etc.

Écoute profonde : être pleinement présent, ne pas porter de jugements et prendre modèle sur le facilitateur.

Parole aimante : respecter ce qu'expriment les autres, parler pour soi-même, ne pas donner de conseils, ne pas juger et ne pas donner son avis.

*Ne parler que de choses qui ne mettront personne
mal à l'aise (l'enseignant veille à ce que les élèves
ne se sentent pas exposés ou vulnérables).*

*Commencez par des sujets légers, puis, avec le temps,
trouvez un équilibre entre des sujets sérieux et légers.
Les élèves peuvent proposer des idées.*

*Trouvez le juste équilibre entre suivre le script
et faire en sorte que les rapports dans le groupe soient
empreints de joie et de légèreté.*

Résumé de la pratique

Le nouveau départ

Dans quel but ?

*Pratiquer une communication authentique :
écoute profonde et parole aimante.*

*Renforcer le sentiment d'être relié à soi-même
et aux autres.*

*Créer des environnements plus sûrs
et plus harmonieux :
dans la classe, la salle des professeurs
et au sein des familles.*

*Pour apprendre à montrer aux autres
qu'on les apprécie, exprimer des regrets et dire
qu'on s'est senti blessé, et pour demander de l'aide.*

*Apprendre de manière structurée à résoudre
les difficultés et les conflits.*

Préparation et matériel

Un enseignant bien préparé pour guider cette pratique.

Des chaises ou des tapis disposés en cercle.

*Une plante ou des fleurs posées au milieu du cercle
(recommandé).*

Une cloche (recommandé).

NOTES SUR LES ÉTAPES

PREMIÈRE PARTIE : ARROSER LES FLEURS
(MONTRER SON APPRÉCIATION)

- Les fleurs ont besoin d'eau pour rester fraîches et nous commençons notre partage en trouvant des choses « rafraîchissantes » à dire aux autres participants.
- L'arrosage des fleurs peut nous apporter beaucoup de joie.
- Parlez de choses précises, concrètes que l'autre personne a faites et qui vous ont rendus joyeux.

DEUXIÈME PARTIE : EXPRIMER DES REGRETS
(PRENDRE SES RESPONSABILITÉS)

- Assurez-vous d'avoir dans un premier temps arrosé la fleur de l'autre personne.
- Exprimez des regrets concernant vos propres erreurs, vos faiblesses ou des actes maladroits.

- Présenter vos excuses peut suffire à dissiper l'éventuel sentiment de blessure chez l'autre.

TROISIÈME PARTIE : EXPRIMER UNE BLESSURE
OU UNE SOUFFRANCE

- Cette pratique s'effectue généralement seul à seul, en présence d'un tiers.
- Nous exprimons une souffrance qu'une personne a causée en nous.
- Commencez par dire : « Je me sens blessé parce qu'il me semble que tu as dit ou fait telle ou telle chose. »
- Concentrez-vous sur vos sensations et sur vos perceptions ainsi que sur l'aide que vous souhaiteriez qu'on vous apporte. Nous ne sommes pas là pour faire des reproches.
- L'autre personne écoute profondément la personne qui parle sans l'interrompre, même lorsque ce qu'elle entend ne lui semble pas vrai.
- Si des émotions fortes surviennent, pratiquez ainsi : reconnaissez-les, embrassez-les, calmez-les et respirez avec elles.
- Écoutez pour développer la compassion dans votre cœur envers l'autre personne.

QUATRIÈME PARTIE :
DEMANDER DE L'AIDE LORSQU'ON FAIT FACE
À DES DIFFICULTÉS OU QUE L'ON S'EST SENTI BLESSÉ

- Nous exprimons ici comment nous souhaiterions être aidés face à une situation difficile.

- Demander de l'aide peut se faire à tout moment du nouveau départ. Il n'est pas nécessaire de suivre l'ordre des trois autres étapes.
- Le fait de demander un soutien de manière habile aide les participants à clarifier ce qu'ils ressentent et ceux qui écoutent à réfléchir de manière positive à la façon dont ils pourraient offrir un soutien.

ÉTAPES

- Asseyez-vous en cercle, invitez la cloche trois fois, et faites trois respirations conscientes entre chaque son.
- Rappelez au groupe comment pratiquer l'écoute profonde et la parole aimante.
- Expliquez que ce groupe est là pour exprimer ce qui est apprécié et résoudre les difficultés.
- Expliquez les différentes étapes que vous allez pratiquer ainsi que l'ordre et la nature de chacune (voir les notes ci-après). Vous pouvez décider de ne pas toutes les pratiquer.
- Invitez un nouveau son de cloche et faites trois respirations en pleine conscience.
- Vous pouvez lancer le premier partage vous-même.
- Une personne indique qu'elle souhaite prendre la parole ; elle va chercher les fleurs et les pose devant elle.

- La personne qui parle commence par l'arrosage des fleurs et peut si elle le souhaite poursuivre avec les autres étapes.
- Lorsque la personne a fini de parler, elle s'incline ou va replacer les fleurs au centre du cercle.
- D'autres personnes peuvent alors prendre la parole.

Notes pour les enseignants

Choisissez un moment où tout le monde est calme et prêt à écouter.

La participation est volontaire.

Chaque personne suit l'ordre des différentes étapes pendant le partage : arroser les fleurs, exprimer un regret, puis exprimer une blessure ou une souffrance. Veillez à ce que les participants ne sautent pas une étape.

N'hésitez pas à arroser abondamment les fleurs des autres : ce qu'on apprécie vraiment chez eux, les qualités qu'on leur trouve – il ne s'agit pas de les flatter.

Ne vous pressez pas pour accomplir l'intégralité des étapes. Vous pouvez décider de n'en pratiquer qu'une ou deux par séance.

Décidez à l'avance comment les participants vont demander à prendre la parole (par exemple en s'inclinant, en passant les fleurs).

*Faites en sorte que la pratique reste fluide
et se déroule dans la légèreté.*

CLOCHE ET FIN

- En tant que facilitateur du groupe, vous pouvez faire quelques brèves réflexions finales en exprimant votre ressenti avec le cœur.
- Trois sons de cloche, avec trois respirations conscientes après chacun d'eux.
- Selon la situation, vous pouvez chanter une chanson gaie ou vous tenir la main et respirer ensemble pendant une minute.
- Comment est-ce que je me sens maintenant dans mon esprit, mon corps, ma respiration ?
- Qu'ai-je ressenti lorsque mes fleurs ont été arrosées ? Et en arrosant les fleurs des autres ?
- Comment pouvons-nous pratiquer le nouveau départ, en classe ou hors de la classe ?

VARIANTES

- Pratiquez l'arrosage des fleurs uniquement pour cultiver de bonnes relations. Vous pouvez aussi vous contenter de pratiquer l'arrosage des fleurs et l'expression de regrets.
- Pratiquez l'arrosage des fleurs à l'aide d'images. Demandez aux élèves d'écrire sur des pétales de fleur en papier quelque chose de positif au sujet d'une autre personne. Chaque élève colle ensuite ses pétales sur une carte pour faire une fleur.

Annexe B

Les Cinq Entraînements
à la pleine conscience

Les Cinq Entraînements à la pleine conscience expriment la vision spirituelle d'une éthique pour le monde. Ils sont la pratique concrète de la voie de la compréhension et de l'amour véritables, menant à la transformation, à la guérison et au bonheur pour nous-mêmes et le monde. Pratiquer les Cinq Entraînements à la pleine conscience, c'est approfondir la vision de l'inter-être qui permet de se libérer de toute forme de discrimination, de l'intolérance, de la colère, de la peur et du désespoir. Si nous vivons en accord avec les Cinq Entraînements à la pleine conscience, nous sommes déjà sur le chemin pour être une personne heureuse et libre. Conscients de la chance que nous avons d'être sur ce chemin, nous pouvons cesser de nous faire du souci pour le présent et d'avoir peur de l'avenir.

1. Respect de la vie

Conscient(e) de la souffrance provoquée par la destruction de la vie, je suis déterminé(e) à cultiver ma compréhension de l'inter-être et ma compassion, afin d'apprendre comment protéger la vie des personnes, des animaux, des plantes et des minéraux. Je m'engage à ne pas tuer, à ne pas laisser tuer et à ne soutenir aucun acte meurtrier dans le monde, dans mes pensées ou dans ma façon de vivre. Je comprends que toute violence, causée notamment par le fanatisme, la haine, l'avidité, la peur, a son origine dans une vue dualiste et discriminante. Je m'entraînerai à tout regarder avec ouverture, sans discrimination ni attachement à aucune vue ni à aucune idéologie, pour œuvrer à transformer la violence et le dogmatisme qui demeurent en moi et dans le monde.

2. Bonheur véritable

Conscient(e) de la souffrance provoquée par le vol, l'oppression, l'exploitation et l'injustice sociale, je suis déterminé(e) à pratiquer la générosité dans mes pensées, dans mes paroles et dans mes actions de la vie quotidienne. Je partagerai mon temps, mon énergie et mes ressources matérielles avec ceux qui en ont besoin. Je m'engage à ne rien m'approprier qui ne m'appartienne pas. Je m'entraînerai à regarder profondément afin de voir que le bonheur et la souffrance d'autrui sont étroitement liés à mon propre bonheur et à ma propre souffrance. Je comprends que le bonheur véritable est impossible sans compréhension et amour, et que la recherche du bonheur dans l'argent, la renommée, le pouvoir ou le plaisir sensuel engendre beaucoup de souffrance et de désespoir. J'approfondirai ma compréhension du bonheur véritable, qui dépend plus de ma façon de penser que de conditions extérieures. Si je suis capable de m'établir dans le moment présent, je peux vivre heureux(se) ici et maintenant, dans la simplicité, reconnaissant que de nombreuses conditions de bonheur sont déjà disponibles en moi et autour de moi. Conscient(e) de cela, je suis déterminé(e) à choisir des moyens d'existence justes afin de réduire la souffrance et de contribuer au bien-être de toutes les espèces sur Terre, notamment en agissant pour cesser de contribuer au changement climatique.

3. AMOUR VÉRITABLE

Conscient(e) de la souffrance provoquée par une conduite sexuelle irresponsable, je suis déterminé(e) à développer mon sens de la responsabilité et à apprendre à protéger l'intégrité et la sécurité de chaque individu, des couples, des familles et de la société. Je sais que le désir sexuel et l'amour sont deux choses distinctes, et que des relations sexuelles irresponsables, motivées par l'avidité, génèrent toujours de la souffrance de part et d'autre. Je m'engage à ne pas avoir de relation sexuelle sans amour véritable ni engagement profond, durable et connu par mes proches. Je ferai tout mon possible pour protéger les enfants des abus sexuels et pour empêcher les couples et les familles de se désunir par suite de comportements sexuels irresponsables. Sachant que le corps et l'esprit vont à l'unisson, je m'engage à apprendre les moyens appropriés pour gérer mon énergie sexuelle. Je m'engage à développer la bonté aimante, la compassion, la joie et la non-discrimination en moi, pour mon propre bonheur et le bonheur d'autrui. Je sais que la pratique de ces quatre fondements de l'amour véritable me garantira une continuation heureuse à l'avenir.

4. PAROLE AIMANTE ET ÉCOUTE PROFONDE

Conscient(e) de la souffrance provoquée par des paroles irréfléchies et par l'incapacité à écouter autrui, je suis déterminé(e) à apprendre à parler à tous avec amour et à développer une écoute profonde qui soulage la souffrance et apporte paix et réconciliation entre moi-même et autrui, entre groupes ethniques et religieux, et entre nations. Sachant que la parole peut être source de bonheur comme de souffrance, je m'engage à apprendre à parler avec sincérité, en employant des mots qui inspirent à chacun la confiance en soi, nourrissent la joie et l'espoir, et œuvrent à l'harmonie et à la compréhension mutuelle. Je suis déterminé(e) à ne rien dire lorsque je suis en colère. Je m'entraînerai à respirer et à marcher alors en pleine conscience, afin de reconnaître cette colère et de regarder profondément ses racines, tout particulièrement dans mes perceptions erronées et dans le manque de compréhension de ma propre souffrance et de celle de la personne contre laquelle je suis en colère. Je m'entraînerai à dire la vérité et à écouter profondément, de manière à réduire la souffrance, chez les autres et en moi-même, et à trouver des solutions aux situations difficiles. Je suis déterminé(e) à ne répandre aucune information dont je ne suis pas certain(e) et à ne rien dire qui puisse entraîner division, discorde ou rupture au sein d'une famille ou d'une communauté. Je m'engage à pratiquer la diligence juste afin de cultiver ma compréhension, mon amour, mon bonheur et ma tolérance, et de transformer jour après jour les graines de violence, de haine et de peur qui demeurent en moi.

5. TRANSFORMATION ET GUÉRISON

Conscient(e) de la souffrance provoquée par une consommation irréfléchie, je suis déterminé(e) à apprendre à nourrir sainement mon corps et mon esprit et à les transformer, en entretenant une bonne santé physique et mentale par ma pratique de la pleine conscience lorsque je mange, bois ou consomme. Afin de ne pas m'intoxiquer, je m'entraînerai à observer profondément ma consommation des quatre sortes de nourritures : les aliments comestibles, les impressions sensorielles, la volition et la conscience. Je m'engage à m'abstenir d'alcool, de drogue, de jeux d'argent, et à ne consommer aucun produit contenant des toxines comme certains sites Internet, jeux électroniques, certaines musiques, certains films, certaines émissions de télévision, certains livres, magazines, ou encore certaines conversations. Je m'entraînerai régulièrement à revenir au moment présent pour rester en contact avec les éléments nourrissants et porteurs de guérison présents en moi et autour de moi, et à ne pas me laisser emporter par des regrets et des peines quant au passé, ou par des soucis et des peurs concernant le futur. Je suis déterminé(e) à ne pas utiliser la consommation comme un moyen de fuir la souffrance, la solitude et l'anxiété. Je m'entraînerai à regarder profondément la nature de l'interdépendance de toute chose, afin qu'en consommant, je nourrisse la joie et la paix, tant dans mon corps et ma conscience que dans le corps et la conscience collectifs de la société et de la planète.

Annexe C

Les Cinq Contemplations
avant de manger

1. Cette nourriture est le cadeau de l'univers tout entier : de la Terre, du ciel, d'innombrables êtres vivants, et le fruit de beaucoup de travail.

2. Mangeons-la en pleine conscience et avec gratitude pour être dignes de la recevoir.

3. Reconnaissons et transformons nos formations mentales négatives, par exemple l'avidité, qui nous empêchent de manger avec modération.

4. Mangeons de manière à maintenir notre compassion éveillée, à réduire la souffrance des êtres vivants, à cesser de contribuer au changement climatique et à préserver notre planète.

5. Nous recevons cette nourriture car nous voulons cultiver la fraternité, bâtir notre communauté et servir tous les êtres.

ADAPTATION DES CINQ CONTEMPLATIONS
POUR LES ENFANTS

1. Cette nourriture est un cadeau de tout l'univers : la Terre, le ciel, la pluie et le soleil.

2. Nous remercions ceux qui ont travaillé pour contribuer à ce repas, surtout les paysans, les commerçants et les cuisiniers.

3. Nous ne mettons dans notre assiette que la quantité que nous pouvons manger.

4. Nous mâchons lentement les aliments pour mieux les savourer.

5. Nous mangeons de façon à nourrir notre compassion, protéger les autres espèces et l'environnement, guérir et préserver notre précieuse planète.

6. Nous mangeons cette nourriture pour être en bonne santé et heureux, et pour aimer les autres comme une vraie famille.

Annexe D

Pour aller plus loin

RESSOURCES POUR DÉVELOPPER VOTRE PRATIQUE
PERSONNELLE ET VOTRE FAÇON D'ENSEIGNER
LA PLEINE CONSCIENCE

Vous trouverez dans cette section d'autres ressources à utiliser pour approfondir votre pratique personnelle, servir de base à votre enseignement et rencontrer la communauté élargie du Village des Pruniers. Toutes ces ressources se réfèrent à la tradition du Village des Pruniers en particulier.

RESSOURCES EN LIGNE

Les Wake Up Schools

Site Internet : *wakeupschools.org*

Ce site Internet est une ressource importante qui sert aussi de plateforme de communication pour les Wake Up Schools : le réseau d'éducateurs, d'enseignants et de pratiquants qui cultivent la pleine conscience et l'éthique appliquée à l'éducation à partir des

671

enseignements et des pratiques offerts par Thich Nhat Hanh et la communauté du Village des Pruniers. Ce site Internet fournit des liens vers d'autres ressources, notamment des films et des études de cas, ainsi qu'une liste régulièrement mise à jour d'ouvrages, de films, de conférences et de manifestations.

Vous pouvez apporter votre soutien au réseau des Wake Up Schools en faisant du bénévolat et en soumettant des articles au site Internet du réseau ou au magazine *The Mindfulness Bell* (voir ci-après).

Village des Pruniers

www.plumvillage.org

Le site Internet du Village des Pruniers fournit des informations de base sur les activités de la communauté et les enseignements offerts, en proposant une sélection de textes et de vidéos, notamment des conférences et des articles de Thich Nhat Hanh et d'enseignants du Dharma expérimentés. On y trouve des pages consacrées à l'histoire de ce centre de pratique, des conseils pour la pratique quotidienne, ainsi que des informations sur les

nombreuses branches de cette communauté mondiale.

Ce site fournit des informations sur les retraites locales et internationales organisées par le Village des Pruniers ainsi que sur les tournées qu'effectuent régulièrement des moines et des moniales du Village. Il sert de portail d'inscription pour les personnes qui souhaitent participer à des retraites au Village des Pruniers en France. On y trouve également une liste de plus en plus conséquente d'applications pour cultiver la pleine conscience.

Wake Up

www.wkup.org

Wake Up est une communauté mondiale active de jeunes pratiquants de la pleine conscience âgés de dix-huit à trente-cinq ans et inspirés par les enseignements de Thich Nhat Hanh. Depuis 2007, cette communauté se réunit pour pratiquer la pleine conscience afin de nourrir le bonheur et de contribuer à bâtir une société plus saine et compatissante.

Le réseau Wake Up s'est développé dans le monde entier et il existe aujourd'hui des groupes Wake Up sur chaque continent et dans de nombreux pays. Ces groupes se rassemblent chaque semaine ou chaque mois pour pratiquer. Ils organisent des retraites et des journées de pleine conscience et effectuent des séjours dans des centres de pratique de la méditation. De nombreux groupes organisent également des manifestations telles que des soirées musicales, des méditations rassemblant des groupes importants, des pique-niques et des randonnées.

Le Village des Pruniers en ligne

La communauté du Village des Pruniers a une importante présence internationale en ligne. Les principales ressources sont notamment :

Facebook : La page Facebook de Thich Nhat Hanh : *www.facebook.com/thichnhathanh* compte actuellement 1,5 million d'abonnés.

Twitter : Plus de 350 000 abonnés sur Twitter au hashtag : *@thichnhathanh*.

YouTube : La chaîne You-Tube du Village des Pruniers contient des centaines de vidéos et de clips, notamment des conférences et des enregistrements d'enseignements offerts par Thich Nhat Hanh et des enseignants expérimentés du monde entier : *www.youtube.com/plumvillage*.

Le site Internet *http://tnhaudio.org* poste régulièrement des enregistrements audio de discours offerts par Thich Nhat Hanh et des enseignants du Dharma expérimentés du monde entier. Ces enregistrements peuvent être téléchargés gratuitement.

The Mindfulness Bell

www.mindfulnessbell.org
The Mindfulness Bell est un magazine trisannuel sur l'art de vivre en pleine conscience. Il sert de source d'inspiration et de ressource pédagogiques pour les personnes qui pratiquent la pleine conscience dans leur vie quotidienne. On trouve dans chaque numéro un enseignement donné par Thich Nhat Hanh ainsi que des témoignages et des enseignements livrés par des enseignants et des pratiquants. On y trouve souvent des articles sur la pratique avec les enfants et les adolescents.

Répertoire international des sanghas

www.mindfulnessbell.org/directory

Le répertoire international des sanghas fournit une liste de groupes locaux qui pratiquent dans la tradition du Village des Pruniers. Le site Internet contient une carte et des épingles indiquant les lieux où des groupes établis ou qui souhaitent former une sangha se réunissent.

Plumline

www.plumline.org

Plumline est un centre d'aide pour les personnes qui souhaitent créer ou animer un groupe de pratique de la pleine conscience en ligne. On peut y partager des idées et des ressources à mesure que des groupes en ligne se créent et se développent.

The Mindfulness in Education

www.mindfuled.org

The Mindfulness in Education est un réseau mis en place en 2001 sous la forme d'une liste de courriels de soixante-dix-huit professionnels de l'éducation ayant participé cette année-là aux deux retraites offertes par Thich Nhat Hanh aux États-Unis. En 2016, la liste de ce réseau mondial compte près de deux mille participants issus de diverses traditions de pleine conscience. Depuis 2008, ce réseau tient chaque année une conférence aux États-Unis. On trouve sur son site Internet des vidéos de la conférence annuelle de l'année précédente ainsi qu'une invitation à faire partie de sa liste d'abonnés toujours plus nombreux.

Earth Holders Sangha

www.earthholder.org

La Earth Holder Sangha (sangha des soutiens de la Terre) est un groupe d'affinités au sein de la communauté internationale de bouddhistes engagés du Village des Pruniers fondée par le maître zen Thich Nhat Hanh. Créée aux États-Unis en 2015, cette sangha est guidée par l'éthique des Cinq Entraînements à la pleine conscience et des Quatorze Entraînements à la pleine conscience.

Cette sangha a pour objectif de :

– bâtir une communauté de « soutiens de la Terre » dans la tradition du Village des Pruniers, rassembler des membres de la sangha œuvrant dans un même esprit afin de se soutenir et de s'inspirer mutuellement et mettre au point des pratiques de « soutien à la Terre » inspirées par les enseignements de Thich Nhat Hanh ;

– s'engager dans l'action en pleine conscience, sur le plan local, national et international ;

– soutenir des communautés durables, en particulier les monastères du Village des Pruniers, les centres de pratique laïques et les groupes locaux.

Les membres de cette sangha élaborent du matériel pédagogique, accueillent des réunions locales et organisent des événements en ligne.

ARISE

www.pvracialequity.wordpress.com

Awakening Through Race, Intersectionality, and Social Equity (ARISE) s'emploie à comprendre et à transformer les inégalités sociales, systémiques et raciales. Son site Internet aide les groupes et les personnes qui souhaitent tisser des liens en ligne et en personne autour de questions telles que la justice raciale, la guérison culturelle et la pleine conscience – un héritage vivant de la profonde amitié entre le maître zen Thich Nhat Hanh et le révérend Martin Luther King.

Livres et autres ressources

Guides et manuels

Semer les graines du bonheur dans le cœur des enfants – Initiation ludique à la pleine conscience, Thich Nhat Hanh et la communauté du Village des Pruniers, textes rassemblés par sœur Joyau (Chan Chau Nghiem), Le Courrier du livre (2017). Des conseils clairs destinés aux enseignants en maternelle.

Everybody Present : Mindfulness in Education, Nikolaj Flor Rotne et Didde Flor Rotne, Berkeley, CA, Parallax (2013). Comme l'indiquent les auteurs, « ce livre a pour but d'aider tous les professionnels de l'enseignement à transformer les sentiments d'inadéquation pour en faire des expériences d'abondance et mettre ainsi en mouvement une révolution de sérénité, de sorte que chacun puisse ressentir l'inter-être, la quiétude et la joie. Il contient des études cliniques accompagnées d'explications claires, ainsi que des histoires et des conseils utiles pour cultiver une pratique personnelle et enseigner en pleine conscience ».

The Mindful School Leader : Pratices To Transform Your Leadership and School, Valerie Brown et Kirsten Olson, Thousand Oaks, CA, Corwin, 2015. Un livre qui montre comment la pleine conscience peut aider les directeurs d'établissement à exercer leurs fonctions de façon dynamique et compatissante et faire en sorte qu'il y ait de l'empathie, de l'équité et de la paix dans les écoles. Se fondant sur des approches laïques de la pleine conscience, cet ouvrage contient de nombreux exemples et témoignages d'expériences de première main.

The Mindful Teen : Powerful Skills To Help You Handle Stress One Moment at a Time, Dzung X. Vo, Oakland, CA,

New Harbinger, 2015. Ce livre a été écrit pour un public d'adolescents par un pédiatre spécialisé, inspiré par le Village des Pruniers, le programme MBSR, le programme MBCT et d'autres interventions basées sur la pleine conscience. *www.mindfulnessforteens.com*.

Teach, Breathe, Learn : Mindfulness In and Out of the Classroom, Meena Srinivasan, Berkeley, CA, Parallax Press, 2014. L'auteure de cet ouvrage, qui enseigne dans de nombreux pays et a travaillé pendant plusieurs années comme enseignante et chef d'établissement, se fonde sur sa propre expérience dans les salles de classe. On y trouve des plans de cours ainsi que des ressources sur l'apprentissage psycho-social et le partage en pleine conscience dans la tradition du Village des Pruniers. *http://teachbreathelearn.com*.

Teaching Mindfulness Skills to Kids and Teens, Chris Willard et Amy Saltzman (dir.), Susan Kaiser Greenland (avant-propos), New York, The Guilford Press, 2015. Ce volume inclut l'essai de Betsy Rose intitulé *Mindfulness*

676

with a Beat : Embodied Practice in the Key of Song.

Turning In : Mindfulness in Teaching and Learning : A Collection of Essays by Teachers for Teachers, Irene E. McHenry et Richard Brady (dir.), 2009. « Je me réjouis que les auteurs de ce livre nous montrent comment la pleine conscience et la concentration peuvent être un plaisir à apprendre et à enseigner. Ce livre est important pour les enseignants, le personnel administratif, les parents et tous ceux qui se sentent concernés par le bien-être de la prochaine génération. » – Thich Nhat Hanh

Livres pour enfants

La pleine conscience en général

A Pebble for Your Pocket, Thich Nhat Hanh, Berkeley, CA, Plum Blossom Books, 2001. Un livre de poche complet pour les enfants plus âgés, avec des histoires, des explications simples des pratiques et des enseignements de base sur la pleine conscience.

Charlotte and the Quiet Place, Deborah Sosin, Berkeley, CA, Plum Blossom Books, 2011. Un livre avec des illustrations à l'aquarelle qui parle de Charlotte, une petite fille vivant dans une ville très bruyante, et de la beauté de la respiration en pleine conscience et du silence.

EachBreath a Smile, Sœur Susan (Thuc Nghiem), Berkeley, CA, Plum Blossom Books, 2001. Un livre illustré qui présente la méditation de pleine conscience pour les enfants basée sur les enseignements de Thich Nhat Hanh.

Les mouvements en pleine conscience

Mindful Movements : Ten Exercises for Well-being, Thich Nhat Hanh et Wietske Vriezen, Berkeley, CA, Parallax Press, 2008. Brèves indications illustrées sur les mouvements en pleine conscience. Contient un DVD.

Les émotions fortes

Anh's Anger, Gail Silver, illustrations de Christiane Kromer, Berkeley, CA, Plum Blossom Books, 2009. Un livre illustré racontant comment le petit Anh, qui rencontre sa colère sous la forme d'un personnage violent, mais parfois

677

aussi drôle et gentil, apprend à l'accueillir avec tendresse.

Peace, Bugs and Understanding : An Adventure in Sibling Harmony, Gail Silver et illustrations de Youme Nguyen Ly, Berkeley, CA, Plum Blossom Books, 2014. Une histoire illustrée qui montre comment la pratique de la bienveillance peut aider à résoudre les difficultés et à surmonter les émotions fortes.

Steps and Stones, Gail Silver, illustrations de Christiane Kromer, Berkeley, CA, Plum Blossom Books, 2011. La suite de *Anh's Anger* : un jour, alors qu'Anh s'est senti blessé par un camarade de classe, la colère apparaît, déguisée en idées de revanche, mais Anh découvre que la méditation marchée apporte une transformation.

La méditation des cailloux

A Handful of Quiet : Happiness in four Pebbles, Thich Nhat Hanh, Berkeley, CA, Plum Blossom Books, 2012. Court guide illustré sur la méditation des cailloux contenant notamment une description, un exercice de dessin, des conseils et des fiches pratiques.

Le regard profond

The Hermit and the Well, Thich Nhat Hanh, Berkeley, CA, Plum Blossom Books, 2003. Une histoire vraie dans laquelle Thich Nhat Hanh raconte comment, lors d'une excursion scolaire, il est allé à la découverte de lui-même en visitant un ermitage.

Rien, c'est quelque chose ?, Questions d'enfants et réponses zen sur la vie, la mort, la famille, la peur, l'amitié, Thich Nhat Hanh, Pocket jeunesse, 2018. Un recueil illustré avec des réponses simples, mais profondes, à plus de trente questions d'enfants portant sur de multiples sujets.

The Sun in My Belly, Sœur Susan (Thuc Nghiem), Berkeley, CA, Plum Blossom Books, 2007. Un livre illustré sur l'interêtre et le pouvoir de guérison des relations et de la nature.

L'éthique

The Coconut Monk, Thich Nhat Hanh, Berkeley, CA, Plum Blossom Books, 2009. L'histoire illustrée d'un moine et de ses amis – un chat et une souris – qui vivent ensemble en paix pendant la guerre du Viêtnam.

Livres pour jeunes adultes

Basket of Plums Songbook : Music in the Tradition of Thich Nhat Hanh, chants recueillis et arrangés par Joseph Emet, Berkeley, CA, Parallax, 2013. Paroles, partitions musicales et accords de quarante-huit chants du Village des Pruniers.

Le Prince Dragon. Contes et récits du Viêt Nam, Thich Nhat Hanh, Paris, Le Courrier du Livre, 2009. Quinze légendes traditionnelles réécrites pour les enfants et les adultes sur les thèmes de la camaraderie, de l'entraide, de la responsabilité et de la réconciliation.

L'Enfant de pierre et autres contes bouddhistes, Thich Nhat Hanh, Paris, Albin Michel, France (1997). Onze histoires et nouvelles destinées aux enfants et aux adultes.

A Taste of Earth and Other Legends of Viêtnam, Thich Nhat Hanh, Berkeley, CA, Parallax Press, 1993. Douze légendes traditionnelles réécrites pour les enfants et les adultes sur les thèmes de la camaraderie, de la responsabilité et de la réconciliation.

Under the Rose Apple Tree, Thich Nhat Hanh, Berkeley, CA, Parallax Press, 2002. Un livre de poche sur la pratique de la pleine conscience et l'histoire de Siddhârta Gautama enfant, pour des lecteurs qui entrent dans l'adolescence.

Audio : chants et musique

Site Internet des Wake Up Schools : *www.wakeupschools.org/songs*. Paroles de chansons, partitions et enregistrement des chants du Village des Pruniers.

Betsy Rose, *Calm Down Boogie : Songs for Peaceful Moments and Lively Spirits* (2008). Chants entraînants et apaisants de pleine conscience pour les enfants. *www.betsyrosemusic.org*.

Betsy Rose, *Heart of Child* (2006). Chants pour soutenir le cœur et l'esprit des enseignants ou des parents.

Betsy Rose, *In my Two Hands* (2011). Chants dans la tradition du Village des Pruniers, pour soutenir la respiration et la conscience, et prendre soin de soi et de la terre.

Joe Reilly, *Children of the Earth* (2007). Joe et ses amis évoquent une autre gestion de l'environnement. *www.joereilly.org.*

Joe Reilly, *Touch the Earth* (2009). Musique pour renforcer la communauté tout en embrassant la diversité et l'inter-être avec autrui et l'environnement.

Wake Up London and Friends, *Peace Sounds I* (2012) et *Peace Sounds II* (2016). Recueil de chants enregistrés par Wake Up London, une communauté de jeunes adultes qui se réunissent pour soutenir l'action de Thich Nhat Hanh et du Village des Pruniers. *www.peacesounds.org.*

Films et vidéos

Les enseignements offerts par Thich Nhat Hanh à l'intention des enseignants sont postés sur le site Internet des Wake Up Schools : *www.wakeupschools.org/video.*

Los Educadores Felices cambiarán el Mundo (2016). Ce film, qui contient des enregistrements de la retraite pour les enseignants organisée à Barcelone en 2013, raconte le pouvoir de transformation de la pratique de la pleine conscience. En espagnol avec des sous-titres dans d'autres langues. *www.wakeupschools.org/educadores.*

A Lotus for You, a Buddha to Be (2009). Un film basé sur la retraite pour les enseignants offerte par Thich Nhat Hanh en 2008, à la Don School, en Inde, qui présente également des images de son pèlerinage après cette retraite. *www.wakeupschools.org/lotusforyou.*

The Five Powers (2014). Basé sur la collaboration avec Martin Luther King, ce film d'animation raconte l'histoire de Thich Nhat Hanh, de sœur Chan Khong et d'Alfred Hasler et des actions non violentes qu'ils ont menées pendant la guerre du Viêtnam : *www.the5powersmovie.com.*

Happy Teachers Will Change the World (2015).

Un film de quarante minutes dans lequel on peut découvrir les expériences inspirantes d'une retraite pour les enseignants organisée au Canada et offerte par Thich Nhat Hanh, les moines et moniales du Village des Pruniers et des enseignants laïques : *www.wakeupschools. org/happyteachersfilm*.

Planting Seeds of Mindfulness (2016). Un film d'animation (long métrage) destiné aux enfants qui raconte l'histoire d'enfants ayant intégré les pratiques du Village des Pruniers dans leur vie après un déménagement : *www. plantingseedsofmindfulness movie.com*.

A Visit to the Dharma Primary School (2015). Documentaire de trente minutes sur les effets d'une visite de moines et moniales du Village des Pruniers dans une école primaire bouddhiste au Royaume-Uni : *www.wakeupschools.org/ dharmaschool*.

Vivir Despiertos (2016). Un film sur l'art de vivre en pleine conscience dans lequel Thich Nhat Hanh et les moines et les moniales de la communauté du Village des Pruniers partagent la pratique de la pleine conscience avec des communautés du monde hispanophone : *www.wakeupschools. org/vivirdespiertos*.

Wake Up Schools in India (2013). Vidéo de quinze minutes montrant des ateliers avec des moines et moniales du Village des Pruniers dans des écoles en Inde : *www.wakeupschools.org/ india*.

Walk with Me : On the Road with Thich Nhat Hanh (2016). Un regard intime et méditatif sur une communauté de moines et de moniales bouddhistes ayant renoncé à toutes leurs possessions, quitté leur maison et distribué leurs économies à la poursuite d'un même objectif : pratiquer l'art de la pleine conscience et les enseignements de Thich Nhat Hanh : *www.walkwithmefilm.com*.

Retraites et formations

Centres de pratique

Les centres de pratique de la pleine conscience dans la tradition du Village des Pruniers donnent l'occasion à des personnes, des couples et des familles d'approfondir leur pratique au côté de moines, de moniales et de résidents laïques. Ces centres attirent des personnes du monde entier qui souhaitent cultiver la pleine conscience et la contemplation dans le cadre d'une vie communautaire menée dans la simplicité et dans un environnement paisible et réparateur.

Tous les centres proposent des retraites, des conférences, des journées de pleine conscience, du temps et de l'espace pour se reposer. Les retraites organisées dans la tradition du Village des Pruniers ne se déroulent pas complètement en silence. Elles offrent cependant la possibilité pour les participants d'expérimenter les différentes pratiques de la pleine conscience proposées dans ce livre. Il est possible de venir y passer une journée pour profiter des lieux, des activités et de la compagnie ou d'y faire de plus longues retraites. Certains centres offrent des possibilités de bénévolat ou de stage. *www.wakeupschools.org/centers*.

Tournées

La communauté du Village des Pruniers part également en « tournées » pour offrir des enseignements, aider à mettre en place des groupes de méditation et offrir des retraites à divers endroits dans le monde, **notamment des retraites pour les enseignants et tous ceux qui interviennent dans des milieux éducatifs**. Vous trouverez des informations sur les tournées et les retraites organisées par l'intermédiaire des centres de pratique ou en consultant les sites Internet du Village des Pruniers et des Wake Up Schools : *www. wakeupschools.org/events*.

Les Cinq Entraînements à la pleine conscience

Ceux qui ont participé à une retraite de cinq jours peuvent décider de recevoir un ou plusieurs des Cinq Entraînements à la pleine conscience. Ceux qui ont reçu les entraînements pratiquent et étudient les entraînements : la protection de la vie, le bonheur véritable, l'amour véritable, la parole aimante et l'écoute profonde et la transformation et la guérison. Ces Cinq Entraînements veulent être des réflexions concrètes sur la façon de vivre chaque instant de sa vie de façon à pouvoir transformer la souffrance et cultiver le bonheur, en soi et dans le monde.

Les Cinq Entraînements à la pleine conscience peuvent être consultés sur le site Internet du Village des Pruniers : *www.wakeupschools.org/5MT*.

Programme d'engagement à la formation d'enseignant dans le cadre des Wake Up Schools

Si vous souhaitez vous engager à vous former en tant qu'enseignant dans le cadre des Wake Up Schools, pas besoin d'attendre. Vous pouvez commencer immédiatement. Avec ce livre entre vos mains, vous avez déjà accès aux pratiques de base et aux conseils dont vous avez besoin pour appliquer la pratique dans votre vie et la partager avec d'autres.

Vous pouvez aussi profiter du soutien d'autres personnes et faire appel aux formateurs des Wake Up Schools à travers le monde afin d'étudier et de pratiquer avec des mentors. Rester en contact et échanger avec d'autres enseignants qui s'intéressent à la pleine conscience et à l'éthique appliquées est un autre moyen de développer l'aspect de la pratique en communauté. Un réseau de formateurs des Wake Up Schools s'est développé au

cours des dernières années, la plupart d'entre eux étant des enseignants établis dans la tradition du Village des Pruniers. Vous trouverez une liste actualisée des formateurs des Wake Up Schools et de plus amples informations sur le site Internet : *www.wakeupschools.org/training*.

Programmes, enseignants et consultants

Un grand nombre de laïcs organisent des retraites, des ateliers ou d'autres événements dans la tradition du Village des Pruniers et vous pouvez faire appel à leurs services pour intervenir dans votre établissement ou votre entourage en tant que consultants et formateurs. Les personnes dont le nom est indiqué ci-après, qui ont contribué dans une large mesure aux témoignages que vous avez pu lire tout au long de ce livre en partageant leurs expériences et leurs réflexions, sont tout à fait disponibles pour vous venir en aide. L'OIE, Ordre de l'interêtre, est une communauté de moines et moniales ainsi que de laïcs qui ont pris l'engagement de vivre leur vie en accord avec les Quatorze Entraînements à la pleine conscience, une éthique de vie commune.

Note : Cette liste est fournie à titre d'illustration et ne prétend pas être exhaustive. Il existe en effet nombre d'excellents programmes mis en place par des communautés de pratique et des pratiquants individuels. Cette liste est également fournie à titre d'information et ne constitue pas une recommandation – à l'heure actuelle, la communauté du Village des Pruniers n'a pas de processus d'accréditation pour les formateurs et les consultants, bien que des certificats de fin de formation soient remis pour certaines retraites. Cette liste de personnes et d'organisations est évolutive ; vous trouverez des informations mises à jour sur le site Internet des Wake Up Schools : *www.wakeupschools.org/teachers*.

Ahimsa Trust (Inde) représente Thich Nhat Hanh et sa communauté dans le sous-continent indien. Cette organisation vise à diffuser la conscience de la paix et de l'amour par la création d'alliances et de programmes dans les domaines de la pleine conscience dans l'éducation, de la création de communautés, du tourisme responsable et des moyens de subsistance durables. Ahimsa organise des ateliers et des retraites pour les enseignants sur le thème « Cultiver la pleine conscience dans l'éducation », ainsi que des journées et des soirées de pleine conscience. Elle offre également des enseignements et recueille des fonds, notamment en organisant des pèlerinages « Dans les pas du Bouddha ». Ahimsa se prépare à ouvrir un centre de pratique de la pleine conscience sur les contreforts de l'Himalaya, dirigé par les instructeurs de pleine conscience et membres de l'OIE Shantum et Gitanjali Seth : *www.ahimsatrust.org*.

Escuelas Despiertas (Wake Up Schools) (Espagne), en collaboration avec l'Instituto de Ciencias de la Educación (ICE) de l'université de Barcelone, propose un programme entièrement consacré à l'approche de la pleine conscience dans le domaine de l'éducation appliquée par le Village des Pruniers. Ce cours est donné par Pilar Aguilera, membre de l'OIE. Il permet d'obtenir un crédit dans le cadre du plan de développement professionnel continu du Département de l'éducation de la Catalogne : *www.escuelasdespiertas.org*.

Wake Up Schools France (France) est un vaste réseau d'enseignants pratiquants francophones qui coordonne les sanghas locales, organise des ateliers et partage ses expériences : *www.wakeupschools.org/fr*.

Vivir Despiertos (Équateur) se réunit chaque semaine à l'université San Francisco de Quito. Le professeur Andrés Proaño Serrano aide à l'organisation des réunions hebdomadaires du groupe pour étudier et pratiquer la méditation assise, la méditation marchée et la méditation des repas. *www.facebook.com/vivirdespiertosEcuador*.

The Center for Mindfulness and Consciousness Studies de l'université de Pittsburgh (États-Unis) a été inspiré par les enseignements de Thich Nhat Hanh. Il est dirigé par Tony Silvestre, membre de l'OIE et enseignant du Dharma dans la tradition du Village des Pruniers. Ce centre accueille des pratiquants à la fois de nombreuses traditions bouddhistes et du programme MBSR. Il organise ses activités autour de la recherche scientifique sur la pleine conscience et apporte la pleine conscience dans les écoles et au service de la collectivité : *www.mindfulnesspitt.org*.

Minding Your Life (MYL) (États-Unis) a été fondé par Richard Brady, enseignant du Dharma du Village des Pruniers, membre de l'OIE et conseiller pédagogique. Richard, désormais à la retraite, a également enseigné les mathématiques à la Sidwell Friends School, à Washington. MYL propose sur son site Internet ses articles et bulletins d'information sur l'éducation à la pleine conscience. *www.mindingyourlife.net*.

The Mindfulness Institute propose des programmes pour les professionnels, notamment les enseignants, le personnel administratif, les conseillers d'éducation, les psychologues scolaires, les travailleurs sociaux en milieu scolaire et les autres intervenants, du jardin d'enfants au lycée et à l'université. Ces programmes visent à aider les professionnels de l'éducation à intégrer la pleine conscience dans leur vie et à apprendre des pratiques de pleine conscience simples et fondées sur des données scientifiques en vue de les proposer aux élèves. The Mindfulness Institute propose également des programmes sur différents moyens de travailler malgré la pression et d'instaurer et renforcer des relations de collaboration : *www.floridamindfulness. org/MI*.

Larry Ward et **Peggy Rowe Ward** (États-Unis) sont enseignants du Dharma dans la tradition du Village des Pruniers et membres de l'OIE. Ils ont œuvré dans différents systèmes éducatifs à intégrer la pleine conscience dans les programmes scolaires. Ils proposent des ateliers sur le terrain et des retraites pour les élèves, les parents et les enseignants. Peggy termine actuellement son livre pour les enseignants et les parents intitulé *Down To Earth*. Ils peuvent être contactés à l'adresse *www.thelotusinstitute. org*.

Kaira Jewel Lingo (États-Unis) est enseignante du Dharma laïque, membre de l'OIE et enseignante de pleine conscience. Elle anime des retraites et propose des programmes de pleine conscience aux enseignants, aux parents et aux élèves en lien avec le programme des Wake Up Schools aux États-Unis et en Europe. Elle a été moniale de 1999 à 2015 dans la communauté du Village des Pruniers de Thich Nhat Hanh. En tant qu'enseignante de couleur, elle organise également des retraites pour les personnes de couleur, les artistes et les personnes engagées dans des actions militantes, et s'intéresse aux réponses à apporter au réchauffement de la planète sous l'angle de la pleine conscience. Elle vit à Washington. *www. kairajewel.com*.

Michael Ciborski et Fern Dorresteyn (États-Unis) ont été moine et moniale au centre de pratique du Village des Pruniers, en France, de 1996 à 2003. Ils sont tous deux membres de l'OIE et enseignants du Dharma dans la tradition du Village des Pruniers. Ils ont fondé le MorningSun Mindfulness Center and Community dans le New Hampshire, aux États-Unis, où sont organisées des journées et des retraites de pleine conscience. Ils organisent également des activités pour les parents et les familles dans des écoles de la région : *www.morningsuncommunity.org*.

Michael Schwammberger (Espagne et Royaume-Uni), moine au Village des Pruniers de 1997 à 2012, est aujourd'hui un enseignant du Dharma laïque dans la lignée de l'OIE. Il organise et guide des retraites dans la tradition du Village des Pruniers en Europe, notamment à destination des familles et des enseignants dans le cadre du programme des Wake Up Schools. Il intervient également dans des établissements scolaires pour faire connaître aux enfants les enseignements et les pratiques de Thich Nhat Hanh. *michaelms@tutanota.com*.

Valerie Brown, membre de l'OIE depuis 2003 et qui anime des retraites dans divers pays, travaille comme consultante dans le domaine de l'éducation et coach en leadership. Elle est également auteure et dirige la société Lead Smart Coaching, une entreprise qui aide les membres du corps enseignant à intégrer la pleine conscience dans leur vie quotidienne. Elle est aussi membre de la Société religieuse des Amis (quakers), professeure certifiée de yoga Kundalini et pratique la pleine conscience. Elle intervient également auprès de directeurs d'établissement pour les aider à incarner le leadership. *www.leadsmartcoaching.com*.

Joe Reilly (États-Unis) est membre de l'OIE, écrivain, compositeur et éducateur. On peut lire sur son site Internet qu'il « écrit des chansons avec son cœur. Les chansons de Joe sont drôles, intelligentes, entraînantes, joyeuses et elles ont toujours un message important à faire passer. Le cœur de ce message, c'est de nous inviter à guérir nos relations avec nous-mêmes, les autres et la Terre ». *www.joereilly.org*.

Betsy Rose (États-Unis) est musicienne, interprète, compositrice, militante pour la paix et enseignante. Elle propose des ateliers, des programmes et des formations dans des établissements d'enseignement. Elle donne également des conférences, offre une inspiration musicale à des groupes spirituels et milite en faveur de la justice sociale. Ses programmes musicaux pour les enfants et le corps enseignant portent sur la protection de la planète, la réconciliation, la diversité et la pleine conscience. Pour tous ceux qui se sentent concernés par la vie des enfants : www.mindfulsongs.org. Les programmes et la musique de Betsy sont destinés aux militants pour la paix, aux femmes et à tous ceux qui œuvrent pour un monde plus juste et durable. Vous les trouverez à l'adresse *www.betsyrosemusic.org*.

Terry Cortes-Vega (États-Unis), membre de l'OIE et enseignante du Dharma, a créé la Master School, un camp d'été laïque pour les enfants inspiré par les pratiques du Village des Pruniers et répondant aux besoins des jeunes talents. Ce camp de type familial existe depuis maintenant trente-cinq ans : *www.masterschoolkids.com*

Meena Srinivasan (États-Unis) est directrice de programme pour l'Office of Social and Emotional Learning (SEL) dans le district scolaire unifié d'Oakland, en Californie. Membre de l'OIE, elle apporte les pratiques du Village des Pruniers dans son travail auprès d'enseignants et de directeurs d'établissement. Meena a mis au point un programme en ligne de quatre semaines sur la pleine conscience et l'apprentissage psychosocial à partir de son livre *Teach, Breathe, Learn*. Pour de plus amples informations, voir www.meenasrinivasan.com. Meena et son mari, Chihiro, ont créé A Lens Inside, une association à but non lucratif qui réalise des supports médias et des films sur la pleine conscience afin de soutenir des programmes créatifs promouvant l'apprentissage psychosocial par l'étude de questions sociales : *www.alensinside.org*.

Julie Berentsen (Royaume-Uni) propose des ateliers et des formations. Elle intervient auprès d'enfants (élèves du primaire et du secondaire), de parents, d'enseignants et de collectivités : *www.weareinsideout.com*.

Tineke Spruytenburg et Claude Acker (Pays-Bas, tous deux membres de l'OIE) ont créé un programme éducatif qui propose des formations sur six semaines et un soutien continu aux enseignants, aux équipes pédagogiques, aux conseillers d'éducation et autres personnels travaillant dans le domaine de l'éducation : *www.HappyTeachers.nu*.

Dzung X. Vo (Canada), membre de l'OIE, a mis au point une intervention laïque basée sur la pleine conscience pour les adolescents, inspirée par le Village des Pruniers, le programme MBSR, le programme MBSR-T, le programme MBCT et d'autres interventions basées sur la pleine conscience. On peut trouver sur son site Internet des vidéos gratuites sur la pleine conscience, des méditations guidées téléchargeables, un blog ainsi que des extraits de son livre *The Mindful Teen* : *www. mindfulnessforteens.com*.

Katherine Weare (Royaume--Uni) est professeure d'université, formatrice de pleine conscience, chercheuse, auteure et conférencière. Elle intervient auprès d'adultes et de jeunes partout dans le monde en se fondant sur plusieurs traditions de pleine conscience, notamment l'approche du Village des Pruniers, le programme MBSR et le programme Mindfulness in Schools. Elle est coauteure de ce livre et a publié de nombreux articles sur la pleine conscience, l'apprentissage psychosocial, la santé mentale et le bien-être. Elle peut être contactée à l'adresse *skw@ soton.ac.uk*.

Marianne Claveau (France) travaille avec OR2D et l'université de Clermont-Ferrand (École supérieure du professorat et de l'éducation). Ses travaux de recherche portent sur la façon dont la pleine conscience permet de développer des compétences clés dans le domaine de l'éducation au développement durable et favorise une pédagogie créative et innovante. Elle organise des ateliers et donne des cours pour les équipes éducatives, les chercheurs à l'université et les étudiants. *marianne.claveau@ orange.fr*.

Elli Weisbaum (Canada) est membre de l'OIE et formatrice en pleine conscience. Elle donne des cours dans le cadre du programme du certificat de méditation de pleine conscience appliquée à l'université de Toronto. Elle propose des ateliers d'introduction dans le cadre de la formation continue, ainsi que des journées de pleine conscience. Elle donne également des conférences et mène des activités de recherche : *www.elliweisbaum.com*.

Stillness Revolution (Danemark), créé par Nikolaj et Didde Flor Rotne, auteurs de l'ouvrage *Everybody Present*, propose des formations, des activités de conseil et de coaching, en personne et en ligne : *http://stillnessrevolution.com*.

Youth Mindfulness (Royaume-Uni), créé par Michael Bready, propose des programmes de formation des enseignants allant de l'école primaire à l'enseignement supérieur ainsi que des programmes destinés aux jeunes à risques inspirés par le Village des Pruniers, la psychologie positive, le programme MBSR et d'autres interventions basées sur la pleine conscience. Il offre également un programme approfondi de formation des enseignants à la pleine conscience sur un an ainsi qu'une formation de huit semaines destinée aux adultes. *https://youthmindfulness.org*.

The Dharma Primary School (Royaume-Uni) est en relation depuis longtemps avec le Village des Pruniers. Cette école primaire pratique la pleine conscience à l'échelle de l'établissement. Elle organise des ateliers sur la pleine conscience pour les enfants et des portes ouvertes en matinée, trois fois par an. Pour de plus amples informations : *www.dharmaschool.co.uk*.

Notes

Préface : une vision pour l'éducation

1. Thich Nhat Hanh, enseignement du Dharma du 15 juin 2014, retraite de vingt et un jours au Village des Pruniers, France.

Préface : la contribution du Village des Pruniers au domaine de la pleine conscience dans l'éducation

1. Organisation mondiale de la santé, 2011, *Global Burden of Mental Disorders and the Need for a Comprehensive, Coordinated Response from Health and Social Sectors at the Country Level : Report by the Secretaria*t, http://apps.who.int/gb/ebwha/pdf_files/EB130/B130_9-en.pdf.

2. S. David, I. Boniwell et A. Conley Ayers, *Oxford Handbook of Happiness* (Oxford, Royaume-Uni : Oxford University Press, 2014).

3. J. A. Durlak, R. P. Weissberg, A. B. Dymnicki, R. D. Taylor et K. B. Schellinger, « Enhancing Students' Social and Emotional Development Promotes Success in School : Results of a Meta-Analysis », *Child Development* 82 (2011), 474-501.

4. A. Vaish, T. Grossman et A. Woodward, « Not All Emotions Are Created Equal : The Negativity Bias in Social-Emotional Development », *Psychological Bulletin* 134 (3 : 2008), 383-340, http://www.cbcd.bbk.ac.uk/people/scientificstaff/tobias/Vaish_PsycBull_2008.

5. D. Kahneman et A. Deaton, « High Income Improves Evaluation of Life but Not Emotional Well-Being », *Proceedings of the National Academy of Science, USA*, 107 : 38 (2010), 16489-16493, doi : 10.1073/pnas.1011492107.

6. J. Kabat-Zinn, *Au cœur de la tourmente, la pleine conscience : réduire le stress grâce à la mindfulness* (Bruxelles : De Boeck, 2014).

7. D. M. Davis et J. A. Hayes, « What Are the Benefits of Mindfulness ? », *Monitor on Psychology, the American Psychological Association* 43 : 7 (juillet-août 2012), 64, http://www.apa.org/monitor/2012/07-08/ce-corner.aspx.

8. N. J. Albrecht, P. M. Albrecht et M. Cohen, « Mindfully Teaching in the Classroom : A Literature Review », *Australian Journal of Teacher Education* 37 : 12 (2012), article 1.

9. K. A. Schonert-Reichl et R. W. Roeser, *Handbook of Mindfulness in Education : Integrating Theory and Research into Practice* (New York : Springer, 2016).

10. B. Khoury, T. Lecomte, G. Fortin, M. Masse, P. Therien, V. Bouchard, M. Chapleau, K. Paquin et S. G. Hofmann, « Mindfulness-Based Therapy : A Comprehensive Meta-Analysis », *Clinical Psychology Review* 33 : 6 (2013), 763-771.

11. K. Weare, « Evidence for Mindfulness : Impacts on the Well-Being and Performance of School Staff », 2014, https://mindfulnessinschools.org/wp-content/uploads/2014/10/ Evidence-for-Mindfulness-Impact-on-school-staff.pdf.

12. K. Weare, « Developing Mindfulness with Children and Young People : A Review of the Evidence and Policy Context », *Journal of Children's Services* 8 : 2 (2013), 141-153, https://mindfulnessinschools.org/wp-content/uploads/2013/09/Developing-mindfulness-children-young-people.pdf.

13. S. Zoogman, B. Simon, S. Goldberg, W. Hoyt et L. Miller, « Mindfulness Interventions with Youth : A Meta-Analysis », *Mindfulness* (2014), doi : 10.1007/s12671-013-0260-4.

14. C. Zenner, S. Herrnleben-Kurz et H. Walach, « Mindfulness-Based Interventions in Schools : a Systematic Review and Meta-Analysis », *Frontiers in Psychology* (2014), doi : 10.3389/fpsyg.2014.00603.

15. R. J. Davidson, J. Kabat-Zinn et J. Schumacher, « Alterations in Brain and Immune Function Produced by Mindfulness Meditation », *Psychosomatic Medicine* 65 : 4 (2003), 564-570.

16. R. Davidson et A. Lutz, « Buddha's Brain : Neuroplasticity and Meditation in the Spotlight », *IEEE Signal Processing Magazine* 25 : 1 (2008), 176-174.

17. B. Hölzel, S. Lazar, T. Gard, Z. Schuman-Olivier et U. Ott, « How Does Mindfulness Meditation Work ? Proposing Mechanisms of Action from a Conceptual and Neural Perspective », *Perspectives on Psychological Science* 6 (2011), 537, doi : 10.1177/1745691611419671.

18. H. Roth, « Contemplative Studies : Prospects for a New Field », *Teacher's College Record* 108 : 6 (2006), 1787-1815.

19. D. P. Barbezat et M. Bush, *Contemplative Practices in Higher Education : Powerful Methods to Transform Teaching and Learning* (San Francisco : Jossey Bass, 2014).

20. CASEL, http://www.casel.org/social-and-emotional-learning/core-competencies, 2016.

21. M. Lawlor, « Mindfulness and Social and Emotional Learning : A Conceptual Framework », dans K. A. Schonert-Reichl et R. W. Roeser, *Handbook of Mindfulness in Education : Integrating Theory and Research into Practice* (New York : Springer, 2016).

1. La respiration

1. M. Bell, ancien instituteur, Royaume-Uni, « The Wisdom of Ordinary Children », *The Mindfulness Bell* 54 (2010), 37.

2. La cloche de pleine conscience

1. R. Brady, « My Path as a Mindful Educator », *The Mindfulness Bell* 54 (2010), 17.

2. S. Murphy, « Equanimity in the Classroom », *The Mindfulness Bell* 54 (2010), 21.

4. Marcher

1. Bell, « Wisdom of Ordinary Children », 38.

5. Le corps

1. Bell, « Wisdom of Ordinary Children », 38.

7. Prendre soin de nos émotions

1. Brady, « My Path », 17.

8. Être ensemble

1. Sœur Chan Khong, Beginning Anew : Four Steps to Restoring Communication (Berkeley, CA : Parallax Press, 2014).

9. Cultiver la pleine conscience en nous-mêmes

1. Thich Nhat Hanh, Educators' Retreat, Brock University, Canada, 2013, du film *Happy Teachers Will Change the World.*
2. Frère Phap Luu, moine, Village des Pruniers, France, du film *Happy Teachers Will Change the World.*
3. Thich Nhat Hanh, enseignement offert à la retraite « Le chemin du Bouddha » lors de la retraite de vingt et un jours au Village des Pruniers, le 21 juin 2009.
4. S. J. Kein (anciennement Sara Unsworth), professeure d'université, États-Unis, « Teaching the Student Within », *The Mindfulness Bell* 54 (2010), 20.
5. Thich Nhat Hanh, séance de questions et de réponses du 11 mai 2014, retraite pour les enseignants à Barcelone, Espagne.
6. Thich Nhat Hanh, *Le Miracle de la pleine conscience* (Paris : J'ai Lu, 2008).
7. V. Brown et K. Olsen, *The Mindful School Leader : Practices to Transform Your Leadership and School* (Thousand Oaks, CA : Corwin, 2014).

10. Cultiver la pleine conscience auprès de nos élèves et en classe

1. B. Rogers, *Classroom Behavior : A Practical Guide to Effective Teaching, Behavior Management and Colleague Support*, 4e édition (Thousand Oaks, CA : Sage, 2015).

2. C. Willard, « Tending the Whole Garden », *The Mindfulness Bell* 54 (2010), 23. Extrait de Christopher Willard, *Child's Mind : How Mindfulness Can Help Our Children Be More Focused, Calm, and Relaxed* (Berkeley, CA : Parallax Press, 2010).

3. *Ibid.*

4. D. Wilson et M. Conyers, *Teaching Students to Drive Their Brains : Metacognitive Strategies, Activities, and Lesson Ideas* (Alexandria, VA : ASCD, 2016).

5. D. et N. Flor Rotne, « Four Steps for Deepening Silence », *Everybody Present : Mindfulness in Education* (New York : Penguin/Random House, 2009).

6. Bell, « Wisdom of Ordinary Children », 38.

7. Thich Nhat Hanh, séance de questions et de réponses du 17 avril 2012, à la Chambre des lords, Royaume-Uni.

8. J. Reilly, auteur-compositeur et éducateur dans le domaine de l'environnement, États-Unis, « Clap, Tap, Hum, Breathe : Mindful Songwriting with Children », *The Mindfulness Bell* 71 (2016), 23.

9. Thich Nhat Hanh, « Our Cosmic Body », *The Mindfulness Bell* 68 (2015), 5.

10. R. Brady, « Mindfulness and Mathematics : Teaching as a Deep Learning Process », *The Mindfulness Bell* 38 (2005), 38.

11. Cultiver la pleine conscience
dans les milieux scolaires et universitaires

1. Thich Nhat Hanh, enseignement du Dharma donné le 4 janvier 2012, lors de la retraite sur l'éthique appliquée au domaine de l'éducation organisée au Village des Pruniers, en France.

2. Frère Phap Dung, moine, Village des Pruniers, France, du film *Happy Teachers Will Change the World*.

3. Thich Nhat Hanh, enseignement du Dharma du 4 janvier 2012.

4. Judith Toy, mentor en pleine conscience, États-Unis, « Generation to Generation », *The Mindfulness Bell* 55 (2010), 18.

5. Willard, « Tending the Whole Garden ».

6. Brady, « My Path », 18.

Remerciements

Nous tenons à remercier les nombreuses personnes qui ont apporté leur aide et leur soutien précieux pour que cet ouvrage voie le jour. Hélas ! nous ne pourrons pas remercier tous ceux et celles qui ont contribué à la réalisation de ce livre. Ces personnes ont d'ailleurs tenu plusieurs rôles, que ce soit dispenser des conseils, assurer la liaison ou relire les versions préliminaires. Nous tenons à nous excuser auprès de tous ceux et celles que nous aurions oublié de citer. De même, nous ne pouvons pas non plus citer les très nombreuses personnes qui soutiennent le mouvement plus vaste des Wake Up Schools à travers le monde sur lequel ce livre s'est appuyé.

Frère Phap Luu (frère Courant) est le principal coauteur de ce livre. C'est lui qui a dirigé l'équipe laïque chargée du travail d'édition des enseignements offerts par Thich Nhat Hanh et du contenu des pratiques de base, et qui a relu le livre et testé les pratiques. Yvonne Mazurek a été une des chevilles ouvrières de ce livre ; elle a étroitement collaboré aux versions de l'enquête en italien, en français et en espagnol ; elle s'est entretenue avec des enseignants, a effectué des transcriptions et classé les réponses et les enseignements par catégorie et, enfin, elle a coordonné les bénévoles. Elli Weisbaum, une des premières à avoir une vision de ce livre, a préparé l'enquête en anglais, assuré la liaison avec des enseignants du Canada et des États-Unis et transcrit et classé les réponses et les enseignements par catégories. Sœur Hien Nghiem (sœur Dévouement véritable) a rédigé la préface. Frère Phap Linh (frère Esprit), lui aussi un des premiers à avoir l'idée de ce livre, a édité deux enseignements de Thich Nhat Hanh. Il s'est également assuré de la bonne circulation des informations et de la conformité des pratiques avec l'approche du Village des Pruniers. Frère Phap Lai (frère Ben) a apporté une pratique (l'arbre sous la tempête) et donné des conseils pour la section « Pour aller plus loin ». Frère Phap Dung, parmi les premiers à avoir l'idée de ce livre, a fourni des indications visant à clarifier la vision des Wake Up Schools, notamment en ce qui concerne l'éthique d'une vie en pleine conscience. Neha Kaul a lu et classé des articles du magazine *The Mindfulness Bell*. Richard Brady a apporté un soutien permanent et relu attentivement les versions préliminaires de ce livre. Marianne Claveau a donné des conseils, assuré la liaison entre les enseignants de France, de Belgique et de Suisse, et effectué des traductions. Miles Dunmore, qui a fourni des conseils et expérimenté les pratiques à Binley Farm, a aussi relu des versions préliminaires. Kaira Jewel

Lingo, engagée depuis que l'idée de ce livre a vu le jour, en a relu des versions préliminaires. Valerie Brown, Tineke Spruytenburg, Mark Vette, Orlaith O'Sullivan, Willem Kuyken et Brooke Dobson Lavelle ont relu des versions préliminaires. Margaret Alexander, Molly Keogh et Natascha Bruckner ont repéré des articles dans *The Mindfulness Bell* et d'autres ressources publiées. Karim Manji a transcrit et classé des enseignements. Il a également collaboré avec Joe Holtaway à la préparation des ressources électroniques pour ce livre. Earleen Roumagoux a mené des entretiens, effectué des transcriptions et des traductions et classé des enseignements. Eva Maria Marin Ortiz a classé des enseignements par catégories. Paul Bready, Jadzia Tedeschi, Peter van de Ven et Doran Amos ont effectué des transcriptions. Pascale Bernège, Eduardo Drot de Gourville et Marta Fíguls ont effectué des traductions. Pilar Aguilera, Adriana Rocco, Gitanjali Seth, Shantum Seth, Christiane Terrier, Mario Torneri et sœur Dao Nghiem (sœur Fleur de pêcher) ont assuré la liaison avec les enseignants à travers le monde. Sœur An Nghiem (sœur Paix), une des premières à avoir l'idée de ce livre, a aidé à tester les pratiques de base. Sœur Tri Nghiem a donné des conseils dès les premières phases de rédaction et contribué à la préface. Will Stephens et des participants de la retraite organisée en 2014 à Binley Farm, au Royaume-Uni, ainsi que le directeur des études, le personnel et les élèves de la Dharma Primary School de Brighton, au Royaume-Uni, et les retraitants anglophones qui ont encadré le programme pour les enfants et les adolescents de la retraite organisée en 2015 au Village des Pruniers ont testé les premières versions de plusieurs pratiques de base. Les retraitants francophones qui ont encadré le programme pour les enfants et les adolescents de la retraite organisée en 2015 au Village des Pruniers ont effectué des traductions et testé les premières versions de plusieurs pratiques de base. Susan Lirakis et la Donaldson Foundation ont octroyé une aide pour que nous puissions nous mettre au travail.

Nous tenons également à remercier tous ceux et celles qui, en répondant à l'enquête ou en nous envoyant un texte par courriel, nous ont aidés dans notre réflexion, matériel que nous n'avons malheureusement pas pu utiliser par manque de place : Myriam Évelyne Amasse, Sivakami Ashley, Phe (Khoe) Bach, Lucia Bongiovanni, Lorette Bottineau, Brigitte Brugni, Miquel Cabrera Ortega, Gloria Castella, Guillaume Chave, Nikolai Chapochnikov, Miquel Colón Bofill, Françoise Cornu, Aura Costa, Terry Cortés-Vega, Martha Cullens, Antonia De Vita, Rose Dombrow, Frédéric, Sergio Gandini, Lily Gros, Charles Gross, Estelle Guihard, Jihad Hammami, Vicente Hao Chin Jr., Anh-Le Ho-Gia, Kiran Jamwal, Samantha Kemp, Bridget E. Kiley, Linda Kriynovich, Erica Plouffe Lazure, Stéphane Lecomte, Johannes Løssl, Barry Lucy, Manon Lusyne, L. M., Lindi MacFarlane, Susie Mackenzie, Elice Maldonado, Marie, Lindi McAlpine, Florence Migné, Zoe Miller-Sowers, Desislava Mineva, Evelyne Moinet, Mary Carmel Moran, Jacopo Mori, Nadia, David Nelson, Christine Ntibarutaye, Silvia Pinali, Ariadna Plans

Raubert, Phil Dat Phan, Veronique Pochet, Brandon Rennels, Maria del Pilar Reyes, Sarah E. Robinson-Bertoni, Sol Riou, Jon Kristian Salunga, Baruch Shalev, John Snyder, Christine Szechai, Geoffrey Tan, Jadzia Tedeschi, Iris Thomas, Clara Torres López, Young Whan Choi, Sharon Weisbaum, Lynne Williamson et Kelly Wye. Nous remercions également les enseignants qui ont également apporté leur contribution mais ont souhaité rester anonymes.

Enfin, nous adressons tous nos remerciements à l'équipe de Parallax Press.

Mention des auteurs

Vous trouverez ci-dessous une liste classée par ordre alphabétique du nom de famille des personnes que nous avons citées dans cet ouvrage. Selon leurs préférences, cette liste indique leur rôle pédagogique, leur lieu de travail, leur lien avec le Village des Pruniers et leur pays. Les membres de l'OIE ont été ordonnés en tant que membres d'une communauté de moines, de moniales et de pratiquants laïques, hommes et femmes, qui se sont engagés à vivre leur vie en accord avec les Quatorze Entraînements à la pleine conscience, une éthique commune.

Pilar Aguilera, professeure et chercheuse, université de Barcelone, Instituto de Ciencias de la Educación, membre de l'OIE, Espagne.

Sally-Anne Airey, ancien officier de la Royal Navy, coach professionnel et coach-mentor, France.

Betsy Blake Arizu, ancienne professeure de chimie et conseillère d'éducation, actuellement consultante dans le domaine de l'éducation et formatrice en pleine conscience, Mindfulness Institute, Tampa, Floride, membre de l'OIE, États-Unis.

Norma Ines Barreiro, travailleuse sociale, médecin et activiste dans le domaine des droits de l'homme, des enfants et des adolescents, Información y Diseños Educativos para Acciones Saludables AC, membre de l'OIE, Mexique.

John Bell, consultant et formateur en pleine conscience pour les jeunes déscolarisés, membre fondateur de YouthBuild USA à Somerville, Massachusetts, enseignant du Dharma laïc et membre de l'OIE, États-Unis.

Mike Bell, professeur de sciences et d'études générales dans un établissement d'enseignement secondaire public près de Cambridge, Royaume-Uni.

Ruth Bentley, musicienne et éducatrice de pleine conscience, écoles élémentaires publiques, France.

Julie Berentsen, institutrice, Royaume-Uni.

Carmelo Blázquez Jiménez, éducateur, De Aldeas Infantiles SOS Cataluña, Espagne.

Jenna Joya Blondel, instructeur dans un lycée technique, États-Unis.

Gordon (Boz) Bosworth, éducateur et ancien garde forestier, université d'État de l'Utah et Uinta-Wasatch-Cache

National Forest, et membre de l'OIE vivant au monastère de Deer Park, États-Unis.

Lauri Bower, professeure de pleine conscience, école primaire St. Mary's Church of England à Barnsley, membre de l'OIE, Royaume-Uni.

Richard Brady, professeur de mathématiques à la retraite, Sidwell Friends School's Upper School, consultant dans le domaine de l'éducation et fondateur de Minding Your Life, enseignant du Dharma laïc et membre de l'OIE, États-Unis.

Michael Bready, formateur et consultant, directeur de formation, Youth Mindfulness, Royaume-Uni.

Paul Bready, étudiant en éducation et professeur en formation, Royaume-Uni, et ancien stagiaire du programme Wake Up Schools au Village des Pruniers, France.

Alan Brown, responsable des évaluations et enseignant dans un lycée indépendant à New York, États-Unis.

Valerie Brown, animatrice de retraites sur le plan international, consultante dans le domaine de l'éducation, coach en leadership, auteure et dirigeante de Lead Smart Coaching, membre de l'OIE,

États-Unis. Coauteure de *The Mindful School Leader*.

Grace Bruneel, bénévole, Rosaryhill School, Hong Kong.

Barbara Calgaro, tutrice et monitrice de camps de jeunes, Centro Estivo di Sandrigo, Vicence, Italie.

Carme Calvo Berbel, formatrice en développement professionnel, Allô ? Serveis, Espagne.

Denys Candy, directeur, Jandon Center for Community Engagement, Smith College, Massachusetts, États-Unis. Consultant, membre de l'OIE, États-Unis, Europe et Singapour.

Gloria Castella, professeure d'anglais, Escuela Can Manent à Cardedeu, Espagne.

Michele Chaban, professeure adjointe, fondatrice et ancienne directrice d'Applied Mindfulness Meditation, université de Toronto, School of Continuing Studies, Factor-Inwentash School of Social Work, Dala Lana School of Public Health, Center for Bioethics, Canada.

Sœur Chan Duc (sœur Annabel ; sœur Vraie Vertu), ancienne professeure de lettres classiques et de sanskrit dans le secondaire et à l'université, Angleterre et Grèce.

Actuellement moniale enseignante du Dharma et responsable de la pratique à l'European Insitute of Applied Buddhism, Allemagne.

Frère Chan Phap Kham, moine, enseignant du Dharma, Asian Institute of Applied Buddhism, Hong Kong.

Maggie Chau, chercheuse au Centre of Buddhist Studies, université de Hong Kong.

Fiona Cheong, romancière et professeure associée d'écriture créative, université de Pittsburgh, États-Unis, Europe et Singapour.

Marianne Claveau, ex-professeure en lycée et actuellement professeure d'université, travailleuse sociale et formatrice en pleine conscience dans le cadre de projets locaux à l'université de Clermont-Ferrand, France.

Bobbie Cleave, éducateur et ancien garde forestier, université d'État de l'Utah et Uinta-Wasatch-Cache National Forest, et membre de l'OIE vivant au monastère de Deer Park, États-Unis.

Anita Constantini, animatrice de retraites, Campo di Felicità et TuscanWise Mindfulness Hiking Retreats, membre de l'OIE, Italie.

Rosa Marina De Vecchi, éducatrice et travailleuse sociale, Cooperativa sociale l'Albero et collectivités territoriales à Vérone, membre de l'OIE, Italie.

Murielle Dionnet, enseignante en éducation spécialisée dans une école publique élémentaire, enseignante du Dharma laïque et membre de l'OIE, France.

Pascale Dumont, professeure des écoles à Nanterre, France.

Miles Dunmore, professeur de littérature anglaise, American School, Londres, Royaume-Uni. Membre de la sangha Heart of London et organisateur de retraites.

Elia Ferrer Garcia, institutrice, Centre D'educacio Infantil I Primaria Antaviana, Espagne.

Didde Flor Rotne, professeure de méditation et mentor en pleine conscience, Stillnessrevolution, Danemark. Coauteur de l'ouvrage *Everybody Present*.

Nikolaj Flor Rotne, professeur de méditation, conférencier et mentor, Stillnessrevolution, Danemark. Coauteur de l'ouvrage *Everybody Present*.

Marcela Giordano, musicienne et bénévole, programme pour les enfants du Village des Pruniers, Uruguay.

Julian Goetz, éducateur et responsable administratif, Winterline Global Education, États-Unis.

Sœur Hai Nghiem, moniale et enseignante du Dharma, Maison de l'Inspir, France.

Bea Harley, professeure d'art à la retraite et ancienne responsable administratif adjointe, Dharma Primary School, Royaume-Uni.

Cara Harzheim, professeure de langues et de philosophie à la retraite, lycée Ludwig-Meyn à Uetersen, membre de l'OIE, Allemagne et France.

Derek Heffernan, enseignant, Sir Guy Carleton Secondary School à Nepean, Ontario, Canada.

Goyo Hidalgo Ruiz, professeur de collège et de lycée, Instituto de Enseñanza Secundaria San Isidoro à Séville, membre de l'OIE, Espagne.

Angelika « Anka » Hoberg, institutrice à la retraite, Worpswede, Allemagne.

Institut J.M. Zafra ; sangha des enseignants : Dunia Aparicio, Karina Grau, Carme Morist, Toni Pujades, Montserrat « Montse » Ramirez Saez, et Rosa Rodrigo, professeurs en collège et en lycée à Barcelone, Espagne.

Olga Julián Segura, formatrice en développement professionnel, Espagne.

Neha Kaul, professeure adjointe auxiliaire, École de médecine, New York Medical College, États-Unis.

Samantha Kemp, institutrice, Froxfield School, High Cross, Hampshire, Royaume-Uni.

Sara J. Kein (anciennement Sara Unsworth), faculté de psychologie, responsable du département des sciences sociales et du comportement à Diné College, États-Unis.

Elizabeth Kriynovich, enseignante, Delaware Valley Friends School à Paoli, Pennsylvanie, États-Unis.

Chau Li Huay, formateur d'enseignants, écoles publiques, Singapour.

Kaira Jewel Lingo, éducatrice de pleine conscience et animatrice de retraites, enseignante du Dharma laïque et membre de l'OIE, États-Unis et Europe. Responsable de la réalisation de *Planting Seeds*.

Lyndsay Lunan, maître de conférences en littérature et en psychologie, City of Glasgow College et Youth Mindfulness, Royaume-Uni.

Annie Mahon, auteure, blogueuse, enseignante de pleine conscience, thérapeute en travail corporel, cofondatrice de l'Opening Heart Mindfulness Community et de la « DC Yoga Week », membre de l'OIE, États-Unis.

Victoria Mausisa, chef d'entreprise à la retraite, animatrice de retraites et professeure invitée, États-Unis.

Alison Mayo, responsable de la section des maternelles, Dharma Primary School, Royaume-Uni.

Yvonne Mazurek, professeure d'histoire de l'art, School Year Abroad et USAC à Viterbe, Italie, et coordonnatrice bénévole des Wake Up Schools au Village des Pruniers, France.

Sara Messire, professeure des écoles, France.

Constance Chua Mey-Ing, enseignante et responsable de l'éducation morale et civique, Maha Bodhi School, Singapour.

Coreen Morsink, enseignante et coach, St. Catherine's British School, Athènes, Grèce.

Kenley Neufeld, directrice d'établissement, enseignante du Dharma et membre de l'OIE, Santa Barbara City College, États-Unis.

Nhu-Mai Nghuyen, musicienne et coordonnatrice du programme Wake Up pour l'Amérique du Nord, États-Unis.

Gail Williams O'Brien, professeure émérite, ancienne doyenne adjointe et professeure de yoga, université d'État de Caroline du Nord, États-Unis.

Jade Ong, professeure en collège et lycée, école subventionnée par le Haut-commissariat des Nations unies pour les réfugiés, Malaisie.

Mack Paul, enseignant d'éducation spécialisée, collège Irving à Norman, Oklahoma, États-Unis.

Christine Petaccia, ergothérapeute intervenant dans plusieurs écoles publiques par la thérapie KonaJoy, États-Unis.

Frère Phap Dung, moine et enseignant du Dharma, Village des Pruniers, France.

Frère Phap Lai (frère Ben), moine et enseignant du Dharma, Village des Pruniers, France.

Frère Phap Luu (frère Courant), moine et enseignant du Dharma, Village des Pruniers, France.

Jess Plews, ancien instituteur et instructeur principal dans le cadre de l'Outdoors Project, Royaume-Uni.

Mary Lee Prescott-Griffin, professeure de sciences de l'éducation, Wheaton College, États-Unis.

Morrakot « Chompoo » Raweewan, professeure adjointe en ingénierie, Sirindhorn International Institute of Technology, université de Thammasat, membre de l'OIE, Thaïlande.

Joe Reilly, chanteur, auteur-compositeur et éducateur dans le domaine de l'environnement, membre de l'OIE, États-Unis.

Sarah E. Robinson-Bertoni, chargée de cours adjointe en religion comparée et en écologie, université de Santa Clara, États-Unis.

Susannah Robson, institutrice, Royaume-Uni.

Adriana Rocco, mentor en pleine conscience, enseignante du Dharma laïque et membre de l'OIE, Italie.

Betsy Rose, chanteuse, auteure-compositrice, éducatrice de pleine conscience et formatrice d'enseignants dans des établissements d'enseignement. Elle donne également des conférences et anime des retraites aux États-Unis.

Giorgia Rossato, éducatrice et thérapeute shiatsu, programmes périscolaires, France et Italie.

Michael Schwammberger, formateur en pleine conscience et animateur de retraites, ancien moine, enseignant du Dharma laïque et membre de l'OIE, Espagne et Royaume-Uni.

Jasna K. Schwind, professeure adjointe en sciences infirmières, Ryerson University, Canada.

Sara Martine Serrano, aide-enseignante en éducation spéciale, école Waldorf et Camphill Community, enseignante du Dharma laïque et membre de l'OIE, Suisse.

Shantum Seth, conseiller principal auprès de la Banque mondiale, Ahimsa Trust, enseignant du Dharma laïc et membre de l'OIE, Inde.

Ranjani Shankar, professeure d'anglais dans un lycée catholique, Inde.

Gloria Shepard, éducatrice de pleine conscience indépendante, États-Unis.

Tony Silvestre, professeur de maladies infectieuses et de microbiologie et directeur du Center for Mindfulness et Consciousness Studies à l'université de Pittsburgh, enseignant du Dharma laïc et membre de l'OIE, États-Unis.

Niki Smith, assistante d'éducation, Dharma Primary School, Royaume-Uni.

Matt Spence, professeur en lycée et coach, Providence Day School, à Charlotte, Caroline du Nord, États-Unis.

Tineke Spruytenburg, ancienne professeure d'enseignement spécialisé et actuellement responsable administrative, professeure d'enseignement spécialisé et cofondatrice de Happy Teachers, membre de l'OIE, Pays-Bas.

Meena Srinivasan, ancienne institutrice et actuellement responsable des programmes pour l'Office of Social and Emotional Learning, Oakland Unified School District, membre de l'OIE, États-Unis. Auteure de *Teach, Breath, Learn*.

Sœur Tai Nghiem, moniale, Village des Pruniers, France.

Mariann Taigman, ergothérapeute, États-Unis.

Nisanart « Gift » Tavedikul, directrice adjointe, American School of Bangkok, Thaïlande.

Christiane Terrier, professeure de physique et de chimie à la retraite, lycée Edmond Michelet, Arpajon, membre de l'OIE et formatrice en pleine conscience, France.

Judith Toy, professeure de méditation, mentor et auteure, membre de l'OIE et ancienne rédactrice en chef adjointe du magazine *The Mindfulness Bell*, États-Unis.

Frère Troi Minh Tam (frère Cœur), moine, monastère de Deer Park, États-Unis.

Chelsea True, directrice exécutive et formatrice en pleine conscience, Joyful Mind Project, États-Unis.

Katrina Tsang, professeure d'université, Hong Kong.

Mark Vette, maître de conférences, éthologue et zoologue et fondateur de Dog Zen, membre de l'OIE, Nouvelle-Zélande.

David Viafora, enseignant de pleine conscience et travailleur social, États-Unis.

Dzung X. Vo, pédiatre et spécialiste en médecine de l'adolescence, British Columbia Children's Hospital et University of British Columbia, et membre de l'OIE, Canada. Auteur de *The Mindful Teen*.

Peggy Rowe Ward, enseignante de pleine conscience et animatrice de retraites, enseignante du Dharma laïque et membre de l'OIE, The Lotus Institute, États-Unis et Thaïlande.

Elli Weisbaum, formatrice en pleine conscience et doctorante, Institute of Medical Sciences, université de Toronto, membre de l'OIE, Canada.

Chris Willard, psychologue et chargé de cours à l'école de médecine de la faculté de Harvard, États-Unis. Coauteur de *Teaching Mindfulness to Kids and Teens*.

Jennifer Wood, professeure en lycée et conseillère d'éducation, États-Unis.

Caroline Woods, enseignante, Dharma Primary School, Royaume-Uni.

Sarah Woolman, professeure dans le primaire et le premier cycle du secondaire, école Waldorf, Royaume-Uni.

Ross Young, instituteur, Royaume-Uni.

Des moines, des moniales et des laïcs pratiquent au Village des Pruniers, et dans d'autres monastères du monde entier, l'art de vivre en pleine conscience dans la tradition de Thich Nhat Hanh. Pour faire une retraite dans un de ces centres, ou pour savoir quand venir pratiquer, seul ou en famille, veuillez contacter :

le Village des Pruniers
www.villagedespruniers.net

Hameau Nouveau (pour femmes et couples)
13, Martineau
33580 Dieulivol
E-mail : nh-office@plumvillage.org

Hameau du Haut (pour hommes et couples)
Le Pey
24240 Thénac
E-mail : uh-office@plumvillage.org

Hameau du Bas (pour femmes et couples)
Meyrac
47120 Loubès-Bernac
E-mail : lh-office@plumvillage.org

The Mindfulness Bell, un magazine sur l'art de vivre en pleine conscience dans la tradition de Thich Nhat Hanh, est publié trois fois par an par le Village des Pruniers.

Pour vous abonner ou consulter le répertoire mondial des sanghas, vous pouvez vous rendre sur le site mindfulnessbell.org.

Une partie des recettes tirées de la vente de cet ouvrage soutient l'action de Thich Nhat Hanh en faveur de la paix et de la diffusion des enseignements sur la pleine conscience dans le monde. Pour de plus amples informations sur les divers moyens d'apporter votre soutien, voir www. thichnhathanhfoundation.org.

Merci.

TABLE DES MATIÈRES

Composition et mise en pages
Nord Compo à Villeneuve-d'Ascq